市場は物理法則で動く

経済学は物理学によってどう生まれ変わるのか？

マーク・ブキャナン 著
熊谷玲美 訳　高安秀樹 解説

Forecast

What Physics, Meteorology, and the Natural Sciences Can Teach Us About Economics

Mark Buchanan

白揚社

市場は物理法則で動く　目次

目次《もくじ》

はじめに

イギリスの歴史学者のエドワード・ハレット・カーはかつて、革命ほど歴史への興味を沸き立たせるものはないと言った。そして世界経済危機ほど、金融市場と経済生活の不可解な混乱の背後にあるものへの幅広い興味をかき立てるものはない。

二〇〇七年から二〇〇八年にかけて始まった金融危機以来、私はおそらく、このテーマについての本を二〇冊か三〇冊は読んだ。その多くは大変参考になり、かつ面白く、そして当然ながら苛立つような話だった。例を挙げるなら、マイケル・ルイスの『世紀の空売り』(文藝春秋)やジリアン・テットの『愚者の黄金』(日本経済新聞出版社)などである。こうした本はどれも、世界金融システムの性質と、それが最近になってどう変化してきたか、さらに危機以前の一〇年間におこなわれた、さまざまな(間違った)奨励策がどのように国や金融機関、個人に大きなリスクを負わせていたかを調べている。大暴落が実際に起こるまさにその日まで、ほとんどの人は迫りつつある大暴落から目を背け続けていたが、これらの本では、そうした行動の心理学的要因や制度的要因についても検討している。

しかし私には、そこには一つ足りないところがあるように感じられた。それは、経済思想に見られる概念の奇妙さについての考察である。この奇妙さは、現代経済理論を取り巻く雰囲気になっているもので、多くの人々に影響を与えてきた。具体的に言えば、市場が自己調整的な性質と「均衡」に向かう傾向を備えるようになったことで、経済やファイナンス論の騒々しい歴史――四〇〇年前までさかのぼる危機と崩壊が絶え間なく起こる歴史――は、私たちの時代において何らかの形で奇跡的な終わりを遂げたと、人々が考えるようになったのである。私が本書を書き始めたのは、そうした足りないところを埋めるためであり、また同時に、経済システムをさらに現実的かつ自然な形で理解することを目指して、建設的なアイデアを追求するためである。

今日の経済理論はきわめて数学的であり、経済学者はしばしば、「物理学に嫉妬」していると非難されてきた。彼らは、自分たちの分野に、物理学や別の自然科学に見られる（こともある）のと同じような、名声と見かけ上の確実さを与えようとして、印象的な数学を使っているとされたのだ。私はこれには誤解があると考えている。経済学理論の研究者が物理学を模倣したとすれば、彼らは、誤りのある、ゆがんだ物理学のイメージを模倣しただけだというのが、私の主張だ。この本では、物理学に由来するアイデアや概念をより正しい形で使えば、経済システムや金融システムをもっと自然な形で理解するのに非常に役立つことを考えていく。何よりも確実に言えるのは、そうしたアイデアや概念は、市場がどういうわけか本質的に安定で、自己調整的だとする危険な見方を正すのに役立つことだ。

多くの科学者が、これからのページで議論する考えに磨きをかけるのに喜んで協力してくれた。その名前は謝辞の中で紹介している。

二〇一二年一一月九日　ロンドンにて

マーク・ブキャナン

第1章　均衡は妄想である

経済学というのは、平穏時の学問だ。経済学者は結局のところ、……正常なものから異常なものがいかにして成長し、次に何が起こるかについて、まったく理解していない。経済の実務者たちは、嵐を理解していない気象予報官のようなものだ。

——ウィル・ハットン（ジャーナリスト）／『ザ・オブザーバー』紙

物理学者は、人間の世界に住むピーター・パンではないだろうか。決して大人にならず、好奇心を持ち続けるのだから。

——イシドール・ラービ（物理学者）

カンザス州オーバーランドパーク。アメリカ中西部の広大な平地に広がる多くの町と同じように、この町にとって異常気象は珍しいものではない。毎年、春から初夏にかけて、温かく湿った空気がメキシコ湾から流れ込み、ロッキー山脈を越えてきた冷たい空気の層の下に入り込む。「温かい空気は上昇する」というのは、誰でも知っている物理学の知識だが、ここではそれが生きてくる。重力の働きによって、温かくて軽い空気が大量に上昇して、上空の冷たい空気の層に入り込み、高度一〇マイル（約一六キロメートル）まで到達するのだ。これが、大気の猛威を生み出す一つ目の材料だ。二つ目の材料は地上風である。アメリカ北部に向かって吹く地上風と、西部から吹く地上風があるため、初期段階の積乱雲は回転ドアのように回転させられる。その結果、数十億トンもの温かく湿った空気が強くかき混ぜられて、高速回転する不安定な塔構造が発達する。この構造は、直径一マイル（約一・六キロメートル）、風速は時速四〇〇マイル（秒速一八〇メートル）にもなることがあり、強力な竜巻が発生するにはほぼ完璧な条件が整っている。

多くの人々が考える竜巻は、奇妙で超自然的な、明らかに異常な存在だ。しかしカンザス州だけで年間数百個の竜巻が、ごく普通の大気プロセスから発生している。おおざっぱな言い方をするならば、竜巻はあくまでも、大気全体のプロセスの一部にすぎない。つまり、一つの現象から別の現象が生じ、そこからさらに別の現象が生じるという連鎖によって、見慣れた灰色の空から、あっという間に激しい竜巻が発生するのである。もう少し専門的に言えば、大気中では、科学者たちが**正のフィードバック**と呼ぶ現象が起こりやすい。ただ、正のフィードバックには、その影響を人間の頭脳で想像しづらいという問題がある。

正のフィードバックという用語に聞き覚えがある人もいるだろう。この概念は科学の世界では古くからあり、任意の系〔システム〕にある小さな変動が徐々に大きくなっていくプロセスを意味する。地球温暖化の議論では、正のフィードバックがよく出てくる。海氷が溶けると、白い氷で覆われていた部分が青い海面に変わることで、大気への太陽光の反射量が減る。このプロセスには、惑星の温暖化を加速させる可能性がある。正のフィードバックは、心理学、生物学、電子工学、物理学、コンピューター科学など、さまざまな分野に登場する。しかし私たちの多くは、正のフィードバックの考え方は認めてはいても、その影響を評価することは、話にならないほど苦手としている。

たとえば一〇〇〇ドルを用意して、それを年利一〇パーセントの預金商品に投資することを考えよう。受取利息を口座に繰り入れるようにして運用すると、三〇年後の受取額はいくらになるだろうか。一〇〇〇ドルの一〇パーセントは一〇〇ドルだから、口座残高は毎年一〇〇ドル程度増えると予想すれば、三〇年分の利息は合計約三〇〇〇ドルで、残高は四〇〇〇ドルという計算になる。もちろん、口座残高は増えていくので、年々増加する残高の一〇パーセントを利息として受け取ることになる。そのため、三〇年後の受取予想額は、四〇〇〇ドルよりもやや多くなる。計算機を使わなければ、五〇〇〇ドルか六〇〇〇ドルくらいと予想するかもしれない。一万ドルもらえたら、という気もしてくる。しかし人間の直観力も数学の力には及ばない。三〇年後の金額は二万ドルを上回る。利息を再投資することで、口座残高は誰も予想できない速度で増えていくのだ。

この例は、お金についての教訓というだけではない。人間の思考方法についての教訓でもあり、同時に、なぜこの世界は驚きにあふれているのか、という疑問にも答えるものだ。

それは、私たち人間は、正のフィードバックから生じうる結果を想像するのが得意ではないからだ。たとえば、一枚の紙を半分に折ることを考えよう。半分に折った紙をもう一回半分に折り、さらにその半分に折る、という作業を三〇回続けていくと、どうなるだろうか。やってみる必要はない。折った紙の厚さは約七〇マイル（約一一二キロメートル）に達するので、それは不可能だからだ。または、友達から、リンゴを今日は一個、明日は二個、明後日は四個というように、前日の二倍の数を一カ月（三一日）にわたって毎日もらう例を考える。これには大型の倉庫を借りた方がよい。三一日目の分だけでも、リンゴの数は二〇億個を超えるからだ。これが正のフィードバックの威力である。その各ステップでは、数が増加するだけでなく、プロセスそのものが強められるため、数の増加が加速されて、予想をはるかに超える結果になるのだ。

正のフィードバックは、私たちが考える以上に重要である。私たちの世界を、豊かで驚きに満ち、移ろいやすく流動的で、活発かつ予測不可能にしている現象の裏には、どのような形にせよ、ほぼ間違いなく正のフィードバックがあるからだ。正のフィードバックは、種を発芽させて木へと成長させ、マッチを燃焼させる。細胞の分割と増殖を引き起こして、生活し、思考する人間へと変える。政治革命や新たな宗教の原動力にもなる。そして、雲一つなく穏やかな青空を何の前触れもなく、恐怖心を抱かせるほど激しい暴風雨に変える。先ほど述べたカンザス州の竜巻を発生させる積乱雲がそうだ。人間の脳には、こういったことを直観的に理解する力が欠けている。気象学などの科学分野は、長い年月をかけて失敗から学んできた。その結果、正のフィードバックは、普通なら予想もしないような事象の原因として、重要な役割を担っているという理解が進んでいる。

しかしそれ以外の分野では、正のフィードバックの力に対する無理解が、今も私たちの足かせになっている。人間のシステムについての科学、つまり社会科学、特に経済学やファイナンス論ほど、そのことがよく当てはまる分野はない。ここでは例として、二〇一〇年五月六日の出来事を考えてみる。

混乱の四分間――フラッシュ・クラッシュの謎

カンザス州オーバーランドパークは、竜巻が頻繁に発生する地域であり、ワデル・アンド・リード・フィナンシャルという重要な投資会社の本社がある町でもある。一九三七年に、キャメロン・リードとチョーンシー・ワデルという二人の資本家がわずかな資本金で設立したこの会社は、当初は百貨店の店内に営業所を開いていた。それが今では、総額六〇〇億ドルを超えるファンドを扱うまでに成長している。社名はあまり有名ではないが、会社としての規模は十分に大きく、その投資判断によって、グローバル経済全体の安定性を――正のフィードバックの力を借りて――揺るがすこともできるほどだった。それも五分もかからずに。

二〇一〇年春、ワデル・アンド・リードが運用する投資信託の一つでは、S&P五〇〇種株式指数先物に巨額の投資をおこなっていた。S&P五〇〇種株式指数先物は、最も広く取引されている株式先物商品の一つであり、この先物商品を買うことは、S&P五〇〇種株式指数を現在ではなく、将来の指定日に買うことに同意することになる。ただし、将来の支払額は現時点で決めておく。これは、金融派生商品《デリバティブ》でも、最も単純な商品の範疇に入る。デリバティブというのは、その価値を他のもの、ここではS&P五〇〇種株式指数の価値から導き出す《ドライブ》商品のことだ。指数が上昇すれば、先物の価値も高くなる。その指数が将来的に上昇することが予想されるからである。

ワデル・アンド・リードがこうした先物取引に大規模に投資していたのは、自社でおこなっている他の投資のヘッジやバランスの手段としてであった。その投資戦略がうまくいっていたのも、二〇一〇年五月初旬までだった。この時期、ギリシャの財政当局は、同国の債務レベルが欧州中央銀行の定めた上限をはるかに超えていることを（他国の圧力に押される形で）認めた。ヨーロッパ各国の金融当局者や国際機関の関係者が集まって、ギリシャのデフォルトを回避する方法を模索するなかで、欧州通貨統合の未来を疑問視する見方が急速に広まった。こうした動きは投資家を不安にさせた。五月六日、ダウ工業株三〇種平均株価（ダウ平均）は取引開始から正午までに、二・五パーセント下落した。

この日の午後二時三二分、ヨーロッパの混乱がアメリカにも波及するのを恐れたワデル・アンド・リードは、バークレイズ銀行のブローカーに、手持ちの株式指数先物を売るよう指示する。ブローカーは先物取引用プログラムを使い、いわゆるEミニ株式指数先物を四一億ドル分売ろうとした。売り取引には価格を下げる効果があるため、このプログラムは慎重に作動するように設計されており、売り取引は一度に少量ずつ、一日かけて分散しておこなわれるようになっていた。一〇分かそこらの間は順調だった。しかしその後、午後二時四一分に、何かが爆発的な連鎖反応をスタートさせる。ワデル・アンド・リードが売った先物の大半は、コンピューターで毎秒数千件もの取引をする「高頻度トレーダー」と言われる人々に買われていた。こうしたトレーダーの多くは「マーケットメーキング」と呼ばれる手法で利益をあげている。彼らのコンピューターではどの時点でも、買いと売りの両方向の取引が可能であり、その買値と売値のわずかな差から利益を得ている。しかし、その日の個別取引のデータによると、高頻度トレーダーの取引プログラムは先物を買いすぎて、在庫を必要以上にため込んでいたようだ。午後二時四一分、これらのプログラムの一つがマーケットメーキングからの資金引き揚げを決め、積極的な売りに転じた。これによって、先物価格は崖から落ちるように一気に値下がりしたのである。

その結果、価格の驚異的な急落が起こった。完全に自動化された取引による正のフィードバックが発生して、わずか四分間でEミニ先物の価値が三パーセントも目減りしたのだ。しかしこれは、広がりつつあるドラマの第一幕にすぎなかった。

次に、この先物市場の騒乱が起爆剤となって、第二幕がスタートする。株式市場そのものの内部崩壊である。先物価格の急落にすぐに気づいた株式トレーダーたちが、この安い先物を買うと同時に、同額の株式指数構成銘柄を売ることで利益に飛びついた[1]。結果として、S&P指数五カ月先物の価格は実質的に、現在の指数の価値の数分の一になった。そうなると、この五カ月の間に指数が大きく上下すると考える理由は特にないことから、投資家たちは現物株を投げ売りし、先物に走った。数分間で、大量の取引が猛烈な勢いで押し寄せたため、ニューヨーク証券取引所などの取引所では、コンピューター取引の自動保護ルールが発動し、取引が停止した。そうなると、売り手が買い手をまったく見つけられない状況になり、株価は一直線に下落した。優良株のP&G株は三分間で価値の三分の一を失った。アクセンチュア株は、なんと一株あたり一セント以下まで下げた。全体としては、ダウ平均株価は数分間で九・二パーセント下落した。これほど短時間の下げ幅としては過去最大の規模である。

市場の回復も、急落と同じくらい急激だった。最終的に、ダウ平均株価やほとんどの個別銘柄の終値は、この日の取引開始時の価格との差が数パーセント以内の水準まで回復した。それはまるで、株式市場というジェット機がエアポケットに落ち、死のスパイラルを描きながら数百メートルも落下したかと思うと、姿勢を立て直して急上昇し、前と変わらず飛行を続けたかのようだった。

原因は何だったのだろうか。この出来事は**フラッシュ・クラッシュ**と呼ばれ、その後数日から数週間は、コンピューターのエラーや、ファット・フィンガー（太った指。トレーダーが間違ったキーを押して、誤った取引を開始させること）を原因とする説が最も有力だった。大手テレビネットワークのCNBCのウェブサイトに掲載された記事では、P&Gの取引の際に、誰かが「million（一〇〇万）」と入力すべきところを、間違って「billion（一〇億）」と入力してしまったせいだという説を報じている（ただし、あるブロガーは、間にある「n」のキーを押さずに、「m」と間違って「b」を押すには、ひどく太くて、奇妙な形の指でなければ無理だと指摘している）。他方では、影響力の強い金融の天才が、自分の利益になるよう市場を操作したり、コンピューター取引をおこなうトレーダーを引き込んで、自分たちが儲かるようにクラッシュを意図的に起こしたのではないかと訝《いぶか》る人々もいた。

その後、米国証券取引委員会（SEC）の五カ月にわたる調査が実施されたが、こうした説を裏付ける証拠は見つからなかった。フラッシュ・クラッシュ当日の多くの取引所の詳細な取引データを精査した末、SECが発見したのは、ワデル・アンド・リードの取引が混乱の最初の引き金になり、その後は混乱がそれ自体のエネルギーによって拡大していったらしい、ということだった。この件についてのSECと商品先物取引委員会（CFTC）の最終報告書[2]に詳細に記載されている数々の事象は、どれも非常に複雑ではあったが、正のフィードバックの観点から考えれば、概念的な枠組みはかなり単純である。フラッシュ・クラッシュは、二つか三つの主要な段階からなっていて、他のすべての正のフィードバックと同様に、最終的には誰も予想できない結果に行き着いたのだ。

しかし、SEC／CFTCの最終報告書でおそらく最も興味深い点は、そこに「フィードバック」や「不安定性」といった用語を決して使っておらず、大気中の嵐はおろか、どんな種類であれ、自己強化型プロセスとの類似をまったく論じていないことだ。ＳＥＣの報告書は、グルメガイドが豪華な食事を説明する際に、味や食感、色に触れないようなもので、市場を駆け抜けた正のフィードバックを、その基本的な考え方にまったく触れずに説明しようと必死になっている。そのような歪曲は、奇妙ではあるが示唆に富んでいる。それは、市場や他の経済システムに関して最も広く受け入れられている思想には、大きな弱点があることを指摘しているのだ。

均衡の経済学、中世の物理学

ＳＥＣの報告書が正のフィードバックという自然な言葉を選ばなかった理由は二つある。一つ目は、報告書の狙いは、この事象が異常で例外的なものであり、再び起こる可能性の低い、きわめて珍しい事件だとすることで、困惑している投資家たちを安心させることだったが、正のフィードバックという言葉を出しただけで、その狙いがたちまち揺らいでしまうためだ（なお、ＳＥＣ報告書の発表後にも、やや小規模ながら、フラッシュ・クラッシュは再び発生している。たとえば、二〇一二年三月二三日にコンピューター大手のアップル株が五分間で九パーセント急落したのも、その一例だ。同社の株価はその日の取引終了時点にはすでに大幅に回復していた）。投資家たちが聞きたかったのは「すべては凶悪な犯罪者が画策したことで、犯人はそれで数百万ドル稼いだが、すでに特定されて逮捕されている」という話だった。少なくとも「一回の大規模取引に、他のいくつかの事象が重なったのがすべての原因で、そんなことは二度と同時には起こらない」という説明は必要だった。問題は解決済みだと言ってもらいたかったのだ。フィードバックや不安定性の自然発生が原因で、市場内のごく当たり前の事象からフラッシュ・クラッシュが発生したと説明したところで、投資家たちを安心させることはできないだろう——たとえその方がはるかに真実に近くても。

金融関連メディアは大半がSECの見解に同調した。メディアは素直に、ワデル・アンド・リードの大規模取引がクラッシュの引き金となり、よくわからない方法でそれを引き起こしたのだろうと報じたが、どうやって引き起こしたのかについては説明していない。『ニューヨーク・タイムズ』紙は、「五月の『フラッシュ・クラッシュ』の原因は、四一億ドルの売り取引」と伝えている(3)。

SEC報告書が正のフィードバックに触れなかった二つ目の理由は、一つ目の理由よりも本質的であり、そのため長期的な影響力はこちらの方が大きい。一般に経済学、特にファイナンス論の分野は長年、バランスと均衡*の概念を基礎としてきた。つまり、経済全般、とりわけ金融市場は、バランスの取れた状態に自然に向かう傾向がある、という考えが根本にあるということだ。

あらゆる混乱やショックは、システムをバランス状態に戻す力、つまり負のフィードバックを呼び起こすと考えられている。負のフィードバックとは、たとえばカップの水をかき混ぜた場合に、その水を静止状態に戻す作用である。最初に水を動かすと、それに逆らう力が生じて水の流れが遅くなり、やがて静止状態に戻る。経済学者は、市場にも同じような作用があると主張しており、長く曲がりくねった道をたどっていけば、その考えの源にはアダム・スミスの有名な「見えざる手」がある。市場参加者は、動機もばらばらで、利己的で衝突し合うことが多い。それでも、この「見えざる手」の作用で、市場は良い状態に導かれるというのだ。こうした考えがもてはやされる一方で、経済関連の出来事を説明する候補として、正のフィードバックが考慮されることは、あるとしてもまれである。

つまり、フラッシュ・クラッシュに関するSEC報告書が、この事象を語る上で最も自然な言葉を選ばなかった理由は、そうした言葉は「見えざる手」という、主流派経済学の核となる概念に反するからなのだ。その言葉が、この数十年間で発展してきたものであればなおさらである。

代わりに、SEC報告書はかなり違ったアプローチを取っている。何も説明しようとしなかったのだ。報告書では、ワデル・アンド・リードの取引から始まって、一つの事象が次の事象を引き起こすという、もっともらしい連鎖反応を経て、フラッシュ・クラッシュへつながる様子を克明に記述している。しかし、なぜそうした爆発的な連鎖反応がこの特定の日に起こりえたのか。なぜ大規模だがさほど異常でもない一つの取引が、その連鎖反応に火をつけることができたのか。なぜそうしたフラッシュ・クラッシュがもう一度起こり、次はさらに深刻な結果を伴う可能性は低いと誰もが見なすべきなのか。こうした疑問は何一つ検討されていない。ワデル・アンド・リードの取引が数時間遅かったら、市場は千ポイントも下落して一日の取引を終え、世界全体で同様のクラッシュが起きていたかもしれないのにもかかわらず。

経済学者の大半は、均衡という概念が深く身に染みついているせいで、それ以外の視点で物事を見るのができなくなっている。標準的な経済分析では必ず、ある状況に関与する関係者の目的を特定し、その関係者が考えうるさまざまなアクションを取ることで、それぞれ何を得る、あるいは失うことになる

＊ equilibrium —— 本書では、経済学関連の文脈では「均衡」、物理学関連では「平衡」の訳語を用いている。

のかを理解するところから始める。次に、関係者間の競争の結果生じると思われる釣り合いの取れた状態、つまり均衡について数学的に詳しく分析する。そこで使われる数学は基本的に常に同じである[4]。経済学者らによる経済政策提言のほとんどは、こうした作業によってもたらされている。経済学者が分析するのは、たとえば政府が増税を実施した場合、あるいは二酸化炭素排出規制を変更した場合に、均衡と言われるものの特性がどう変化するのか、あるいはカンザス州のトレーダーが急に大量の先物の売り取引を開始した場合、金融市場がどのようにして新しい安定的な均衡に素早く到達するか、といったことだ。しかし、市場が良好な均衡状態に戻るのではなく、むしろガソリンを浸したぼろきれや、夏のカンザス州の大気に似た状況に陥って、荒れ狂う混乱状態が本質的に起こりやすくなるとしたら、どうだろうか。通常の数学による分析では、そういったことを説明できない[5]。

均衡に対する信念は、安全で予想可能だという感覚を与えるものであり、自然に対する人間の論理の勝利への強い信念を反映している。そして、均衡を仮定すると、この世界で起こると経済学者が想像しうる物事の種類は限られてくる。ＳＥＣが数カ月かけて、フラッシュ・クラッシュを、市場での間違いやファット・フィンガー、コンピューターのエラーによる、例外的で異常な出来事として説明しようとした理由は、こうした想像力の制約にある可能性が非常に高い。通常の市場の内部メカニズムは安定な均衡状態を保つはずであり、そこからフラッシュ・クラッシュが生じることは、ありえないからだ。

ただ、市場メカニズムが均衡状態を保たないなら、話は変わってくる。私がこれまで説明したフラッシュ・クラッシュのストーリーで一番厄介な点は、やはり自然な正のフィードバックから生じた最近の世界金融危機や、一九九〇年代末のインターネットバブル、さらには、過去数百年に市場や経済を襲った大小さまざまな規模の金融危機にも、同じことが言えてしまう点だ。経済学の歴史の大部分は、正のフィードバックがもたらした驚きの歴史だと言える。フラッシュ・クラッシュ以降も、アメリカでは数多くの「ミニ・フラッシュ・クラッシュ」、つまり個別銘柄の株価が数分間で一セント未満へと謎の急落を遂げ、その後あっさり回復する現象が発生している。あらゆる市場データを記録している、ナネックスという会社があるが、この会社の研究によって示されたのは、こうした種類の現象が、今考えると株式市場によく見られる現象にすぎないということだ。たとえば二〇一一年の最初の三カ月で、個別銘柄の株価が一秒以内に一パーセント超上下し、その後回復するという理解不能な動きは一三九回あった。ナネックスでは、そのような現象を、二〇一〇年には一八一八回、二〇〇九年には二七一五回検出している。(6) 二〇一〇年五月六日のクラッシュは、一年を通して発生している同様のクラッシュに比べて、単に規模が大きかったにすぎないのである。

にもかかわらず、経済学者の大半は考えを変えようとしていない。経済システムには、本質的に安定的で自己調整されていて、常にバランスの取れた状態に向かう性質があり、そうしたシステムでは「興味深い気象現象」など起こらない。経済学者はそうした考え方に固執しているのである。

本書で私は、これが常軌を逸した事態であり、程度の差こそあれ、中世の物理学が置かれていた状況にも等しいこと、そしてフラッシュ・クラッシュのような短時間のショックから世界規模の経済破綻まで、あらゆる種類の金融危機は、社会経済システムで発生する「嵐」と言うべき存在であることを論じていくつもりだ。

大気中の嵐と同様、社会経済システムの嵐を理解する上でも、驚くような急激な変化を引き起こしている正のフィードバックと不安定性を突き止めることが鍵となる。正のフィードバックは、市場を動かす要因のうちで最も重要なものだ。つまりそれは、少しもまれなものではないのだ。そうでなければ、心底驚くことだろう――なぜなら、正のフィードバックによって引き起こされる不安定性は、超新星から惑星上の生態系、地球の気候、さらには地球の地殻の動きまで、あるいはインターネット内の電子的なトラフィックから都市の発展にいたるまで、この宇宙のほぼあらゆるものに影響を与えているのだから。そういったこともこの先に考えていくつもりだ。

経済と市場だけは、他の複雑なシステムとは違って本質的に安定で、気象のような不安定性を内部に抱えてもいない、というのは馬鹿げた考えだ。これを乗り越えない限り、私たちは経済も市場も決して理解できないだろう。だから、いまこそ、社会経済における「気象」について学び始めるときだと言える。社会経済システムの嵐を分類して、それらを防ぐ方法、あるいはその発生を予測して身を守る方法を身につけるのだ。

これから見ていくように、そうした取り組みのために、あるいは少なくともよいスタートを切るために必要なアイデアや概念は、他の科学分野、特に物理学にすでに用意されている。「金融の物理学」という発想は少しも奇妙ではない。それどころか、まったく自然で、そしておそらくは避けて通れない考え方である。

市場の崩壊

二〇〇七年八月一日水曜日の取引開始からの数時間、メダリオン・ファンドは、いつものように利益をあげていた。ジェームズ・シモンズと彼のルネサンス・テクノロジーズ社が運営し、過去一年で一〇億ドル以上をかき集めてきたこのヘッジファンドにとって、それは新たな素晴らしい一日の始まりだった。本当の意味でのリスクを取る度胸があるメダリオン・ファンドは、ウォール街の基準からすれば、それだけの金を手にするのにふさわしかった。このヘッジファンドは数学の専門家の力を借りて、小規模で一時的な投資機会を見つけ、さらに銀行から巨額の融資を受けてレバレッジすることで、利益を拡大していた。それは失敗しようのないレシピに思えた。この水曜日の午前一〇時四五分ころに、何か恐ろしく間違ったことが起こるまでは。

それからの四五分間は、その週だけでなく、さらにその前の何カ月間も、何事もなく機能していたことが、突如としてうまくいかなくなった。メダリオン・ファンドは一時間足らずの間に、その年にすでにあげていた利益をすべて失っていた。彼らがすぐに気づいたのは、同じ行動原理で取引をおこなっていた他のヘッジファンドもちょうど同じ時間に、驚くほどの損失を出していたことだ。そこには、AQRキャピタルやゴールドマン・サックスのような有名ヘッジファンドも含まれていた。その後、市場は、始まりと同じくらい急に回復し、翌週の月曜まで数日間は変化がなかった。そして月曜の朝八時に市場が開くと、また同じことが起こった。今回のトラブルは前回よりも長く続き、状況はもっとひどかった。昼の時点で、メダリオン・ファンドのその週の損失額は五億ドル近くになっていた。

この二つの出来事は、短時間ではあったが、世界の最先端に立つ最も成功したヘッジファンドのいくつかに前例のない損失を与えた。閉鎖したヘッジファンドもあれば、莫大な資金を失ったファンドもあった。ゴールドマン・サックスのグローバル・エクイティー・オポチュニティーズ・ファンドは、資産総額の三〇パーセントを失っている。金を稼ぐことは何よりも簡単だと思っていたのが、あるときから突然、損失を出さないことが何よりも難しくなったのだ。いったい何があったのだろうか。

この驚異的な株価暴落は、ウォール街で「クオンツ危機」と呼ばれるようになっている。そのメカニズムは、かなり単純であることがわかっている。ヘッジファンドは自己資金を投資するだけでなく、銀行から多額の資金を借り入れて自らのポジションをレバレッジし、それによって潜在的利益を増幅させている。一方で、ファンド間には投資家集めの競争があり、あるファンドがレバレッジを高めることで高いリターンを出していれば、他のファンドもすぐに追随するのが普通である。そうしなければ投資家を失うのだ。しかしすぐにはわからないのが、このファンド間の競争が予期せぬ結果を招くことである。競争がヘッジファンドを結びつけて、正のフィードバックのループを作り出しているのだ。適当な事象がこのループを起動させると、金融市場に激しい嵐を引き起こすことになる。

そうした事象が生じたのが八月一日だった。ヘッジファンドが自らの取引内容を明らかにしていないため、詳細は不明だが、その後の調査によって、実際に起きた可能性が高いシナリオがわかってきている。午前一〇時三〇分ころ、何かが原因で（おそらくは偶然起こった瞬間的な株価下落だろう）少なくとも一つのヘッジファンドが、所有株の一部を売って現金を確保する必要に迫られた。この部分については選択の余地がない。銀行は、融資先のファンドが負債を総資本の一定比率以下に抑えるよう求めている。そのためヘッジファンドは、保有株が値下がりすると、負債を圧縮するために、その銀行に対して自動的に返済義務を負う（追加証拠金請求と呼ばれる）。しかし、ここからが厄介なところだ。銀行に返済する現金を確保するために、ヘッジファンドは保有株の一部を売るほかなくなることが多い。この売り取引自体がさらにその株の価格を値下がりさせるのである。八月一日には、こうした種類の売り取引が、さらに同一銘柄の株を持つ別のヘッジファンドの資産も減らすことになった。そうして、正のフィードバックのループにスイッチが入った。この別のヘッジファンド自身も同じように追加証拠金請求に直面し、やはり株の売却で対応したため、さらに株価が下がるという破壊的なスパイラルが生まれていったのである。ヘッジファンドは銀行との契約が妨げとなって、このスパイラルから抜け出せなかった。

簡単に言えば、ヘッジファンド間の投資家獲得競争が、いつのまにかレバレッジの増加につながり、それによって市場は、適当なアクシデントがあれば一連の事象が爆発的に進行するような、不安定な状況に追いやられたのである。このプロセスは、いったんスタートしてしまえば、ほぼ機械的に進むため、そこから抜け出すための手立てはあまりない。二〇〇七年八月の最初の週に起こったランダムな市場変動は、二回とも、この種の連鎖反応に点火できるほど強力なものだったのである。

経済学者がこうした爆発的な事象に詳しくないと言うのは公平ではないだろう。この「流動性危機」という経済状況に関する経済学の文献は豊富にあって、そこでは、一定の条件下であれば、燃える建物から逃げ出すように、誰もが市場から撤退せざるを得なくなる事象が起こりうると説明されている。しかし、そうした事象についての経済学の標準的な視点は、均衡の立場から生まれたものであり、このような不安定性が非常に自然な形で発生して発達する理由や、その発達過程、あるいはその不安定性が消えることなく、長時間持続できる理由を何も説明していない。実際、私がここまでしてきた説明は、従来の経済学研究に基づいたものではない。気象学者が気象をモデル化するのと同じように、銀行やヘッジファンド、投資家の間の自然な相互作用のコンピューターシミュレーションをおこなって、金融市場をモデル化しようという、二人の物理学者と二人の経済学者の共同研究から浮かび上がってきたものだ。

この研究について、私が初めて触れたとき（『ネイチャー』二〇〇九年八月号の記事[7]、『ネイチャー』のエディターは背景情報として、他の経済学者による、この種の状況をモデル化した先行研究の全体像を多少追加するように言ってきた。経済にとって金融市場が非常に重要であることを考えれば、経済学者たちがこれまでにも、ヘッジファンドと銀行、投資家の間の動的な相互作用をいくつものモデルで調べ、それをデータによって検証し、その相互作用の結果として生じるフィードバック・スパイラルについての理論に到達しているはずだ。エディターがそう思い込んでいたのも、まったく無理からぬことである。しかし調べてみると、モデルがほかに一つもないとわかった。少なくとも、流動性危機はたびたび発生する可能性があり、レバレッジがその可能性を高めているという認識から、さらに考えを進めたモデルは一つもなかった。

言うまでもなく、雷雨から暴風、竜巻、ハリケーンにいたるまで、興味深い挙動を示す気象現象は、どれも私たちにとって身近な存在だ。ファイナンス論や経済学にも、ごく普通の人間活動から生じる嵐のような事象があり、その種類は気象現象と同じくらい多いのである。クオンツ危機の打撃を受けたのは、同一の戦略を取っていた一握りのヘッジファンドだけだった。たとえるなら、局所的な激しい雷雨によって、ボストンのノースショア地域は被害を受けたが、数マイル以上離れた場所では何の影響もない、という状況だと言える。フラッシュ・クラッシュは、株式市場と株式先物市場に大打撃を与えたが、わずか数分後には回復した。それは、継続時間は短いが、非常に激しい大気乱流に似ている。そして最悪の被害を出したサブプライム危機と、それが引き金になって発生した世界金融危機は、さしずめ勢力が異常に強いハリケーンだ。このハリケーンは、五、六年前にはすでに発生し、勢力を強めながら陸地に接近しつつあったのだが、経済学者は何も問題はないと言い張っていた。それは、彼らの「金融気象」とも名づけるべき教科書には、穏やかな青空についての理論しか載っていないからである。

罪深き経済学者たち

近年の金融危機については、強欲な銀行家たちがかなりの責任を負っている。私も個人的には、その責任の大部分は彼らが負うべきと考えている。そうした金融危機や、その発端や影響について書かれたさまざまな文献を読めば、その核には、強欲と、昔ながらのあからさまな腐敗構造があることに気づかないわけにはいかない。国際NGOのトランスペアレンシー・インターナショナルは、さまざまな国の腐敗レベルランキングを毎年発表している〔順位が高い方が腐敗度が低い〕。このランキングで、アメリカは二〇〇〇年の一四位から、二〇一〇年には二二位に順位を下げた。ゴールドマン・サックスやJ・P・モルガンのような銀行の行為は法律を大きく逸脱するものだったのに、この二行ばかりか、他の大手銀行からも刑務所行きの人物が誰も出ていないことを考えれば、アメリカの順位が下がった理由は十分理解できる。『ローリング・ストーン』誌のマット・タイッビは、その点について、次のようなきわめて説得力のある記事を書いている。

誰も刑務所行きにならない。これは、金融危機の時代に繰り返されるマントラだ。ウォール街の事実上すべての銀行や金融企業がおぞましい刑事スキャンダルに巻き込まれ、そのせいで数百万人が貧困に追いやられ、世界で合計数千億ドル、いや、数兆ドルの富が失われたのに、誰も刑務所送りになっていない。華やかで病的な詐欺師として名高いバーナード・マドフは別だが、マドフの場合は、その被害者たちがたまたま裕福な有名人たちだっただけである。(8)

タイッビの言うことは正しい。強欲で腐敗した人々の多くが処罰されずにいる。しかし、こうした悪行はひとまず脇に置いて、ここでは経済学者と彼らが構築した理論にこそ、金融危機に対する深くて重い責任があることを広く論じていきたい。もちろん、すべての経済学者を非難するつもりはない。経済学者のなかには、本当に重要な仕事をしている人々もいる。たとえば、アフリカやインドでの貧困の撲滅を非常に困難にしている隠れた原因を突き止めようとしている人や、国の政策の成否を評価するためのデータ収集に取り組んでいる人もいる。私が批判の対象とするのは、規制撤廃の潜在的利益から通貨政策まで、さまざまな問題をめぐる経済思想の中心となっている経済学理論そのもの、つまり一般に新古典派経済学と言われるものである。

経済学者のジョン・メイナード・ケインズはかつて、「経済学者や政治哲学者の思想は、正しい場合にも間違っている場合にも、一般に理解されている以上に強力である。実際のところ、世界を支配しているのは、それ以外にはない」と書いている。社会に広く浸透している経済思想が生み出すムードは、企業の意思決定や、政府の政策決定に影響を与えている。ここで問題なのは、現代の経済学者が経済システムを理解してこなかったことではない。それが非常に難しい仕事であるのは、誰もが認めるべきだ。それより問題なのは、彼らが自分たちの失敗について率直な態度を取ってこなかったことの方である。私たちはみな、経済学者が実際以上に多くの事柄を知っていると考えるように洗脳されているのだ。

過去三〇年の間、主流派経済学が主におこなってきたのは、世界中の国々に、産業の民営化と市場の規制緩和を進めるよう働きかけることだった。彼らは常に、市場の知恵にゆだねれば何事もいっそううまく運ぶはずだと主張してきた。経済学者が頻繁にするこうした提言の根幹には、一九五〇年代に初めて構築され、それ以来改良を重ねてきた最先端の数学理論がある。およそ二〇年前、多くの物理学者が伝統的な研究対象から分かれて、物理学の考え方をもっと広い分野へ応用し始めていたころ、私も他の多くの物理学者と同じように、ファイナンスや経済学の理論に興味を持った。私は経済学の基本を詳しく調べながら、たとえば物理学や航空工学、神経科学、社会心理学と同じように、経済学にも、科学的な面での誠実さに心を砕きながら構築された思想体系や数学的な理論があるのではと、大きく期待したものである。

真実は気味が悪いほど違っている。市場の仕組みを説明するという触れ込みの経済学定理を勉強して、その定理が成り立つ条件を詳しく調べ、それが現実の市場について何を暗示しているのか考えてみれば、経済学者の主張と現実の間には、驚くような食い違いがあることがわかる。たとえるならば、アインシュタインの相対性理論は、最も深遠で十分に検証された理論の一つとして評価されており、物理学者たちはことあるごとにこの理論について夢中で話しているというのに、詳しく調べてみたら、実際には信じるに足る理由がほとんどないと気づくようなものだ。当然、物理学や科学への信頼は損なわれるだろう。そうしたことが、少なくとも市場を対象とする経済学では起きているのだ。

もちろん、市場は役に立たないとか、そこに興味深い特徴はないという意味ではない。言いたいのは、多くの経済学者が、経済思想を一般の人々に説明する場合に、科学における不正行為と同じことをしてきた、ということだ。経済学者が集まって話し合う機会があると、経済学が何をどこまで理解しているかがはっきりする。二〇〇九年春にドイツのダーレムで開催された第九八回ダーレム会議には、数多くの経済学者が集まり、金融市場の経済学的なモデル化についての議論が五日間にわたっておこなわれた。議論に参加した経済学者たちは、会議終了後の声明で、経済学の専門家たちが金融危機の到来を予測できなかったこと、あるいは予測できても、その最終的な深刻さを評価できなかったことを指摘した。会議報告書[9]では、理解の欠如は、「経済学研究の取り組みの配分ミス」で説明できると示唆しており、続けて「この失敗のそもそもの原因は、経済学者たちが、現実世界に影響を与える重要な要素を意図的に無視したモデルの構築にこだわったことだ。経済学者は、自分らが推奨するモデルの限界や欠点、さらには危険についても、一般の人々にきちんと伝えてこなかった」としている。

経済学は、市場の動向を左右する最も重要な事象、とりわけ最も劇的な事象を無視しようとしているが、これ以降の各章では、経済学が自らをそうした奇妙な立場に追い込んできた歴史的な経緯を探ろうと思っている。ただ、それ以上に重要なのは、ほかにどんな方法があるのかを知ること、そして経済学が「科学」の名によりふさわしい存在になるには何をすべきかを知ることだ。そのためには、「均衡(equilibrium)」という概念への古くさいこだわりを捨て、「非平衡(non-equilibrium)」系――地球大気や生態系は、自然界における非平衡系の代表だ――の科学に基づいた概念を採用することが非常に重要だと、私は考えている。

いくつかの説得力のある理由から、金融危機は、大気中の嵐などの物理系内で自然に生じる大変動に、単なるメタファーとしてではなく、実際に非常に似ていると考えられる。そして、嵐のような現象を理解するには、正のフィードバックと不安定性という概念に取り組む必要がある。この二つの概念は、物理学ではかなり重要視されており、したがって私たちは、物理学の思考方法を取り入れることで、少なくとも目的の一部を果たせるだろう。

とはいえ、これはやはり奇妙な話に聞こえるかもしれない。実際のところ、物理学は本当に金融危機と結びつくのだろうか?

では、いったい物理学に何ができるのか

「物理学」と言う場合、たいていの人が考えるのはアルバート・アインシュタインや相対性理論、有名なヒッグス粒子、あるいは遠い宇宙の奇妙な銀河を撮影するハッブル宇宙望遠鏡だ(これは天体物理

学に入るが)。物理学とは、既知の事柄、あるいは存在可能な事柄と、それ以外の事柄との境界そのものを探求する学問だと言える。スティーブン・ホーキングがブラックホールや時空のゆがみについて語るのも、ひも理論の研究者が、純粋数学から考えれば宇宙には少なくとも一一次元が存在するが、その大半は私たちには見えないと主張するのも、そうした境界を探求することにあたる。実際、これらはすべて物理学の一部である。

しかし、ここにあまり知られていないことがある。物理学は大幅かつ急速に変化しつつあり、今日の物理学者のほとんどは、たった今説明したようなテーマを研究対象にしていないのである。この二〇年の物理学の論文雑誌を読むと、掲載されているのは、電子メールの利用パターンや、言語の進化、ファッションが集団内で広まる様子などをテーマにした研究だ。ほかにも、遺伝子シグナルネットワーク、企業の成長パターン、インターネットの構造、人間の心臓のダイナミクス、そして金融市場の統計についての研究もある。物理学は以前とは様変わりしているようだ。

実は、物理学者たちはあることに気づいていたのである。

今日の物理学者は、現実世界を研究し理解するための数多くの数学的ツールや概念を、過去の物理学者たちから受け継いでいる。彼らが最近気づいたのは、この同じツールや概念の多くが、生物学や生態学、社会学といった分野の事柄を理解するのにも不思議なほど適していることだ。最も深いレベルでは、物理学が扱うのは有形のものだけではない。むしろ物理学は、秩序や組成、変化、あるいは形状やその変形の自然なパターンについて、基本的な疑問に答えるのに適した科学だと言える。その秩序や形が存在するのが、分子や銀河、遺伝子、バクテリア、人々の集団であっても、市場で相互作用をする投資家の集団であっても、違いはないのだ。多くの部品や要素、断片が相互作用をしながら、ともすれば思いがけない集団的パターンや挙動をシステム全体に生み出すプロセスを理解しようと思えば、他のどんな科学分野よりも頼りになるのが物理学だ。その部品や要素、断片は、電子や原子に限らず、ほとんどどんなものでもよい。

日常的な例を一つ紹介しよう。どんな劇場でも、幕が下りると観客から拍手が沸き起こる。普通は、数人がためらいがちに拍手し始め、他の人もそれに続く。拍手とはおかしなもので、観客はみな、出演者を賞賛しようとすると同時に、集団に溶け込もうともする。他の人より先に拍手し始めるのも、最後まで拍手し続けるのも嫌なのだ。もっとはっきり言えば、拍手という行動を調べると、静寂から割れんばかりの拍手へといたるプロセスには、ある明確なパターンがあるのがわかる。実際に世界中の劇場での拍手の録音記録を調べてみると、文化的習慣の違いを超えて共通するパターンがあり、その音の変化をグラフ化すれば、どの劇場の観客も、数秒間で音量が最大になる普遍的な曲線に従うことがわかった。しかしそれ以上に意外なのは、この曲線が、物理学で知られている曲線と完全に重なることだ。それは原子や分子の集団の挙動を表す曲線で、そこからは原子や分子が集団として、何の前触れもなく、急激にある挙動から別の挙動へと変化する様子がわかる。そのような変化をするのは、集団内の分子や原子が、近くにある分子や原子の動きに非常に強く依存しているためだ。原子や分子は実際には、独立した存在ではないのである。(10)

拍手というのは、社会現象としてはそれほど重要なものではない。しかしこのような、ある状態（静寂）から別の状態（拍手喝采）へと変化する集団的行動のパターンは、インターネットや住宅ブームのような何か新しいことが到来すると、他人の取った一つの行動を見て、全員がそれに殺到するという金融市場の状況と、大きな違いはないのである。

物理学と集団的行動の間に見られるこうした驚くような関連性がまさに、物理学者がファイナンス論や経済学の分野に流入するきっかけになった。誤解がないように言うが、ここでは、金もうけが目当てでウォール街の企業に雇われて、金融商品の価格決定計算をする物理学者たちの話をしているのではない（現実にそうした物理学者たちはたくさんいるが）。そうではなく、ここで取り上げようとしているのは、市場や経済を、地球の地殻や、生体細胞の仕組みと同じ方法で理解されるべき自然システムとして見てきた物理学者たちのことだ。彼らがこれまで探求してきたのは、通常時の市場はどのように動くのか、市場がまるで当然のように頻繁に急落して危機に陥るのはなぜか、そして経済学者がその危機の到来を察知することを非常に不得手とするのはなぜか、という問題である。

こうした研究から得られた答えを一言で表すなら、この章の冒頭で引用した、経済学者は「嵐を理解していない気象予報官のようだ」という、イギリスのジャーナリストの言葉はおおむね正しい、ということになる。

本書では、こうした研究から現在生まれつつある、市場や経済に関する新しいビジョンを探求していこうと思う。私が試みるのは、正のフィードバックや不安定性を出発点とする、物理学の影響を受けた考え方について、その主な要素を抽出することである。嵐やハリケーン、雨や雲、そしてあらゆる現象の発生原因である前線や対流セルといった、気象現象でも最も興味深く、重要な要素を理解したいのなら、毎日青空が広がるのが当たり前で、そうでなければ驚いてしまう、という考え方は卒業しなければならない。化学から進化生物学にいたるまで、他のさまざまな科学分野の自然科学者たちは、はるか昔にそうした考え方をやめている。現実世界で最も重要なものは、バランスとは正反対にあるもの――不均衡を引き起こし、つむじ風や乱流を生み出す力――から生じている。それにもかかわらず、経済学の唯一の概念が、そのバランスという考えに基づいたものであることが、今日の経済学が無力なままである最大の理由だろう。

さらに踏み込んで考えるには、市場がバランスから大きく外れた状態へどのくらい急激に移行するのか、そして経済の「天気」が非常に穏やかに思えるときに、どのようにして激しい金融の「嵐」がきわめて自然発生的に生じうるのか、といった問題を正しく理解しなければならない。不均衡の経済思想を取り入れて、目の前の経済を、イノベーションと無数の不安定なフィードバックを原動力とした、絶え間ない変化の結果としてとらえる必要があるのだ。このような概念上の転換は、アダム・スミスの「見えざる手」というメタファーの登場によって引き起こされた概念上の転換と同じくらい徹底的でなければならない。そしてその転換によって、私たちが金融市場について教わってきたことのほとんどが覆されるべきなのだ。

均衡から不均衡へ

これから見ていくように、**不均衡に基づく経済思想**は、市場の働きに関する理解をすっかり変え、一見何も起きていないように思える「通常時」の市場についても、違った見方を与えてくれる。均衡思想に基づいた経済学の主張によれば、市場は、集団の知恵を活用して、株や債券、金融派生商品、モーゲージ、さらに住宅などの資産の現実的な真の価値を効率的に評価している、ということになるが（いわゆる「効率的市場仮説」）、不均衡による市場観では、こうした考えは幻想でしかない。市場で株などの資産の価格を決めているのは、数多くの個人や企業、ファンド、トレーダー、ブローカー、マーケットメーカー、長・短期保有の投資家、如才ない投機家、夢想的なギャンブラー、そして（増加しつつある）コンピューター・アルゴリズムといったものによる、組織化されていない行為だ。そうした行為はすべて、市場での情報の流れに影響を与えているが、そこから賢明な結果のようなものが得られるという保証はない。如才ないウォール街の投資家たちの行為は、市場のトレンドを修正するのではなく、増幅させることが多い（実際のところ、そうしたトレンドに追随する戦略はよく用いられている）。多くの気まぐれな人間の行為に依存する、これほど複雑なものが、効率的かつ安定な均衡状態に到達するという奇跡が起こるとはとても考えられない。

通常時の市場はむしろ、絶えず移ろい、変化する、地球規模の気象のパターンに似ている。そこでは、新たな大気の擾乱や嵐といったパターンが、自然ではあるが、非常に不規則かつ予測不能な形で発生する。本書では、このような市場と気象の類似性について、フラッシュ・クラッシュやクオンツ危機、サブプライム危機、一九八七年の株価暴落、一九九八年のＬＴＣＭ（ロングターム・キャピタル・マネジメント）危機との関連で詳しく検討すると同時に、過去の歴史についても振り返るつもりだ。これから見ていくように、物理学の影響を受けた金融市場モデルを使うと、こうした自然な変動を、どんな経済学理論よりもはるかに正確に説明できる。

実のところ、不均衡の経済思想は、市場での因果関係の根本的な部分についての理解を大きく変える。私たちは、ドラマチックな出来事には、同じくらいドラマチックで意味深い原因があるはずだと考えがちである。二〇一〇年五月六日の株価急落のような突然の事象は、ファット・フィンガーや重大なコンピューターエラー、あるいはそれに類似する何か、もしかすると優秀で悪意のある投機家の悪質な不正行為など、大きな誤りによって引き起こされたに違いない、と考えようとするのである。

しかし、不均衡システムはそのように作用しているわけではない。比較的穏やかな期間が長く続き、それをときおり大激変の期間が乱すという、自然のリズムを刻んでいるのだ。不均衡を基本とする市場観に立てば、二〇一〇年五月六日や、一九八七年、そして二〇〇七年から二〇〇八年にかけて起きた市場暴落も、異常さの点では、二〇一一年に日本で発生した東日本大震災や一九〇六年のサンフランシスコ地震を超えるものではない。物理学者たちが開発したモデルによって、市場における異常な現象が、投資家の見解や期待、ムードのパターンの変化によって、きわめて簡単に生じうることがわかっている。とりわけ重要なのが、そうしたパターンが、他の投資家が抱いていそうな見解や期待、ムードと関連性がある場合だ。市場経済という、自力で動く自己言及的システムでは、印象や期待が強い力を及ぼしており、爆発的な正のフィードバックが定常的に生じるのである。

ここから示されるのは、広く受け入れられている市場についての考え方の根底にある、正常な事象と異常な事象の区別が、恣意的で誤解を招くものであり、そこには、本当の意味での根拠が何もないということだ。こうした区別をするせいで、当局は、大きな事象の原因として何か特別な理由を探すようになっている。しかし本来であれば、現在動いている何の変哲もない市場の仕組みのほうに、（少なくとも多くのケースでは）目を向けるべきなのだ。連邦準備制度理事会（FRB）をはじめとする経済政策策定を担当する機関の考え方は、まるで古代人さながらである。彼らは嵐や稲妻は、神の怒りの所業だと考えているのだ。一方で、不均衡という現実を受け入れることは取りも直さず、どれだけ激しくて珍しい事象であっても、その原因はごくありきたりだという真実を認めることを意味する。

さらに、不均衡の経済思想が、市場の危機がいつも不意に発生するように思える理由を説明するための適切な概念をもたらすことも、詳しく考えるつもりだ。不均衡の経済思想で重要な概念の一つが「準安定」である。この準安定を考えれば、ある系が「一見安定だが実際には非常に不安定」という状態を取り得る理由が理解できる。それはたとえば、マッチの頭についた硫黄が、適当な種類の火花が生じればすぐに爆発的に燃焼するのによく似ている。もともと不安定で危険な状況に置かれていても、しばらくは問題なくその状態を保てるが、やはり最終的には必ず大惨事につながる。準安定は、たとえばクオンツ危機を説明する鍵となるように思える。また、インターネット株やモーゲージ、外国投資など、あらゆる経済バブルの破綻においても重要な役割を演じている。バブル崩壊の瞬間を予測するのは難しい。そこで均衡経済学では、バブルは現実ではないと結論している。一方、不均衡の観点では、バブルは存在するという確かな証拠をそのまま認めた上で、バブル崩壊の瞬間を予想するのがそれほどまでに難しい理由を簡単な言葉で説明する。経済学の歴史はまぎれもなく、泡《バブル》でいっぱいのシャンパングラスのようなものだ。重要なきっかけとなる事象がいつ起こるかは、一般的には偶然の問題である。さらに動かしがたいバブルの教訓がある。それは、バブルを理解するには、経済システムにおいて危険なフィードバックが成長する条件を突き止める必要があるということだ。

均衡に基づく市場観が厳しい制約を伴うのとは対照的に、不均衡の経済思想には、市場の「気象対応マニュアル」があればいい。気象は表情豊かで、変化しやすく、無限の驚きに満ちている。単純で普遍的な気象理論というものは存在しない。代わりに気象学には、数多くの関連モデルや概念、そして気象学者たちが気象のさまざまな側面を理解するのに役立つ複数の理論がある。たとえば、平野部で発生する雷雨、海上で発達するハリケーン、地表での霧の形成といった現象のそれぞれに異なる理論が構築されている。市場や経済の科学もこれと同じように、一つの普遍的理論を追求するのではなく、多彩な関連モデルや理論を取りそろえることを目指すべきなのだ。高頻度トレーディングによって生じた急激な市場変動や、トレンドに追随する投機家が引き起こす一日の価格変動、さらにはサブプライム・ローンの動向のような大規模な社会変化に起因する、数カ月から数年単位にわたる不安定性の形成といった、具体的な現象のそれぞれに合わせたモデルや理論が必要なのである。

そうした理論やモデルに共通しているのは、個人や企業、政府、その他の経済活動への参加者間の相互作用のフィードバックから、最も重要な経済現象がどのように生じてくるか、という点を重視することだ。それは、気象と同様、経済システムで最も重大な事象が生じる際には、一つの状態から別の状態への激烈な転換（上げ相場から下げ相場への転換、あるいは信用収縮から信用拡大への転換など）が発生するが、こうした転換は常に正のフィードバックが原動力となっているからである。不均衡に基づく市場観が、市場のあらゆる疑問にすぐ答えられるわけではない。基礎物理学が気象の仕組みの細かな点をすべて説明するわけではないのと同じことだ。しかし本当に重要なこと、つまり、不安定性や劇的な変化につながるフィードバックに注目すれば、不均衡に基づく市場観は、市場力学の理解につながる道筋を大まかながら示してくれる。しなければならないのは、そうしたフィードバックはどのような場合にどのような場面で活発になる可能性が高いのか、どうすればその発生を検知できるのかを知ることだ。そして、そうしたことがはっきりわかるなら、そのフィードバックの力を弱めるための手段を講じなければならない。

これからの章で詳しく考えていくが、不均衡の経済思想は現在、金融ネットワークの安定性（あるいは不安定性）から、市場におけるデリバティブの役割、コンピューターを使った高頻度トレーディングの利益（とコスト）まで、さまざまなトピックについての私たちの理解を大きく変え始めている。たとえば、金融機関ネットワークが金融システムに与えるリスクは、企業の財政面の（あるいはそれ以外の）問題によるリスクよりもはるかに大きい。銀行やその他の金融機関は、過去数十年間で少しずつ、特にデリバティブの広がりを通じて、相互のつながりを強めており、それによって、潜在的な危険性の高い、新しい種類の正のフィードバックが発生するケースが急激に増えつつある。国際的な金融監督機関は最近、新しい銀行規制（いわゆる「バーゼルⅢ」）を提案したが、これは依然として均衡理論がベースであるため、危険で安定を脅かす正のフィードバックの原因となる、金融機関の連携パターンの監視にはまったく効果がないのが現実だ。

過去二〇年間のファイナンス論では、デリバティブの普及はひとえに市場を「完備」市場に近づけ、結果として、より効率的で安定な市場の実現につながるという考えが支配的だった。こうしたファイナンス論の中心にある考えは、均衡の観点に基づいているが、不均衡の経済思想では、その逆こそ真実だということになる。デリバティブが市場の不安定性を高めて、市場を危機の瀬戸際に追いやることは珍しくないのである。こうした状況は、公共財としてすべての人に利益をもたらす市場機能を保護することが目的のデリバティブ規制に、政策的な意味合いを与えている。

コンピューターを使った高頻度トレーディングは、金融市場の安定性に対する脅威のなかでは最も新しいものである。一秒間に数千回もおこなわれるコンピューター取引は、現在では全取引の半分以上を占めているが、異なるコンピューターのアクションの間で発生する正のフィードバックが、市場の暴走の原因になるケースがあるのかどうかは、事実上何もわかっていない。ニューヨーク証券取引所では二〇一〇年五月六日に、株価が五分間で五〇〇ポイントも値下がりする事象が発生したが、これは初期警報にすぎない。私たちがその危険と脅威を理解できるのは、相互作用するトレーディング戦略の間のフィードバックをモデル化する取り組みが本格化してからになるだろう。

均衡理論では「市場が一番よく知っている」というメタファーを使っているが、不均衡の市場観に立てば、そうではないことは明白だ。メタファーは、一般的に考えられている以上に大きな影響を私たちの世界観に与えており、間違ったメタファーは特に危険である。均衡という幻想は、教育や、水や公共交通機関のような基本的な公益事業も含む、社会活動全般をできる限り民営化して、市場本位で実施しようという動きに、誤った裏付けを与えてきた。こうした変化を擁護する際には、市場本位のシステムは必需品をより効率的に供給するはずだと主張する、均衡理論が引き合いに出されてきた。しかしこの均衡理論が完全に無視している正のフィードバックによって、民営化の取り組みが、考えているのとはまったく異なる結果になることも珍しくない。場合によっては、非常に悲惨な結果になることもあるのだ。

一つ例を挙げると、二〇〇〇年夏にカリフォルニア州を襲った電力不足と物価上昇は、均衡理論を採用する経済学者には説明できないものだった。一九九〇年代半ばの電力市場の自由化によって、競争が増え、企業が顧客獲得のために料金を下げることで、電力価格は下がると期待されていた。しかし、市場が何らかの均衡状態に落ち着くことはなかった。エンロンをはじめとする企業は、電力供給を操作すれば莫大な利益をあげられることに気づいた。カリフォルニア州の一部地域で一時的に大規模な電力不足を引き起こし、それに合わせて電力価格を引き上げればいいのだ。実際に、エンロンは自分たちが儲かるように市場の嵐を引き起こす方法を学び、カリフォルニア州の住民はその影響を被ったのである。電力価格の高騰が起こったときに、これに驚いたのは、均衡理論で目隠しをされていた経済学者たちだけだった。二〇〇〇年末に向けての数カ月間で電力価格は八〇〇パーセント値上がりした。

より一般的に言えば、民営化の利益をやみくもに信じることは、社会にマイナスの影響を与えてきたと言える。たとえば、社会的信頼が全体的に低下し、社会規範に基づいた、伝統的な非市場的関係が崩壊した。さらには「よい仕事をするため」という文化的な意欲よりも、純粋に金銭的な動機が重視されるようになった。こうした気がかりな傾向については、ハーバード大学の政治学者であるロバート・パットナムが画期的な著書『孤独なボウリング』（柏書房）で、あるいは同じく政治学者のフランシス・フクヤマが著書『「信」無くば立たず』（三笠書房）で、それぞれ言及している。さらに最近になって、多くの社会学者や経済学者が明らかにしているのは、競争を基盤とした市場規範が優勢な状況では、協力を基盤とした有益な社会規範の排除、あるいは締め出しが起こりやすいことである。その結果、政策決定者が、効率の上で優れているらしいという理由で市場インセンティブを後押しすると、長い間コミュニティの結束を支えていた社会規範の影響力を弱めることになり、それによって意図せぬ損害が生じるのは、これまでも珍しいことではなかった。

フォアキャスト――新しい知識は「予測」をもたらす

合理的な政策策定のためには、不均衡を基本とする経済思想が必要である。不均衡に基づく思想は、物理学や化学、生物学や生態学、大気科学や地質学といった分野から生まれてきた。大陸の動きは地震を発生させ、山脈の成長を促す。生態系は、変化し続ける地球の気候に対応して進化を続けている。さまざまな力が作用し、何らかの持続的な平衡状態に落ち着くこともなく、驚きや新しいものを絶えず生み出す「平衡から外れた」システムを理解しようという動きこそ、科学的思想に過去五〇年間で起きた最大の変化だったと言える。こうした科学的観点の変化に合わせて、手法も変化している。古典物理学で使われているような、時間の項を含まない方程式は、変化の進行が特徴的な役割を果たすシステムを記述するのには不向きだからだ。

これらの変化によって、現代の経済学が抱える概念的問題が浮き彫りにされた。特に目立つのが、経済学は自己強化型のフィードバックを（見たところ意図的に）視野に入れていないという問題だ。この先の章では、現在の経済学理論の詳細やその欠点について、必要があれば多少は説明するつもりだ。しかし私はむしろ、そうした古い理論をはるかに越える、創造的で画期的な研究から生まれた新たな見識の方に焦点を当てたいと思っている。私たちは、経済学、そして科学の歴史における、真の大変革の瞬間に立ち会っているのだ。本書を読むことで、読者のみなさんが、この大変革がもたらす計り知れないチャンスをとらえられるようになってもらいたい。皮肉な言い方をするならば、最近の経済危機でさえ、長い目で見れば、経済とファイナンスの科学にとってプラスの出来事になるかもしれないのだ。現代物理学や他の科学分野のアイデアを利用することで、私たちはとうとう、経済学の伝統によって着せられた不自由な知識の衣服を脱ぎ捨て、代わりにはるかに素晴らしいものを身につけるチャンスを手に入れたのだと言ってもいいだろう。

私はごく単純な理由から、この本のタイトルを「forecast（天気予報／予測）」とした――新しい知識は「予測」をもたらすからだ。たとえば、地球大気や、それを動かす正のフィードバックや不安定性について、私たちはここ数百年で少しずつ理解を深めてきており、それが予測能力の向上につながっている。もちろん、天気ほど変わりやすく、驚きをもたらしがちなものはない。しかし気象学の分野では、少なくとも、異なる状況からさまざまな結果が生じる確率についての予測手法は確立されている。完全に正確でなくても、「何が起こり得るのか」という単純な知識だけで、かなり価値がある場合もある。経済や金融の未来をすぐに、完全に正確に予測できるようになるとはまず思わないが、いくつか可能なこともあるだろう。それは、一定の条件下で発生する可能性が高い問題を予測し、それを回避する方法を探ることだ。均衡による安定状態というビジョンはまったくの幻想であること、そして、それよりもはるかに激しいプロセスがあり得ることを知っていれば、心構えができる。今後期待することについては最終章で見ていくつもりだ。

私たちはこの五年間、サブプライム危機についてのさまざまな解説や分析、再分析の海を泳いできた。銀行家や金融専門家の議会証言も見てきた。サブプライム危機がどのようにして発生し、それが誰の責任なのかを論じる新聞社説やブログ記事も数え切れないほどあった。サブプライム危機関連のたくさんの書籍や記事が説明するのは、ほとんどが同じようなストーリーだ。九・一一テロの後、長く続いた低金利によって住宅バブルがあおられ、そこにウォール街の銀行家が集まってきた。彼らは次第にリスクが高まりつつあったサブプライム・ローンをいくつも組み合わせて、複雑なデリバティブ商品を作り上げ、それを世界中のだまされやすい投資家に売りつけて莫大な資金を得た。これらはすべて、住宅バブル自体を強める方向に働いた。規制当局者は見て見ぬふりをした。そんなストーリーだ。

しかしこうしたストーリーは、正しいかもしれないが、一番重要なものではない。このストーリーの背後にあるストーリー、つまり科学や思想についてのストーリー、さらには危機のはるか以前から間違った方向に進んでいたものについてのストーリーこそ、語られる必要があるのだ。

第2章　驚異的な計算装置

株価変動は、ウォール街の集合的知識、なかでも今後起こる事象についての集合的知識を表している。……株式市場は、あらゆる人の知識、希望、信念、期待のすべてを表しており、そうした知識はふるいにかけられて、無味乾燥な市場の判断となるのである。[1]

——ウィリアム・ピーター・ハミルトン

自由市場の核心をなす最も重要な事実は、交換は、双方に利益がない限りおこなわれない、ということだ。

——ミルトン・フリードマン

ある驚異的な計算装置を想像してほしい。その魔法の装置には、世界中のあらゆる人々の欲求——期待、不安、知識、目標、夢、希望、恐怖など——を注ぎ込むことができる。この装置は、こうした情報すべてを貪欲に飲み込んで、もぐもぐとかみ砕いて消化する。そうしながら想像も及ばないほど複雑な計算を実行した上で、すべての人に対して、今日は何をすべきか、つまりその人は今日、どこで何を生産し、それを誰に、何のために、どのくらい売るべきか、ということについて、明確な指示を送る装置である。

装置についての科学者による研究は進んでいて、その仕組みは理解されているとしよう。さらにこの装置を使えば、すべての人の願いをかなえ、不安を遠ざける方法として、考え得る限り最善の計画が立てられることが、数学者たちによって絶対的な確信を持って証明されている。賢い人々が集まって努力しても、この装置には及ばない。たとえ彼らの知性が無限であって、宇宙の一生分の時間をかけて取り組めるとしても。

このような装置が実在するとしたら、それはまさに奇跡であり、事実上、考え得る社会問題すべてを解決してくれるだろう。しかし実際には、そんな装置を想像するまでもない。経済学者たちが過去二〇〇年で作り上げてきた理論を真剣に受け取るなら、自由市場はまさに、この種の装置だということになるからだ。もちろん市場は、胃がむかつくような予測不能なうねりに翻弄されることもある。国家の債務不履行を引き起こし、銀行を破綻させ、何も知らない老婦人たちの年金を奪う恐れもある。汚職や詐欺、盗みの原因になることさえある。しかしそうした混乱の背後には、スコットランドの経済学者アダム・スミスが提唱したとおり、「見えざる手」という驚くべき力を持ったメカニズムが存在しており、この「見えざる手」によって、市場は結果的に、すべての人にとって有益な結果をもたらす。市場は、現時点で入手可能な未来についてのあらゆる情報や、無数の人々の頭脳に未整理の断片として隠れている情報を効率的に収集し、それらを統合することで、人間による投資や活動が最適な形でおこなえるようにするというのが、多くの経済学者の主張である。

これは本当だろうか。経済学者たちが好んで言うように、市場というのは本当にそうした驚異的な装置であり、私たちの乏しい資源や能力の配分方法を決めるのに役立つのだろうか。

確かに市場には、そして調整役なしでも自然と組織化する市場の能力には、多少なりとも驚くべきところがある。アップルのｉＰｈｏｎｅやｉＰａｄには現在、一〇万を超すアプリが用意されている。アプリとはアプリケーションのことで、急に決まった旅行の予約から、夜空にかざして星の名前を調べることまで、その用途はさまざまだ。二〇一二年四月の段階で、最も人気のあるアプリの一つに「プラントvs.ゾンビ」がある。ゾンビに侵入されそうになっている自分の家を、ゾンビを殺す植物を使って守るという、一風変わったゲームだ。新しいアプリの開発は簡単なことではない。開発者は、基本アイデアの構想力や発想力はもちろん、オブジェクトC（アップル端末上でアプリを動かすコンピューター言語）でプログラミングする高いスキルを持ち、データの保存や使いやすいアプリのデザインといった幅広いソフトウェア技術に深く精通している必要がある。この市場の不思議なところは、こうしたアプリのとどまることのない増加を支えるために、アップルのエンジニアチームが何百万行ものプログラムの作成やデバッグをおこなう必要もなければ、一般ユーザーの間には植物とゾンビが戦うゲームへのニーズがあることを、アップルのマーケティング担当者が予見できなくてもいいことである。世界中の大勢の無名の人々が、ｉＰｈｏｎｅとｉＰａｄが作り出したチャンスに自発的に反応し、あらゆるニッチを埋め、ニーズを満たしているのだ。市場は設計者なしで、精緻な計画を練り上げたのである。

そうだとしても、経済学の分野で発展してきた「市場は驚異的な自己調整型の安定化装置だ」という考えは荒唐無稽な夢物語であり、市場の仕組みについての理解はきわめて遅れていることを私は議論していきたい。経済学は過去半世紀の間、科学や数学分野の新しい重要な考え方に追いつきもしなければ、その恩恵を受けてもこなかったので、現在では、物理学はもちろん、コンピューター科学や生態学、進化生物学などの現代科学から学べることはたくさんある。とはいえ、多くの優秀な人々を夢中にしてきた市場の概念や数学がある以上、それらをただ無視するわけにはいかない。そこで、この章ではまず、市場を驚異的な装置だとする経済学者の見方について詳しく見ていきたい。理論家はこの二世紀の間、この見方に興奮し、力を与えられてきた。そしてその影響を受けて、現在の形の市場理論を構築してきたのである。

もちろん、経済学者たちも本当は、私がここまでで説明してきたほど、市場が素晴らしい装置だと信じているわけではない。さまざまな市場の失敗がたびたび起こっており、その点で市場は、理論上考えられる理想的な存在ではない。市場の失敗は、人々が利用可能なものやその質について正しい情報を持たない場合に起こる。たとえばガレージセールで、まるで新品のように売られている、怪しい使用済みバッテリーにだまされてしまうケースなどだ。売り手または買い手に競争相手がほとんどなく、販売価格または購入価格を事実上固定できる場合にも、市場の失敗は起こる。水道会社やブロードバンドプロバイダーが一社しかなければ、その会社が要求する法外な価格を支払う以外に選択肢はない。さらに言えば、ある売り手から別の売り手に簡単に乗り換えられない場合や、現時点では自分の利益につながり、万が一のときには自分に被害が及ばないというよこしまな動機から、信じられないようなリスクを取る人々がいる場合にも、市場は崩壊する。市場の失敗についての研究は、経済学の一分野として確立しているほどである。

しかし、多くの経済学者の頭の中にある「理想の市場」、つまり経済学者の理論によって一般的に説明される市場は、自己調整型の安定化装置に似ており、それが現実の市場についての考え方（あるいは政策決定）の基礎となっていることが多い。経済学者は頭の中で、失敗のまったくない市場があるとすれば、そういう市場になるだろうと考えている。私たちがまずはっきりと理解しておく必要があるのは、市場理論はこれまでにどんな成果をあげているのか、そして経済学者の大半が、市場が実際に驚くほど効率的である場合が多いと考えているのはなぜか、ということである。つまり、この驚異的な装置はどういった仕組みになっているのか、という問題だ。

二人の天才――スミスとニュートン

この五〇年間の市場経済学において最も多く聞かれた言葉は、おそらく**効率**だろう。科学や工学の分野で効率というと、無駄を最小限に抑えながら、何かをうまくこなすことを指す。自動車のエンジンは、化石燃料に閉じ込められている自然状態の化学エネルギーを、目的を持った有用な運動へと変えるための装置だが、高効率のエンジンでは、摩擦や廃棄物、熱などで失われるエネルギーの量が最小限に抑えられている。その流れでいくと、経済効率というのは、そうした効率よりも抽象的だが、作用する原理はほぼ同じであり、資源（小麦や石炭、温泉水など）を、販売可能な商品へとできるだけ無駄なく変えることを指していると考えるかもしれない。それはほぼ正しいのだが、完全にあっているわけではない。

スコットランドの哲学者だったアダム・スミスは、経済学の歴史上でカール・マルクスと並んで最も有名な人物だ。スミスは一七七六年の著書『国富論』で、産業革命期の経済状況を動かしている重要な要素の説明を試みた。特に指摘したのは、あらゆる国で進んでいた（専門技能と、技術や産業が結びつくことによる）分業化が、生産性の向上や富の増加に最も関与していることだ。スミスは、産業革命の進行を身近で目撃していた。オックスフォード大学在学中の一七四三年に、綿から糸をつむぐ紡績機を五五台並べる方式で稼働する工場が、近くのノーサンプトンにできていたのだ。スミスは分析のなかで、その後の近代経済学の導き手となるメタファーを思いつく。**見えざる手**という概念だ。一〇〇年以上前から、経済学を学ぶ学生たちの記憶に焼き付けられてきた文章の中で、スミスは次のように書いている。

（一般的な個人が経済活動を行うのは）自分が安全に利益をあげられるようにするためにすぎない。生産物の価値が最も高くなるように労働を振り向けるのは、自分の利益を増やすことを意図しているからにすぎない。だがそれによって、その他の多くの場合と同じように、見えざる手に導かれて、自分がまったく意図していなかった目的を達成する動きを促進することになる。そしてこの目的を各人がまったく意図していないのは、社会にとって悪いことだとはかぎらない。自分の利益を追求する方が、実際にそう意図している場合よりも効率的に、社会の価値を高められることが多いからだ。(2)（『国富論』（山岡洋一訳　日本経済新聞出版社）より引用）

言い換えるならば、私たちはみな自己中心的で欲深く、一般に自分自身の目標のみを追い求めるかもしれないが、それでも、私たちの行動が、最終的に他の人々やコミュニティ全体の利益となる製品を生み出したり、サービスを提供したりするのは珍しくない、ということになるだろう。

経済学者はアダム・スミスを話題にするのが大好きだが、それにはもっともな理由がある。スミスの深遠な学説は、長年の先入観を断ち切り、そして、ある直観に反する考えで世界を変えたからだ。それは、人々の行動に対するコントロールや、意図的な操作があまりない方が、経済の仕組みや結果を向上させられるという考えである。アラン・グリーンスパンは、FRB議長在任中の二〇〇五年のスピーチで、次のように述べている。

スミスは、きちんとした実証的証拠が驚くほど少ない状況にありながら、商業的組織や制度の本質について幅広く推断している。それは当時の文明世界の大部分に重大な影響と変化を与えた。そうした原理に基づく経済はまず、生活レベルの向上につながった。生活レベルが十分に向上したことで、人口の増加が実現した。さらに後には（かなり後のことだが）物質的生活環境の改善につながり、それにより長寿命化が促進されたのである……スミスが提唱した自由市場主義の大部分は、現在でも適用可能である。(3)

グリーンスパンや他の近代の経済学者らがスミスの「見えざる手」に夢中になるのは、単にスミスの言っていたことには間違いがないと思っていたからではない。あるいは、過去二〇〇年にわたって、デヴィッド・リカードやアルフレッド・マーシャルから、フリードリヒ・フォン・ハイエクやミルトン・フリードマンまで、高名な経済学者らがスミスの考えを受け入れてきたからでもない。彼らの確信の源となっているのは、その後の二〇〇年間の進歩である。経済学者たちはこれまでに、スミスの言葉やメタファーを支える、しっかりした数学的理論を作り上げてきた。なんとも皮肉なのは、そうした進歩がすべて、一九世紀後半の経済学者たちによる、経済学を物理学の最新理論に適合させようという試みから始まったことだ。

バランスの取れた状態、つまり平衡状態という概念は先史時代からあり、原始宗教で考えられていた宇宙の成り立ちの話にまでさかのぼることができる。人体における平衡状態は、古代ギリシャの医師だったヒポクラテスの時代から医学思想の中心に位置している。また、古代ギリシャの自然科学者で発明家だったアルキメデスは、てこなどのシンプルな装置の動きを理解するために、平衡という考え方を用いていた。

平衡という考え方がメタファー以上のものになったのは、一六四八年にアイザック・ニュートンの『自然哲学の数学的原理』(『プリンシピア』とも呼ばれる)が刊行されてからだ。同書でニュートンは、万有引力の法則や惑星とともに、通常の物体や装置の運動の法則について説明している。ニュートンの理論によれば、作用する力の釣り合いが取れていない場合、物体——石でも鳥でも惑星でも——は加速し続ける。その力が作用しなくなるか、それと釣り合う別の力が作用するまで、加速は続く。力の釣り合いが取れると、平衡状態になる。たとえば、石が地面で安定して動かない状態、あるいは、巨大な橋を造り上げるたくさんの部品が、安定した自己支持型構造に組み込まれて動かない状態が、平衡状態である。

もちろん、平衡というこの考え方自体には何も問題はない。それは、第一級の天才が考えた概念であり、多くの事柄の説明になっている。大気を単純な平衡状態にある空気の層だと考えれば、地表面での気圧の数値がだいたいわかるし、高度の上昇に伴う気圧の低下も理解できる（高度が約一三マイル〈約二〇キロメートル〉高くなると、気圧は一桁下がる）。一八世紀後半、ニュートン物理学が科学や工学のあらゆる分野を支配するようになり、産業革命をさらに加速させるようになると、平衡状態は、特にジョゼフ＝ルイ・ラグランジュやウィリアム・ローワン・ハミルトンの研究によって、きわめてエレガントな数学的形態を与えられるようになる。なかでもラグランジュは、当時知られていた数理物理学の法則から、「最小作用の原理」が導けることを示した。「最小作用の原理」とは、宇宙での物体の動きは、どれだけ複雑に見えても必ず、ある特定の物理量を最小化するというものだ。それはまるで、宇宙自体に効率を最大化するという決まりがあるかのようだ。

当時の数学者の多くは、社会にも同じような数理科学が必ず存在すると確信していた。その一人であるフランスの数学者のアントワーヌ・オーギュスタン・クールノーは、平衡（＝均衡）という概念を需要と供給の分析に応用した。クールノーが特に指摘したのは、独占が存在する場合には、人は高い価格を自然に予想するはずだということだ。当時の経済学では、クールノーを別とすれば、まだ言葉による議論が主流で、数学はまったく使われていなかったが、クールノーのこの取り組みは、他の経済学者、とりわけレオン・ワルラス（彼の父はフランスのアマチュア経済学者で、工学の初歩を学んでいた）に、そうした経済学の習慣を変えさせることになった。一八七四年、ワルラスは著書『純粋経済学要論』で、機械的均衡という考えを概念上のひな形として使って、それに類似した経済学理論を構築し、スミスの「見えざる手」を精密な数式で表せることを示したのである。

「見えざる手」の数学

経済学の入門書は必ず、「需要と供給」という基本的な考え方から始まっている。アメリカの灯油やガソリンの価格を決めるのは、議会での議決や大統領令ではなく、国際石油市場での需要と供給だ。大半の人は、原油の主な供給国はサウジアラビアなどの中東諸国だと考えている。それは間違いではないのだが、ロシアが原油の全供給量の一〇パーセント以上、アメリカも一〇パーセント近くを供給している。中国やカナダ、メキシコ、ブラジル、ベネズエラなども重要な原油供給国だ。こうした原油はすべて、ロンドン国際石油取引所をはじめとする商品取引所でエネルギー会社に売られている。石油の価格が上昇すると、人々は石油を買うのを我慢して、サーモスタットの設定温度を下げたり、車の運転を控えたりするようになる。一方、生産者側はより多くの利益を得られると期待して、石油の供給を増やそうとする。内戦や国際紛争によって石油生産に影響が出ると、価格は自然に上昇する。価格は上昇し続け、最終的には、需要が大幅に減少して、ある特定の価格で供給と需要が等しくなる。このような均衡点では、供給過剰で石油が余ることも、逆に供給不足で石油を入手できない客が列をなすこともなくなる。この時点で供給と需要は等しく、経済的な力の釣り合いが取れているのである。

こういった基本的な説明は、ワルラスの時代にはすでによく知られていて、一つの商品（石油やレンチ、ハイキングブーツなど）についてはこの説明を簡単に当てはめることができた。しかし、実際の経済には、数え切れないほどの商品があり、果実や造船、理髪業などのそれぞれに異なる市場がある。ワルラスは、非常に多種多様な商品とその市場が存在する、もっと複雑なケースでも、同じような需要と供給の釣り合いが必然的に適用できることを、数学的に示そうとした。それに成功したと考えたワルラスは、同僚である数学者のポール・マシュー・エルマン・ローレンへの手紙で、次のように書いている。「こうした結果はどれも、必要性や効用といった定量的な概念に、数学の言葉を簡潔な形で応用した点で驚異的です。……そこから生じる経済学の法則は、一七世紀末の天文学法則がそうであったのと同じくらい合理的で、精密で、疑う余地がないと言って差し支えないでしょう(4)」

同じ時代の経済学者である、イギリス人のウィリアム・スタンリー・ジェヴォンズも独自にほぼ同じ考えに到達した。ワルラスとジェヴォンズの均衡理論は、「見えざる手」という考えに、荒削りだが実用に耐えうる数学モデルの裏付けを与えたが、大きな限界が一つあった。数学的に見れば、ワルラスとジェヴォンズの結論は完全に証明されたわけではなく、単にそのような結論が示唆される、というだけだったのだ。

スミスが提示した「見えざる手」という考えは、人々に期待を抱かせるものだったが、結果として、「見えざる手」にとってのアイザック・ニュートンとも言える人物が登場するには、一九五四年を待たねばならなかった。この年、ケネス・アローとジェラール・ドブリューという二人の理論経済学者がついに完成させたものを、多くの経済学者はニュートンの『プリンシピア』の経済学版と見なした。アローらは、非常に数多くの深遠なる洞察を、簡潔な数行の数式によって表したのだ。

アローとドブリューの理論は、ニュートン物理学のどんな計算にも負けないくらい、数学がたっぷり使われている。そして「供給と需要は等しくなる」という簡単な考えを、異なる商品と市場が数多く存在する経済にも拡張するために、アローらは「ブラウワーの定理」という数学定理を使った。これは、オランダの数学者ライツェン・ブラウワーが一九一二年に証明していた定理だ。次のような例を見れば、ブラウワーの不動点定理が、直観に反する事柄を証明できることがわかる。アメリカの地図を用意して、それをアメリカ国内のどこかの地面の上に平らに広げる。地図上には、それをどんな好きな場所に置いても、対応する実際の地球上の点にかならず重なる点（不動点）が存在する。これは数学的な事実だが、確かに自明とは言いがたい。これを証明するのがブラウワーの定理だ。

アローとドブリューは、ブラウワーの不動点定理（その原理は地図だけでなく多くの分野に適用できる）を足がかりとして、一つのきわめて重要なことを証明できた。それは、多くの消費者と生産者が存在する抽象的な経済モデルには、見えざる手のように、すべての人が相互に整合の取れた選択をするよう調整する役割を持った、一組の価格が存在するはずだ、ということだ。これはまさしく、ワルラスとジェヴォンズが考えていたとおりである。市場での無秩序な売買のなかで、こうした一組の価格がどのように生じるのかは、アローとドブリューにはわからなかった。ブラウワーの不動点定理を使ったことで、アローらは、人々が実際にどうやって決断しているのかという面倒な問題を避けて通ることになったからだ。それでも、市場では原理上、相矛盾する目的や需要という非常に複雑な問題を、一組の価格によって調整できることを、二人は証明したのだった。

当時の経済学者らにとって、それは素晴らしい成果だった。イェール大学の経済学者のジョン・ジーナコプロスは、一九八七年に書いたアローとドブリューの業績に関するレビュー論文で、次のように書いている。「一般均衡理論の最も印象的な特徴は、この理論が可能にするゴールと資源の大きな多様性と、この理論が必要とする最高レベルの整合性が同列に置かれていることだ。それぞれの消費者の望みはすべて、それがどれだけ奇妙なものでも、どこかの生産者の自発的供給によってきちんと満たされる。そして、これはあらゆる市場と消費者に同時に当てはまるのである」(5)

ここでアローとドブリューは、自分たちの結果を証明する上で、抽象概念へと大きく飛躍する必要があった。彼らのモデル経済における財は、リンゴやタイヤのような単純なものではない。むしろ、一つの商品は、それが存在する時間と場所、さらにはその時点の「世界情勢」によって指定される必要がある。二〇一二年の晴れた日に、オレゴン州でたくさん収穫されたリンゴ一個と、戦時中の一九四二年にパリの露天市で売られているリンゴ一個では、たとえ品種が同じでも、商品としてはまったく別のものであり、経済的価値もまったく異なる。アローとドブリューは同時に、たとえ人々が異なる時代の異なる経済に住んでいるとしても、そうした商品の交換は常に可能であり、さらにあらゆる取引には空間的にも時間的にも、障壁がまったくないと仮定する必要があった。

しかし、数学的にここまで細かいレベルまで踏み込んだことによって、アローとドブリューは市場均衡の存在以上のものを証明できた。このような、あらゆる商品の需要と供給の間の完全な「競争均衡」は、あらゆる資源が消費者の需要を満足させるために最も生産的に使われるという意味において、「効率的」であるということも証明できたのだ。この均衡状態を、経済学者は「パレート最適」と呼んでいる。パレート最適とは、考え得るさまざまなものの価格や生産量を調整する場合、たとえ無限の知性を持つ中央の計画者をもってしても、少なくとも一個人あるいは一企業の状況を悪化させることなしに、全体の結果を改善させることはない、という考え方だ。つまり、純然たる改善につながることはない、ということだ。このような結果は、「厚生経済学の基本定理」という名前で呼ばれており、あらゆる重要な研究や思想に大きな影響力を及ぼし、方向付けをしてきた。この基本定理について、マサチューセッツ工科大学（ＭＩＴ）の経済学者のフランクリン・フィッシャーは、次のように述べている。「（この定理は、）自由市場は望ましいものだという考え方の正当性を示すとする、しっかりとした根拠を与えている（ただしそれらは、公正性や、パレート効率性の他の属性については何も語っていない）。厚生経済学の基本定理は、西洋資本主義の基礎と言ってもおおげさではない」[6]

「見えざる手」に導かれている市場は、物事を一番よく知っているように思える。経済学者は、市場がその意味で効率的だということを（数学的な証明を成立させるために必要な、さまざまな仮定の下で）証明してきた。しかし経済学者らは、この「効率的」という単語を別の意味合いでも使っている。経済学者が言う「効率的」とはどのような意味かを理解するためには、それ以外の意味合いについても考える必要があるだろう。

予測どおりに予測不能

ここまでで説明した概念はどれも、魅力的なほど簡潔である。アローとドブリューの均衡理論は、原理の上では、他のあらゆる市場と同じように、金融市場の需要と供給にも適用できる。金融市場で商品として扱われているのは、株や債券、さらには政府や投資銀行、保険会社などが販売する特殊な証券である。私たちは、自分の行動が社会や、自分が経済主体である世界にとって最大の利益になるという自信を持って、そうした商品の売買や取引をおこなうことができる（このことは実際に数学的に確かめられる）。とはいえ、最も効率的で完全な均衡が平穏な状態をもたらすというのは興味深い見方だが、それは現実の金融市場で絶えず生じている、無秩序な混乱と矛盾するように思えないだろうか。完全なる均衡状態がいったいどうして、私たちを驚かすような途方もない力を持ちうるのだろうか。

格付け機関であるスタンダード＆プアーズ（S＆P）は、二〇一一年八月五日金曜日遅くに、一九一七年以来初めて、アメリカ政府の信用格付けレベルをAAAからAA＋へと引き下げた。S＆Pはこの格付け引き下げについて、「金融・財務上の課題が進行するなかで、アメリカ政府の政策立案や政治制度の有効性や安定性、予測可能性が弱まっているという、われわれの見解を反映したものだ」[7]としている。

翌週の八日月曜日、ウォール街は二〇〇八年の金融危機以降で最悪の日を迎えた。この日の終わりまでに、アメリカの三大株式指標すべてが五パーセントから八パーセント下落した。間違いなく、翌火曜日はさらに悪い日になると思われた。しかしそうはならなかった。九日火曜日には、市場は前の週末の水準近くまで戻したのだ。混乱はこの週いっぱい続き、S＆P五〇〇種株式指数（アメリカの主要五〇〇社の株価の加重平均）は四日連続で、四パーセント以上の上げ下げの繰り返しを記録した。これも歴史上初めてのことだ。

予測不能な変動というのは、株式市場の特徴としては最もわかりやすいものだが、そう考えるのには十分な理由がある。ここで私が「五パーセント問題」と呼んでいる思考実験をしてみよう。前提条件として、火曜日に市場は回復して大きく反発し、取引終了前の三〇分で株価が五パーセント上昇するということを、火曜日の朝の時点で、すべての人が確実に知っていると考えてほしい。誰もがこの値上がりを期待しているので、その朝には多くの人々が、現在の株価よりも最大で五パーセント高い価格までなら、株を買おうと必死になる。取引終了直前に売れば、その価格でも利益を得られるからだ。こうして「午後には株価が上がる」という知識は、朝の早い時間帯に株価を値上がりさせてしまうが、この状況は先の前提条件に反している。つまり、遅い時間に反発するという予測が間違いになるのだ。予測可能な市場という考え方は、自己矛盾にすぎない。アメリカの農業経済学者のホルブルック・ワーキングもこの点について、一九四九年に次のように指摘している。「いかなる状況であれ、将来の株価変動を予測した上で、その予測を実現させることが可能だとすれば、その市場予測は誤りだということになる。理想的な市場予測であれば、その株価変動予測の成功を許した情報も十分考慮されていたはずだからだ」(8)

ワーキングの主張が正しいなら、私たちに予測できるのは、市場が本質的に予測不能であるということである。そしてこの奇妙な事実こそ、秩序だった均衡状態と慢性的なカオス状態が、同じコインの裏表だと見なせる理由なのだ。

一九三〇年代や一九四〇年代には、株式予測会社や有名新聞のアナリストなどの、いわゆる専門家による株式市場予測というのは、実際には、購入銘柄をコイン投げで選ぶのとそれほど変わらないことを示す多くの優れた研究が発表されていて、ワーキングもそうした研究については知っていた。たとえば、アルフレッド・コウルズがおこなった研究では、約五〇の統計学的株式分析サービスや、保険会社、株式予測ニュースレターが銘柄選定に成功した例について調べているが、わかったのは、そうした成功が「単なる偶然による予想結果より、わずかに良いかどうかという程度」だということだった。(9)

ワーキングは、こうした予測の失敗が、実は市場のダイナミクスにある本質的に好ましい面を示しているのではないかと考えた。その好ましい面とは、投資家にはあらゆる情報をできる限り早く市場に投入し、そうすることであらゆる予測可能なパターンを破壊する傾向があることだ。ワーキングはこう書いている。「(このように)専門家による予測が不完全であるように思えるのは……市場が完全であることの証拠かもしれない。……株式市場の予測屋の失敗は……株式市場の名誉になる」

ワーキングの話はもっともらしく聞こえるが、一方で単なる憶測の域を出ないものだった。しかし一九六五年に、MITの経済学者ポール・サミュエルソンは、「正確に予想された株価がランダムに変動することの証明」と題する論文で、ワーキングの主張を数学的な形で表した。つまりサミュエルソンは、市場の予測可能性が非常に低い場合(たとえば、前の週に下落したIBMの株価が今週上昇する確率が五〇パーセント強とされている場合)、知識を持った合理的な投資家がどのように対応するかを、数学を使って考えたのである。この小さな実験は、私たちの五パーセント問題と同じ結論に達した。投資家が合理的に行動し、入手可能な情報すべてを利用した場合、彼らの行動は市場のダイナミクスを変え、その予測可能性そのものを事実上相殺してしまうのだ。

これが示しているのは、人々が実際に合理的に行動し、入手できるすべての情報を利用すると、株価の動きは予測不能になる、ということだ。サミュエルソンはその論文の最後で、自分は数学を検討して、ある前提条件とその論理的な意味合いの間にある「AであればBである」という関係性を探っているにすぎないときちんと指摘している。そして自分の書いた内容は、現実の市場については何も示していない、それは、自分が現実の人々の振る舞いを理解しているふりをするつもりはないからだ、としている。

実証した定理を深読みすべきではない。その定理は、現実の競争市場がうまく機能することを証明するものではない。投機が良いものであるとか、株価変動のランダムさが良いものであると言っているわけではない。投機で金を稼ぐ人が、実際にそのもうけを受けるに値することを証明するものでも、その者が社会や自分以外の誰かのためになることを成し遂げたことを証明するものでもない。これらはすべて正しいかもしれないし、間違っているかもしれない。しかしそれを知るには、改めて調べる必要があるだろう(10)。

それでも、この純粋に論理学的な考察は、シカゴ大学のユージン・ファーマという、新たな若手経済学者の背中を押すには十分な役目を果たした。ファーマが一九六四年の博士論文「株価の挙動」や、一九七〇年に発表したある有名な論文で提示した考えは、今ではファイナンス論のなかでも最も影響力の大きな学説になっている。ファーマは、サミュエルソンの数学的な法則を取り上げて、それと同様のものが現実の市場にも当てはまると主張した。つまり、それは数学的定理というだけなく、現実世界についての理論でもあるというのだ。

ファーマと効率的市場仮説

世界初の株式市場が形作られたのは、一七世紀初頭の一〇年間だ。このころ、オランダの投資家が、オランダ東インド会社（アジアとの貿易独占権を持つ会社として一六〇二年に設立された）の株式の売買を、はじめは屋外の市場で、後には専用のブールス（証券取引所）でおこなうようになった。一七世紀の終わりには、ヨセフ・デ・ラ・ベガというスペイン人の商人が、『混乱のなかの混乱』という本にこうした初期の株式市場の特徴を記録している。デ・ラ・ベガは、この株式市場に参加していたのは正直で品行方正な善人ばかりではなかったとしている。デ・ラ・ベガはこう書いている。「（当時の市場での取引は）ヨーロッパで最も公正かつ最も詐欺的、世界で最も高潔かつ最も悪名高く、この地上で最も洗練され、かつ最も品のないものだ。学問の神髄であり、欺瞞の典型である。知性の試金石であり、無謀さの墓石である。有益さの宝庫であり、災厄の源である[11]」

デ・ラ・ベガは、取引業者たちが自分の得になる情報なら、たとえ断片的であっても何とか手に入れようとすることについても書いている。初期の株式市場がアムステルダムや、後にはロンドンに設立されると、優れた投資家たちは大勢の若者を雇って、波止場をぶらつかせた。そこで船乗りと話したり、いろいろ質問して、航海のゴシップを手に入れさせようとしたのだ。これが世界初の株式情報である。一八一五年には、ワーテルローの戦いの直後に放たれた伝書鳩が、ロンドンにいた銀行家のネイサン・ロスチャイルドのところまで飛んで、イギリス軍の勝利をいち早く伝えたという伝説的な逸話がある。知らせを聞いたロスチャイルドはイギリスの国債を購入し、その価格が急騰するとすぐに売却して大金を稼いだ。このような情け容赦ない行動を何度も取っていたロスチャイルドは、同時代の人々には、魂を持たない「非人間的なまでに狡猾な男」だと言われていた。ある人物はロスチャイルドについて次のように書いている。「目は心の窓だという。しかしロスチャイルドの場合、その窓は見せかけのものであるか、あるいはそこからは心がのぞいていないということを思い知らされるだろう。内側からは一条の光も差してこない。別の方向に反射することなく、まっすぐ出てくる光のきらめきというものがないのだ。そうしたすべてが、空っぽの皮膚を連想させるのである(12)」

現在でももちろん、絶えず情報を探し続けることの重要さは当時と変わらないし、テクノロジーがその助けとなるのも同じである。たとえば、ブルームバーグ・ニュースが提供するブルームバーグ・プロフェッショナル・サービスを契約していれば、油田の発見や、企業の経営難のうわさなど、企業や市場、産業、政府の運命を左右するあらゆる出来事を、数秒以内に知ることができる。

投資家は情報を貪欲に探し求め、市場は情報を中心に回る――これは市場の特徴としては、予測不可能性の次にわかりやすいことだ。サミュエルソンが指摘したように、こうした情報収集行動と市場のランダムな動きは、無関係ではない。むしろ、前者が後者を引き起こすことが多いのだ。ファーマは、市場が効率的だという場合に、最も重要な意味合いを持つのはこの点だとしている。つまり、市場は情報の収集者、処理者として効率的なのだ。ファーマは博士論文で、市場において何より自明なのは、大規模な情報獲得競争だと指摘している。

もっぱら思いつきで行動する人もいるかもしれないが、個人や組織の多くは、経済状況や政治状況の評価（通常は非常に入念なもの）に基づいて行動しているように思える。つまり、個々の有価証券には、個々の企業に影響を与える経済的および政治的要素によって決まる、「固有の価値」があるのだと考える個人投資家や金融機関は多いのである。(13)

やはり自明だとファーマが指摘しているのは、株価の変動が実際にランダムなこと、あるいは少なくとも予測が非常に難しいことだ。ワーキングやサミュエルソンによる主張以外では、そうした考えは、一九〇〇年に発表されたフランス人数学者のルイ・バシュリエの博士論文に端を発している。バシュリエは「投機の理論」と題した論文で、株価がランダムに変動して、絶えず小幅な上下動を繰り返すと、次に互いに関連性のない動きが発生し、プロセス全体が予測不能になることを説明する数学モデルを開発したのである。

ファーマは、こうした学説をすべて組み合わせて、情報を中心として市場の仕組みを考える総合的な学説を提案し、これを**効率的市場仮説**と名付けた。言うまでもなく、これが事実ではなくて「仮説」であり、妥当と思える推論と観察に基づいた真理の提案である点は重要だ。ファーマの仮説は、市場がランダムに変動すること、そしてそのようなランダムな変動は、他ならぬ投資家による貪欲な情報収集に起因するものだと主張している。その結果、良い市場、あるいは効率的な市場が実現する。すべての情報がきわめて素早く（理想的には瞬時に）株価に反映される。すでに誰かに知られている、株価の大幅な変動を暗示する情報が、市場にまだ織り込まれていないという状況はあり得ないのである。

この見地に立てば、市場というのは、あらゆるメーカーや銀行、国家、テクノロジー、原材料などについての情報を集めようと必死になっている、スキルや関心がさまざまに違う投資家の大集団だということになる。彼らはその情報を使って、できるだけ良い投資をしようとする。広まれば株価に影響する可能性のある、あらゆる新情報に飛びつき、その情報を使って利益を得ようと考える。株式や国債などの証券が現時点で割高であれば売り、割安であれば買いに出る。まさにこうした行動こそが、株価を適切で現実的な価格に押し戻すように作用するのだ。当時ファーマはこの価格を「内在価値」と名付けた（この呼び名はその後変更されており、現在の経済学者は「内在（intrinsic）」の代わりに「ファンダメンタル（fundamental）」という用語を使っている）。

そう考えると、個人の強欲さは、素晴らしい効果をもたらしていることになる。それはアダム・スミスが数世紀も前に示唆していたとおりだ。新しい情報というのは、絶えず現れては市場をかき乱すが、かき乱された市場はやがて新たな均衡へと落ち着く。市場がどんな場合でも均衡に戻るのは、利益を追い求める人々が知らずに市場をそこへ押しやっているからだ。さらに言えば、市場の動きが必然的にランダムであり、予測不能であるのは、入手可能な情報すべてを利用しようと行動する投資家のせいである。結果として市場は確かに効率的になる。その点について、ファーマは一九七〇年に効率的市場仮説についてもう一度考察したときに、次のように書いている。

資本市場の第一の役割は、経済資本の所有権を配分することである。一般的に言えば、理想的な市場というのは、そこで株価が資源配分のための精密なシグナルを発している市場である。つまり、企業が生産・投資の意思決定をおこなうことができるとともに、証券価格には入手可能な情報すべてが常に「十分に織り込み済み」という前提の下で、投資家が企業活動の所有権に相当する証券を選択できる市場のことである。入手可能な情報が常に株価に「十分に織り込み済み」である市場は、「効率的な市場」だと言える。[14]

ここで使われている「効率的」という言葉が、アローとドブリューの論文での「効率的」とは少し違うことに気をつけなければならない。ファーマが「市場は効率的」だと言う場合、それは、市場が情報をどのように使うか、つまり彼の言う「情報効率性」の観点から見て効率的だという意味だ。MITの金融学の教授であるアンドリュー・ローは、情報効率性には「直観と相容れない、禅のような趣がある」と書いている。「（市場が効率的であるほど）そうした市場が生み出す一連の価格変動は、よりランダムになる。そして最も効率的な市場というのは、その価格変動が完全にランダムで予測不能な市場である。これは自然界に生じた偶然ではない。多くの活発な市場参加者が、自分たちの情報から利益を得ようと試みることによる直接的な結果である[15]」

他のあらゆる仮説と同様に、効率的市場仮説も吟味される必要があった。ファーマが画期的な論文を書いて以来、数多くの研究者が、ファーマが最初に提案した考えに磨きをかけている。さらに、現実の株式市場の多くは情報効率性が高いか、それにかなり近い状態にあるらしいという実証的証拠も豊富に集められている。市場には、予測可能なパターン、とりわけ利益を生み出すのに役立つほど消え去りにくいパターンはほとんど存在しないように思える。新しい情報が市場に届くと、それはたちどころに株価に影響を与え、効率的市場仮説が示唆したとおりのことが起きるのである。

たとえば、ゴールドマン・サックスでデリバティブ商品担当のエグゼクティブ・ディレクターだったグレッグ・スミスは、二〇一二年三月、『ニューヨーク・タイムズ』紙への投稿記事で、同社を退職する意思を表明した。この投稿記事は注目を集め、瞬く間に悪い意味で有名になった。スミスは、自分が在職していた一二年間の間に、この投資銀行では価値観の低下が進んだと訴えたのである。

正直に言えるのは、これまで見てきた（ゴールドマン・サックスの）環境が有毒で破壊的であることだ。……要するに、この会社は金を稼ぐことを考えるあまり、顧客の利益は二の次という経営を続けている。ゴールドマン・サックスが、世界最大かつ最重要の投資銀行の一つであり、国際金融に不可欠な存在である以上、このような行動を続けることは許されない。この会社は、私が大学を卒業してすぐに就職したときとは違った場所になってしまっている。自分がこの会社のあり方に共感していると言うことは、これ以上良心が許さない(16)。

一日とたたないうちに、ゴールドマン・サックスの株価は三・五パーセント下落し、同社の評価額は一〇億ドル以上低くなった。投資家らはどうやら、スミスが記事で発表した見解が、ゴールドマン・サックスに対する顧客の評価に悪影響を与えるか、そうでなければ、同社の企業文化についての忌まわしい真実を反映したものとして、同社の将来を不透明にするだろう、と考えたらしい。

すべてを考え合わせてみると、市場効率性というのは、日常的な経験にも合っている。そして実際問題として、市場平均を上回るリターンを出し続けるのがとてつもなく難しい理由も、市場効率性で説明できる。あなたがどんな手を打とうとも、市場の方が一枚上手なのだ。市場では、莫大な資力を持ち、知力に優れた無数の人々が、ありとあらゆる有益な情報に飛びついて、それに基づいて株の売買をしている。したがって、株や債券、不動産などの価格が常にちょうど良いところに落ち着くのは、そうなるように市場が作用しているからだ、ということになる。

完全な市場を目指して

経済学者が今日の市場は「今までになく効率的」と言う場合の（実際によく言うのだが）「効率的」の意味をきちんと理解するには、もう一つ考えるべきことが残っている。アローとドブリューによる注目すべき証明によって示されたのは、資源（小麦など）を、同じ資源を使う用途（パン、小麦粉、ビールなど）の間で最適な形で配分するという意味で、市場は効率的だということだった。一方、効率的市場仮説の主張はまったく違う。市場は「情報効率的」であり、あらゆる新しい情報（たとえば干ばつによる小麦収穫高の激減など）を価格に織り込む（農業関連産業の株価の下落）ように素早く動く。こうした異なる二つの「効率性」を結びつける方法はあるのだろうか。それとも、二つはまったく別のものなのだろうか。

二つの形の効率性が本当に無関係であれば、「見えざる手」という見方にとっては深刻な脅威となる。アローとドブリューの理論（次章で詳しく見る）はきわめて抽象的であり、それが描く理想は現実の市場を明確に反映しているわけではない。その理論は、生産者と消費者については考えているが、金融市場については言及すらしていない。一方、ファーマが考える効率性は、現実の金融市場についても、少なくともおおよそでは有効であるように思えるが、情報効率性というのは、見かけほど良いものではない可能性がある。原則としては、市場はあらゆる情報をきわめて素早く吸収し、価格に反映するとされているが、その反映の仕方が非常に悪い。資源の配分があまりに不確かで影響が大きく、最適だとはとても言えないのである。

しかし心配はない。一九六〇年代と七〇年代には、ロイ・ラドナー（現在はニューヨーク大学）やシカゴ大学のロバート・ルーカスをはじめとする経済学者たちが、アローとドブリューの理論がやり残していたところを引きついだ。ラドナーらが論文に書いているとおり、アローとドブリューは市場の不確実性や期待についてはは、基本的にはまったく考えていなかった。ところが、そうした不確実性や期待は、この世界において金融市場を実際に動かし、それを興味深くダイナミックなものにする要素である。アローとドブリューの理論を発展させるにあたってラドナーらが考えたのは、世界での現実の出来事や天候、発明、戦争などが将来の見通しを変化させ、人々はそうした変化に対応するために、形を持った商品の売買だけでなく、楽観的であれ悲観的であれ、自分たちの期待を示せるような金融商品の売買をおこなうという状況だった。その上で、各瞬間にそれぞれ対応する市場の無限の変化に適用できるように、数学の力を借りて、アローとドブリューが考えた市場の枠組みを拡大した。結果として生まれた「合理的期待均衡」についての理論では、アローとドブリューの理論が、実際にファーマの効率的市場仮説にとっての真理を暗示していることが証明された。それゆえに、二つの効率性の意味には関連があり、ファーマが言う効率性はまさしく、アロー＝ドブリュー理論の効率性（最適な結果を自動的に意味する効率性）に等しいと言えるのだ(17)。

これは、市場というものが、この章の冒頭で私たちが想像した「驚異的な安定化装置」そのものであることを証明する最後のステップである。ここで使われた数学には教訓も一つある。市場は、経済学者が「完備」と呼ぶ状態にある場合に、最もよく機能することだ。大まかに言えば、この「完備市場」とは、あらゆる種類の取引が可能で、人々がいつでもあらゆる種類の取引や投資をおこなうのを妨げるものがない市場のことである。完備市場は、たとえ情報が曖昧だったり、特殊なものであっても、投資家がその情報に基づいて利益を出すために利用できる金融商品が豊富に用意されているという、理想の市場だと言える。

たとえば、今が二〇〇四年春だとしよう。これまでの一〇年間、世界規模の住宅バブルと信用バブルが急速に拡大してきている。友人は「住宅価格は上昇し続ける」と言っているが、あなたは山ほどの調査をしていて、近い将来、金融市場のハルマゲドンが待ち構えているという結論に達している。近頃よく見かけるのが「インタレストオンリー（金利のみ支払い）・元本逓増・変動金利型サブプライム・ローン」の広告で、住宅の購入者は、当面の支払額をゼロにして、元本残高に利息分を加えていくだけの支払方式を選択できるというものだ。宿題をきちんとしていたあなたならご存じのとおり、これは住宅価格が上昇し続け、購入した住宅を将来的に売却して利益をあげられる場合には問題はない。しかし住宅価格が下落し続ければ大変なことになる。このような状況では住宅バブルがはじけた場合にリターンが出せるような投資をした方がよいかもしれない。ヘッジファンド・マネージャーのマイケル・バリーもそうした一人だった。そうした投資商品は、サブプライム・ローン債権を対象としたクレジット・デフォルト・スワップ（ＣＤＳ）として知られている。ＣＤＳというのは基本的には、対象債権が債務不履行になった場合に利益が得られる保険契約だ。バリーはそうした保険契約に約一〇億ドルを投資し、最終的には、自らは一億ドル、彼のファンドの投資者は七億二五〇〇万ドルを稼いでいる。[18]

完備市場では、どんな種類の情報でも市場に出せるようになるのだ。

今日の市場は完備市場とはほど遠い。実際のところ、バリーが最初にサブプライム・ローン債権を対象としたＣＤＳを購入しようとしたとき、そのような商品は存在していなかった。バリーはゴールドマン・サックスやドイツ銀行を説得して、自分用にそうした商品を作らせなければならなかった。そういったことは、彼のように内部情報に通じていて、業界に人脈がある人でなければできなかっただろう。こうした不完備性を考えていくと、市場理論が政府の政策に与えている、最も直接的な影響の一つが説明できる。市場理論は、市場の不完備性から生じる取引の妨げを一つ残らず取り除くことが、市場の効率を高める明確な手段だと示唆しているのである。現実的には、そのための方法は二つある。一つは市場の規制緩和だ。つまり、ある市場が完備市場に近づくには、人々が利益を見越して自由に取引する妨げとなっている、あらゆる法的障壁を取り除く以外に手はないということである。もう一つは、デリバティブ商品を増やすことだ。そもそも、オプションや、それと同類の特殊な金融商品のようなデリバティブ商品は、あらゆる種類の取引や交換を可能にするためのツールにすぎず、人間の想像力が唯一の限界なのである。

完備性が効率性を高めるという究極的な見方は、一九八〇年代と九〇年代の大規模な金融規制緩和や、デリバティブ業界の爆発的な成長の重要な原動力の一つとなった。これらの動きはいずれも、市場を完備市場という理想にいっそう近づけるものと見なすことができる。ロバート・マートンとツヴィ・ボディという二人の経済学者は二〇〇五年の論文で、その結果として、きわめて効率的な市場が実現するだけでなく、時間とともにその効率性が高まることを指摘している。市場の効率化を高めるイノベーションはまさしく、利益をもたらすものだからだ。投資銀行や株式ブローカー、保険会社、ヘッジファンドなどが、さらに精巧な仕組みの取引をまとめる方法を考え出すなかで、「こうした取引市場や特注金融商品が成功すれば、投資が促進されて、さらに多くの市場や商品が生まれる。このプロセスが繰返されることによって、限界取引コストがゼロになり、ダイナミックな完備市場が実現するという、理論上の極限のケースへのスパイラルを進んでいくことになる」とマートンらは述べている。[19]

また、デリバティブ商品が市場の完備性を高めてきたように、金融規制緩和は、効率的な情報の流れの妨げになるものを取り除き、情報を持っているどんな人でも、それを地球全体の市場にきわめて短時間で広められるようにしてきた。アメリカ株式市場と言えばニューヨーク証券取引市場のことだと思っている人がいまだに多いが、一九九〇年代の金融規制緩和の結果、アメリカ株式市場の姿は完全に変わってしまっている。実際に株式市場は、アメリカで取引される全株式の八〇パーセント近くがコンピューターのアルゴリズムで取引されるところまできている。こうした取引をおこなう取引所では、いらだったトレーダーが大声で叫びながら、紙くずの山の間を進んでいく光景は見られない。アメリカの全株式取引の一〇パーセント近くを扱う取引所であるダイレクト・エッジのトレーディングルームは、ニュージャージー・ターンパイク近くのビジネスパークの簡素な倉庫内にある。ここには、コンピューターサーバーがずらりと並んでいて、ウォール街の銀行や、ヘッジファンド、証券取引業者のために、一秒間に数百万件の取引をおこなっている。今では、投資家が何か有益な情報を手に入れて、それを利用するまでにかかる時間は、数秒か、それ以下だ。最も速い取引になると、一万分の一秒足らずの間におこなわれている。

驚異的な装置のエンジンは、かつてない勢いで燃焼しているのだ。

このような、取引の高速化や規制緩和、デリバティブの増加などの結果、市場はこれまでになく効率的になっていると多くの経済学者は主張している。アダム・スミスが最初に考え出した「見えざる手」という考え方は、アローとドブリュー、サミュエルソン、ファーマ、そしてラドナーとルーカスによって裏付けられてきた。それ以外の数え切れないほどの経済学者については言うまでもない。経験的に言って、市場というのは、市場効率性が間接的に示しているとおりに、予測不能であるようだ。そしてそれはどうやら、情報が市場へ効率的に流れ込み、そこで投資資金の最適な配分に反映されているかららしい。

そうなると、過去三〇年にわたってアメリカの株式取引が欧米諸国のどこよりも活発だったのは、偶然ではないのかもしれない。アメリカの金融システムは効率的な資本市場を指向してきたが、その投資効率が優れていたことの反映と言えるからだ。

市場が一番よく知っている?

この章で歴史を振り返ってきたのは、経済学、特に市場の経済学がどのように発展してきたのか、その全体像をきわめて大まかながら説明するためである。説明していないことも多いし、多くの優秀な人々についても触れてこなかったが、ここまでに紹介してきた理論面での進歩を考慮すれば、少なくとも二〇〇八年に突然起こった金融危機の前の段階では、経済学者たちが市場の進化に非常に満足していた理由はたやすく理解できると思う。彼らの自信の根底には、きわめて知性の高い人々がおこなってきた、数多くの熱心な仕事があったのだ。

ゴールドマン・サックスのために作成された二〇〇四年の報告書を見ると、経済学者たちが、市場やその効率性について自分たちが立証してきたと考えていることの全体像が明確にわかる。この報告書を執筆したのは、コロンビア大学のグレン・ハバードと、当時ゴールドマン・サックスに在籍していたウィリアム・ダドリー〔現在はニューヨーク連邦準備銀行総裁〕である。二人の主張によれば、市場理論は、特にそれが真剣に受け止められたアメリカとイギリスにおいて、市場の効率化を大きく後押ししてきたという[20]。「アメリカ資本市場が持つ優位性（これには、アメリカの株式、債券、デリバティブの各市場の深みが増していることも含まれる）は、アメリカ経済全体への資本とリスクの配分の効果を高めてきた。……同じ結論はイギリスにも当てはまる。この国でも資本市場が十分に発達しているからだ」

さらに、市場効率化に向かうスパイラルは、銀行家や金融業界だけでなく、あらゆる人の役に立つものだったとしている。

資本市場の発展は、一般市民に大きな利益をもたらした。何よりも、雇用の増加と賃金の引き上げにつながったのだ。……資本市場はまた、経済のボラティリティ〔価格の変動性〕を緩和するようにも作用した。景気後退はあまり起こらなくなり、起こったとしても以前より小規模で済んだ。結果として、失業率の大幅な上昇が起こる頻度は低くなり、上昇の幅も小さくなった。

では、デリバティブ、つまりオプションや先物、クレジット・デフォルト・スワップ（ＣＤＳ）のような商品についてはどうだろうか。市場が完備市場に近づいていくなかで、こうした商品もまた、一つには投資家によるリスク分散をより効率化することによって、市場のさらなる効率化を進める働きをしたと、この報告書では指摘している。

資本市場の発展は、リスクのより効率的な配分を後押ししてきた。資本の効率的な配分方法の一つは、リスクに最も耐えられる投資家にリスクを移転することである。その理由は、そうした投資家があまりリスク回避的ではないからか、あるいは、その新たなリスクがポートフォリオ内の他のリスクと無相関または逆相関であるからか、いずれかだ。こうしたリスク移転が可能になれば、よりいっそう大きなリスク負担が促される。デリバティブ市場の発展は、このリスク移転プロセスにおいて、特に重要な役割を果たしてきたのだ。

そして最後にこの報告書は、市場の効率が着実に向上したことで、経済や金融の面で素晴らしい成果が得られただけでなく、政治システムにも際だった影響を与えたとしている。効率へのスパイラルについて最も楽観的に考えれば、市場の影響は他のあらゆるものに向かって、外へと広がっていくが、政治もその一つだ。政治の世界では、リーダーは、効率的な市場から刺激を得て初めて、より的確な判断ができるのである。

資本市場は、政策立案者にすぐにフィードバックを与えることによって、優れた政策に従うことの利益を増大させ、悪しき政策に従うことの代償を大きくしてきた。優れた政策というのは、リスクプレミアムを押し下げ、金融資産の価格を上昇させる。投資家はそうした政策を支持する。一方、悪しき政策は、金融市場のパフォーマンスの低下につながる。そうすると、投資家は政策策定者に政策選択の変更を迫って、よりいっそうの圧力をかけるようになる。結果的には、過去二〇年間で経済政策策定の質は向上してきており、それによって、経済パフォーマンスとマクロ経済的安定性の改善が実現している。

こうした熱心な投資家にとっては、ファイナンスの歴史と科学はまさに、経済学者の言う意味での効率の向上をもたらすものであり、資源の最適な配分をほとんど無駄なくおこなえる、金融テクノロジーであるように思えていた。少なくとも、何もかもうまくいかなくなるまではそうだった。

もちろん、金融危機の後では、ここに登場した天才たちや数学的理論に致命的な欠陥がなかったというのは本当かどうか、疑わしいと言える。

第3章　その理論に科学的根拠はあるか

著しくまれな例外（二〇〇八年の金融危機など）はあるものの、世界レベルの「見えざる手」は、為替レート、金利、価格、賃金水準を比較的安定させてきた。

——アラン・グリーンスパン

著しくまれな例外はあるものの、二〇世紀のドイツは近隣諸国とおおむね平和的な関係にあった。

著しくまれな例外はあるものの、アラン・グリーンスパンの意見はあらゆる点について正しかった。

——ブログ「クロックド・ティンバー」へのコメント

五年たってみて、わかってきたことがある。それは、経済学理論が影響力を持つようになって数十年、見方によっては数百年たつが、二〇〇八年の世界金融危機は、自己調整的な市場の均衡という考え方を、きわめて多額の損失を伴う方法で反証したということだ。この金融危機の直接の損失推定額は、アメリカでは約四兆ドル（国民一人当たり一万ドル超に相当）、イギリスで一四〇〇億ポンドとされており、ヨーロッパや他の地域の損失額も同規模に達している。[1] 間接的な損失額なら、世界全体で五〇兆ドルにのぼるだろう。これはあくまでも現時点での額だ。

しかしここは寛容になって、現在起こっている金融危機はひとまず脇に置こう。一部には、この金融危機は不景気とは関係がなかったとか、銀行は責任ある対応を取ったとか、ウォール街での出来事はすべて、経済に損害を与えるのではなく、むしろプラスに働いたなどと主張する人たちもいる。(2) これは、どんなことでも考えようによっては、自分に都合よく解釈できる、ということなのだろうか。あるいはそうではなく、科学的証拠が効率的市場均衡という経済思想を裏付けているのだろうか。

これから示していくが、その答えは圧倒的な「ノー」だ。つまり、科学的証拠による裏付けはない。少なくとも、「効率的」という言葉を何か意味のある、興味深い方法で解釈するならば、そういう答えになる。私が前章で説明してきた見方は魅力的かもしれないが、実際には非現実的な幻想にすぎないのである。この議論は有名なアロー＝ドブリューの定理をスタート地点としているが、この定理には言われているような強力な説明能力はない。その理由は、非常に単純で日常的な物理学を考えると理解できる。

頭の中で次のような場面を想像しよう。小さなテーブルの上のノートか何かの横に、一本の鉛筆がある。すぐに答えてほしい。鉛筆が机の上にどう置かれていると想像しただろうか。きっと、机に横たわるように置いてあるところを想像したはずだ。消しゴムがついた側、あるいは鉛筆の芯の先がテーブルに触れ、反対側が宙を指すような、直立した状態を思い浮かべないのはなぜだろうか。単に物理的な力を考えれば、鉛筆をそうやって直立させることは可能である。しかし、私たちがそんな場面を目にしたことがないのは、誰かがテーブルを軽く叩いたり、空気の流れがわずかに変わったりして、きわめて小さな振動が生じるだけで、その鉛筆は倒れてしまうからだ（だから、そうした場面を思い浮かべないのは当然だ）。

直立した鉛筆は、不安定平衡〔経済で言えば「不安定均衡」〕と呼ばれる状態にある。これは、外界から力が加えられない限り持続できるが、わずかな衝撃さえあれば瞬時に変化する状態のことだ。そして当然ながら、そうした衝撃は不可避である。それとは対照的に、テーブルの上に横たわるように置いてある鉛筆は、安定平衡という状態にある。息を吹きかけても、それどころかテーブルをげんこつで叩いても、鉛筆はそのまま動かないか、ひとしきり飛び跳ねてから元に戻る。直立した鉛筆はわずかな力で倒れるが、横に置いてあればそのくらいの力ではなんともないのである。

安定平衡は、不安定平衡よりも一般的に重要である。[3] 安定平衡にあるものは、その状態にとどまるからだ。私たちが考えるのが、このような鉛筆にかかる物理的な力であっても、ダウ平均に影響する経済的な力であっても、対象は安定平衡（安定均衡）の近くにはとどまるが、不安定平衡（不安定均衡）からは離れていくだろう。そのため、私たちが「均衡」状態を考える場合には常に、それが安定均衡なのか、不安定均衡なのかを確かめる必要があるのだ。アロー＝ドブリューの理論や、ルーカスなどが確立した、アロー＝ドブリュー理論を一般化した合理的期待形成仮説から得られる「一般均衡」は、それが安定均衡であり、そのために経済が実際にそうした特別な状態になり、それ以降もその近くにとどまり続けると考える理由があるのでない限り、考える価値があるとは言えない。このことは数理経済学者らにはかなりよく理解されており、アロー＝ドブリューの一般均衡が安定均衡であることの証明は、ドブリューが一九五四年に理論を発表して以来、理論経済学にとっては一番の重要課題になっている。

理論経済学は、この課題の解決を二〇年間待たねばならなかった。それが解決を見たのは、一九七〇年代の半ばに、経済学者のヒューゴ・ソネンシャインが、ドブリューとロフル・マンテルの成果も踏まえて、供給が需要と等しくなるプロセスについて考えることにより、ある決定的な結果を証明したときである。(4) 需要と供給が最終的にバランスする瞬間を迎える前には、特定の製品への需要が供給を上回る場合もあったはずだ。こうした「過剰需要」は一部の人々を、その製品をもっと作ろうという気にさせる。このプロセスは比較的単純で、経済を最終的な均衡状態へと向かわせるものだと思うかもしれない。しかし数学によって示されたのはそれとは逆だった。人々が最初に手にしている財や、さまざまな製品への選好の間に差異があるのが妥当だと考えれば、アロー＝ドブリュー型の経済では価格が安定することは決してなく、時間の経過とともに、基本的にはどんなおかしなパターンにも従う可能性があるのだ。

経済学者のアラン・キルマンは著書『複雑系の経済学』の中で、この発見が当時の経済学者の多くに大きな衝撃を与えたと書いている。経済学者のヴェルナー・ヒルデンブラントは一九九四年の文章で、均衡を通じて経済学への理解を深める立場にとっては、ソネンシャインらの結果が非常に衝撃的だったと振り返っている。

七〇年代に、交換経済の過剰需要関数の構造に関するソネンシャインやマンテル、ドブリューの論文を読んで、私は非常に驚いた。それまでの私は、一般均衡モデルというマクロ経済学の基盤を素晴らしいものだと考えていた。そうした基盤があれば、そのモデルや、均衡の概念が論理的に一貫したものだと証明できるだけでなく、均衡は非常に決定的なものだと示せるのだという、甘い幻想を抱いていた。少なくとも交換経済の伝統的なモデルに関しては、そんな幻想は、いや、幻想ではなく期待と呼ぶべきかもしれないが、完全に打ち砕かれてしまったのだ。[5]

それ以降、現実的な経済がアロー＝ドブリュー均衡のようなものに本当に達する可能性があることを証明しようという努力はどれも、失敗に終わっている。[6] 理論経済学者は、商品が数種類しかない、ささやかで子供だましの経済モデルに安定均衡点が存在することすら証明できていない。理論上の一般均衡を経済学者らは高く評価してきたが、それが単なる珍奇なアイデアを超えるものだと考えるだけの理由はないのである。

ワルラスの最初の理論は単純なものだったが、現実の経済はそうではない。経済学者のドナルド・サーリは、ワルラスの方程式は「ベクトル解析の入門コースで教えてもいいくらい、かなり初歩的なもの」だが、「そうすると、よくできた単純なモデルが、このような複雑な場所でどんなことをしているのか、不思議に思うはずだ」と書いている。これに対するサーリの答えは、ワルラスのモデルや、それを拡張したアロー＝ドブリューモデルなどは、都合の良いストーリーを作るためにもっぱら役立ってきたが、モデル自体の科学的な価値を高めてはいない、というものだ。サーリは次のように述べている。「アダム・スミスの『見えざる手』が『現実世界』に当てはまるのか、私にはわからないが、それは他の人も同じだろう。『見えざる手』というストーリーは、国の政策に影響を与えるために使われてはいても、それを正当化する根拠となる数学理論は一つも存在していないからだ」[7]

非常に不思議なことに、こうしたずっと続いている失敗が均衡理論の放棄につながらない一方で、市場の安定性という繊細なテーマに注目しすぎる研究はどれも、ほぼ完全に中断する結果になっている。だが、このテーマを再検討する経済学者もときどきは現れる。二〇〇二年には、フランク・アッカーマンが安定性を取り上げたが、[8]「研究対象にされていない」という側面こそ、彼が最も注目した点だった。アッカーマンによれば、ある大学院生向け教科書では、安定性の問題は重要でないとされているが、その理由は驚くべきものだった。教科書の執筆者の意見では、経済学は経済の内部の動力学や変化とは関係ないからだという。そこには次のように書かれている。「経済学者にとって、経済学を他の科学分野と区別している特徴的な点は、均衡方程式が経済学の中心をなしているということだ。物理学や、あるいは生態学のような他の科学は、変化の動力学的法則の決定に比較的重点を置いている[9]」

しかし、好き嫌いはさておき、動力学は重要である。経済学が、経済の内側で起こる変化についての法則を確立しないのなら、一体何のためにあるというのか。さらに言えば、経済学が「均衡方程式」しか取り扱わないとすれば、そうした均衡が不安定かつ短命で、私たちの周囲の現実世界との類似点があまりない場合にはどういうことになるのだろうか。それは数理気象学者が、雲も風もなく、雨や霧の心配もなく、あらゆる場所にただ静かに日差しが降り注ぐという夢のような大気について、見事な方程式を導くようなものだ。理論上は、大気がそのような状態になる可能性がないわけではないが、それでは私たちが気にしている現実、つまり毎日の天気については、何もわからない。

アローとドブリューによる研究以外にも、ファイナンス論や経済学の分野では、市場が効率的均衡状態になる理由について型やぶりな主張が広く行われている。そうした主張の一つによれば、市場は**集団**

の知恵を活用しているという。つまり、多くの個人が持つ多様な意見が一カ所に集められることで、個々の誤りが相殺されるようになっている、ということである。それがうまくいかなくても、市場に失敗があると（たとえば、ＩＢＭの株価が数パーセント低すぎるような場合）、抜け目のない投資家がすぐにそこに飛びついて、簡単に利益を出すような取引をする、という説もある。価格の異常につけこむ彼らの行動（「裁定取引」と呼ばれる）が、株価を適正価格に戻す。非効率性は実際には、非効率性を自動的に消し去るような力を引き起こすというのである。

これから見ていくように、こうしたいい加減な主張は、市場の効率性と均衡のどちらの裏付けとしても不適当であることが、実証的な証拠から示されている。市場の動きはそれよりもはるかに荒々しく、あまりにも多くの驚きを引き起こすため、完全な、あるいはほぼ完全な市場均衡のストーリーでは説明できないのだ。しかし、ここではまず「集団の知恵」についてもう一度考えてみよう。

集団の知恵と社会的影響

一九六八年五月末に、核弾頭搭載魚雷二発を積んだアメリカ海軍の原子力潜水艦「スコーピオン」が、九九人の乗組員を乗せたまま消息を絶ったと発表された。潜水艦の沈没位置は、大西洋の直径二〇マイル（約三二キロメートル）の範囲内のどこかということ以外、何もわからなかった。五カ月にわたる大規模な捜索がおこなわれたが、発見にはいたらなかった。最終的に、海軍所属の科学者であるジョン・クレイブンは、専門家や海難救助の専門家にスコーピオンの沈没位置を推測してもらい、それを平均することで推定沈没地点を計算した。スコーピオンが見つかったのは、この推定沈没位置から二二〇ヤード（約二〇〇メートル）しか離れていない、アゾレス諸島の南西約五〇〇マイル（約八〇〇キロメートル）の海域だった。残念ながら、乗組員たちは全員、発見のずっと前に死亡していた。[10]

集団の方が賢いときが実際にあるのだ。

集団の知恵が持つ、こうした信じられない力の背後にあるのは、意見の多様性を統計的に平均化するという考え方だ。あなたには、牛一頭の体重を正確に当てることはできないかもしれない。私だって無理だ。けれども、八〇〇人の参加者を集めて、牛の体重を予想してもらい、その予想体重を平均した値は、正しい答えから一、二ポンド（約〇・四〜〇・九キログラム）程度の範囲内におさまる。博物学者のフランシス・ゴルトンは一九〇六年に、牛の体重を予想するコンテストについて書いた文章で、この現象を初めて指摘した。[11] ポーツマスの西イングランド家畜家禽見本市で開催された牛の体重予想コンテストで、集まった八〇〇人分の予想を分析したゴルトンは、大半の参加者が何の予備知識も持っていなかったのに、「まん中の」予想値は正しい数値から一パーセントの範囲内に入っているのを発見した。ゴルトンはこう書いている。「平均的な有権者というのは、自分が賛成票を投じる政治的課題の価値を正しく判断している。このコンテストの平均的参加者も同じように、正しい体重を予想できるのだ」

アメリカ人経済学者のミルトン・フリードマンやその他の多くの経済学者は、まさにこのとおりのことが金融市場でも起こると主張した。市場の投資家は基本的に、価格の変化を予想しながらさまざまな株や金融商品を買う（あるいは売る）ことによって、そうした商品の適正価格に「票を投じて」いるというのだ。とはいえ、こうした知性の力には限界もある。

ジェームズ・スロウィッキーは二〇〇四年の著書『「みんなの意見」は案外正しい』（角川書店）で、そうした効果が働くのは、人々が先入観を持たずに予想をしており、なおかつ、多様な失敗が相殺しあう傾向がある場合だけだと、注意深く指摘している。(12) しかし行動経済学という新しい分野にたずさわる心理学者や研究者は、私たちがみな同じような失敗をしがちであることを、丁寧な実験によって証明した。しかもそうした失敗は偶然によるものではない。たとえば、だいたいの人は自信過剰気味で、自分は平均的なドライバーよりも運転がうまい（あるいは、平均より頭がいい、平均より運動能力がある）と考えている。普通に考えれば、私たちのおよそ半分は平均以下になるはずだが、それでもそう考えてしまうのだ。物事についての私たちの予想は、一貫して「アンカー効果」を受けている。つまりまったく見当外れな要素に影響されてしまうのである。誰かに一〇〇〇〇〇という数を見せてから、マンハッタンに歯科医院が何軒あるか予想してもらうと、それがわかるだろう。もし最初に見せる数が二三三とか八六七であれば、予想の数が大幅に少なくなるはずである。

予想に関する難しい点はほかにもある。たとえば『エコノミスト』誌を読むには、（a）「ウェブ版のみ購読プラン」（五九ドル）、（b）「印刷版とウェブ版のセット購読プラン」（一二五ドル）、の二種類の購読プランがあり、どちらかを選ぶとしよう。心理学者のダン・アリエリーが学生を対象に実施した実験では、六八パーセントの学生が（a）の「ウェブ版のみ購読プラン」を選ぶことがわかった。次にアリエリーは、（c）「印刷版のみ購読プラン」（一二五ドル）という第三の選択肢を追加した。この第三の選択肢を選んだ学生はいなかった。（c）は（b）と同じ値段なのにサービスは少なく、ウェブ版にアクセスできないのだから当然である。ところが、この第三の選択肢を追加しただけで、他の二つの選択肢の選び方もまったく変わってしまった。（a）の「ウェブ版のみ購読プラン」を選ぶ学生がわずか一六パーセントに減ったのだ(13)。

この奇妙な現象は、人々がものの価値を絶対的な基準に照らして判断しているのではなく、他との比較によって相対的に判断していることを示している。（c）という選択肢を追加すると、（b）は明らかに（c）よりも得なので、読者の心の中では（b）の価値が高くなるのだ。

全員が同じ失敗を同じ理由でしていたら、誤りは何らかの形で相殺されるというのは、やや甘い考えかもしれない。私たちの考えは、似たような方向へ偏りがちだ。そして集団や、その一例である市場も、同じように偏っている可能性が高い。しかし、集団や市場の信頼性を本当の意味で低下させている要素はほかにある。ファッションや言語、投資について選択をおこなう場合、私たちは互いの選択を真似しがちなのだ。このことがさまざまな種類の委員会や、集団、特に市場から賢明さを奪ってしまうことは、最近実施された実験でも明らかになっている。

チューリッヒ工科大学のヤン・ローレンツの研究チームは二〇一二年に、社会的影響度（ある人が他の人の選択について知り、そこから潜在的な影響を受ける程度）のレベルを調整できる条件下で、集団の知恵をテストする方法を考案した。ローレンツらは一五〇名近くの学生ボランティアに、犯罪統計についての質問（「チューリッヒでは昨年、自動車盗難が何件起きたか」）のような、正解がすでにわかっている質問について、答えを予想してもらった。こうすることで、学生の集団の能力をテストできる。

あるテストでは、学生たちは他の学生の予想を知らない状況で予想をおこなった。別のテストでは、他の人の予想結果全体、あるいは平均的な予想結果がわかるようになっていた。実験結果は、社会的影響度がさまざまな形で集団の知恵を損なうことを明確に示した。

まず、ローレンツらの実験でわかったのは、社会的影響がないときでも、集団の知恵の効果は、取り扱いに注意を要する点だ。たとえば、「二〇〇六年にスイスでは何件の殺人事件が発生したか」と聞くと、回答の平均は八三八件だった。正解は一九八件だ。あまり賢い答えだとは思えない。しかし、その平均をやや異なる方法で計算すると、答えは正解に近くなる。ほとんど知らないものの数を推測しようとする場合、難しいのはまさに答えがどのくらいの大きさなのかを正しく推測する点だということが、心理学者の研究によってわかっている。[14] それはおおよそで言うと、一〇、一〇〇、一〇〇〇のどれに近いだろうか。学生たちがこう聞かれていると仮定すれば、ローレンツらは学生の答えをその大きさにしたがって平均することができ（数学では幾何平均を使うと言う）、この平均で見れば、学生たちはかなり賢いという結果になった。幾何平均を使った答えは一七四件で、一九八件という正解とそれほど遠くない数だ。

一方、社会的影響がある場合のテストは、これよりも成績は悪くなった。学生たちは、他の人の予想を聞いただけで、グループの予想により近くなるように自分の予想を変えてしまったからだ。残念ながらこの実験では、こうした行動が集団による予想の正確さを高めてはいないことが示されたのである。実際のところ、私たちは情報を共有し、協力し合うことで、より良い答えを出していると考えるが、そうではない。反対に、答えを共有したせいで、全員の答えが狭い領域に収束してしまった。社会的影響がある場合、正解はグループが予想していた範囲から完全に外れていることも珍しくない。

これは非常にがっかりする発見だ。政府は、何か問題を解決する場合に集団の知恵を活用する。多くの人々を対象とした調査を実施して、幅広い意見を募集したり、特定のトピックについてのコンセンサスの程度を知ろうとするのだ。集団の平均的な予想が正確でないなら、各人の予想も広範囲にばらついていると考える人もいるかもしれない。予想が広い範囲にばらつくのを見れば、みんなの意見は一致しておらず、誰も自分の意見に自信をもっていないと見なせるだろう。しかし実際はそうではない。むしろ社会的影響は、集団を不正確な予想に向かわせると同時に、個人の意見の範囲を狭め、結果が非常に確実であるように見せる傾向がある。これこそ、愚かさを生むレシピだ。

社会的影響は同時に、愚かさと自信の高まりという、本当に嫌になるような組み合わせも生み出す。ローレンツらは実験後に学生と面談をして、自分のグループが出した予想値について、どのくらい自信があるか尋ねた。実際には、社会的影響が集団の予想値の精度を高めることはなかったのに、参加した学生は、グループとしてその精度を高められたと強い自信を持っていた。そこにあるのは、「集団の知恵」ではなく、「集団の根拠のない自信」だ[15]。

現代のウォール街よりも社会的影響が強い環境は考えられない。間仕切りのない巨大なオフィスは、トレーダーやブローカー、投資家がひしめき合っていて、直接顔を合わせて、あるいは電話やオンラインで取引をおこなっている。うわさは業界紙や会社の役員室などを通じて飛ぶように広まり、人々は他の人の動きを見ることで、何を買うべきか、あるいは売るべきかのヒントを得ている。同じ都市に拠点がある投資信託のマネージャー同士は、別々の都市に拠点があるマネージャー同士と比べると、たとえそのときは地球の反対側にいるとしても、同じ会社に投資する可能性がはるかに高くなる。こうなるのは、社会的なつきあいやうわさ話、互いの真似などによる、単純な社会的影響が作用しているからだと説明するのが一番適切である。[16] 金融アナリストは、自分がインフレや会社の売上高などを予測する際には、自分の力で情報を評価していると言い張るかもしれない。しかし二〇〇四年の研究では、アナリストたちの予測が追従しているのは、主に他のアナリストの予測だということが明らかになっている。[17] アナリストの予測を、実際の企業の業績ではなく、お互いの予測に近づけてしまうような、強い横並び行動が存在するのである。それはまさに、ローレンツの研究チームの実験が予測したとおりだ。

二〇〇五年当時を考えてみるといい。住宅バブルが膨らみ、収入も資産もない人が住宅ローンを組んでいたころだ。多くの人々は、自分がその一部になっている市場では、住宅価格は上昇し続け、実際にあったような価格の暴落は絶対に起こらないという共通した意見を持っていた。集団は崖に向かって突進しているのに、人々は集団の一員であることに自信を持っていた。その結果は、とても効率的とは言えないものだった。

だとすれば私たちは、集団の知恵を信じるのをやめ、ひいては市場の知性を信じるのもやめるべきなのだろうか。それにはまだ早い。経済学者はほかにも防御線を張っているのである。

強欲は善である

「強欲は善だ」というのは、一九八七年の映画「ウォール街」に登場するしたたかな資本家ゴードン・ゲッコーの有名なせりふだ。この言葉は実際のところ、アダム・スミスの市場観の中心にある、特徴的な思想である。つまり、人間の利己主義と強欲が、実は市場のバランスを保つ役割を果たしているのだ。市場の非効率性から利益を得ようという行動が、市場を効率的な均衡状態に押し戻すことになるのである。そうした作用の論理は単純明快で、また避けられないもののようにも思える。

市場という複雑な生態系には、あらゆる種類の売り手と買い手が存在するが、その一部であるゴールドマン・サックスやモルガン・スタンレーなどの投資銀行や、D・E・ショーやルネッサンス・テクノロジーズなどのヘッジファンドが、他の売り手や買い手よりも豊富な資源を手にしており、巧みな戦略を用意しているのは間違いない。彼らは利益をあげる機会を求めて常に市場を嗅ぎ回っていて、何かを見つければすぐに飛びつく。こうした企業はさまざまな戦略を用いて成功してきたが、それらは、形態はともかくとして、「不均衡を探す」ことを複雑にしたような戦略だ。

こうした戦略の一つの例が、裁定取引の基本的な仕組みとされる、昔からある取引戦略だ。IBMの株式が一時的に、他の似たような企業（たとえばアップル）の株式と比較して過小評価されているとしよう。投資会社は、IBMの株を買うとともに、その支払いを、アップルの株を同数売ることでおこなう。やがて両社の株価は必然的に同じレベルに戻るので、そうなった時点で投資会社は値上がりしたIBM株を売り、値下がりしたアップル株を買い戻す。この取引には少額の取引手数料以外の費用がかからない。それはどの場合でも、ある株を買うために別の株を売っているからであり、効率的市場理論を信じるなら、リスクもないからだ。ある株が過小評価されていれば、市場の効率性がその株価を値上がりさせる。そのようなわけで、裁定取引はリスクなしで利益をあげる方法だとされている。

そうした裁定取引の機会をめざとく見つけることは、最も一般的な投資戦略の一つである。この取引にかかる時間が数カ月単位であっても、あるいは数日、数秒の単位であっても、普通の考え方をすれば、結果は同じになるはずだ。裁定取引者の行為は、当初の価格差を遅かれ早かれ解消して、市場を効率的均衡の状態に戻す傾向があるのだ(18)。経済理論の専門家は、このプロセスは瞬間的かつ効果的におこなわれるので、事実上裁定取引というものは存在しないことになると結論している。別の言い方をすると、明らかに間違った株価は必ず、すぐに正しい価格になるため、市場は常に完全に効率的な均衡状態にあると言える。こんな古いジョークがある。二人の経済学者が通りを歩いていると、一人が突然「見ろ、一〇〇ドル札が落ちているぞ」と言う。するともう一人はすぐにこう返事する。「違う、偽物だ。本物だったら、誰かがとっくに拾っているはずじゃないか」

これがあり得ないことのように聞こえるとしたら、それはおそらく、この話が本当にあり得ないからだ。経済学者のアンドレ・シュライファーとロバート・ビシュニーは一九九七年に、この問題は「ホレイショーよ、天と地の間にはおまえの哲学などの思いもよらぬものがあるのだ」というハムレットの有名な一節を思い起こさせると指摘している。別の言い方をすれば、市場があらゆる裁定取引を短時間で消し去ってしまうと見なすことは、この世で起こっている、あらゆる驚くべき出来事を十分に尊重していないことになるのだ。

先ほどの、IBMとアップルの株価の差に気づいたヘッジファンドの話をもう一度考えよう。利益をあげるのは簡単そうだ。二社の株を売買して、その株価の違いがなくなるまで待ってから、逆方向の取引をすればよいのだ。だが、もし最初の取引をした後に、何も知らない別の投資家たちがIBMについての間違ったうわさを耳にしたらどうだろうか。その投資家たちは、IBMの株を投げ売りして株価を急落させるので、二社の株価が等しくはならず、IBM株はアップル株よりもはるかに価値が低くなる。ＩＢＭ株とアップル株の価格が同じはずだとわかっていたヘッジファンド・マネージャーにとっては、ひどくいらいらする状況だと言える。損失を出さずにこの取引から撤退できないとなれば、なおさらだ。このヘッジファンドは、間抜けな投資家たちがなんとか正気に戻る可能性に賭けて、何年でもひたすら待ち続けることになる。

シュライファーとビシュニーは、きちんとした数学的議論のなかで、この混乱から抜け出す方法はないこと、そしてリスクがないと考えられている裁定取引にも、ある程度の不確実性が必然的に伴うことを示した[19]。偶然にも、シュライファーとビシュニーがこの問題を指摘した一年後、裁定取引が原因となって、歴史上で最も凄まじいヘッジファンドの崩壊が起こる。ロングターム・キャピタル・マネジメント（ＬＴＣＭ）というヘッジファンドは、パートナーにマイロン・ショールズとロバート・マートンという、効率的市場理論を信奉する二人のノーベル経済学賞受賞者が名を連ねていた。ＬＴＣＭは、二種類のアメリカ長期国債の価格が現時点では異なっている場合に、それが将来的には同じになることに賭けていた。つまり三〇年満期の国債と、二九年九カ月満期の国債はどちらも、だいたい三〇年後に一定の金額を支払うのだから、ほとんど同じ価格がつくはず、と考えたのだ。ところが、ロシア政府が債務不履行になり、投資家がパニックになったことで、二種類の国債の価格差が開く方向に動いてしまった。ＬＴＣＭは投資家の資金を六〇億ドル以上失った。しかしＬＴＣＭの破綻によって、金融システムが地滑り的に崩壊することを懸念したニューヨーク連邦準備銀行は一九九八年に、ＬＴＣＭの主な債権者が資金を融資する救済措置をおこなっている。

ＬＴＣＭの崩壊は、市場や裁定取引のメカニズムへの見当違いの信頼というものの典型的な例だ。確かな賭けに思えたものが、実はきわめてリスクの高い投資だったのである。これは、集団は必ずしも賢くない、もっと言えば、賢い場合はあまりないことを示す具体例の一つにすぎない。実際のところ、集団が知性を持つというのは、めったに起こり得ないことなのかもしれない。裁定取引自体は実行可能であり、その作用によって株価がファンダメンタル価値（その企業が存続して利益をあげ続けるかどうかの長期的な見通しについて、あらゆる情報を正確に検討した上での現実的な価値）に戻ることも多いかもしれないが、必ずそうなると保証はできない。分別のないトレーダーが、株価を「正しい」価格から乖離させてしまえば、裁定取引をしていた側には損失が生じる。ジョン・メイナード・ケインズが言っているように「市場は、投資家が耐えられないほど長い間、不合理な動きをすることがある」のだ。

しかしこの考え方でも楽観的すぎるかもしれない。効率的市場理論を支持する経済学者たちは、株価などの金融商品の「ファンダメンタル価値」や「本質的価値」を持ち出すのを好み、一般的にはそれでうまく切り抜けている。私はここで、あたかもこうしたファンダメンタル価値といったものが完全に合理的なものであり、そうした価値が実際に存在するかのように書いた。しかし現実には、ファンダメンタル価値を独立に評価する方法は存在しない。ある株の価値は市場の中で決まる。その株の仮説上のファンダメンタル価値というのはほとんどが推測の域を出ないのだ。ヘッジファンドのキャピタル・ファンド・マネージメントに所属する、物理学者のジャン＝フィリップ・ブショーは、そうした「真の価値」が存在するという根拠すら、実際にはほとんどないとしている。

賢い投資家であることは、予測においては多少有利かもしれないが、大幅に有利というわけではない。私の経験から言えば、二つの価格の比較はするが、絶対値の予測はしない「レラティブバリュー」取引でさえ、シグナルや調査、統計が山ほどあっても、その成功確率は最高で五二パーセントだ。今後の価格の動きについてはノイズや不確実性が非常に多いため……真の価値というものは存在しないと、私は強く信じている。

ともかく、ファンダメンタル価値という概念が幻想であろうとなかろうと、裁定取引のメカニズム自体もやはり、市場の効率性を保証するものではないのは明らかだ。

カテゴリー5のハリケーン

一九八七年一〇月一九日月曜日の午後遅く、アラン・グリーンスパンはテキサス州ダラスの空港で飛行機から降り立った。ワシントンからの飛行中はスピーチ原稿を手直ししていた。翌日にアメリカ銀行協会のミーティングでおこなう予定のスピーチだ。市場は数日前から荒れていたので、アシスタントからその日のダウ・ジョーンズ平均株価の終値が「五〇八」下落したと聞かされても、あまり不安に思わなかった。五・〇八パーセントのことだと思ったからだ。気にはなるが、想定外の数字ではない。

グリーンスパンがそのスピーチをすることはなかった。アシスタントが言っていたのは五・〇八パーセントではなく、五〇八ポイントだったのだ。ダウ・ジョーンズ平均株価は二二・六パーセント下落していた。これは一日の下げ率としては過去最大だった。

レーガン政権で大統領首席補佐官を務めるハワード・ベイカーからすぐに電話がかかってきた。「すぐに帰ってきてくれ」とハワードは言った。「何をすればいいのか、さっぱりわからない」。その晩、空軍のジェット機がグリーンスパンをワシントンに連れ戻すと、そこでは高官たちが、火曜日にさらに株価が下落して、それが完全な経済崩壊の引き金になることを心配してパニック状態に陥っていた。翌火曜日の取引開始直前の午前八時四一分、連邦準備制度理事会（FRB）は、グリーンスパンが他の人々とともに作成した声明を発表した[20]。それは、FRBは「アメリカ中央銀行としての責任の一環として、流動性の供給源としての役割を果たし、経済・金融システムを支える用意があることを本日、再確認した」（『グリーンスパン』（山岡洋一ほか訳　日本経済新聞社）より引用）という内容だった。

銀行やヘッジファンド、小規模な投資家は安心した。FRBが市場の行き詰まりを防ぐために、十分な資金を注入すると確信したのだ。大災害は回避され、市場は取引開始後すぐに値上がりし始めた。

しかし、そもそもこの株式市場の暴落は何が原因だったのだろうか〔この暴落は後に、ブラックマンデーと呼ばれるようになる〕。二五年後の現在でも、誰も確かなことを知らない。ゴールドマン・サックスのロバート・ホーマッツは、市場参加者の一人として、自分たちが当時感じた衝撃と不信をこう振り返っている。「あぜんとした。現実とは思えなかった。あっという間のことだった。出し抜けに起こった。まるでカテゴリー5のハリケーンだ[21]」

もちろん、普通はハリケーンが前触れもなくいきなり襲ってきて驚かせることはない。

ニューヨーク大学の経済学者のリチャード・シラは、一つの説明として、外国為替レートや金利をめぐる国際摩擦や、インフレ懸念といった、世界規模の圧力の異常な同時発生を挙げている。さらにその問題が、いわゆる「ポートフォリオ・インシュアランス」によって拡大したとしている。突然の株価の値下がりによる損失を最小限に食い止めるため、多くのトレーダーは以前から、株価がたとえば一〇パーセント下落した場合には自動的に売り取引をおこなうようコンピューターをプログラムしていた。このプログラムが働いたことで、中規模の問題が自動的に大規模な問題に成長してしまった可能性があるのだ。この説は、株価暴落プロセスについての多くの説明に採用されているが、不十分なところがある。手がかりになるものが、「世界規模の圧力」や「インフレ懸念」くらいしかないなら、この株価暴落が前の日や次の日ではなく、一〇月一九日その日に起こった理由をどう説明するのだろうか[22]。

より風変わりな仮説として、この暴落が実は「自己実現的予測」の結果だとするものがある。暴落が起こる前、著名なヘッジファンド・マネージャーのポール・チューダー・ジョーンズをはじめとする多くの人々が、一〇月一九日直前の数日間と、一九二九年の大暴落直前の数日間には、市場の動きに共通性があると指摘していた。暴落を予想するという投資家自身の期待が、実際に暴落を引き起こした可能性があるというのだ[23]。

しかし、まだ納得がいかない。金融ライターのジョン・ポール・コーニングは、次のように書いている。「一九八七年の暴落は、説明がまったくつかないという点で突出している。今日にいたるまで、株価下落の決定的な理由が見つかっていないのだ。因果関係や、予測可能性、人間の合理性といった基本的な概念は、記録的な株価下落の証拠の前では、溶けて消えてしまう。この暴落は二〇世紀の歴史のなかに、まるでブラックホールのように存在している。説明不能で、恐ろしく、異常だ」

一九八七年の株価暴落は、市場は効率的で自己安定的だという経済思想にとっても手荒い一発だった。この見方に従うなら、あらゆる株価変動は、投資家が、新しい情報に照らして経済的価値を実際に再評価した結果を反映するはずだ。しかし一〇月一九日には、アメリカ企業の株式の価値が突然、前日より二二・六パーセント相当も下がったという判断を投資家にさせるような、注目に値する出来事は何一つ起こっていなかった。コーニングの言うように「説明不能で、恐ろしく、異常だ」。

あるいは、それはさほど異常なことでもないのかもしれない。もちろん、規模の点では一九八七年の暴落は突出している。しかし暴落の直後、経済学者のデイヴィッド・カトラーとジェイムズ・ポターバ、ローレンス・サマーズは、この暴落は、実際にはもっと頻繁に起こっている出来事、つまり目に見える原因が一つもない大規模な市場の変動のなかでも、特に激しい変動の例にすぎないのではないかと考えるようになった。効率的市場理論は、市場が動くのは原因となる新しい情報がある場合に限られると主張しているが、そうだとしたら、歴史を振り返れば本当にそうなのか調べられるはずだ。これこそが、カトラーらがしようとしたことだった。

カトラーらは、第二次世界大戦後で一日の変動幅が特に大きかった五〇日分の事象を対象として、詳しい研究に取りかかった。そうした事象と同じ日に報道されたニュースが、株価変動の原因になったかどうかを調べようという考えだった。『ニューヨーク・タイムズ』紙を調べたところ、実際に市場がニュースに反応しているように思える事象はいくつかあった。たとえば、一九五五年に当時のドワイト・アイゼンハワー大統領が心臓発作を起こすと、その日の株価は六・六二パーセント下落した。また朝鮮戦争が始まった一九五〇年六月二五日に、株価は五・三八パーセント下げた。しかし同時に、それらしいニュースとの関連がないように見える事象も多かった。一九六二年六月四日の『ニューヨーク・

タイムズ』紙で同紙のアナリストらは、三・五五パーセントもの株価下落が起こった理由は「前の週の株価下落の継続」だと自信なさげに説明するよりほかになかった。一九八七年の株価大暴落の二日後である、一九八七年一〇月二一日には株価が九・一パーセント上昇したが、これは「金利が下がり続けている」のが理由だとされた。

また、一九四六年九月三日に株価が六・七三パーセント下げたケースでは、いつもなら勢い込んであれこれと理由を考え出す業界紙も音を上げて、「株価への打撃の根本的な理由は見つからない」と書いている。

カトラーらは最終的に、ニュースや情報の発表は、彼らが言うには「株価全体の変動の半分」しか説明できないという結論を出した。[24] 確かに、一九八七年の株価暴落は前例のない規模だったが、他の大きな株価変動から抜きん出るほど、特に説明不能で奇妙に思えるというわけではない。ハリケーンと同じように説明のないランダムな現象などではなく、むしろ日常的に発生している嵐のなかのひときわ激しい例にすぎないのである。

著しくまれな例外

この章の冒頭では、ジョークの種にされたアラン・グリーンスパンの発言を引用したが、そこに話を戻そう。グリーンスパンはこう言っていたように思える。「見えない手」は素晴らしい、ただし、それが逆に破滅的状況を招く場合は除いて、と。こうした立場を、ブログ「クロックド・ティンバー」のブロガーたちは笑いものにして喜んだ。このブログから別の面白いコメントを紹介しよう。「著しくまれな例外はあるものの、ロシアンルーレットは、家族全員で遊ぶことができる、楽しくて安全なゲームだ」

成功はすべてその理論の手柄だとしながら、その理論の失敗はささいな「例外」として無視するのなら、どんな理論にでも高得点をつけられるというものだ。

二〇〇〇年に、イェール大学の経済学者レイ・フェアは、カトラーらの研究をさらに広げて、S&P五〇〇種先物の価格が五分未満の間に「大規模な変動」を示した事象を探し出し、それをニュース記事と対応づける研究をおこなった。フェアは「大規模な変動」を、調査期間中の平均的な変動幅より一五倍以上大きいものと定義した。その上で、ダウ・ジョーンズ・ニュースサービス、AP通信プレス・ニュースワイヤ、『ニューヨーク・タイムズ』紙、『ウォール・ストリート・ジャーナル』紙で関連ニュースを検索した。その結果、市場の大きな変動の多くでは（実質的にほぼすべてでは）ニュース記事に基づいた情報との関連がなさそうだとわかった。全体としては、全一一五九件の大きな変動のうち、妥当なニュース記事を見つけられたのは六九件だけで、一〇件に一件未満の割合だった。

フェアは次のように結論している。

株価の決定は複雑である。大規模な株価変動の多くはわかりやすい事象との対応がないため、その多くには、簡単な説明がないように思える。また、一九八二年から一九九九年におこなわれた、かなり類似性の高い数百件のニュース発表のうち、大規模な株価変動につながったのはごくわずかであった。……大規模な変動につながるものと、そうでないものがあるのはなぜか、その理由は簡単には説明できないように思える。[25]

もちろん、これはもっと短い時間で発生する事象にも当てはまる。二〇一〇年五月六日にフラッシュ・クラッシュが起こって以来（これ自体が説明のつかない株価の大変動だが）市場では、規模こそやや小さいとはいえ、同じような突然のクラッシュ現象が立て続けに起こっている。二〇一〇年一一月の『ニューヨーク・タイムズ』紙の記事によれば、株価が数秒にわたって急落し、その直後に回復する「ミニ・フラッシュ・クラッシュ」は、二〇一〇年五月のフラッシュ・クラッシュ以来、十数回発生しているという。たとえば、あるミニ・フラッシュ・クラッシュでは、プログレス・エネルギー社（一万一〇〇〇人の従業員を抱える企業）の株価が数秒間で九〇パーセント下落した。しかしこの前後に、プログレス・エネルギー社の事業見通しに関連するニュース報道はなかった。[26]

市場データを取り扱うナネックス社によれば、二〇一一年の最初の一カ月の間に、株価が一秒未満の間に一パーセント超上昇または下落し、直後に回復した事例が一三九件発生したという。こうした事象は、二〇一〇年には一八一八件、二〇〇九年には二七一五件あった。二〇一一年四月二七日には、取引開始時点で三三・五九ドルをつけていたジャズ・ファーマシューティカルズ社の株価が瞬間的に二三・五〇ドルまで下げ、その後回復して、三三・九三ドルでその日の取引を終了する、という出来事があった。五月一三日には、保険会社エンスターの株価が約一〇〇ドルから〇ドルまで下落し、わずか数秒後に一〇〇ドルまで一気に回復している。[27]

もちろん、市場がニュースの情報に直接反応するケースも多い。二〇一一年一〇月六日、アメリカの投資銀行の一つで、大手としては最も規模の小さいモルガン・スタンレーが破綻に向かっているとのうわさが飛びかった。その日の午前一〇時頃にティモシー・ガイトナー財務長官が、ＦＲＢがアメリカの金融機関を再び倒産させることは「絶対に」あり得ない[28]という公式見解を発表した。それを聞いた投資家たちは、必要があれば政府はモルガン・スタンレー救済のために介入すると考えたようで、同銀行の株式に殺到したため、直後にモルガン・スタンレーの株価はおよそ四パーセント跳ね上がった。

とはいえ、効率的市場理論が主張しているのは、「情報が市場を動かす」ということではない。「情報のみが市場を動かす」と言っているのである。株価は常に、その株のいわゆるファンダメンタル価値に近いところにあるはずなのだ。これが、非常に大規模で激しい事象には当てはまらない可能性があるのは、すでに見てきたとおりだ。そうした事象の多くは、予期せぬときに発生し、何の情報にも基づいていない。しかしそのことは、通常の株価変動など、より一般的なケースにも当てはまらない。イェール大学でファイナンス論を教えるロバート・シラー教授は一九八一年に、一般的に株価はあまりに活発に上下するため、現実の情報に基づいた合理的な価格として説明できないことを、初めて証明した。

シラーが考えたのは、Ｓ＆Ｐ五〇〇種指数とダウ・ジョーンズ株価指数のそれぞれについて、現実の価格と、合理的な実質価値を比較することだ。合理的な実質価値とは、理論的には、株主が受け取ることになる「合理的に期待される、あるいは任意に予測される」将来の配当のことであり、その株から支払われた実際の配当額から計算できた。シラーの研究では、配当に基づく「合理的な」価値はかなり変化の少ない状態で推移するのに対して（これは驚くことではない。というのは、シラーの計算は何年分もの平均をしているので、一時的な変動の重要性は低くなるからだ）、現実の価格は非常に激しく乱高下していることがわかった(29)。シラーは議論のなかで「過剰なボラティリティ」について指摘した。これは、情報のみに基づいた効率的市場から予想できる変動のほかに発生する市場変動である。一九八一年以降におこなわれた追加研究でも、基本的にはこの考えが正しいことが確かめられている(30)。

結局のところ、市場を動かす上で情報が独占的な役割を果たしているという考えや、効率的市場理論の実に興味深い主張である、「市場が価格を適正化している」という見方を裏付ける証拠はほとんどないのである。しかし、市場がどんな場合にも情報によって動いているのかどうかという点を、さらにじっくりと検討するのは可能だ。そこで力になるのが、物理学の考え方を取り入れることだ。

ニュースは株価にどんな影響を与えるか

ニュースが株などの市場価格を動かしているのが明らかなケースは数多くある。たとえば、企業合併や政府による救済措置などがそうだ。さらに二〇一一年のモルガン・スタンレーのケースのように、政府が救済措置を約束しただけで市場価格が動いたこともある。そうしたことを考えてみると、市場の変動には二つの異なる種類があると推測できる。一つは、効率的市場理論が主張するような、ニュースや情報によって引き起こされる変動。もう一つは、私たちがまだ理解していないニュースや情報以外の原因によって引き起こされる変動だ。その原因となるのは心理的効果かもしれないし、何か他の要素かもしれない。

二〇一〇年に、物理学者のアルマン・ジュリンとジャン゠フィリップ・ブショーが率いる研究者チームは、この考えを検証することにした。ブショーは、物理学でも特に固体の緩和特性が専門だ。ここで言う緩和とは、固体内の分子の状態に関連する用語だ。たとえば、紙を構成する分子は熱を加えると励起する。長時間加熱すると紙は燃え始める。しかし、紙が燃え始める前に熱源を遠ざければ、紙が冷えるにつれて分子は「緩和」し、最終的に通常の状態に戻る。偶然にもブショーは、キャピタル・ファンド・マネージメントというヘッジファンドの創設者でもあった。このヘッジファンドは、パリに本拠を置いていて、業績は好調だった。ブショーは、固体の緩和特性とヘッジファンドという、まったく異なる二つの関心分野から出てきたアイデアを合体させ、大学院生のオーギュスタン・ルフェーブルやアルマン・ジュリンと共同で、市場には紙と同じように緩和特性があるかどうかを検討した。つまり市場は、大きな株価変動によって刺激され、その後ゆっくりと正常な状態に戻るというプロセスを取り得るか、ということだ。市場データを調べると、株価はそのとおりの動きをすることがわかった。さらにその株価の緩和は、まったく違う二通りの方法のいずれかで生じることも明らかになった。つまり、市場の動きには、実は二つの異なる種類があるということだ。

ブショーらはまず、レイ・フェアの研究と考え方は同じだが、はるかに大量のデータを用いた分析をおこなった。使ったのは、ナスダック（ＮＡＳＤＡＱ）株式市場に上場している九〇〇社以上の株式データと、ダウ・ジョーンズおよびロイターが提供する高速ニュースフィードからの二年分、数十万件のニュース記事だ。明らかにニュースに関連している大規模な市場変動すべてと、そうした関連性がない大規模な市場変動すべてを抜き出して、両方のケースについて、変動が起こってから数時間後の市場の状況を調べた。市場は何か違う動きをしているだろうか。

　ブショーらが重視した統計要素が**ボラティリティ**だ。これは大まかに言えば、それぞれの日の価格変動の平均的な大きさである（上げ下げの向きは関係ない）。市場には日常的にある程度のボラティリティがあるが、突然の大規模な事象が起こると、さらに大きく市場が乱高下する傾向がある。その後、ボラティリティが通常レベルまで下がるには多少時間がかかる。ブショー、ルフェーブル、ジュリンによる研究の結果は特筆すべきものだった。市場が通常状態に戻るまでにかかる時間は、ニュースとの関連性のある事象の方が、ニュースと関連のない事象よりもはるかに短かったのである。このパターンをグラフで示すと図1のようになる。

　一つ目のグラフは、ニュースによるショックの後に市場のボラティリティが通常レベルに回復する過程を示している。ここで使われているのは、ニュースとの関連性があり、変動レベルが通常より四倍または八倍大きい事象のデータだ（八倍の事象が上の曲線、四倍の事象が下の曲線）。この二本の曲線は、約二五分以内に市場が通常に近い状態に戻っていることを示している。対照的に、二つ目のグラフで示した、ニュースとの関連性がない事象では、まったく異なることが起こっている。この場合、同じ規模の株価変動から二五分たっても、市場はまだその事象を消化している最中で、まだ通常の状態に戻っていない。一〇〇分後でも、わずかに通常レベルから外れた状態にある。このグラフを見れば、ニュースとの関連性のない事象でも、関連のある事象と違いはなく、単にその事象に対応するニュースを見つける知恵が私たちにないだけだとは思えなくなるはずだ。

　市場が緩和して通常状態に戻る速度は、ニュースとの関連性のある事象より、ニュースとの関連性の

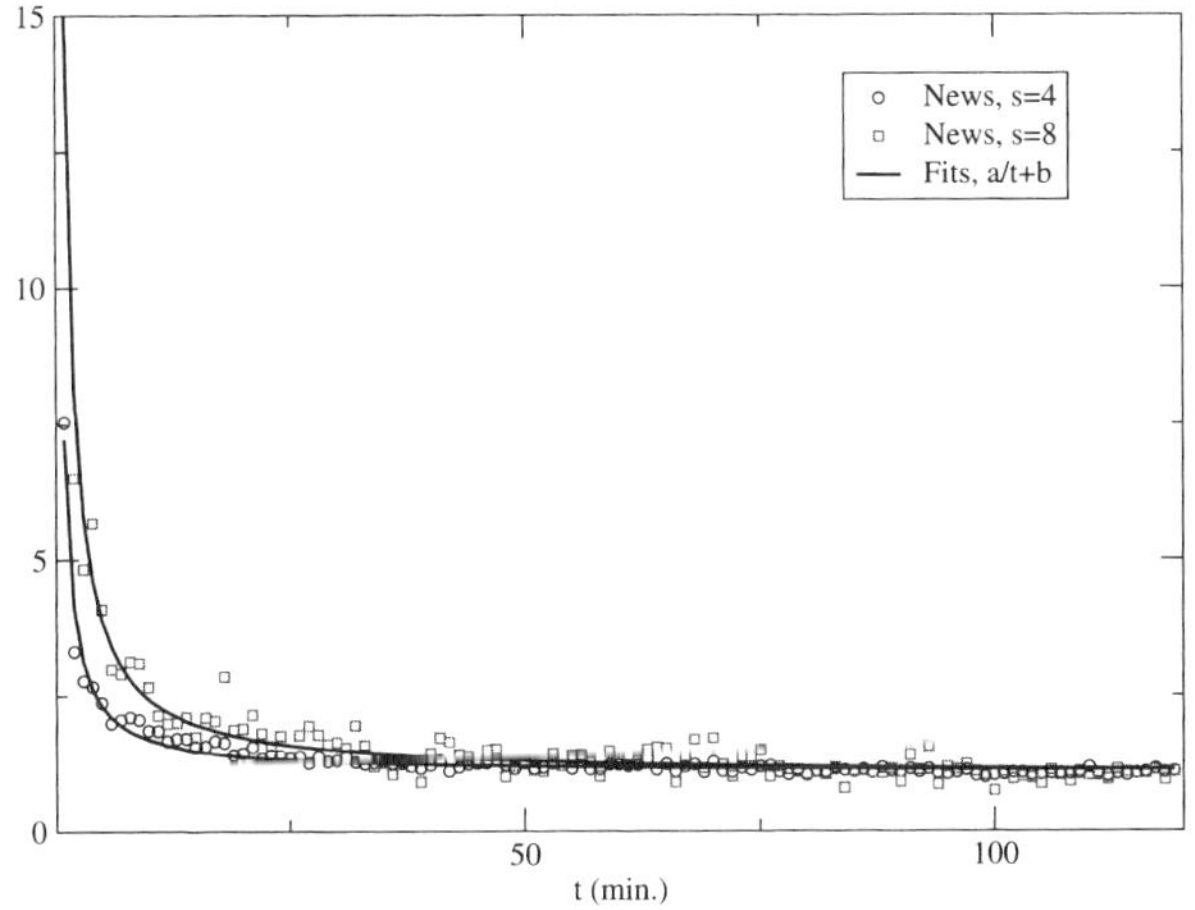

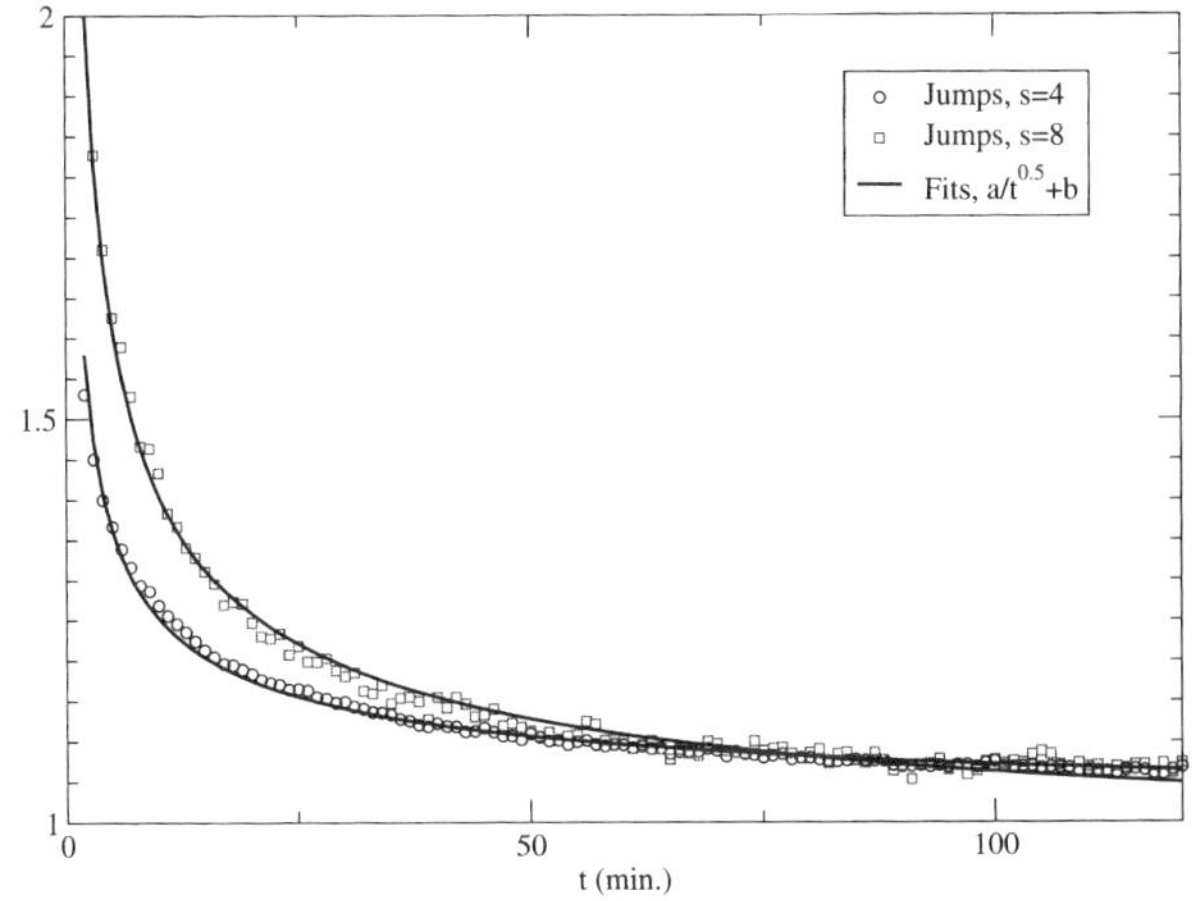

図１　２本の曲線は、市場のボラティリティが、突然の「ジャンプ」の後に、通常レベルまで緩和していく様子を示している。緩和の様子は、そのジャンプとニュースとの間に明確な関連性があるかどうかで大きく変わってくる。上のグラフは、ニュースと関連したジャンプを表しており、ボラティリティは非常に急速に緩和する。下のグラフは、ニュースとの明確な関連性がないもので、上のグラフに比べるとずっとゆっくりと緩和する。

ない事象の方がはるかに遅い、というのが結論である。[31]

なぜこのようになるのかは誰にもわかっていないが、ジュリンの研究チームはその理由について、かなり理にかなった推測をしている。市場参加者は、ニュースとの明確な関連のある株価のジャンプにはそれほど驚かず、少なくともうろたえることはないからではないか、というのだ。そういった事象は理解可能であり、トレーダーや投資家は、それの意味するところを自分なりに考えて、いつもどおりにビジネスを進める、というわけだ。対照的に、フラッシュ・クラッシュのような、ニュースに関連のない事象では事情がまったく異なっている。それは本当のショックであり、そこには説明のつかない不可解さがつきまとう。そんな気の滅入るような出来事に、投資家は不安になる。結果として生じる不確実性が、ボラティリティの高さとして現れるのだ。

つまり、情報（公開されたものでも非公開のものでも）が市場を効率化させるという考え方には、説得力はない。[32] 効率的市場理論がきわめて強力だと考えられていたことがあったとしても（ハーバード大学の経済学者マイケル・ジェンセンは以前、効率的市場理論を「社会科学全体で最も動かしがたい事実」だと言っていた）、それは過去二〇年間で見事に崩壊しているのである。

それでも効率的市場を信じる人たち

ここまでで見てきたように、効率的市場という考えと一致しない証拠は実に数多くある。市場についての経済理論の中心である効率的市場理論は、よく言って、稚拙で不完全なストーリーにすぎない。効率的な市場では、金融バブルという、非現実的なレベルまで過大評価された資産をめぐる混乱状態は存在し得ない。アメリカの二〇〇五年の住宅価格はほぼ適正なレベルだったはずだし、それはあらゆるCDO（債務担保証券）や、その他のモーゲージを担保とする証券から作られたデリバティブ商品の価値でもそうだったはずだ。適正なレベルでなかったとしたら、敏感な裁定取引者たちが取引の舞台に飛び込んできて、結局はそうした住宅やデリバティブ商品の価値は「ほぼ瞬時に」現実的なレベルにならざるを得なかったはずだ。

二〇〇七年の時点では、大手銀行各行は、自分たちが在庫として抱えている商品の現実の価値を誰よりもよく理解できる立場にあった。それにもかかわらず、シティグループに投資した人々は最終的に、投資額の九三パーセントを失ったと、経済学者のブラッド・デロングは指摘している。この数字は、バンク・オブ・アメリカでは八五パーセント、モルガン・スタンレーでは七五パーセントだった。デロングは次のように言っている。「こうした銀行の幹部らは、自分たちが実際に抱えていたモーゲージ債や住宅価格によるリスク、AIGがらみのリスクの大きさをわかっていなかったのである[33]」

しかし、宗教的とも言える信念が失敗を認めることはなく、一部のファイナンス論の専門家はいまだに自分たちの理論にこだわっている。ペンシルヴァニア大学ウォートンスクールのジェレミー・シーゲルは、金融危機後におこなった講演で、以前と比べて「われわれの経済は本質的に安定化して」いるのは、まさしく近代金融工学という驚くべき存在のおかげだと述べている[34]。シカゴ大学のロバート・ルーカスは『エコノミスト』誌で、効率的市場理論は「その妥当性を徹底的に疑う批判の洪水にさらされてきたが、そうした批判のほとんどは、この仮説の正確さを裏付ける役割を果たした」と述べている[35]。どうしてそんなことが言えるのだろうか。

実は、次のような見事なごまかしの方法があるのだ。たとえば「世界は常に公平だ」という、馬鹿げた考えを弁護したいとする。それはなかなか大変なことだ。しかし「公平（fair）」という言葉に、通常の意味とはまったく異なる専門的な意味を新たに持たせることで、この考えを弁護してみよう。ある専門家は、「公平」とは「世界が常に、ある一連の法則、つまり物理法則に従っている状況」と定義するかもしれない。そうすると、「公平」には通常の意味での「公平」と専門的な意味での「公平」の二つの意味があることになる。専門的な意味での「公平」を考えるのなら、世界は本当に公平だと強力に主張できる。世界は実際に物理法則に従うからだ。あなたは「公平な世界仮説」についての論文を書いて、もちろん、世界が公平に思えることを示す大量のデータを提示すればいい。そうなると、世界が常に通常の意味で「公平」であることを裏付ける強力な論拠があるのだと、あまり深く考えずに信じてしまう人が出てくる可能性がある。

こうしたごまかしのテクニックは、「効率」という言葉ではかなり効果があり、特に、効率があらゆる種類の意味を取りうる市場の文脈では役に立つ。圧倒的な証拠を前にしながら、市場の効率性をいまだに弁護し続けられるのは、このいんちきがあるからなのだ。

経済学者たちは一九六〇年代後半から、効率的市場理論にはいくつかの違ったタイプがあることを示してきた。「ストロング（強い）型」の効率的市場理論では、公表されている情報はすべて、すぐに株式やその他の資産の価格へと適切に反映され、結果として、株価などはその適切な価格に近づくと主張している。ここまでで考えてきたとおり、このストロング型は明らかに誤りだ。市場は間違った価格をつけることが多いからだ。これよりも妥当と思われるのが「ウィーク（弱い）型」の効率的市場理論で、これは、資産価格はランダムに変動するので、過去の価格変動に見られるパターンには、将来価格の予測に役立つ情報は含まれていない、という主張にすぎない。この考えも誤りである。アンドリュー・ローとクレイグ・マッキンレーは一九九九年の著書『ウォール街の非ランダムウォーク』で、株価や他の資産の価格変動に見られる数多くの予測可能なパターンについて記している。たとえば、株価は一月に上昇する傾向がある。「一月効果」として知られるパターンだ。同様のパターン（アノマリー）は数多くある。

その他の研究でも、この一月効果ほどわかりやすくはないが、似たようなパターンが報告されている。プレディクション・カンパニーという金融会社の創設者である物理学者のドイン・ファーマーらは、歴史的データを一九七〇年代までさかのぼって調べることで、将来の市場変動の予測に使える市場のシグナル、つまり手がかりを数多く見つけ出した。図2は、そうしたトレーディングシグナルの一つ（プレディクション・カンパニーが考案し、独占所有していた秘密のシグナルだ）と二週間先の市場価格の相関を示したもので、二三年間のデータから計算されている。相関は、一九七五年に一五パーセントで、一九九八年でも約五パーセントのレベルを保っていた。このシグナルは長年にわたって、市場の変動についての信頼性の高い事前情報を提供してきたのである。

グラフを見れば、シグナルのパターンは数十年の間に徐々に消えつつあるのではないかとも言えるかもしれない。しかし、市場が本当に効率的だったら、このパターンは確立されるやいなや、ほぼ瞬間的に消滅したはずである。思い出してほしい。効率的市場理論の主張によれば、あらゆるパターンが発見

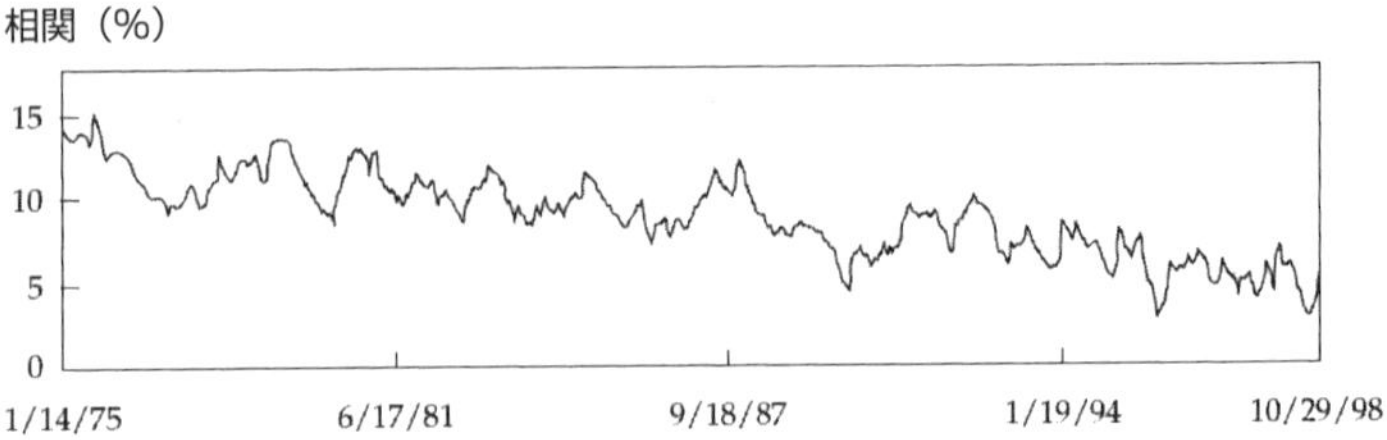

図2　グラフは、独占所有されていたトレーディングシグナルの23年分の成績を示している。グラフ上の線は、それぞれのシグナルが2週間先の株価の動きとどれだけ相関があり、予測に役立つ情報を提供してきたかを表している。明らかに、相関は時間とともに徐々に弱くなってきているが、効率的市場理論から予測されるように、裁定取引によって消し去られてはいない。（グラフはドイン・ファーマーの厚意による）

されると、投資家に利用されてすぐに消え去ってしまうはずだ。それは一企業がそのパターンを秘密にしておこうとどれだけ努力しても関係ない。このパターンが、これから一〇年や二五年で完全に消え去ると考えるだけの理由はないのだ。

つまり、ウィーク型の効率的市場理論もまた誤りなのである。それでも、「とてつもなく弱い《ウィーク》」理論を作ることはできる。「ほとんどの資産価値は予測が困難だ」という主張だ。この主張は正しいように思えるし、誰も疑問に思わないだろう。しかし気をつけてほしいのは、この理論は正直なところ、「市場予測不能仮説」と呼ばれるべきだ。効率性とは何の関係もないのだから。

ここで修辞上のトリックに直面する。ストロング型の（誤った）効率的市場理論は、市場について驚くようなことを言っている。市場というのは、情報を容赦なく効率的に処理した上で、異なる企業の株式を賢く評価するのであり、そうすることで社会を動かすのに不可欠な社会資源の役割を果たしている、というのだ。まさに市場が物事を一番よく知っているということになる。これとは対照的に「とてつもなく弱い《ウィーク》」理論は、市場が持つ知識について何も言っておらず、市場を予測するのは難しいと主張しているにすぎない。サルが適当にキーボードを叩いて株価を上下させていたとしても、やはり予測は難しいが[36]、私たちがこの場合に「効率的」という言葉を使わないのは言うまでもない。大胆で面白いが間違っている仮説と、面白くはないが正しい仮説の二種類があって、この二つの意味を混ぜて、面白い方の仮説が正しいと説明するときに、面白くない仮説の根拠を使うというのが、経済学者たちがよく使うトリックなのである。

この戦術が実際に使われているのを見ると、どきりとさせられる。『エコノミスト』誌は二〇〇九年七月、現在の経済理論と、それが危機の深刻化に果たす役割をさまざまな角度から批判する記事を掲載した[37]。経済学者たちは、きちんとわかっていないのは明白だったのに（そのことは歴史が証明している）、市場はきわめて安定的かつ自己調整的であり、非常に効率的だと言っていた。彼らはなぜそう言っていたのか、というのが『エコノミスト』紙の疑問だった。それに答えて、経済学者のロバート・ルーカスは、市場は予測が困難なのだと主張し、次のように効率的市場理論を擁護している。「効率的市場仮説を政策決定目的で用いることから得るべき重要な教訓は、バブルに気づいて未然に防ぐ中央銀行や規制当局の担当者を見つけることで、経済危機や景気後退に対処しようとするのがいかに無益か、ということだ。そのような人々が実在するにしても、私たちには彼らを雇っておくだけの金銭的余裕はないだろう[38]」

もちろん、批判する立場の人々は、経済学者たちは危機を予測すべきだったと言っているのではない。経済学者が危機の前に強く支持していた、「自然に存在する市場効率性によって阻止されるので、経済危機は起こらない」という見解に異議を唱えていたのである。前の章で見たように、グレン・ハバードとウィリアム・ダドリーは、次のように主張している。

（資本市場は）経済のボラティリティを下げる。景気後退が起こる頻度は低くなり、起こったとしても穏やかなものになる。……資本市場の発展はリスク分散の効率を高める働きをしてきた。……こうしたリスク移転が可能になると、リスク負担の増大が進むが、こうしたリスク負担の増大が経済を不安定化することはない。デリバティブ市場の発展は、こうしたリスク負担プロセスにおいてとりわけ重要な役割を果たしてきている。

どうやらルーカスにとっては、誰かがこの「経済危機は起こらない」という危険な妄想に異議を唱えて、そんなことを誰が主張していたのか、どうしてそんな主張ができるのかと問うても、市場は予測困難であり、したがって「効率的」である、とさえ答えれば反論になるようだ。しかし、ここでルーカスが言う「効率的」というのは、通常の意味ではなく、専門的な意味での歪められた「効率的」である。

そうした態度は、反対派を混乱させ、何が起きたのかさえ曖昧なままにする、見事なおとり商法の手口だ。実際には何の主張もしていなかったのに、いきなり勝利宣言をするようなものである。この点は、効率的市場理論という考え方自体にも似たところがある。つまり、経済学者の無知は箱に入れてふたをしておきながら、それでもなお、そうした逃げの姿勢を科学的、あるいは英雄的とさえ思わせるというごまかしである。長年ウォール街で働いていた物理学者のエマニュエル・ダーマンは、「効率的市場仮説は、弱みを強みに変えるという、経済学者にとっての柔道の極意のようなものだった。『物事の仕組みを理解できないので、それを原則にしてしまおう』ということだ[39]」。

ハンマーと釘

最初の二章で、私は経済学やファイナンス論について、きわめて大まかな概要を示した。経済学やファイナンス論の歴史を詳しく見ていくと面白いのは、一つには、経済学には、数多くの優秀な人々が集まってきて、繊細な思想からなる奥深い伝統を作りあげてきたことがわかるからだ。しかし経済学の歴史は、失敗した科学、そして、自らの考えや、実際より信頼性を高く見せたいという願望に押しつぶされた科学のケーススタディとしても興味深い。

過去五〇年間におこなわれてきた数々の経済学研究の影には、市場は本来効率的で安定的なものだと信じる理由を探し、経済的組織が抱える問題に最適解を与えるメカニズムを用意しようという、断固たる努力があった。しかし、経済学に使われている数学の概念は、奇妙なまでに原始的である。ジョージ・メイソン大学のバーノン・スミスは、二〇〇二年のノーベル経済学賞の受賞スピーチで、経済理論は、高度な数学を用いているとされているが、実際には一つのモデルしか使っておらず、それに加えて、そのモデルはあらゆる状況に適合するように、改造したり、ねじ曲げたり、歪めたり、こじつけがされたりしていると述べた。「ハンマーしか持っていなければ、なんでも釘に見える」という言葉があるが、このモデルはまるで、釘を探しているハンマーのようなものだ。

学生たちには、経済に関する読書は狭くていいが、科学については広く読むようにと勧めている。経済学では、基本的に一つのモデルがあらゆる用途に採用されている。それは、資源の限界や、規制、他の人々の行動のすべて、あるいはいずれかによる制約を受ける、最適化モデルである。……経済学の文献は、こうした従来型の技術的なモデリング手法を超えた新たなひらめきを得るのに、最適な場所ではない(40)。

こうしたモデルで使われている数学は、数理物理学と同じように、印象的な記号や曲線で飾り立てられているため、形式は魅力的だ。しかし、そうした魅力的な外見も、現実の経済との関連性はほとんどないことが多い。この章ですでに見てきたとおり、データに反映されるような現実の市場の動きは、市場の均衡や効率性といった見方とは相容れないのである。

もちろん、これは歴史によっても証明されている。二〇〇八年の株価暴落の前には、二〇〇〇年から二〇〇二年にかけてのドットコム・バブル崩壊があり、その前の一九九〇年代には東アジア各国経済の激しい浮き沈みがあった。チャールズ・キンドルバーガー（『熱狂、恐慌、崩壊』（日本経済新聞社））や、カーメン・ラインハートとケネス・ロゴフ（『国家は破綻する』（日経BP社））といった経済史学者たちの著書が描き出した経済史観は、市場効率性や自己調整的安定性などとははるか遠いところにある。キンドルバーガーが取り上げた世界中の金融危機としては、過去二五〇年分だけでも、一七六三年、一七七二年、一八〇八年、一八一六年、一八二五年、一八三六〜三九年、一八四七年、一八五七年、一八六四〜六六年、一八七三年、一八八二年、一八八六年、一九〇七年、一九二九年、一九八〇年代、一九八七年、一九九〇年代、二〇〇〇年代の出来事が含まれている。

最初の二章で扱った内容は、経済学とファイナンスの思想史の表面をやっとかすめた程度だ。この本は歴史書ではないし、このテーマの歴史は詳しく見ていけばきりがないが、それをいうのならどんな歴史でも同じだ。科学や哲学の歴史、医学の歴史、野球の歴史、錬金術の歴史、あるいは精神的な集団妄想に対する人間の弱さの歴史にも、無限の細部がある。また、私は一般論の部分を歪曲しないように努めたが、私の見方というのは部外者のそれである。まったく異なる分野に対する、物理学者の視点なのである。

これ以降の章では、経済学に対する批判を超えて、もっと建設的な話題に進もうと思う。私が主張したいのは、市場を本当に理解するには、均衡を乗り越えて、不均衡やアンバランスを考慮する立場から市場を見るのが唯一の方法であることだ。均衡という概念を残すとすれば、それは私たちの身の回りにある大気や生態系の状態に似た概念になるだろう。つまり、深いところで流れている動力学や変動の激流に乗りながら、ゆるやかに表面的なバランスを取っているという状態だ。経済や市場に対してこのような見方をすることは、科学が経済以外の自然システムを見るのと同じように経済や市場を見る、ということを意味する。遠い昔には、それが良い考えだと考えられていた可能性もある。

そもそも、経済学や市場がここまで他のものと違っていなければならないのは、いったいなぜなのだろうか。

第4章　地震と株式市場

人類の一時代の普遍的信念——その当時においては何びともこれを免れず、また天才と勇気とをもって異常な努力となすことなくしては免れ得ざりし信念——が、次の時代にとっては明白な不合理となり、そもそもそのような事柄がどうして信じられたのだろうかとかえってこれを想像する方が困難となることがある。……それは大人の一言によってたちまち訂正される幼い子供の空想のように見える。

——J・S・ミル／『経済学原理』（末永茂喜訳　岩波書店）より引用

どのような科学においても偉大な進歩が生じるのは、究極の目標に比べて控え目な問題を研究してゆくなかで、のちにますます拡張されてゆくような方法が開発された時期である。自由落下はまったくありふれた日常的な物理現象であるが、力学が生み出されたのは、まさに、この実に単純な事実の研究の結果であり、それを天文学のデータと比較考量したおかげであった。経済学にもこれと同じ控え目という基準を適用すべきであると、われわれは考える。

——J・フォン・ノイマン／『ゲームの理論と経済行動』（阿部修一ほか訳　筑摩書房）より引用

日本時間二〇一一年三月一一日金曜日の午後二時四六分。日本の沖合七〇〇キロメートルにある地殻の一部で、地球物理学者らが「メガスラスト地震」と呼ぶ現象が起こった。太平洋側の海洋プレートの一部が突然、隣り合う大陸プレートの下方向へとすべり、その過程で、過去一〇〇年間で最大規模の地震を発生させたのである。この東北地方太平洋沖地震では、合計で広島型原子爆弾六億発分に相当するエネルギーが放出された。電力に換算すると、ロサンゼルス市全体の消費電力の二〇万年分に相当する。この地震は、恐ろしい津波も発生させた。日本の太平洋沿岸では最大四〇メートルの津波によって数多くの町や村が壊滅し、最終的に二万人近くが犠牲になった。

メガスラスト地震の背景にある基本的なメカニズムは、決して不可思議なものではない。二枚のプレートが境界面で反対方向に動き、一方がもう一方の下に沈み込む形になっているところでは、摩擦の作用でプレート同士が固着し、膨大な量のエネルギーが蓄積される。最終的にこの固着部分がすべると、蓄積されていたエネルギーが解放されるのだ。過去一〇〇年間で規模の大きかった地震の上位六位までがメガスラスト地震である。しかし二〇一一年の東北地方太平洋沖地震の発生時期や場所、マグニチュードは、事前に予測されていなかった。地震は、自然界で最も強力な事象に数えられているが、数世紀にわたる研究にもかかわらず、その予知はいまだに不可能だ。

実際のところ、地震予知の歴史は失敗の歴史であり、最近でも多くの予知の試みがおこなわれているが、成功率は数世紀前と大差ないレベルだ。一九九〇年にはアイベン・ブラウニングというアメリカ人科学者が、その年一一月には月と太陽の位置関係によって潮汐力が異常に大きくなるため、ミズーリ州セントルイス付近で大地震が連続して発生すると予測した。しかし実際にはそうした地震は発生しなかった。同じ時期、ある地球物理学者のグループが、北カリフォルニアのパークフィールド付近で一九九三年までに地震が発生するのは間違いないという考えを示した。この地域ではそれまで、およそ二〇年周期で規則正しく地震が発生していたからだ。そうした二〇年周期の地震は、一八五七年以降では六回続けて発生していた。しかしこの地震も発生しなかった。パークフィールドの地震の話について言えば、多くの優れた地球物理学者たちは、ランダムなノイズでもパターンに見えてしまうという、統計学ではよくあるミスの犠牲になってしまったようだ。

一九九七年、東京大学の地球物理学者であるロバート・ゲラーは、地震予知の現状をまとめた長いレビュー論文を書き、それまで試みられてきた予測手法はどれも成果を上げていないと結論づけた。「地震予知研究は過去一〇〇年にわたっておこなわれてきたが、明らかな成功を収めたものはない。画期的な発見だとする主張もいくつかあったが、その後の厳しい評価をくぐり抜けることはできなかった。大規模な調査をおこなっても、信頼できる前兆現象は見つからなかった。大地震発生の可能性があるという警報を、高い信頼性をもって発表することは、事実上不可能に思われる(1)」

もちろん、地震予知の失敗以上に頻繁に起こる失敗があるとしたら、それは市場や経済についての予測の失敗だ。アメリカ人経済学者のアーヴィング・フィッシャーは、一九二九年の株価大暴落の数日前、市場は「恒久的な安定期」に到達したと公式発表した。この予測の失敗のひどさといったら、他の失敗を失敗とは呼べないくらいだ。MITの経済学者ルディガー・ドーンブッシュもこれに匹敵する失敗をしている。一九九八年にドーンブッシュは、当時のアメリカ経済の拡大について次のように述べた。「(経済拡大は)永久に続くだろう。アメリカ経済では今後しばらく景気後退が起こらない。私たちには景気後退を望まないし、必要ともしない、したがって、それが起こることはないのだ。……私たちには、現在の経済拡大を継続させるだけの手段がある」[2]。ドットコム・バブルがはじけたのは、この発言のわずか二年後である。

市場については、その動きが一般的に予測不能だということ以外何もわかっていないとする現代の経済観は、地震予知についてのゲラーの見解とそうかけ離れたものではない。それどころか、地震と株式市場の変動は、何となく似ているという以上に、気味が悪いほどの数学的な共通点があるのだ。どちらの場合も、予測不可能性は、多くの事象の統計データに表れる強い規則性と共存している。そしてこうした規則性から学べることは多い。予測不能であることとランダムであることは、同じではないのだ。

べき乗則、地震、金融市場

ランダムに選ばれた一万人の受験者に数学のテストをした場合、その得点は、ある平均値に近い「群れ」あるいは「集団」になることに気づくだろう。得点の分布は、統計学で言う「正規分布」になっており、大半の得点は、最も多く出現する得点のすぐ上か下に集中するはずだ。この分布は、正規分布曲線あるいはベル型曲線として知られていて、曲線の中央から左右に遠く離れた得点は、出現する可能性が非常に低くなる（数学用語では「指数関数的に」低くなる、と言う）。また、正規分布曲線には「標準偏差」という値がある。これは、得点の広がりの規模を表す数値で、統計計算によって実際に導ける。一〇〇点満点のテストで、平均が七〇点の場合、標準偏差は七点か八点分程度になる。正規分布曲線では定義上、平均を中心にして標準偏差数個分の範囲の外側になる受験者はいない（図3）。

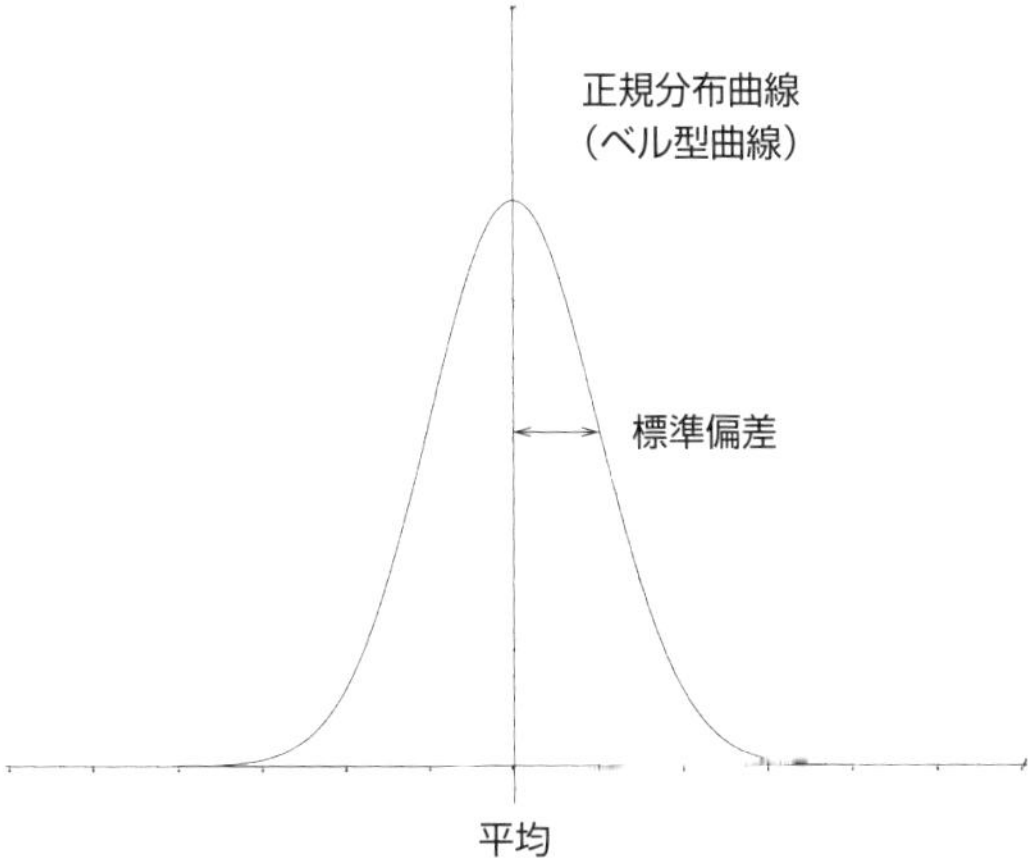

図３　正規分布あるいはガウス分布（ベル型曲線とも呼ばれる）は、テストの得点や身長、体重など、さまざまな統計値を表す。偶然生じる独立な要素が数多く組み合わさった行為を反映する統計値は普通、正規分布になる。

一方で、受験者の選び方がランダムでなかったらどうなるだろうか。受験者の半分は数学専攻の学生で、残り半分は英文学専攻の学生だったら、テストの得点は異なる平均値を中心とした二つの集団に分かれる。一般的には数学専攻の学生の方が良い成績を取るからだ。これをグラフにすると、分布曲線の山は一つではなく二つになり、それぞれの山の存在が、受験者に二つのタイプがあることを表す。グラフの右側の離れた位置に三つ目の小さな山があれば、テスト会場には学生だけでなく、本物の数学者も何人かいたのかもしれない、ということになる。別のテスト（たとえば、ウィリアム・シェークスピアとクリストファー・マーロウのライバル関係について小論文を書くというテスト）であれば、知識や能力の方向性がまた別になるので、グラフにはそれに沿った違いが現れてくるだろう。

この意味では、統計分析というのは、数学を使った超音波診断のようなもので、隠された情報を明らかにすることができるのである。では地震には、どんな隠された事柄があるのだろうか。地震のマグニチュードの分布曲線を描くとしたら、やはりその曲線にはいくつもの山ができると予想するだろう。地震の震源は、地下深い場合もあれば、地表付近の場合もある。地震発生地域の岩盤が固くて破壊されやすいこともあれば、軟らかく、可塑性がある場合もある。グラフには、メガスラスト地震も含めてさまざまな地震の種類が、複数の山として現れるはずだ。その山のそれぞれには、典型的な規模、あるいは典型的なエネルギー放出量を持つ、ある特定の種類の地震が対応するのである。

奇妙なのは、地震の研究者たちがこれまで見てきたグラフは、そのようなものではないということだ。一九五〇年代に、カリフォルニア工科大学の地震学者のベノー・グーテンベルグとチャールズ・リヒターは、地球のさまざまな場所で発生した地震のデータを何年分も集めて、大規模な統計分析をおこなった。すると、その分布曲線に山は一つもなかった。わかったのは、地震は種類ごとに集団になって発生するのではなく、ある簡単なルールに従っているということだ。それは、大規模な地震は一貫して小規模な地震よりも発生数が少ない、というルールである[3]。こうした統計上のパターンを**べき乗則**と呼ぶ。それは、ある事象の発生確率が、その事象の規模のべき乗に単純に比例するからだ。具体的には、地震の規模を放出エネルギーの量で表すとすると、地震の発生回数は、放出エネルギーの二乗に比例して減少する。つまり、エネルギーが二倍になると、地震の発生頻度は四分の一（二の二乗分の一）になるということだ。これはとても単純なルールであり、非常に小さな地震から巨大地震まで、あらゆる規模の地震に当てはまる[4]。

つまり地震というのは、発生の予測はまったく不可能だが、統計的には驚くほど単純で、秩序があるのだ。先述のテストの例では学生の種類や分類といったものがあったが、地震の分布曲線には、明確な地震の種類や分類といったものがあるという証拠はない。特に、最も小さな地震と最も大きな地震の間の基本的な性質の違いを示すものは何もない。

ロンドンっ子はよく市バスをからかう。いくら待っても来なかったのに、突然、同じ行き先のバスが三台同時に来るというのだ。しかし、これは単なる軽口ではないことがわかっている。バスが何台も続けて来る傾向があるのは本当なのだ[5]。それは地震にも言える。たとえば、二〇一一年の東北地方太平洋沖地震の後、わずか一カ月の間に数百回もの余震が観測されている[6]。それよりはるか昔の一八九〇年代に、日本人地震学者の大森房吉は、余震の発生頻度が、本震発生からの時間に比例して減少することを初めて明らかにしている[7]。一般的には、本震発生から一カ月後の一日当たりの余震発生回数は、二カ月後の二倍だと言われている[8]。

つまり、本震に続く余震の発生にも法則性がある。これもやはりべき乗則になっている。時間をｔとすると、発生確率は$1/t$になる。つまり時間がたつにつれてt^{-1}に従って減少するのだ（ｔが十分に大きな値の場合）。こうした種類のべき乗則は、亀裂の入ったレンガや岩の複雑な表面構造や、生命体の成長パターン、ハチやシカが食べ物を探す方法など、科学のあちこちに登場する。どのケースでも、べき乗則は、見かけのランダムさの影に規則性が隠されていることを示し、その基礎となるプロセスについてのヒントを与えてくれる。

このことはきわめて重要である。なぜなら、金融市場はこれと同じように機能しているように思えるからだ。

見えてきたパターン

二〇一一年の東北地方太平洋沖地震のように、一九八七年一〇月一九日に起こった株式市場の暴落は、多くの人々に強い衝撃を与えた。しかし、この暴落に前兆がまったくなかったわけではない。その五日前、ダウ・ジョーンズ平均株価は九五ポイント下落していた。これは当時の下落幅の最大記録だったが、わずか二日後に破られた。終値が一〇八ポイント下落したのだ。前述したように、こうした出来事が一九二九年の事象に似ていると感じた人々もいた。ヘッジファンド・マネージャーのジョン・チューダー・ジョーンズはのちに次のように回想している。

あの暴落が起こった週は、私が人生で最も興奮した時間だった。私たちは一九八六年中頃から、株式市場の大暴落を予想しており、金融危機が起こる可能性を予見して、緊急時の対応策を立ててあった。一〇月一九日月曜日には、市場がその日暴落することがわかっていた。……その前の金曜日に、下落幅の最高記録が出ていたからだ。一九二九年にも、まったく同じことが暴落の二日間に起こっていたのだ。(9)

ジョーンズが考えていたとおりに、この類似には実際に何か意味があるのか、それともたまたま運がよかっただけなのかはわからない。しかし、どんな巨大地震にも前震があるように、一九二九年と一九八七年の暴落のどちらの場合も、市場に大きな前兆があったのは本当だ。他に地震と類似する例を挙げれば、私が前の章で述べたレイ・フェアの研究では、一九八二年から一九九九年までの一七年間に、S&P五〇〇種指数先物が五分未満の間に大幅に（一パーセント以上）変動したケースは約一二〇〇回あった。その半分以上は、ブラックマンデーの発生から二カ月から三カ月以内に生じた、直接的な「余震」のように見える。暴落から三日後の一〇月二二日だけで一〇九回の変動が起こっている。

こうした比較は、比喩や類推の域にとどまらない。まず言えるのは、市場変動、特に大規模なバブルや暴落の統計データが、地震の発生規模と頻度の関係を表すグーテンベルグ＝リヒター則とはぼ同じ規則に従っていることだ。

たとえば、株やその他の金融商品の価格が、ある一定期間（数分、一日、あるいは一週間）でどのくらい変化するかを考えてみる。一九六〇年代初めに、フランス人数学者のブノワ・マンデルブロは、綿花価格のそうした変化について画期的な研究をおこない、市場での大きな利益の統計値が、グーテンベルグ＝リヒター則に非常によく似た逆べき乗則に従うことを発見した。簡単に言えば、大規模な変動は小規模な変動よりもまれであり、その発生頻度は地震とほぼ同じ数学的法則に従うのである。マンデルブロが分析できたのはわずか数千件のデータ点だったが、彼にはそのことがわかっていた。

それから三〇年以上たった一九九九年、ボストン大学のユージン・スタンレーを中心とする物理学者のチームは、最新のコンピューターの力を借りて、上場企業一万六〇〇〇社の株価と、S&P五〇〇種株式指数や日本の日経平均、中国のハンセン指数といった数多くの主要金融指数を対象として、三五年間に発生した非常に多くの株価の変化を分析した。スタンレーらの分析結果は、マンデルブロの発見を裏付けただけでなく、それをさらに精緻化することになった。株価変動の統計には、物理法則と同じくらい確実な数学的規則性があることが示されたのである。このような法則に似たパターンは、一秒から一カ月までさまざまな期間で、あるいは株式や外国為替、先物などさまざまな種類の市場で見られる。もちろん、異なる国々の市場にも同じように当てはまる。

大規模な市場変動に関するこれほど基本的な法則が知られるようになってから、一〇年程度しか経っていないとは驚きだ。なぜこれが正しいと言えるのだろうか。べき乗則は、科学の世界では説明する価値が十分にあるとされている一方、伝統的経済学ではそう考えられていない。地震の発生頻度についてのグーテンベルグ＝リヒター則との密接な対応は、非常に面白い疑問もいくつか提起している。市場の動きは、無数の個人や企業、政府の思考や感情、行動の上に成り立っていると、私たちは考えがちである。均衡理論では、市場は人間の合理性を反映していると主張している。しかしどういうわけか、こうした思考や心理、個人の自由意思が、市場変動に見られる、この法則めいたパターンを消し去ることはないのだ。そうしたパターンが市場に難なく登場する様子は、地球の地殻における純粋に力学的なメカニズムに登場するのとまったく変わらないのである。

こうした規則性はどこから来るのだろうか。これはきわめて大きな意味を持つ疑問で、まだ誰も決定的な答えを出していないというのが正しい。ただし、いくつか有望な考え方もあるので、それをこれから見ていこうと思う。しかしその前に、この規則性が持つ驚くべき意味合いや、それと密接な関係がある、市場に関する他の法則についても考えていこう。

珍しい出来事は考えているほど珍しくない

これまで記録が残っているなかで最大の地震は、一九六〇年五月二二日日曜日に発生した、チリの首都サンチアゴから南に約三五〇マイル（約五六〇キロメートル）離れた場所を震源とするものだ。この地震では、最大二五メートルもの高さの津波がチリの沿岸部を襲った。津波は一五時間後にハワイ諸島に到達した時点でも、まだ一〇メートルの高さがあった。さらにこの地震は、プジェウエ山の噴火を誘発し、火口から噴出した溶岩は三マイル（約四・八キロメートル）以上の距離を流れた。地震の影響で、チリの海岸地域は広い範囲にわたって五フィート（約一・五メートル）沈降した。

ほとんどの地震は、この規模にはるかに及ばない。実際のところ、この点は、地震について最も興味深いことの一つだ。地震によって規模は大きく異なり、その違いは私たちの想像力の範囲を超えているのである。

二〇一一年一二月の最終週に、カリフォルニア州では約三五〇回もの地震が頻発した。この件についてのニュース記事を読んだことがあるだろうか。なかったとしても驚かない。実際のところ、カリフォルニア州に住む人々もこの三五〇回の地震にはほとんど気づかなかったのだから。最も規模が大きかったマグニチュード三・〇の地震でも、その揺れは通り過ぎるトラックの震動と同じくらいだった[10]。

一九〇六年に発生したサンフランシスコ地震（マグニチュードはリヒタースケールで七・八）が放出したエネルギーは、二〇一一年一二月最終週に発生した三五〇回の地震のうちで最大の地震のエネルギーの一〇万倍に相当する。これだけのエネルギーを放出するには、二〇一一年一二月に発生したような小規模な地震であれば、二〇年から三〇年揺れ続けていなければならない計算になる。

しかし巨大地震も小さな地震も、仕組みはすべて同じだ。断層がずれて、エネルギーが熱や震動として放出されるのである。放出されるエネルギーの量は、断層のずれ幅と、そのときずれた面積だけで決まる。重要なのは、巨大地震と小さな地震には根本的な違いはないということだ。たとえば恒星と卓球の球は根本的に違うというような意味での違いはないのだ。それぞれがまったく違う力によって生じるわけではない。巨大地震も小さな地震も、「レベル」が違うだけで、「性質」は変わらない。それこそが、べき乗則の意味するところだ。

べき乗則の背後にある数学は、それと異なる考え方に慣れた私たちの直観を混乱させる。たとえば、アメリカの成人男性の平均体重は約一九〇ポンド（約八六キログラム）だ。三〇〇ポンド（約一三六キログラム）を超える男性はほんのわずかだし、四〇〇ポンド（約一八一キログラム）を超える人はもっと少なく、六〇〇ポンド（約二七二キログラム）以上になると記録に残るレベルだが、そんな人は数えるほどしかいない。私は子どものころ、ギネスブックを読んでいて、一九五〇年代にロバート・アール・ヒューズという男性の体重が一〇〇〇ポンド（約四五四キログラム）を超え、亡くなったときはグランドピアノのサイズのひつぎで埋葬されたという話にびっくりした。しかし、体重二〇〇〇ポンド（約九〇七キログラム）の人に出会うことはないだろう。体重五〇〇〇ポンド、一万ポンド、一〇万ポンドの人がいないのは言うまでもない。現在の平均体重のわずか一〇倍でしかない、体重一九〇〇ポンド（約八七〇キログラム）の人さえいたことがない。

体重の分布が地震と同じだとすると、数千万ポンドの体重で歩き回る人もいるという話になる。これはボーイング767の一〇機分の重さだ。体重の分布が地震と同じだったら、そうした人は、確かにたっぷり太ってはいるが、決して異常ではなく、想定の範囲内で普通に太っているだけ、ということになる。

もちろん、べき乗則の統計学の直観に反する特徴は、現在では広く認識されている。それは、ナシーム・タレブが著書『ブラック・スワン』（ダイヤモンド社）でおこなった、歯切れのよい主張によるところが大きい。べき乗則は、深い意味がありながら過小評価されがちな、極端な事象の重要性を明らかにするのだ。指数関数による「通常の」統計学では、極端な出来事というのは非常にまれにしか起こらず、影響は小さいので見過ごしてよいとされている。一方、隕石のサイズから書籍や映画の売上まで、あらゆるものに見つかるべき乗則の統計学で考えれば、極端な出来事はそれほどまれではなく、かなり重要になってくる（こうした現象は、べき分布の曲線の形が、極端に大きな値の部分で厚《ファット》くなっている、つまり確率が高くなっていることから、「ファットテール」と呼ばれることが多い）。累積的な影響という点では、このようなまれではあるが極端な事象には、不釣り合いに大きな力がある。大陸プレート全体、あるいは市場全体の変動のようなものは、通常の日常的な変化が徐々に積み重なった結果ではなく、むしろ、数回の巨大地震や大規模な金融危機の、異常で不釣り合いなほど大きい衝撃が原動力となって生じるのである。

残念ながら、何世紀にもわたる伝統的な科学と数学の時代には、体重や身長、テストの得点といったものを扱う、通常の統計学に焦点が当てられていて、私たちは世界の見方を間違って教えられてきてしまった。そのことが自ずと明らかになったのが、二〇一〇年四月二七日火曜日だ。この日、ゴールドマン・サックスの最高財務責任者（ＣＦＯ）のデイヴィッド・ビニアが上院行政監察小委員会で証言に立った。この小委員会は、金融危機におけるゴールドマン・サックスの役割について調査していた。ビニアはハーバード・ビジネススクール出身で、おそらく金融市場の変動については誰よりも詳しい人物だった。しかし、ゴールドマン・サックスが金融危機に備えていなかった理由としてビニアがした説明に比べれば、「ロイド・ブランクファイン〔ゴールドマン・サックスのＣＥＯ〕の飼い犬が宿題を食べてしまったから」という、小学生が言いそうな言い訳でもした方がよほど信用してもらえただろう。

ゴールドマン・サックスは、一般的なリスクの評価については完璧に責任を果たしており、単にきわめて異常なショックに見舞われただけだというのが、ビニアの主張だった。自分たちは不運きわまりなかった、というのだ。ビニアは、最悪の日々の混乱を振り返って、「私たちは何日か続けて、二五標準偏差に相当する価格変動が起こったことに気づいていました」と発言した。これはおそらく、アメリカの歴史上、連邦議会の委員会での発言としては最も馬鹿げたものだろう。ビニア（と顧問弁護士）が計算などしていなかったのは明らかだった。正規分布曲線では、中心から八標準偏差に相当する〔標準偏差の八倍の位置にある〕事象ですら、その発生確率は宇宙の一生の間に一回程度しかない。二五標準偏差となると、一〇の一三五乗年（一の後に〇が一三五個続く数だ）に一回という確率になる。これは当選確率が一〇〇万分の一の宝くじに二二回連続で当たる確率と同じだ。[11] そんな事象が三日連続で起こったというビニアの愚かな主張に対する反響は大きかったが、その一つが、オスカー・ワイルドの有名な一節をもじった、次のようなものだ。「二五標準偏差の事象を一回経験するのなら不運だと言えるが、二回以上経験するというのは、よほど不注意なのだろう」

上院でのビニアの発言は馬鹿馬鹿しく思えるが、その背景については多少考えておいた方がいいだろう。一日の株価の変動幅は通常二パーセント未満と小さいので、分布曲線の中心から一〇標準偏差分の位置でも、少なくとも二〇パーセントもの変動に相当する。「通常の」統計学では、こうした変動は一〇の二二乗日（これも宇宙の年齢よりも長い）に一回しか起こらないことになるが、市場データを見ると、そうした変動は基本的に毎週、数千銘柄の上場株式のうちの少なくとも一つで起こっている。[12] つまり、私たちは前提条件を再検討すべきかもしれないということだ。

べき乗則とファットテールの重要性は大きい。それについて考えておけば、まれな市場の大変動が起こる可能性を少なくともある程度の精度で評価し、適切なリスク管理をおこなえるからだ。[13] しかし、私の考えでは、それは最も重要なことではない。市場リターンがべき乗則であることを考えれば、いままで目にしたことがないほど優れた説明能力を備えた、優れたファイナンス論への道筋が見えてくることの方が重要だ。なぜならそのことは、あらゆる市場理論が説明しなければならない核心的な事実だからだ。そして、そうした核心的な事実がそれ一つだけではないことも、やはり重要である。

過去が現在をつくる——市場の長期記憶

山脈や谷の地形や、岩石の形成といった地質学的現象のなかに、時間を超越した数学的秩序を見つけようとする科学者は、そうした現象をどうにも理解できないだろう。フランス人地質学者のチャールズ・ライエルは、記念碑的な一八三〇年の著書『地質学原理』でそう主張した。見事な数式をいくつか書き出し、数学的に考えたところで、スイスアルプスの成因を完全に説明できる見込みはない。惑星の軌道の形はどれも楕円形だ。二本の木の間にロープを張れば、そのロープの形はいつでも同じ「カテナリー曲線」と呼ばれる形になる。しかし、地質学はそうしたものとは違って、火山の噴火や地滑り、洪水といった偶然の出来事が未来に残した消せない痕跡なのだと、ライエルは考えていた。風景は、そうした偶然の連なり、つまり、長い年月にわたって作用する緩やかな進化的プロセスから生じるのである。後にケンブリッジ大学の歴史学者エドワード・ハレット・カーは、チャールズ・ダーウィンが自然科学に歴史の概念を導入するにあたって、ライエルの思想を基礎としたという見方を示している。カーはこう書いている。「ダーウィン革命の本当の重要性は、ダーウィンが歴史を科学たらしめて、ライエルがすでに地質学で始めていた仕事を完成したという点にあったのです。科学はもうある静的なもの、無時間的なものを扱うのではなく、変化および発展の過程を取り扱うものとなりました」(『歴史とは何か』(清水幾太郎訳 岩波書店)より引用)(14)

もちろん、歴史を導入すると、将来の予測可能性の問題も入り込んでくる。地震の発生頻度に関するグーテンベルグ＝リヒター則は、この点については何も語っていない。同じことは、マンデルブロが確立した市場の変動の統計学や、より最近の物理学者たちの研究にも当てはまる。こうした法則などからは、さまざまな種類の事象について、その発生確率の分布はわかるが、それが発生する際の規則はまったくわからない。小さな変化と大きな変化は、交互に生じるのか、それともまとまって生じるのか。あるいはまったく違う、何か他の規則があるのだろうか。次々と発生する事象は、ただひたすら無秩序で、ランダムなのかもしれない。こうした事象の規則のようなものを見つけられれば、予測という考えが今より現実味を帯びてくるのは間違いない。

最も自然なのは、市場がいわゆる「ランダムウォーク」をするという可能性だ。つまり、市場の動きはまったく予測不能であり、今日の出来事は、明日、あるいは来週起こる可能性がある出来事にまったく影響を与えないのである。たとえば、コインを投げて表が出たとしても、次に投げた場合に（あるいはもっと後で投げた場合に）表が出る可能性は、高くも低くもならない。数学用語では、これは毎回のコイン投げが「独立」だと言う。ルイ・バシュリエは一九〇〇年に、市場はランダムウォークをするという説を提唱した。バシュリエの主張はこうだ。市場価格に影響を与える要素は一日のなかに数え切れないほどあり、価格を押し上げる要素も下げる要素もある。それぞれの要素による影響が（数学的に）独立であれば、価格変化は正規分布になるはずだと考えたのである。あの昔ながらのベル型曲線がここでも登場するのだ。

現在では、バシュリエの仮説は明らかに間違いであることがわかっている。市場リターンを、ある期間の小規模な価格変化と定義すれば、その分布は、正規分布ではなく、ファットテール（べき乗則の分布）になるのだ。[15] バシュリエの説は間違っていた。といっても、どのくらい間違っていたのだろうか。価格変化は正規分布だとした以外にも、バシュリエは時間の流れを仮定していなかった。過去の変動が将来の変動に与える影響も、予測可能性もまったく仮定していなかった。こうしたことは、市場についての仮定としては適切だろうか。

上下に変動するシグナル（ここでは株価にあたる）が予測可能かどうかを検証する方法の一つが、「自己相関」と呼ばれる値を計算することだ。自己相関というと実際以上に複雑に聞こえるので、「予測可能性」と言った方がわかりやすいかもしれない。自己相関を計算するというのは、ある時点と、それから一定時間（一日あるいは一週間など）が経過した時点を考え、この二つの時点におけるシグナルの値の関係を調べることだ。一つ目の値が二つ目の値のヒントになるかどうかを、シグナル全体にわたって調べていく。最初が正の値であれば、二つ目も正の値になることが多いのか、それとも負の値になることが多いのか。こうした作業を繰り返すうちに、自己相関（予測可能性）が見えてくる。たとえば、月曜日に一パーセント値上がりした株は金曜日にもまた値上がりすると、確実に予測できるようになるのだ。一方で、現時点での一パーセントの値上がりは、その後の株価について何も暗示しておらず、値上がりする場合と値下がりする場合が同じくらいある、ということがわかるかもしれない。株価が真にランダムな場合にはそうなるだろう。二つの時点の間隔を変えていけば、あらゆる時間間隔について、そのシグナル（株価）の予測可能性を調べられる。

第2章で述べたように、株式や債券、先物などの金融商品の実際の将来価格を、過去の価格から予測するのはきわめて難しい。実際に、効率的市場仮説は同じことを主張している。つまり、どの期間について考えても、価格変動の自己相関はゼロになるはずだということだ。たった今発生した出来事は、将来の出来事を何も教えてくれないのだ。少なくとも、数分、あるいはそれ以上の時間間隔を考える場合には、そのとおりだと言える。[16] 株式やオプション、先物、その他の何でもいいが、そうした金融商品の価格を表すシグナルの自己相関（予測可能性）は、t＝0のときは非常に高い。これは（当たり前だが）現在の価格を見れば、価格が現在どうなっているかについて多くのことがわかるという意味だ。しかしその後は、間隔が長くなるにつれて、自己相関は急激に減少し、わずか数分でゼロになる。

このことは、市場の予測不能ぶりを見事に説明している。そしてこれ以上のことを知らなければ、これが結論に思えるかもしれない。しかし実際にはそうではない。一九九三年、経済学者のジュワンシン・ディンとクライヴ・グレンジャー、ロバート・エングルは、市場リターンの記録だけでなく、そうしたリターンの絶対値を調べて、市場変動の量をその正負に関係なく調べるという賢い方法を考え出した。この市場変動の量は予測可能だろうか。わかったのは、予測可能だということだ。ディンらの計算によれば、このシグナルの予測可能性は時間がたってもゼロにならず、ほんの少しずつ減少するだけだった。たとえば、日単位での価格変動を考えた場合、二五〇〇日たっても予測可能性はゼロより大きい値を取っていた。市場の取引日が年間約二五〇日ということを考えると、市場リターンの規模は、一〇年にもわたって明確に予測可能であるように思える。[17]

これは簡単に言えば、市場の価格変動の量は予測可能だという意味だ。

これが重要な発見であるのは、文字どおり、これから起こる変動の量を予測できることを意味するからというだけでなく、もっと深い理由がある。一貫性のないランダム性が市場の特徴とされているのに、今日起こっていることと、たとえば一〇年かそれ以上前の出来事の間には、つながりがあるのだ。市場で起こった出来事は、そこに消せない印を残し、変化を与え、ずっと残るような記憶を刻みこむ。それは地震が風景に跡を残すのと同じだ。この長期的な記憶は別の形でも現れるが、そうなると、市場と地震とのつながりがさらに強まってくる。たとえば、一九八七年の株価大暴落など、市場で大きな事象が起こった後に起こる、余震的な事象の発生確率は、あの日本人地震学者の大森房吉が地震について発見したのと同じように、時間とともに減少するのである。[18] 同じことは、連邦公開市場委員会（ＦＯＭ

C）による金利調整の発表など、重要政策の発表後に生じる大きな余波についても言える。大きな市場の動きが生じる確率は、その発表の瞬間からの時間に比例して減少するのである[19]。

私は、市場が地震と完全に同じダイナミクスで機能していると言っているわけではない。しかし、二つのまったく異なる状況のなかに、ここまで驚くほどよく似たダイナミクスがあるという事実は、それぞれに特有な詳細部分を調べても、そうしたダイナミクスの説明は見つからないことを暗示している。つまり、岩石や断層、摩擦の詳細な性質、あるいは投資家の行動や心理などの謎を考えても、そのダイナミクスは理解できないという意味だ。市場の突然の激しい変動と急激な反転という傾向は、強欲と人間の可謬《かびゅう》性のせいなのだと考えてもかまわない。しかし、それとまったく同じ種類の急な変化が、地球の地殻や、他の自然プロセスのような、平衡から離れる方向に進むシステムでも生じている。そうした状況では、時間に重要な意味があり、それが時間に影響されない、ある種のバランスの取れた状態に落ち着くことは決してないのである。

米粒の山、米粒の雪崩

健康な人体というのは、求められるものの量が絶えず変動する世界のなかで理想的なバランス状態（ホメオスタシス）を保っている人体のことだというのが、標準的な考え方とされている。運動をすれば、血液を多く送り出し、筋肉への酸素供給量を増やそうとする。ホルモンレベルは一日のサイクルのそれぞれの時間に合わせて調整されている。外部の変化や要求がなければ体は安静状態になり、心臓は時計のように規則正しく、しっかりと鼓動するはずだ。市場や経済を同じような観点で考えている経済学者たちが、こうしたバランスや均衡を表すメタファーに影響を受けることはよくあることだ。

しかし驚くべきことがある。こうしたパターンは、市場を描写できていないばかりか、人間の体の説明にすらなっていないのだ。

申し分なく健康な人を安静状態にして、その人の鼓動の間隔を調べてみると、決して一定ではないのがわかる。ハーバードメディカルスクールのエイリー・ゴールドバーガーは、二〇年にわたる一連の研究によって、健康な心臓の鼓動の間隔には、かなりはっきりした自然な変動があることを明らかにした(20)。こうした変動には長期記憶もあり、何時間も離れた過去と未来の変動がかすかにつながっていることがわかった。この変動はランダムなものではなく、むしろ、安静時の心臓に見られる固有のパターンを反映している。安静状態というのはただの静かな状態ではなく、はるかに奥の深いものなのだ。そればかりか、ゴールドバーガーと同僚たちは、高齢者や心臓病患者の鼓動の方が規則正しくて予測可能であり、変動が起こりにくいことを明らかにしている。通常の健康な心臓が安静状態にある場合、それは静かでも規則的でもない。不規則さと長期記憶は、健康のしるしだということになる。

同じようなことが脳についても言える。一〇年ほど前、ヘルシンキ大学の神経科学者のクラウス・リンケンカー＝ハンセンらは、脳波モニターや他の手法を使って、目覚めてはいるが安静状態にあるボランティアの被験者を対象に、一秒間に一〇サイクルから二〇サイクルという周期の神経振動を調べた。被験者が目を閉じていても開いていても、ニューロン・ネットワークではさまざまな活動が嵐のように吹き荒れていた。「脳波」というのは完全にリズミカルなものだと思われがちだが、実際には、はるかに不規則なものだ（ただしランダムではない）。脳の変動もまた、不規則に見えるにもかかわらず、複雑に組織化された長期的な記憶の存在を示しており、長期にわたる高い予測可能性があることがわかったのである。[21]

自然科学者にとって、地震、人体のダイナミクス、そして金融市場の間に共通点があることは偶然とは思えないし、必ずしもそれほど驚くべきことでもない。過去二〇年間で、科学者たちは、森林火災や太陽フレア、化石に残された生物種の絶滅の記録、鳥の個体数の変動といったものでも同じように、不規則ではあるが、高度に組織化されたパターンを発見している。そうしたパターンは、大気や気候のダイナミクスにも存在しており、具体例を紹介しようと思えば、何ページでも書けるだろう（実際に、以前書いた『歴史は「べき乗則」で動く』（早川書房）では数多くの例を挙げている）。[22] これらは共通した特徴を持ち、同じ種類に分類される現象であり、市場がそこに含まれても違和感がないように思われる。このような現象はどれも「非平衡系」である。つまり、エネルギーの流れや絶え間ない競争、環境の変化などのさまざまな圧力によって、不安定な状態になっているのだ。

経済学やファイナンス論の世界で、均衡という概念が根強く支持される理由の一つは、説得力のあるメタファーがこの分野の思想を支配しているからだ。たとえば、バケツを揺らすと、中の水は平衡状態に戻るように動く。経済や市場も、乱されなければ落ち着いた状態を維持し、外部からショックを受けても、バケツの水と同じくらい容易に元の状態に戻る。そうしたメタファーによって経済や市場をイメージすることには逆らいがたい魅力がある。もっと説得力のある市場の科学、つまりファットテールや長期記憶を自然な形で説明でき、さらには何かほかのことも説明できるような科学を構築するためには、不均衡にも説得力のあるメタファーが必要だ。不安定化したシステムについてのメタファー、ファットテールや長期記憶が生じる仕組みを簡潔に示すメタファーが求められるのである。

こうしたことを念頭に置いて、先ほどのバケツの水をもう一度考えてみよう。バケツの水には記憶は存在しない。水を一滴ずつ足していくと、その水滴は広がるので、水面は常に平らなままだ。しかし液体である水滴の代わりに、たとえば米粒のような、広がらない固体の粒子を使ったらどうなるだろうか。テーブルの上の米粒の山に、さらに米粒を一粒ずつ追加していくことを考えてみよう。この実験からはさまざまなことがわかる。

そういう米粒の山には何が起こるだろうか。最初はもちろん、山の成長は非常にゆっくりで、米粒が追加されるたびに高くなり、傾斜が急になっていく。山に落ちた米粒の位置が固定されていくと、その山には「記憶」ができることになる。米粒が今、どこに落下したかということが、この山の将来的な成長の仕方に影響を与えるのだ。ときには、落とした粒が雪崩を引き起こして、何粒か滑り落ちることもある。何時間もかけて米粒を落としていくと、最終的に米粒の山は、雪崩で滑り落ちる米粒の数（さらにテーブルの端から落ちる米粒の数）と、追加される米粒の数がちょうど釣り合って、ほぼ安定的な状態に到達する。もちろん、こうした状態には毎回到達するわけではなく、平均的にそう言える、ということだ。

ここで、次の雪崩で米粒が何粒滑り落ちるかを予想するという、単純な問題を考えよう。たとえば二〇〇個というのが平均的な個数だと予想するかもしれない。しかし一九九〇年代に実施された実験では、違う結果が出た。新たな米粒を山に追加した場合に、その影響で山から崩れ落ちる米粒の数には、

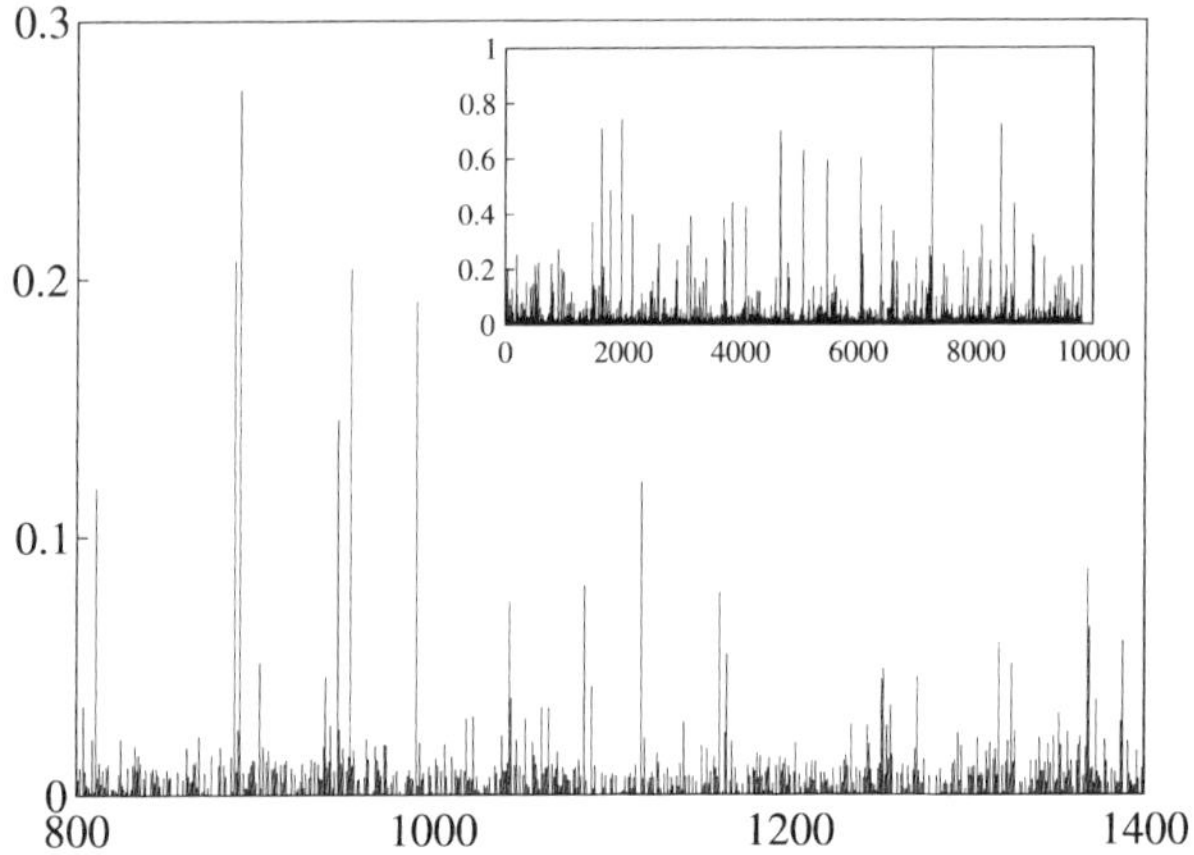

図４　米粒の山での雪崩の発生時系列。縦軸は、それぞれの雪崩の全エネルギーであり、動いた米粒の数だけでなく、斜面を滑り落ちた距離も考慮している。それぞれの雪崩は、米粒１個の落下によって引き起こされるにもかかわらず、米粒の山のダイナミクスはきわめて不規則であることがわかる。差し込み図は、より長い期間の時系列を示すグラフ。（キム・クリステンセンの厚意により転載）

大幅なばらつきがあることがデータからわかった（図４）。わずかな記憶が追加されたことで、米粒の雪崩の規模が、地震や市場の価格変動のように、非常に幅広く変化するようなシステムができあがったのだ（実際には、米粒の雪崩の規模の範囲は唯一、使用するテーブルの大きさには制限される）。

この実験には本当に深い意味があり、プラトンやアリストテレスが見てもきわめて啓発的なものだと気づいただろう。これはまた、世界の仕組みの可能性について私たちが考えている基本的概念を広げるものでもある。そもそも、この実験をコントロールしているのは私たちなので、最大の事象と最小の事象の原因が常に厳密に同じであることは、これ以上ないほど明確にわかっている（市場のような、複雑な現実世界の物事ではそうはいかない）。原因は、米粒を一つだけ落としたことであり、例外はない。これは哲学的な実験だとさえ言える——結果が大きければ対応する原因も大きいのが普通だとする私たちの直観には、深刻な欠点があると明らかになるからだ。

さらに、この米粒の山の力学からは、かすかな長期記憶の存在も示唆される。具体的に言えば、大規模な事象が集中して発生する傾向が読み取れるのだ。これは、地震や激しい市場変動で見てきたものと同じであり、そうしたケースと同様、米粒の山の歴史は、長い平穏な期間が、激しい大激変の発生によって散発的に分断される歴史だと言える。そしてやはり、その原因がこれ以上ないというほど規則正しく、予測可能であっても、そうなるのだ。この哲学的な実験が示しているのは、ある自然のシステムが平衡状態にない場合、そこに、市場に見られるのとほぼ同じダイナミクスが働いている可能性は十分にあるということだ。そうした複雑さをもたらすことのできるメカニズムが、難解である必要はまったくないのである。

もちろんこの実験は、市場に関する何かを証明するものではない。どんなことが概念上可能なのか、物事はどのように作用すると考えられるのか、ということを探っているにすぎない。そこからわかるのは、市場のモデルを構築する上では、わずかな不均衡にも大きな効果があるということだ。

ハリケーンから効率的市場仮説を考える

ここまでで、自然科学の観点から見れば、市場の動きもそれほど不思議なものではないことがわかった。また、触れてはこなかったが、市場の変動と、流体乱流（激流を無秩序に流れる水流のような流れ）のカオス的な動きにはさらなる共通点があり、市場と気象の関連性をきわめて明確に示している。ファイナンス論では当然、市場がこうした大きなパターンに従う理由や、べき乗則を示す変動や長期記憶が、個人や企業などの行動から生じる理由が説明されているはずである。

しかし、経済学で主流の均衡理論は、こうしたことをまったく説明していない。さらにひどいのは、均衡理論を使えば、その性質上、どんなあからさまな問題でもあまりにも簡単に「言い抜け」できることだ。結局、市場で何が起ころうとも、均衡理論を支持する経済学者は常に、「もちろん、ショックが原因になって、めったに起こらない均衡からの逸脱が生じるかもしれないが、市場自体がこの逸脱を打ち消すように作用して、効率的均衡を素早く回復させるだろう」と言えるのだ。そうした人々は、このような見識はまさに、均衡理論がその予測能力を最大限に発揮している場面だと主張してさえいる。

例を一つ挙げよう。一九九〇年にアンドリュー・ローとクレイグ・マッキンレーは、二〇年間の株価変動を調べ、評価の低い株の現在の収益率と、評価の高い株の過去の収益率との間には強い相関があることを示した[23]。つまり投資家は、株価の高い方の株が最近どうだったかを調べれば、安い方の株の将来価格がどうなるか予測できるということだ。これは明らかに、効率的市場仮説と矛盾する結果である。市場が効率的であれば、トレーダーはたちまちこの相関パターンを利用して、安い株式を売るか買うかして利益を出そうとするので、その株価は値上がりする（または値下がりする）ことになり、相関パターンは消えてしまうはずだからだ。

しかし効率的市場仮説を強く信じる立場に立てば、この問題になっている予測可能性は、効率的仮説が予測するとおり、過去二〇年の間に消滅していると反論するのは簡単だ。一九九七年の段階で、この現象を再検討した他の研究者たちは、高頻度取引データを調べなければ、ニューヨーク株式市場での毎分の収益率のレベルでこの現象を見つけることさえできなかった。そして二〇〇五年に、物理学者のベンツェ・トートとヤーノシュ・ケルテスがこの現象を再度調べたときには、予測可能性を示すパターンは完全に消えていた[24]。効率的市場仮説は、正確な予測をおこなう理論として、素晴らしい手本のような存在だ。それが結論である。

しかし、こうした考え方には完全に間違っているところがある。その理由を考えるために、この考え方を別のシステムに応用してみよう。それは気象だ。大気理論の研究者の一部が、地球の大気は常に平衡状態にあって、空気は静止していると主張したと考えよう。この主張を仮に「効率的大気仮説」とでも呼ぶことにしよう。空気の全体量やその密度、重力などを考慮すれば、その研究者は海面レベルでの大気圧などを予測できるだろう。この効率的大気仮説は、大気のさまざまな側面をかなりよく説明できる。しかし経済学者のやり方で考えていくと、この仮説は、問題のある主張もしていることになる。大気中の（同じ高度にある）任意の二点の気圧は同じになるはずだ、というのだ（類推という点で考えてみると、これは「価値が等しい二種類の株式の価格は同じであるべきだ」と言っているのと同じことだ。実際に、優れた経済学者なら誰でもそう言っている）。効率的大気仮説の支持派は、それは結局のところ、気圧差があれば必ず、空気とエネルギーを高気圧域から低気圧域へ運ぶ風が生じるからだと主張するだろう。この空気の流れは高気圧域の気圧を低くし、低気圧域の気圧を高くするので、最終的に二点の気圧は釣り合った状態に戻る。別の言い方をすれば、一時的に生じる気圧のアンバランスは必ず、その気圧差を素早く打ち消すように作用する力を生み出すのだ。

もちろん、効率的大気仮説を批判する立場から見れば、これは馬鹿馬鹿しい考えにすぎない。風は常に観測されているし、ときには激しい嵐も起こっているのだから。二〇一一年の夏には、ハリケーン「アイリーン」の強風によって、アメリカ東部の広い範囲で高潮被害などが発生した。これは効率的大気仮説に対する明らかな反証ではないか？　効率的大気仮説を支持する研究者は、そうではなく、この観測結果は実は、この仮説が正しいことを示す新たな証拠なのだ、と答えるだろう。確かに、大気が完全な平衡状態からわずかに外れることがあるのは認めるが、そうなった場合、常に大気に作用している力がシステム全体を平衡状態に戻すのだ、と彼らは言うだろう。アメリカ通過後の「アイリーン」のデータを見れば、エネルギーが風という形で使い果たされるにつれて、ハリケーン内部の大きな気圧差が徐々に消えていったことがわかる。最終的に、「アイリーン」は次第に弱まって消滅し、大気は平衡状態に戻った。効率的大気仮説の新たな勝利だ。この理論は、これほど大きな大気擾乱が最終的にそうした運命を迎えることを予言したのだ。

当然ながら、大気物理学の世界では誰も効率的大気仮説を真剣に受け止めることはない。アイリーンが徐々に消えていったことが、大気の「効率性の向上」、つまり大気が平衡状態に戻ったことの証拠だと主張するのは、まったくのナンセンスだからだ。アイリーンは、平衡状態からきわめて大きく離れた大気擾乱ではあるが、それが消滅したことは、大気全体が平衡状態に近づいたという意味ではない。アイリーンが消滅したとき、地球上の別の場所では、何百個もの嵐や、あるいは初期段階の嵐が育ちつつあったかもしれない。非常にカオス的な混乱状態にある大気中では、常にいくつもの嵐が消滅し、同時に他の嵐が育ちつつある。こうしたことはすべて、太陽からのエネルギーを原動力として、平衡状態から離れるように動く一つのシステムという、大気が置かれている条件を反映するものだ。

　実際に大気が徐々に平衡状態に近づいていることを示すには、嵐や風を地球規模で調べ、気圧差が全体的に次第に小さくなっていることを確認する必要があるだろう。一つの嵐に何が起こったかということは、実はあまり意味がない。金融市場に話を戻すと、ローとマッキンレーが見つけたような単発のアノマリーについても同じことが言えるはずだ。このアノマリーが二〇年の間に少しずつ消滅していったことは、優れた実証的研究によって示されている。しかしこのことからは、市場全体として、効率性がどう変化したのか、あるいは均衡状態に近づきつつあるのか、それとも離れつつあるのかということについては、実は何もわからないのである。

　ローとマッキンレーが見つけたアノマリーは、均衡に基づく思想が持つ危険で非科学的と思われる側面を明らかにした。つまり均衡思想は、市場は興味深いダイナミクスを持たず、自然界のどんなものとも根本的に異なる存在だと見ているというのだ。経済学では、市場以外のもの、たとえば気象、政治、ビジネス、テクノロジーなどを無限に複雑なダイナミクスを備えた奥の深いものとして扱いがちだ。しかし市場そのものについては、そうではない。経済学は、外の世界の奥の深いダイナミクスが、企業や株式だけでなく、他の金融商品の現実的なファンダメンタル価値を変化させるということを受け入れている。しかしこうした変化に対して、市場という、さまざまな種類の人間が集まる非常に複雑な集団は、きわめて単純な方法によって即時に反応し、あらゆる情報を正しく取り入れた新たな均衡に到達するのだと主張する。市場は他のあらゆるものと違い、他の力にはひたすら隷属的に応答する、例外的に単純で動的な存在だというのだ。

これを真面目に受け取るのは、私にとっても、他の多くの人にとっても不可能だ。この章で見てきたパターンはどれも、市場には他の科学分野のさまざまなシステムと共通する、きわめて奥深い内部ダイナミクスがあることを示している。こうしたことは市場についての基本的事実であり、説明の必要があると言える。

第5章　進化する人間のモデル

狂人とは理性を失った人ではない。狂人とは理性以外のあらゆる物を失った人である。

——ギルバート・キース・チェスタトン／『正統とは何か』（安西徹雄訳　春秋社）より引用

一つの行動システムとして眺めると、人間はきわめて単純なものである。その行動の経時的な複雑さは、主として彼が置かれている環境の複雑性を反映したものにほかならない。

——ハーバート・A・サイモン／『システムの科学』（稲葉元吉ほか訳　パーソナルメディア）より引用

きちんとしたファイナンス論であれば必ず、市場の動きを表す数学的な基本パターンを説明できるはずだ。前章では、主流派経済学がこれまで扱ってこなかった二つの事実を考えた。一つ目は、市場リターンがべき乗則を示すのは、市場の激しい乱高下を反映していることだ。つまり市場リターンは、数秒から数年までのさまざまな期間にわたる激しい市場変動から、広く影響を受けやすいのである。金融業界の常識とは違って、このことを裏付けるのは、歴史的な事例だけではない。それは、ある種の数学法則として表せるのだ。そして二つ目の事実は、市場に長期記憶があることからは、不確実でボラティリティの高い期間は嵐のような現象の中に集中しており、一般的には、平穏な期間も激変の期間も、その後には同じような期間の続く場合が多いことがわかる、というものだ。

こうした二つの点のほかにもまだ、市場の普遍的な特性は多くあり[1]、それは市場と、物理学でよく知られているプロセスの間の共通点を示してしている。たとえば、複雑に入り組んだ海岸線の一部を拡大してみると、それは拡大前のより広い部分にかなりよく似ている。海岸線というのは**フラクタル**、つまり一部を取り出しても全体に相似しているという、自己相似性を備えた数学的な構造になっている（とても単純な例として、チェス盤を考えてみよう。チェス盤は、六四個の小さな正方形のマスからなる、大きな一個の正方形である。小さなチェスの駒を持った小さな人間がいたら、それぞれのマスを六四個の小さな正方形に分けて、小さなチェス盤を作ることができる。さらにその小さなチェス盤のマスを六四個に分けて、さらに小さなチェス盤を作る、というように、どこまでも続けていける）。金融商品価格の変動も、フラクタルの性質を持っている。価格チャートから銘柄名を取り去ってしまえば、価格が小刻みに上下するパターンを見て、それが一時間の動きを見たものなのか、あるいは数日、数週、数カ月の動きを見たものなのか、判断することはできない。小刻みな変動のパターンはどの期間で見てもよく似ているからだ。実を言えば、市場の変動は通常のフラクタルよりも複雑である。数多くのフラクタルが互いに重なりあったような「マルチフラクタル」になっているのだ[2]（このパターンを説明するのはさらに難しいのだが、マルチフラクタルが生じる例として、乱流に生じるきわめて複雑な渦運動がある。たとえば、激しく渦巻く川の流れでは、大きな渦が分かれて小さな渦になり、それがさらに小さな渦に分かれていく。そうして連鎖的に渦が分かれていき、最終的には水分子の渦運動まで続く。このプロセスの詳細は複雑すぎて、一つの簡単なフラクタルでは表現できない。自己相似性にはもっと繊細な構造がある)。

市場の現在の変動、つまり価格の上下と、市場のその後のボラティリティの関連性は、また別の普遍的特性である。現時点で価格が下がれば、市場は近い将来に変動がより活発になる傾向があり、逆に現時点で価格が上がれば、平穏化する傾向があることが、複数の研究から明らかになっている。こうなる理由は誰にもわかっていないが、この効果は統計上には明確に存在しており、特に株式指標ではっきりしている(3)。

こうしたパターンはかなり明瞭なものであり、株式市場、債券市場、先物市場、オプション市場、商品市場など、あらゆる種類の市場に日常的に現れるので、何としてでも説明する必要がある。ハリケーンの回転が北半球では常に反時計回りに、南半球では時計回りになっている理由や、ハリケーンが赤道から緯度にして南北五度以内では発生しない理由を大気科学で説明できないとしたら、その学問はかなり疑わしいと言える。あるいは、竜巻が穏やかな快晴の空からいきなり発生することは決してないのに、激しい雷雨の大混乱のさなかに急に発生する場合がある理由をきちんと説明できなかったら、やはり大気科学は信じられないということになる。気象学者は、自分の理論がこうした基本的事実を説明できないとしたらどうするだろうか。新しい理論を探すはずである。株式市場に見られるパターンはあらゆる点で、今説明した気象のパターンと同じくらいしっかりしたものだ。それにもかかわらず、そうしたパターンのなかで、効率的市場理論や、金融経済学で考えられている他の均衡理論によって、無理なく説明されているものは、一つとしてないのが現状である。

ファイナンス論を学んだ物理学者や経済学者の間では、こうした数学的パターンは「定型化された事実」と呼ばれるようになっている。イギリス人経済学者のニコラス・カルドアは一九六一年に、経済成長理論をめぐる議論のなかで、この奇妙な用語を初めて用いた。カルドアが賢明だったのは、科学者が一つの理論を構築する場合には、説明を必要としている、関連する事実を集約するところから着手すると主張したことだ。つまり最初に事実があり、次に理論があるという順番だ。しかし「統計学者が記録する事実には必ず、数多くの欠点や留保があるため、集約することができない」のだとカルドアは書いている。そのため、経済成長理論の研究者は「事実を定型化した見解」に基づいて考えるのがいいだろうと、カルドアは提案している。「大まかな傾向に集中して、個々の詳細は無視するべき」なのだ。

もちろん、あらゆる説明には、何らかの理論が必要になる。しかし考えてみてほしい。人々が投資の意思決定をする理由とは何だろうか。パーティーで耳にしたアドバイスや、インターネットで読んだ記事が理由ということもあるし、フェイスブックに熱中しているからかもしれないし、単にクリスマス前のボーナスをもらったからかもしれない。無数の複雑な人間による、予測不能な考えや感情、行動に大きく依存している株式市場について、どうやって理論を構築するのだろうか。従来、経済学者が物事を考える場合、人間は合理的に行動するという仮定を基本としてきた。何らかの決断に迫られた人々は、どれほど複雑な決断であっても、期待される（通常は金銭的な）利得を最大化するような行動を選択するものだと、経済学者らは主張してきたのである。現実には、トレーダーたちは電話の受話器に向かってがなり立て、デスクをどんどん叩き、コンピューターに向かって悪態をつく。そして第六感のようなものに基づいてとっさの判断をしている。それにもかかわらず、経済学者たちは、トレーダーたちが自分の「異時点間効用」(将来にわたって予想される利得)を最大化するという選択をしていて、そうした最大化は、複雑な数学の方程式を解けば可能だと言って譲らないのである。あなたが何か経済上の決定をする場合にも、同じことをしていると、経済学者たちは考えている。

人間の行動をちょっと観察しただけでも、これが馬鹿げた考えであるのはわかる。しかし数学的アプローチとして考えれば、この合理的選択という考えには、人間の行動という方程式から心理学的な面をすべて取り去り、人間の行為を論理上、あるいは数学上の問題に帰着させ、経済学を数学の一分野に変え、それによって理論の構築を容易にするという、驚くようなメリットがあるのだ。政治学者のロバート・アクセルロッドは次のように示唆している。「合理的選択アプローチが支配的である理由は、学者らがそれを現実的だと考えているからではない。……そのような非現実的な仮定をすれば、アドバイスの基礎としての価値が大きく損なわれる。合理的選択という仮定の本当の長所は、それが演繹を可能にするということだ(4)」。経済理論は、現実という面倒な瑣末事に汚される必要はないのである。

そうして構築される理論は、残念ながら、その理論の仮定と同じくらい非現実的である。だからといって、代わりになるものがあるだろうか。人間は完全に合理的だという仮定を手放してしまったら、前に進む方法がわからなくなると、多くの経済学者は主張している。合理的でないのなら、人間はどんな状態にあるというのか。さらに言えば、多くの経済学者が信じているように、実際には人間の行動についての仮定が現実的である必要はない。非常に不正確な仮定を立てることが、科学的に考える上では実はかなり理にかなった方法であることは、一九五〇年代にアメリカ人経済学者のミルトン・フリードマンによって証明されていると、経済学者たちはよく言うのである。

この主張も、もちろんおかしな話だ。しかし、フリードマンの奇妙な主張をただ否定してしまうのではなく、ここで簡単に見ていきたいと思う。フリードマンの観点は有害なもので、何世代にもわたって経済学者を洗脳してきたからだ。私たちが優れた市場理論の構築に取りかかろうとするなら、そうした考え方は一掃する必要がある。

重要であるためには偽でなければならない

フリードマンは一九五三年に「実証経済学の方法論[5]」を発表したが、これは過去半世紀に発表されたなかで、最も影響力のある論文の一つだ。そして、そこでの議論の中心となっているのが、先ほどのフリードマンの主張である。この論文でフリードマンは、経済学は、物理学にあるのと同じような科学的基準を備えて、「存在するはずのもの」ではなく「存在するもの」を扱うべきだと主張した。同時に、他の科学分野のように、モデルや仮説の価値も評価されるべきだとしている。「仮説の妥当性に関する唯一の適切なテストは、その予測を経験と比較することである」とフリードマンは示唆している。「その予測が否定される場合にはしりぞけられるし、予測が否定されなければ、それは受け入れられる。それがなんども否定されずに残存しつづけるならば、その仮説は大いに信頼されることになる」(『実証的経済学の方法と展開』(佐藤隆三ほか訳　富士書房)より引用)
たいていの科学者は、これは理にかなっていて、自分たちの考え方にきわめて近いと見なすだろう。

フリードマンはまた、いくつかの仮説が同じように良い予測をしていて、それらの仮説のいずれかを選択する場合、経済学者は「単純さ」と「有益さ」を重視すべきだとも主張している。「一宗の分野の現象について予測を行うために必要な当初の知識が少なければ少ないほど、理論はより『単純』である。結果として得られる予測がより正確であればあるほど、そして理論が予測をなしうる範囲が広ければ広いほど、かつまた理論がさらに研究を拡げる方向を示唆するところが多ければ多いほど、その理論は『有益』である」(引用は前に同じ)

ここまで見ても、フリードマンの論文では、一般的に受け入れられている科学哲学についての標準的な議論に合わないことは何も言っていない。しかし、ここから話は少し奇妙になってくる。

当然ながら、社会科学者の境遇は物理学者や化学者ほど楽ではない。物理学者や化学者なら、研究対象のサンプルを実験室に持ち込んで実験し、より多くのデータを手に入れることによって、自分たちの理解を確認できる。一方、社会科学者は実験できないのが普通だ。フリードマンは、そうした実験の困難さが原因となって、研究者が仮説を検証するための新たな証拠を得られないという、特殊な問題が引き起こされると示唆している。そのようなデータの必要性について、フリードマンはこう書いている。

……もっと容易に入手できる他の証拠が仮説の妥当性にひとしく適切な関連をもつと想定しようとする——つまり、仮説には〝含意〟だけでなく〝仮定〟も含まれており、しかもこれらの〝仮定〟が〝現実〟に一致することが、含意によるテストとは異なった、あるいはそれを補足する仮説の妥当性のテストになると想定しようとする——ことになる。この広く支持された見解は、根本的に間

違っており、また多くの悪影響を生み出している。(引用は前に同じ)

フリードマンがここで述べているのは、言うならば「月に行けたからよい」という主張だ。完成した宇宙船で月まで行けるのなら、その宇宙船を作り上げた計算機に入力した方程式をどこで手に入れたかなど、誰が気にするだろうか。これには一理ある。理論がすべて、現実の細かな点に完全に基づくことは不可能だ。物理学にしろ、経済学にしろ、理論というのは、簡素化された仮定に基づいた、全体の近似的な理解から始める必要がある。たとえば、金属の原子構造の理解でも、市場における重要な相互作用の理解でも、なんでもかまわない。その際には、一部の要素は考慮し、それ以外の要素は無視することになる。次にその理論は、そうした仮定から論理的に得られる、結論なり予測なりを導き出そうとするが、原則として、現実のなかの興味深い要素を取り出した、概略的な世界像を生み出すことになる。このような状況において、仮定の選択は大きな問題ではなく、理論についての評価は、あなたを月に連れて行けるかどうか、つまり今回のケースで言えば、理論が経済的行動について正しく予測しているかどうかという観点でなされるべきだというのが、フリードマンの主張である。

フリードマンは、きわめて不正確な仮定は優れた理論の特徴なのだと、熱心に述べている。

……理論の意義とその〝仮定〟の〝現実性〟とのあいだの関係は、批判の対象となっている見解が示唆するそれとはほとんど対立する。真に重要かつ有意義な仮説の〝仮定〟は、現実についての、むやみに不正確な記述的表現になっているであろう。そして、一般にその理論が有意義であればあるほど、仮定はいっそう非現実的である。……その理由は簡単である。仮説がわずかの仮定によって多くを〝説明する〟……ばあいには、その仮説は重要である。したがって、仮説が重要であるためには、その仮定は記述的に偽でなければならない。(引用は前に同じ)

そのまま受け取るとすれば、これはかなり驚愕すべき結論だ。妥当性の低い仮定を立てた方が、理論は優れたものになるというのだから。この主張は、フリードマンの「Fツイスト」として有名になっており(ポール・サミュエルソンがある論評記事でそう命名した)、この直観に反する結論は、自分たちの理論の非現実的な仮定を擁護しようとする経済学者によって、過去半世紀の間に幾度となく引き合いに出されている。

たとえば、ファイナンス論で最も有名なモデルの一つに、経済学者のウィリアム・シャープが一九六四年に発表した、いわゆる「資本資産価格モデル(6)」がある。これは株価についての理論で、リスクは株価の変動の大きさに反映されているので、ある株式から長期的に見て期待できるリターンは、その株式のリスクと直接結びついているとする考え方だ。ある意味では、この理論が言っているのは、リターンが他より高い株がある理由は、単に投資家がそこにいたるまでにより高いリスクにさらされてきたからだ、ということである。この結論を得るために、シャープは自らがおこなった議論で、投資家というのは、最も貧しい個人から、大富豪のウォーレン・バフェットにいたるまで全員が、同じ金利で資金を借り入れられると仮定する必要があった。しかし実際には、一般的に裕福な投資家の方が金利ははるかに低くなる。シャープはさらに、あらゆる投資家は、さまざまな種類の投資の見通しについて、まったく同じ考えを持っていると仮定していた。もしこのとおりならば、誰もが厳密に同じ株を欲しがることになり、結果的には株の取引が完全に停止してしまうだろう。

シャープは、これらが「言うまでもなく、非現実的な仮定であるのは間違いない」と認めてはいるものの、経済学界に浸透しているフリードマンという権威の力を借りて、自らの理論を擁護している。「ある理論を適切に検証することになるのは、その仮定の現実性ではなく、その意味合いの受容性である。そしてここで示されている仮定は、伝統的なファイナンス論の原則の主要な部分である、均衡という条件を意味しているので、この定式化が否定されるべきという考えはまったく理解できない。同様の結果につながる代替モデルがないことを考えればなおさらである」

シャープがここで、フリードマンよりもさらに踏み込んだ議論をしていることに注目したい。シャープは、理論の価値はその予測の「正確さ」ではなく、単に「受容性」にあると言っているが、それは同じことではない。またシャープは、自分の理論を擁護するにあたって、その「均衡という条件を含意する」傾向が、ファイナンス論の原則と一致しているのを理由にしている。こうした基準が広く支持されるのならば、既存のファイナンス論の原則を見直したり、覆したりした理論はすべて、自動的に排除されることになってしまうだろう。少なくとも、その仮定の不合理さが理論にとって不利に働くべきではないことを、シャープが認めているのは間違いない。

ミルトン・フリードマンは、「希代の論客」[7]と呼ばれており、ここで紹介した主張はフリードマンの才能をよく示している。一つずつ見ていくと、その論理はほかに選択の余地がないように思える。しかしこの一連の考え方には、根本的に間違っているところがある。

フリードマンの狡猾なごまかし

第2章では、経済学者たちの「効率的」という言葉の使い方は狡猾なものであり、ある種類の効率性（予測不可能性）についての証拠を挙げながら、きわめて異なる種類の効率性（最適な結果）を主張していることが多いと指摘した。それは、凶悪な幻想を支える、信頼のできないごまかしである。驚くような主張が、実にありきたりで、なんてことないような証拠に基づいておこなわれているように思えるのである。

仮定が不合理な理論には価値があるとする、フリードマンの主張の裏にも、これとほぼ同じようなごまかしがある。先ほどの例と同じように、このごまかしの中心にあるのも、フリードマンの言葉とその使い方だ。

たとえば、地球とその表面の形状についての理論を作るとする。この理論があれば、船などの航行術に便利だ。最初に「地球は球体である」という仮定を立てる。これはおおよそでは真実であり、端的に言って、人類の歴史で最も意味のある発見の一つである。しかしこの仮定は「非現実的」で「偽」であり、「不正確だ」と言うこともできる。地球は実際には、完全な球体ではないからだ。山脈や森林、河川や渓谷、大きくくぼんだ海洋といったものはどれも、地球が現実には球体ではないことを示す特徴である。地球は球体であるという喩えの的確な部分を強調することも、的確でない部分を強調することも、どちらも可能なのである。

地球の形状についての私たちの見方が変わり、地球は平らではなく球体だと考えるようになったのは大きなブレークスルーであり、それが伝える主張には説得力があることには、大半の人が賛成するだろう。しかし分別のある人なら、そのことに説得力があるのは、それが「記述的に偽」であるためだとは言わない。地球が球体だという考えは、その的確な部分、つまり地球は球体にきわめて近く、球体からのずれは小さいという認識があるから説得力があるのであり、的確でない部分のためではない。しかしフリードマンが、ある理論は「記述的に不正確である」、あるいは「偽である」と言う場合、彼はまさに、その理論に説得力があるのは的確でない部分のためだ、と言っているのである。こうした言葉の使い方のねじれが、フリードマンの非常に奇妙な結論を深遠なものに思わせているのだが、実は、単に「真ではない」と言っているにすぎない。

物理学の例をもう一つ考えてみよう。ニュートンの物理法則によって記述された惑星の運動である。実際に利用するレベルでは、この理論は、惑星の軌道にとって何よりも重要なのは、惑星の質量と、太陽からの距離の二つだと仮定している。惑星の回転や温度、海の広さや潮汐の規模、太陽光の反射率などは、どれも重要ではないのだ。ニュートンの理論は、こうした細かい条件をすべて無視しているが、実際立って正確な予測をおこなっている。これは、あらゆる科学分野における、成功する理論の典型と言えるかもしれない。本当に重要なことについて大胆なまでに簡略化した主張をするからこそ、うまくいくのだ。

ここで、フリードマンの考え方を当てはめてみよう。ニュートン物理学の影響力が大きいのは、その仮定が「記述的に偽」だからだろうか。そうではない。それは、この理論には的確な部分があるからであって、的確でない部分があるからではない。「記述的に偽」である理論に対するフリードマンの欲求は、これ以上ないほど混乱しているのだ。

では、ニュートンが何らかの方法で、フリードマンの論文を実際よりも数百年早く読み、その教えに触発されて、自分の理論を記述的な正確さで劣るものにしようとしていたら、どうなっていただろうか？　惑星の運動にとっては、大気の性質の効果が何より重要であり、その次には、太陽光を反射する量が重要だと仮定していたかもしれない。あらゆる惑星は完全な立方体で、その質量は音階の周波数と調和比例の関係にある、と仮定した可能性もある。そうなってしまえば、ニュートンの仮定は本当に「記述的に偽」であることになる。このような仮定は、ニュートンの重力法則を価値のないものにしてしまうが、少しの間だけ、なぜかその仮定から正確な予測ができるとあえて考えてみよう。すると、この理論を信じるのはほとんど不可能であり、その成功は、惑星の運動そのものと同じくらい不可思議なものになるはずだ。私たちは幻覚を見ているのではないかと思うだろう。それは本当に幻覚なのだ。

フリードマンの主張は、記述的に「偽である」ことではなく、記述的に「単純である」ことについてなら、なんとか認められるだろう。ニュートンの重力理論では、重要ではない変数が無視されているが、現実をできる限り不正確に伝えようという意図があったわけではない。しかし私たちの目の前にあるのは、二枚舌と不誠実な説得という行為であり、私がここまでフリードマンの策略をやや詳しく掘り下げてきたのは、この主張が、今日の経済学理論の形を歪めるのにかなり重要だったからだ。[8]現在の経済学理論は、非現実的な仮定を立てることで数学的な正確さを実現しているが、現実世界での市場の仕組みを説明できていない。経済学でも、物理学や他の科学分野の理論と同じように、それ相応の理論はどれも、最も重要と思われる要素を含んだ、単純かつ妥当な仮定からスタートするモデルの構築を目指すべきである。検証可能な信頼できる仮定に基づいて構築された理論であれば、原因と結果のメカニズムについて、実際に何かを教えてくれるかもしれない。

では、どこから始めようか。金融市場で言う「妥当」とはどういうことだろうか。人々の行動と決断が市場を動かしている以上、人々の行動パターンからスタートするのが適切だ。それは、原子と分子の基本的な挙動を理解することが、物質の理論を構築する上での第一歩であるのと同じである。おそらく、最も明白なことは、市場というのは、経済学者が考えるような合理的な理想像に一致する人々、つまり自らのゴールを「最適な」方法で達成しようとする人々で構成されているわけではない、ということだ。実際に、経済学者のダンカン・フォーリーは、このテーマに関するレビュー論文で、「合理的選択理論への反証は、人間の科学によって達成された、本当に確固とした数少ない成果の一つであるように思える」と書いている(9)。

少なくとも、投資家(でも誰でも)が直面する状況があまりに複雑で、戦略を合理的に最適化してもあまり意味がないケースは珍しくない。フリードマンのFツイストは、この明白な事実の意味するところをうやむやにして、合理性に基づいた都合の良い理論をなんとか使い続けられるようにする窮余の策だったと言える。市場をより深く理解するためには、もっとごまかしのないアプローチが必要だ。言い換えれば、人々が市場で実際にどう行動しているかに注意を払う必要があるのだ。

投資ファンドの舞台裏

二〇〇七年八月第二週のことだった。そのうわさは、ウォール街だけでなく、世界中を飛びかっていた。ルネッサンス・テクノロジーズのジェームズ・シモンズが運用するメダリオン・ファンドは、二〇年近くにわたって、運用パフォーマンスを悪化させた月が一月もないことで有名だった。ところが、そのメダリオン・ファンドが何の前触れもなしに、わずか数日間で運用資産の一〇パーセント近くを失ったというのだ。この週にゴールドマン・サックスの旗艦ファンドであるグローバル・アルファは、年率二六パーセントに相当する損失を出していた。一方、クリス・アスネスが運用する著名なファンドのAQRキャピタル・マネジメントは、運用資産の一三パーセントの損失を出したという話だった。他のクオンツヘッジファンドの運用収益も同じように低迷していた上に、そうした流れはまだ終わっていないといううわさがあった。こうしたファンドはさらに巨額の資産を失おうとしていて、それを止めるすべを見つけられずにいたのだ。

もちろん、どんな投資ファンドにとっても、自分たちが損失を出したといううわさは、実際に損失を出すのと同じくらいありがたくないものだ。不安には独自の原動力というべきものがあって、恐怖に駆られた投資家が出口に殺到する可能性があるからだ。ジョナサン・ベイリーとスティーブン・コーツは、二〇〇四年の時点では、設立したばかりのベイリー・コーツ・クロムウェルファンドの大成功を認められて、金融業界の賞をいくつも受賞していた。しかし二〇〇五年に運用に失敗し、同ファンドの運用資産一三億ドルの二〇パーセントを失うと、残っていた投資家から資金の返還を迫られ、同ファンドは二〇〇五年六月に解散してしまった。[10]

そして二〇〇七年八月第二週。ＡＱＲキャピタル・マネジメントのアスネスは、投資家の不安に正面から向き合うのが一番だと心を決め、同ファンドの投資家に手紙を書いて、自らの非常に複雑なヘッジファンド（精密に作り上げられた数学アルゴリズムに基づいた取引に特化したファンドだ）が突如として困難な状況に陥ったことを説明した。「みなさんの多くはこの数日間で、私たちについていろいろなうわさをお聞きになっていることでしょう。そのうわさが、この数週間の運用実績が上向きだというものだったら、それは正しい話です。またそれが、最近あちこちで見られる定量的な銘柄選択の困難をめぐって、私たちが多少苦しんでいるといううわさなら、それも正しい話です。お聞きになったうわさがそれより深刻であれば、それはただの間違いです」[11]。

実際のところ、アスネスが認めたとおり、同ファンドの直近の銘柄選択は「恐ろしいほど間違って」いた。それ以前の七年間、ＡＱＲキャピタル・マネジメントのファンドは平均で年一三・七パーセント（手数料込み）のリターンをあげていた。しかし、それまで長い間めざましい成功を収めていた数学的な取引戦略が、突如としてひどく悪い方向に進み始めたのである。

とはいえ、この手紙には続きがある。アスネスは、自分がこの七年間頼りにしてきたものがすべて、突然失敗してしまったが、自分は驚いてはおらず、不安でもない、と言い張った。予測不能な突然の失敗というのは、ビジネスにはよくあることだと、それとなく言っているのである。

「これは、コンピューターモデルが必ずしも役に立つとは限らないというだけだ」などという、わかりやすい意見を耳にすることがあります。もちろん、そのとおりです。いつでも役に立つものなどないのですから。しかし、モデルがいけないのではなく、問題は、一つの戦略に集中しすぎていることです。定量的な戦略と非定量的な戦略のどちらにも言えますが、成功していた戦略に人々が集中しすぎたことは過去に何度もあります。そして、多くの人々が同じ出口に殺到すると、大変なことになるのです。

いつでも役に立つものなどない。経済学者たちがよく言うように、市場というのは本当に予測がきわめて難しいのだから、「ただで手に入るもの《フリーランチ》」などないのだ。ウォール街の人々が説明する限りでは、これはごく普通の話であり、「過去の実績は、未来の実績の指標にならない」という、あちこちで耳にするお金に関する警句によく似ている。

しかし、先ほどのアスネスの手紙の後半部分には、別のもっと興味深いことが書かれている。AQRキャピタル・マネジメントが抱える困難は、少なくともある程度はAQR自身の行動によってもたらされたものだが、同時にAQRが採用していた戦略に「人々が集中しすぎた」ことも原因だったというのである。アスネスは何が言いたかったのだろうか。彼は、市場についてのAQRの推測は単に当たらなかっただけではない、と言っているように思える。NFLのファンがスーパーボウルの賭けの予想を外しても、試合結果には影響しないが、そういうことではない。ヘッドファンドの大惨事は、ファンドの行動自体が、トラブルを生む状況を整える、という形で生じた。アスネスはそうほのめかしたのだ。ルネッサンス・テクアスネスと同じように、他のファンドマネージャーたちも顧客に手紙を書いた。

ノロジーズのジェームズ・シモンズは次のように書いている。「残念ながら、われわれは八月の最後の数日間、幸運に恵まれませんでした。……ロング／ショートのポジションを取るクオンツヘッジファンドの側でのレバレッジ解消の大波らしきものに飲み込まれたのです」[12]。バークレイズ・グローバル・キャピタルのミンダー・チェンも、これとほぼ同じことを投資家に向けて書いている。チェンは「過去一〇日間は全体的にかなりマイナスでした」とした上で、やはり原因として「レバレッジ解消」の一時的な波を指摘している[13]。

こうしたヘッジファンド・マネージャーはみな同じことを言っている。つまり、自分たちの取引戦略があまりにも似通ったものになってしまっていた、というのである。飛行機が空中で接近しすぎる場合と同じように、こうしたファンドの自由な領域が互いに干渉し合い、市場を変え、結果としてみんな一緒に空から墜落したというわけだ（ヘッジファンド崩壊の原因となった、不可解な「レバレッジ解消」については、後の章で詳しく考える）。彼らは、実は、自分の行動が他の人々に影響を与え、さらにその人々の行動が自分の行動を変化させるという、多くのプレイヤーからなる複雑なゲームに参加していたのである。

第7章で考えるように、こうしたヘッジファンドに実際に何が起こったかは、かなり簡単に説明できる。適切なデータがあれば、それを予測することさえできたかもしれない。しかしさしあたりは、この例から市場の仕組みについて何が言えるのか、そしてそれをモデル化するにはどうすべきなのか、ということの方が重要である。二〇〇七年八月に起こったクオンツ危機が劇的な形で示したのは、市場という「ゲーム」を決定的かつ合理的に理解するのは誰にもできないということだ。多くのプロのトレーダーはこのことを経験的に理解している。著明なトレーダーであるポール・チューダー・ジョーンズに言わせれば、自分の投資ポジションに自信を持つことさえ大惨事につながるのだ。「トレードで最も重要なルールは巧みな攻撃をすることではなく、巧みな防御をすることだ。毎日私は自分のポジションは間違っていると仮定してみる。……もし不利に動いたら、ゲーム・プランに従って損切りをしていく。英雄を気取ってはいけない。自己中心的な考え方をしてはいけない。常に自分自身とその能力を疑ってみる。自分はうまいんだなどと思ってはいけない。そう思った瞬間、破滅が待っている（シュワッガー『マーケットの魔術師』（横山直樹監訳　パンローリング）より引用）」[14]

市場がゲームだとすれば、それは異なる歴史や信条、目的を持った、数え切れないほどの多種多様な個人が、互いに争うと同時に協力もするゲームである。投資することと、損失のリスクを取ることは、参加に対する代価だと言える。

もちろん経済理論には、ゲームの性質やプレイの方法を考えることにかけては、長い伝統がある。数学が多用されているゲームの理論は、経済学では高く評価されていて、確かにその評価が正しい点もある。しかし、二〇〇七年のクオンツ危機や、さらには常に無数に発生している同様の出来事を見ればわかるとおり、経済学で一般的に使われているゲーム理論では実のところ、金融市場にはつきものの継続的な予測不可能性を扱うことができない。問題はやはり、均衡への固執である。

ゲーム理論とナッシュ均衡

数年前、シカゴ大学の経済学者リチャード・セイラーは、『フィナンシャル・タイムズ』紙に、誰でも参加できる変わったコンテストへの参加募集広告を出した。ルールはとても単純だ。各参加者は〇から一〇〇までの数から一つ選び、参加者全員が選んだ数の平均値の三分の二に最も近い数を選んだ者が優勝となる。参加費は一〇ドルで、勝者にはセイラーからニューヨーク＝ロンドン間の往復ペア航空券が贈られることになっていた。

このコンテストは、普通に参加しても楽しめるゲームだが、数学的に考えてみても面白い。ゲーム理論において、ゲームとは、複数の個人が互いに影響し合っており、自分自身の行動と他人の行動の両方によって勝ち負けが決まるような状況のことである。一九四四年に数学者のジョン・フォン・ノイマンと経済学者のオスカー・モルゲンシュテルンによって考案された**ゲーム理論**は、「戦略的選択」に対する強力な分析ツールとしての歴史があることでよく知られている。

そのゲーム理論の歴史で特に際立った洞察が一つある。賢いプレイヤーは、対戦相手もやはり賢く、なおかつベストを尽くそうとしていると仮定する必要がある、というものだ。それ以外の仮定を立てるのは浅はかであり、危険である可能性が高い。

一九五〇年に数学者のジョン・ナッシュがしたように、こうした考え方を真剣に検討してみることは、あらゆる種類の戦略的情勢を深く理解する基礎になる。ナッシュは、チェスやポーカーや選挙戦といった特定のゲームではなく、概念としてのゲーム、つまりプレイヤーの数は何人でもよく、各プレイヤーが取り得る戦略や対戦の方法が多数（有限個）ある状況を分析して、一般的な解を発見した。それぞれのプレイヤーが賢くて一生懸命に考えており、また同時に、彼らが自分以外のプレイヤーも賢くて一生懸命考えていると知っていれば、そこから論理的に導き出される結果は、均衡というある種の膠着状態になる。このとき各プレイヤーは、他のプレイヤーも同じことをしているという仮定に立って、自分の報酬が最大になる戦略を選ぶ。こうした状況では、他のプレイヤーが同じ行動を続けている限り、誰であれ自分の行動を一方的に変えることで結果を改善することはできない。

これが「ナッシュ均衡」だ。この考え方は、前向きに考え戦略的に行動する人間の能力がもたらす、単純な帰結のように思える。ナッシュ均衡は、とても見事ですっきりしているため、発表以来、戦略的ゲームに対する経済学者の思想の核となってきた。また、企業間取引、進化論、核抑止の論理などにも効果的に応用されてきている。しかし残念ながら、ナッシュ均衡には大きな欠点が一つある。現実の人々は、ゲーム理論で考えるように合理的には行動しない場合が多いのだ。

セイラーが開催したゲームは、つまらないくらい単純かもしれないが、ゲーム理論の良い例になっている。セイラーのゲームの各参加者が取りうる行動は一つしかない。〇から一〇〇までの数から一つ選ぶことだ。もし自分が合理的で、同時に他の参加者も自分と同じように合理的だと考えていれば、すべての参加者が同じ最善の選択にたどり着くはずである。最善の選択とは、全参加者が選ぶ数の平均の三分の二に等しくなるが、その全参加者が選ぶ数というのは、最善の選択の数と同じであるはずだ（思い出してほしい。全員が合理的なので、全員が同じ選択をするはずなのだ）。したがって、セイラーのゲームでの合理的な答えというのは、それ自体の三分の二と等しい唯一の数、つまりゼロだ。全参加者がゼロを選べば、全参加者が正解になる。全員が平均の三分の二を選んでいるからだ。これがナッシュ均衡であり、常に合理的な解である。

これは数学的には洗練されているが、心理学的には稚拙であるという問題がある。セイラーが全回答を分析すると、実際にゼロと回答していたのはわずか数人で、かなりの人が三三か二二を選んでいたことがわかった。三三と答えた人は、他の参加者は〇から一〇〇までの数からランダムに選ぶので、平均が五〇になると考えたのだろう。二二というのは、それよりも論理を一段階進めていて、他の参加者が三三を選ぶだろうと予想して出した答えだ。さまざまな考え方をした参加者がさまざまな回答を出した結果、平均は一八・九になった。優勝は一三を選んだ参加者だった。

しかし、人々が合理的に行動できないこと自体が、ナッシュ均衡という概念の最も深刻な問題点なのではない。本書の前半で、経済の均衡についてのアローとドブリューの証明ですでに見てきたとおり、単に均衡が存在するだけでは、現実の経済が実際にその均衡状態になるとは言えない。同じように、どんなゲームの場合でも、現実的なレベルの推理力を備えた本物の人間が集まれば、ナッシュ均衡になることはおそらく一度もなく、ナッシュ均衡の状態は、現実世界とのつながりのない、博物館の展示品も同然になるだろう。ゲームの参加者が、自分のプレイスタイルを変え続けたり、相手に合わせたり、その行動に影響されたりした結果、恒常的なカオスが生じる可能性も十分にあるのだ。

そもそも、チェスの対戦の際に、ナッシュ均衡に基づいた完璧な戦略を立てている人は誰もいない。グランドマスターでもそんなことはしていない。それは第一に、そうした戦略を計算するのが人間には不可能だからであり、第二に、対戦相手も同じ戦略で戦う保証がないからだ[15]。こうした状況は、非常に多くの戦略を考えることができて、完璧に合理的な思索によっても何をすべきかという「問題を解く」ことが不可能な場合に、特に顕著になるだろう。完璧な戦略は何かというテーマは、人間の歴史と同じくらい古くから、あるいはそれ以前からあるかもしれない。よく練られた計画は失敗しがちだ。プロイセンの高名な軍人だったヘルムート・フォン・モルトケが言ったように、「どんな計画も、敵との遭遇には耐えられない」のである。

このことは、世界情勢やビジネスはもちろん、スポーツなど現実におこなわれているゲームからも十分に明白だ[16]。しかしコンピューターを使って実験をすれば、もっとはっきりしてくる。実験では、ゲームの難易度が上がって、合理的な行動がますます難しくなった場合に、どんなことが起こり始めるかを調べる。その結果わかったのは、ゲームが市場にとてもよく似てくるということだ。

学習は均衡を嫌う

しばらく人間のことは忘れて、戦略について考えていこう。そもそもゲーム内での出来事は、使われている戦略の話に帰着するのであり、その背後にある知性の力も関係なければ、コンピューターを操作しているのが人間なのか、人工知能なのか、あるいはサルの群れなのかも関係ないのだ。人間が参加する複雑なゲームでの出来事はなんであれ、コンピューターがプレイするゲームに反映できるはずである。その上、コンピューターは疲れないし、給料の支払いも求めない。こうしたコンピューターを使って、ゲームが次第に複雑になった場合に、それをプレイする知的エージェントはどこまでうまくやれるのかを系統的に調べるというのは、物理学者のトビアス・ガーラとドイン・ファーマーが数年前に思いついたアイデアである。

もちろん、人にとっては簡単でも、コンピューターにはできないこともある。たとえば、後頭部をちらりと見ただけで自分の友達だと気づくとか、複雑な言語構造を分析するといったことは不可能なのだ。しかし、比較的な単純なパターンを短時間で認識することにかけては、たいていはコンピューターの方が優秀である。ブリストル大学のコンピューター科学者デイヴ・クリフが開発してきた、数世代のコンピューター取引アルゴリズムは、人間のトレーダーと争った場合には一貫してその能力を上回っている。このアルゴリズムが使うルールはきわめて単純だが、自分の過去の失敗から非常に素早く学ぶ能力を備えている[17]。金融市場では現在、アルゴリズム取引が全取引の五〇パーセント以上を占めているが、その増加の理由は、大手金融取引企業が、クリフのような人々の言うことは正しい、つまりコンピューターは人間と同じくらいうまくやれると信じているからだ。

人間ではなくコンピューターを使うメリットは、何十万回もの実験を、ゲームの性質を変えながらきわめて短時間で実施すれば、複雑性のレベルの違いがプレイヤーの長期的なゲームの仕方にどう影響を与えるかを調べられることだ。ガーラとファーマーは自分たちの実験で、コンピューター上の二人のプレイヤーを互いに競わせた。ここでは二人をアリスとボブと呼ぶが、彼らはN種類の戦略を持ち、そこから一つ選ぶことができる。ゲーム理論において、ゲームは数の組み合わせをまとめた表として定義できる。この表は、選択しうるすべての戦略について、それぞれのプレイヤーが得る報酬を表している。それを比べることで、アリスとボブは自分がどの戦略を採用すべきかを決定できるのである。

ここからが、ガーラとファーマーの分析の巧みなところだ。彼らは、ゲーム理論についての大量の文献が研究対象としてきた、何千種類ものゲームから一つ、ある特定の種類のゲームを選ぶこともできた。しかしその分析結果はおそらく、そのゲームや、同様のゲームにしか当てはまらないだろう。より一般的な結果を得るために、ガーラとファーマーはゲームをランダムに選んで、報酬を示す表の各数値は、〇を中心とし、マイナス一とプラス一の間に大半の数が存在するような正規分布曲線から選択した（正規分布曲線については第4章で詳しく説明している）。そして、選択したそれぞれのゲームを、二台のコンピューターにプレイさせるようにした。各コンピューターは、最初はきわめてランダムに推測しているが、過去にうまくいった戦略をより頻繁に採用する方法によって、急速に学習するようプログラムされていた。このコンピューターは事実上、試行錯誤しながら対戦パターンを学習するのである。

コンピューター科学者たちは、取り得る戦略がわずかしかない（N＝2、3、4）非常に簡単なゲームであれば、この種の学習アルゴリズムは、きわめて短時間でナッシュ均衡戦略の近くで自らを調整するようになり、現実の人間よりも合理的にゲームができるようになる場合も多いことを突き止めている。しかし、これより複雑なゲームでは事情がかなり違ってくることを、ガーラとファーマーは発見した。N＝50の場合、長い時間をかけても、学習アルゴリズムの挙動は安定しなかった。もちろん、普通の時間の長さで見れば、どちらのプレイヤーも勝ち続けることはない。アリスの成績が良いときもあれば、ボブの方が良いときもある。長期的には、両者の勝率は同じになる。しかしこの対戦が、何らかの繰り返しのパターンに落ち着くことはないのだ。ボブがずっと勝ち続けた後で、アリスがその流れを逆転させるというケースもある。その対戦の経過は、予測不可能性という恒常的なカオス状態にあり、予測可能なパターンに落ち着くことは決してないのである。

考えておきたいのは、一つのゲームを何度もおこなうとその結果がばらつく可能性が、ゲーム理論それ自体から出てくることだ。ジョン・ナッシュは、あらゆる有限なゲームには一つのナッシュ均衡があることを証明した（プレイヤーやコンピューターが結果的にそこに到達するということではなく、そうした結果が可能だというだけだ）が、それらのゲームの一部には、いわゆる「混合戦略」（ある決まった行動を必ず取るのではなく、いくつかの選択肢から一定の確率で選んだ行動を実施する戦略）を取っていたプレイヤーがいたかもしれない。この場合、ゲームによって結果はばらつくだろう。しかし、ナッシュ均衡にあれば、そのばらつきは安定的で、時間がたっても変化しない。たとえば、時間の経過とともに、チェスボード上には両者の駒が二個のキングだけになってしまったと考えよう。その二個のキングは、相手に隣接するマスには互いに入れないので、よく考えるとゲームが終わることは決してない。二つのキングにできるのは、ランダムで目的のないダンスだけだ。これは、ガーラとファーマーの発見とは大きく異なる。ゲームが続く限り、二つの知的エージェントは最適な戦略を学ぼうとし続ける。そして一時的にはそれに成功して、相手が戦略を調整するまでしばらくの間はずっとうまくいくということも多い。学習しながら戦うプロセスは決して終わることはなく、どちらのプレイヤーも、最終的な戦略にたどり着くことはない。一定の確率でのランダムな選択を含む戦略に落ち着くことさえない。ゲームが持つ途方もない複雑さが、そうした結果になることを妨げているのだ。

この分析は、ある重要な点を指摘している。それは、十分に複雑なゲームの場合、均衡分析から得られる知識では、何が起こる可能性が高いのかあまりわからないということだ。ナッシュ均衡という夢のような概念も、複雑な高次元ゲームにはほとんど関係がないのである。知的エージェントは、バランスどころか、いかなる均衡状態にも到達せず、戦略的な行動の進化だけが無限に続く。ガーラとファーマーは次のように結論している。「各プレイヤーが過去の状況に対応し、他のプレイヤーよりもうまくプレイしようとするため、彼らの戦略は常に変化する。戦略空間における軌道は、高次元のカオスを示すようになる。それは、大半の意図や目的に関しては、行動は基本的にランダムであり、将来的な展開は本質的に予測不能であることを示唆している」

確かに、こういった種類の奥深く複雑で持続的なダイナミクスが、金融市場のような、比較的静穏な期間とそれを打ち破る極端にボラティリティの高い期間がある現実のシステムに見られるダイナミクスにきわめてよく似ていることも、同じくらい印象的だ。しかし、前章の米粒の山の例で見られたような破壊現象の原因になっていると言えるものは何もない。システムへの「ショック」もノイズも、何もないのである。すべては、完全に本質的な内部ダイナミクスから生じている。そしてこれは、N＝50のゲームの話だ。Nを100、1000、10000と増やしていったら、あるいは金融市場のようにプレイヤーを増やしていったら、状況はよりカオス的で予測不能になるだろう。

ここで伝えたいのは、複雑なゲームではダイナミクスがきわめて重要であり、経済学者がどれだけがんばったところで、理屈をつけて排除するのは不可能だ、ということだ。結局のところ、均衡という考えは、時間が重要ではないかのようにシステムを分析するところから生まれたものなのだ。市場をきちんとモデル化する方法を学ぼうとするならば、高度に複雑なゲームを分析するのは、良い方向に進む道筋のように思える。

もう一つの正典

経済学史を専門とするエリック・レイナートは、「アザー・カノン（もう一つの正典）」という概念について執筆活動をおこなっている[18]。アザー・カノンとは、廃れて歴史書にしまい込まれていたり、現代の均衡論支持の経済学者には脇に押しやられ、忘れ去られたりした、過去の経済思想の諸派を指すためにレイナートが使っている言葉だ。たとえば、経済学者のヨーゼフ・シュンペーターは、経済発展の鍵となるのは、交換や最適均衡につながる自由貿易ではなく、「破壊的創造」の絶え間ない波を生み出す、人間の創造性とイノベーションだと考えていた。オーストリアの経済学者であるフリードリヒ・フォン・ハイエクは、人間社会とその制度に生じるものとして、「自生的秩序」と「組織」を考えた。単純な均衡論的理解では把握できないような新しい構造を伴った変化に、人々は集団的に反応するからだ。

レイナートが彼のアザー・カノンに含めている経済学者には、ほかにはアメリカ人のソースティン・ヴェブレンや、イギリス人のハーバート・フォックスがいるが、そうした経済学者の思想は、「非均衡」の精神に満ちていた。偉大なるイギリス人経済学者、ジョン・メイナード・ケインズもそうだった。ケインズは、市場というのは、何よりも美人コンテストに似ていると考えた。ただしそのコンテストでは、審査員は、最も美しい出場者にではなく、一番多くの審査員が最も美しいと考えるだろう出場者に投票する。突き詰めれば、すべての審査員は、自分以外の審査員の推測について他の審査員がどう推測するのかということを、さらに推測しなければならなくなる。ケインズが示唆したのは、市場において私たちは、「自分たちの知力を挙げて平均的な意見が平均的な意見だと見なしているものを予測する」[19]

（『雇用、利子および貨幣の一般理論』（間宮陽介訳　岩波文庫）より引用）必要があるということだ。こうなると市場は、セイラーの数当てコンテストのようなゲームに近くなる。

ガーラとファーマーのゲームでそうだったように、市場には「最善の」戦略など存在しない。戦略の成否は、他人が何をしていて、どんな戦略を使っているかによって左右されるのだ。これはまさに、クリフ・アスネスがクオンツ危機の苦しみから学んだ（または学び直した）ことである。アスネスの戦略は、他の人々がその戦略を使い始めて、それに「集中しすぎる」と、以前のように見事には機能しなくなり、その直後にクオンツ危機が起こったのだ。市場活動というのは、相互作用する戦略が、他人が使おうとしている戦略や、相互作用のなかで全体がどういう動きを見せるかについてうまく予測し、先手を打とうと争う、絶え間なく変化する生態系から生まれるのである。

言うまでもなく、こうしたことを見れば、さまざまな投資戦略の成功を大きく宣伝する書籍への需要が衰えない理由がわかる。成功した投資家のなかには、さまざまな企業を研究して、安い株を探して買ったり、高すぎる株を探して空売りしようという戦略を取る投資家がおり、「ファンダメンタル投資家」や「バリュー投資家」と呼ばれている。有名投資信託マネージャーのピーター・リンチは、一九七七年から一九九〇年にかけて運用していたマゼラン・ファンドで、期間中の平均年収益率が二九パーセントという大成功を収めた人物だ。著書『ピーター・リンチの株式投資の法則』（ダイヤモンド社）での彼自身の説明によると、リンチは複雑な数学的分析や、怪しげな「チャートリーディング」（株価変動のなかにパターンを読み取る手法）には頼らなかったという。リンチが頼りにしていたのは、昔ながらの精力的な研究と調査だった。一年間におよそ数百社の企業を訪問しては、幹部と話をしたり、製造現場を歩き回ってエンジニアと言葉を交わすというのが、リンチのいつものやり方なのだ。電話で話した企業経営者は千人を超えている。リンチに言わせれば、誰でも株式投資をすべきというわけではない。山のような調査を自分でする気がないなら、意味がないからだ。「何百万人ものアメリカ人は、株を買うのをやめるべきである。こうした人々は、会社を調査することに興味がなく、バランスシートは見るのもうんざりだと感じていて、年次報告書も写真の頁にさっと目を通すくらいだ。自分が何も知らない会社に投資することくらいひどいことはない」[20]

同様の戦略を取っている投資家は多いが、いわゆる「テクニカル戦略」を用いている投資家も数多くいる。そうした投資家は、テクニカル戦略について、過去の価格変動を基に、将来の価格変動を予測できる手法だと主張している。たとえば、日本円が直近五日間で一パーセント以上上昇していれば、テクニカル戦略での予想は、日本円の上昇が今後も続く可能性が高いので、買いどきだとなる。株式市場や商品市場、外国為替市場で取引をおこなうトレーダーは、そうしたルールを幅広く活用して、トレンドを追いかけながら、他のトレーダーたちが過去と同じように反応し歴史が繰り返されることを期待している。テクニカル投資戦略についての手引き書には、次のようにある。

株式投資のためのテクニカル・アプローチは、投資家の態度の変化、経済、金融、政治、心理等々の諸作用によって相場の動向が決定される、との考えを反映している。……テクニカル分析は、株式市場が集合心理(「大衆心理」)の反映であることを理論面の支えとし、大衆心理の波がパニック、恐怖、悲観と自信、楽観、強欲との間を動くことを前提し、将来の価格動向を予測する。[21](『ア

メリカの株式テクニカル分析』（山名二郎ほか訳　東洋経済新報社）より引用）

そうした市場のトレーダーは、特定の切りの良い数字を、特別なダイナミクスが生じる節目と見なすことが多い。たとえば、クレディ・スイスの北米エリア担当セールスディレクターのホルへ・ロドリゲスは次のように言っている。「一ドル一〇〇円の水準というのは、いまだにきわめて大きな心理的な壁で、それが破られるにはいくつかの試練を経ることになるだろう。しかし、いったん一〇〇円の大台に乗ってしまえば、そこに長くとどまることはない。しばらく一〇二円から一〇六円の間で取引されるようになるかもしれない[22]」。また、為替レートが一ドル一〇〇円といった切りの良い数字に近づくと、まるで跳ね返されたかのように、その上昇が不意に逆転するという研究結果もいくつかある。しかし為替レートがなんとかその水準を突破すると、あっという間に一〇〇円を通り過ぎてしまう[23]。

そうしたテクニカル分析が、特に外国為替市場では実際に役に立つ可能性があることは、学術研究からも明らかにされている。

さらに別の戦略に従っている投資家もいる。有名な商品先物トレーダーであるマイケル・マーカスは、ジャック・シュワッガーが自著『マーケットの魔術師』のためにおこなったインタビューで、自分はフロアトレーダーの時代に、市場が大きく動きそうな特別な瞬間や、逆に、急激な回復傾向が今にも失速して逆転しそうな瞬間を発見する方法を身につけたと語った。

市場がどういう状態にあるのか、ぼんやりと無意識のうちにわかるようになる。鳴り響くベルのなかで、トレーダーたちの声の大きさで値段の動きがつかめるようになるんだ。たとえば、相場が活発に一方向へ動いていても、あるときふっと静かになったと思ったら、もう値段はそれ以上動かなくなってしまうんだ。また、うるさくも静かでもないという状態で突然騒がしくなったのなら、それは急上昇を意味すると思うかもしれないけど、実はものすごく大きな逆方向へのオーダーが出たということをしめしているんだ。[24]（『マーケットの魔術師』より引用）

伝説的な投資家であるジョージ・ソロスの投資戦略も、同じような心理学的な見識に基づいていた。ソロスは自著『ソロスの錬金術』（総合法令出版）で、ひどい腰痛のせいでポジションを変えたことがあり、この痛みを、自らの知性では理解できない知見を伝える、身体的なシグナルだと受け取っていることを認めてさえいる（人間は合理的な投資家だという主張が正しいかどうか考える場合には、このソロスの話を覚えておくのは良いことだ）。

繰り返すが、市場というのは、相互作用をする知的エージェントからなる生態系なのだ。この知的エージェントは、きわめて多様性に富んだ戦略を用いる。そうすることで、知的エージェントは全体として、予測不能な共通の現実を独自に作り上げているのだ。

ホモ・エコノミクスからホモ・サピエンスへ

経済学者たちも今では、投資判断を含めた意思決定となると、人々はとても合理的とは言えないことをおおむね認めている。実際、よく考えてみれば、「完全な合理性」という考え方からしておかしい。それは論理的に矛盾しているのだ。

紛れもなく合理的な投資家が、マイクロソフト株が七日連続で値下がりし続けているのを見て、自分の所有株を売るかどうか決断を迫られているとする。その投資家はピーター・リンチのように、情報収集やレポートの検討に着手する。しかし、調査や十分な検討には時間がかかり、代償も伴う――マイクロソフト株がさらに値下がりするかもしれないのだ。失敗の可能性が最も少ない完璧な決定をおこなうために、あらゆる情報を手に入れようとすれば時間がかかる。そこで、完璧に合理的な投資家であればまず、意思決定前の調査にどのくらいの時間をかけるのが最適なのかを決めなければならない。十分に合理的な人は、仕事に着手する前に、この予備的な問題を何としても解くべきなのだ。

しかしこれは、終わりのない困難の始まりにすぎない。この予備的な問題（「株取引の決定を下す前に、調査にどのくらいの時間をかけるか」）も難しいことには変わりはない。そして「時は金なり」というように、合理的な個人は、この質問を考えるのに時間をかけすぎてリソースを無駄にすることも、やはりすべきではないのだ。十分に合理的な人物であれば、この予備的な問題を解くのに使うべき最適な時間の長さを判断する必要があり、また新たな問題を作り出してしまう。こうした問題の連鎖には終わりがない。論理的な結論にたどり着くための合理性が、結局はそれ自体を打ち壊すことになってしまう。合理性というのは、ただひたすら矛盾した考えであり、幻想にすぎないのである[25]。

もちろん、これは無理のあるシナリオだ。普通の人は、少し調査をしてみて準備ができたと感じたら、思い切って投資判断をするだろう。重要なのはここだ――人々は、筋の通った理由ではなく、もっと適応的で柔軟性に富んだ原則に基づいて行動しているのだ。人々の意思決定に用いられているのは、綿密な計算ではなく、単純な経験則である場合が多いことが、過去二〇年に雪崩のように押し寄せてきた心理学実験の結果から示されている。この経験則は「ヒューリスティック」と呼ばれている。直観的な判断をすれば、そこそこに良い結果をあっさりと短時間で出すことができ、何も決められずに損をするのを避けられる場合が多い。たとえば、心理学者が二〇〇六年におこなった研究では、簡単な決断を迫られた場合には意識的に考えるのが一番だが、矛盾していて両立できない、異なる条件が多くある、複雑な決断の場面では、「第六感」に基づく決断の方が勝ることが明らかになっている。(26)

こうした一連の研究は、経済学そのものの革命のきっかけになったが、その中心にあったのが、人間の実際の行動様式に焦点を合わせた**行動経済学**だ。プリンストン大学の心理学者であるダニエル・カーネマンの説明によれば、行動経済学の基本にあるのは、人間の心は実際には一つではなく二つあるという考えだ。たとえば、何か書いてある紙を友達の顔の前に突き出せば、その友達は、読むなと言われてもその紙を読み始めるだろう。そうせずにいられないのは、視界に入ってきた書き言葉を解釈したいという衝動が前意識的なものだからである。つまり私たちには、意識とは関係なしに動く、表面的ではない本能的な思考が備わっているのだ。この思考はたびたびミスをする。たとえば、滅多に起こらないリスクの見込みなどを過小評価する傾向があって、私たちが過剰な自信を抱く原因になっている。

しかし、こうした原始的な思考の上には、まったく別の意識的な思考が存在している。こちらの方は、合理的ではないにせよ、計算を用いることで、少なくとも合理性の方向に何歩か近づいている。この意識的な思考を使うには努力がいるし、時間もかかり、大変な作業だが、脳が直観的に作用することで生じたミスをいくらか修正できる。ここに挙げた二種類の思考は、カーネマンの最近のベストセラーである『ファスト&スロー』（早川書房）で取り上げられている。

リチャード・セイラーの言葉を借りれば、行動経済学という革命的な考え方の影響を受けて、経済理論の研究者らは少しずつ、人間は「ホモ・エコノミクス」という、完全に合理的で強欲な存在だと考えるお気に入りのモデルから、私たちの現実の姿、つまり「ホモ・サピエンス」という獣を考えるモデルへと移行しつつある。しかし、個人の行動をよりよく理解することには価値があり、必要でさえあるかもしれないが、それだけでは十分ではない。社会、特に市場で発生する驚くべき出来事の大半とまではいかなくても、その多くの原因は、個人の行動の奇妙さではなく、（クオンツ危機のように）多くの人々の行動が影響を与え合って、誰も意図しなかったような結果を生み出すことにある。これは、個人の持つ複雑さではなく、集団の複雑さであり、個人の行動だけを研究しても集団の複雑さの理解にはつながらないのだ。相互作用をしている人々のグループで、どういった種類のパターンが自然にわき起こるのかを理解するためには、集中的な研究が必要だろう。

私は、二〇一二年に物理学者と経済学者を集めて開催された学会で、この点を議論する講演をおこなった際に、説明として物理学の事例をいくつか紹介した。小さな金属球を使った実験は、そのわかりやすい例だ。浅い皿に金属球をたくさん入れて、皿を上下方向に揺すっても、それほど面白いものが見られるとは思わないだろう。しかし実際には、金属球の間の相互作用によって、信じられないほど複雑な結果が生まれるのである。実験をしてみると、金属球はひとりでに整列して、図5にあるような、さまざまな面白いパターンを作り出す。規則的な格子状の構造ができるときもあれば、カオス状態が継続

図５　どの画像も、直径が約10センチメートルの容器に、小さなブロンズの球を敷き詰めて、その容器を垂直方向に揺すったときの様子を示している。ブロンズ球の加速度（揺する動作の振動数と幅によって決まる）が十分に大きくなると、この画像のようなパターンが出現する。どのパターンが優勢になるかは周波数によって決まる。周波数によっては、複数のパターンが混じり合って、時間とともに変化し続けることもある。右の図は、奇妙な独立パターン（「局在振動子（オスシロン）」と呼ばれる）を示している。このパターンは、表面上を動き回って、いつまでも壊れないので、それ自体が恒久的な物体であるかのようだ。（図はどちらもポール・ウンバンハワーの厚意による）

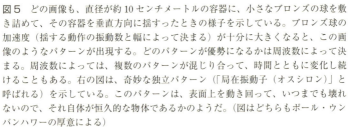

するときもある。さらには、独立した構造が形成されて、独自の目的があるかのように、金属球の並んだ面の上を漂うことさえある。(27)

この事例の紹介は、論理の上で重要な指摘になると、私は考えていた。つまり、多くの部品が相互作用するシステムにおける奥深いダイナミクスや構造は、その部品の性質とまったく何の関連もない可能性がある、という指摘だ。容器に現れたパターンは、金属球の性質を反映しているわけではない。金属球のような非常に単純なものにここまでの複雑性が見つかるのなら、市場のような人間が相互作用するシステムにも、同様の複雑性や、同様の驚きがたくさん見られると予想するのが当然だろう。

ところが、その講演の聴衆の一人だった連邦準備銀行に所属する経済学者は、おかしな反応を示した。経済学者というのは自分たちのモデルに驚きの要素を欲しがらない、というのだ。彼は「経済学者がモデルを提示して、最終的に帽子からウサギを取り出すように、そのモデルから驚くような結果が出るとしたら、その経済学者は途中で、ウサギを帽子に入れるときに、あなたに教えていたでしょう」と言った。言い換えれば、モデルを使う目的は、ある状況からどんな驚くような結果が出てくるかを探ることではなく、まったく別の何かなのだ。ほかの条件がすべて同じなら、驚きはないほうがよいのだ。

しかし、まさにそれが問題なのだ。帽子に入っているとは知らないウサギこそが、最も重要なのであり、それはウサギが私たちを驚かすからだ。そのウサギが私たちを傷つけることもある。こうした場面でこそ、あれこれの状況の核心をとらえたシンプルで妥当なモデルを構築すれば、多くを学ぶことができる。これは、金融市場を研究する人々にとっては比較的新しいゲームだが、これまでにも驚くようなものを目にしてきている。

第6章　市場の生態学

正しい設問に対して、あいまいなことも多々ある近似解を得る方が、誤った設問に対して、常に精密な厳密解を得ることより、はるかにましである。

——ジョン・テューキー

経済学者は、馬を研究したいと思っても、馬を見に行くことはしない。彼らは研究室に座ったままで、「私が馬だったらどうするか」と自問するだろう。

——イーリー・デヴォンズ

物理学専攻の大学院生だったころ、建国記念日をはさんだ三連休に仕事をしたことがある。家賃を払うのに臨時収入が必要だったからだ。三日間ずっと、ヴァージニア州の熱い太陽の下で土を掘り、砂利を敷く作業をして、二七〇ドルを稼いだ。それだけの額があれば、懐具合はずいぶん違ってくるはずだった。ところが、最終日の昼の休憩時間に、ちょっとした計算をしようと大学の研究室に戻ったのがよくなかった。仕事に戻る途中で、スピード違反で捕まってしまったのだ。罰金は二七一ドル。三日間の収支は、マイナス一ドルの収入、多少の運動、そして独り笑い。皮肉なものだ。そう思わずにいられない。

この世界は予測不能だ。痛い目に遭わされることも多い。

もちろん、予測不可能性がこれよりもっと重大な結果をもたらすこともあり、アメリカ人経済学者のフランク・ナイトはそれこそ重要な問題だと見なしていた。有名なシカゴ学派の知識面での創始者であるナイトは、「リスク」と「不確実性」を分けて考えていた。ナイトの考えによれば、リスクというのは、何が起こりうるかわかっているときに直面するものであり、さまざまな物事が起こりうる多様な可能性のことである。カジノのルーレットゲームで考えるのは、リスクだ。これに対して「不確実性」というのは、「知らない」ということを難しく言ったものであり、個人が制約のないリスクに直面している状況を指す。つまり、真の驚き、想像もできない展開、「未知なる未知のもの」があふれた世界に生きることの危険性を言っているのだ。

ナイト自身の経済学観は、こうした重大な不確実性への正しい理解に基づくものだった。ただ、そうした理解は、理論的科学の邪魔になるように見えるかもしれない。実際にナイトは、経済学の中心的な役割は、専門的な面の理論化ではなく、「価値の発見と定義、つまり宗教的とまではいかないが、倫理的な問題」だと見なしていた。ある経済学史の文献では、次のように書かれている。

（ナイトは）市場における私利の操作、あるいはその他の方法によって、社会を科学的に管理することが可能とは思っていなかった。人間の理性はもろいものであり、人間の本質のなかにある、より基本的な要素によって乱されることが多いからだ。……ナイトは（また）、個人が、何らかの文化的あるいは社会的な基盤から独立して存在できるとは考えていなかった。人間というのはもとも

と社会的だと、ナイトは考えていたのである。(1)

ただし、ナイトは保守派の経済学者であり、その世界観がやっと形をとり始めた直後に、合理性礼賛の時代がやってきた。ナイトが人間の行動の出発点と見なしていた「不確実性」という考えを、他の経済学者たちは脇に押しやってしまったのである。

社会科学や経済学では、物理学とは違って、人々の「期待」が大きな意味を持つ。明日または来週の市場の動きというのは、「明日の(来週の)市場はこうなりそうだ」という人々の考えや期待から強い影響を受けている。そのため、市場モデルや経済モデルを構築しようとする場合には必ず、人々の期待をどうやってモデル化するか、という難しい問題に向き合わざるを得ない。市場の理論はすぐに、人間の心理にある限りない複雑さに直面することになる。しかし、経済学者のジョン・ミュースは一九六一年に、人々が**合理的期待**をすると仮定すれば、理論家はこの問題を回避できるという考え方を提示した。「合理的期待」というのは、第5章で扱った、人間は合理的だという考えを少々変化させたものだ。人々は未来について知らないばかりか、完全に間違っていることも多いかもしれないが、少なくとも、さまざまな結果が起こりうる可能性についての先入観はないというのが、合理的期待の考え方である。

このような仮定を立てると、未来そのものや、未来に対する人間の見方についての不確実性をぬぐい去るという、巧妙な芸当が実現でき、経済学者は、人間の心理について心配する必要のない、すっきりした理論が構築できる。そうした仮定は、ナイトが指摘した荒々しい「不確実性」という問題を、より穏やかで、確率によって分析可能な「リスク」に変える。以来四〇年にわたって、この考え方は経済理論、特に市場や経済全体についての理論が発展するための大きな力となってきた。ここまでで見てきたように、経済理論は、現実との折り合いがあまりよくない。しかし同様に重要なのは、合理的期待を仮定する理論には、別の欠点があることだ。過去数十年間に用いられてきた理論だけを見ても、市場で最も重要な事象のいくつかについての洞察を、ほとんど、あるいはまったくもたらしていないのだ。最近の金融危機と、その後の深刻な不況、一九九〇年代後半のドットコム・バブルとその終焉、あるいは一九八七年のブラックマンデーなどの事象がそうである。合理的期待仮説は、そうした事象をデータの面から説明しようともせず、実際にはむしろ、仮説としてはあり得るが、測定はできない「経済的ショック」（新しいテクノロジーの登場など）によって生じたものだとして、無視したのである。合理的期待の世界では、たとえば将来の住宅価格について不合理な確信を持ったせいで、負債が過剰に蓄積されるといった事態は起こりえない。市場でのあらゆる事象は本質的に、市場参加者の合理的な行動による最適な結果を反映していると仮定されているのである。

イギリス人経済学者でライターのジョン・ケイは、合理的期待について、次のような適切なアナロジーを用いて説明している。ベルトルト・ブレヒトの戯曲『ガリレイの生涯』には、カトリック教会の異端審問官たちが、ガリレオの望遠鏡をのぞこうともしないという場面がある。なぜだろうか？　惑星の動きというのはすでに、カトリック教会によって一連の公理から導き出されていたからだ。ケイはこう言う。異端審問官たちが望遠鏡をのぞこうとしなかったのは、「カトリック教会がすでに、ガリレオが見たものは存在し得ないと宣言していたためだ。この話からは、合理的期待を支持する経済学者たちの一部が見せた、ここ数年の事象に対する反応の仕方を考えてしまう。（彼らはガリレオを裁いた異端審問官と同じだ）……そうした経済学者が望遠鏡をのぞこうとしないのは、ガリレオが見たものが実際には存在しないと、最初から確信しているからだ」

主流派経済学の大部分がこうした見方にとらわれているなかで、[2] この市場理論を大幅に修正していくには、数少ない異端派の経済学者や他の分野の科学者たちが断固たる姿勢で取り組む必要があった。合理的期待という幻想に背を向け、合理性や人間のおこなう予測を重視しないのが、彼らのアプローチだった。心理学者に話を聞いてみると、人はあまり合理的に考えていない、少なくともそうすることはあまり多くないとわかる。行動し、失敗し、気づき、学習する。私たちが一般的に得意とするのはそういうことだ。

人は「考えている」ときに何を「考えている」のか

アドリアン・デグルートは二〇代の若者だったころ、チェスのオランダ代表だった。その後、心理学にも興味を持つようになった。特に関心を抱いていたのは、複雑な問題、つまりチェスのような問題を考えるときの心理状態だった。デグルートの博士論文（のちに『チェスにおける思考と選択』というタイトルで書籍になっている）は、今でも広く読まれている。チェスのチャンピオンはどのようにチェスをプレイしているのか、そして熟練プレイヤーが一般プレイヤーよりはるかに強いのはなぜか。一般的には、伝説的なチェスの名手ガルリ・カスパロフには超人的な知能があって、三〇手も五〇手も先の駒の動きを予見できると言われているが、実際はそうではない。デグルートは、熟練プレイヤーと一般プレイヤーの違いを別のところに発見した（もちろん彼自身の個人的な経験としても知っていただろう）。チェスはとてつもなく複雑なゲームだ。まったく同じ対局は二つとしてなく、たとえ両方のプレイヤーが持ち駒の半分を失ったとしても、任意の局面から五手動かす方法は、数千通りも考えられる。チェスというゲームをプレイする「最善の方法」など存在しないし、勝ちたいのなら、相手の動きを見つつ、即座に戦略を考え出さなければならない。実際にデグルートが実験をしてみると、熟練プレイヤーは、何手も先まで考えているわけでもなければ、検討する指し手の数がアマチュアよりも多いわけでもないことが判明した。熟練プレイヤーはむしろ、買い物慣れした人に近い。彼らは売場のシャツを前にしても、すべてのシャツを一つずつ見ていったりはしない。熟練プレイヤーは、そこから良さそうなシャツを素早く二、三種類選び出すコツを身につけている。一方の初心者は、最初に見た三枚のシャツをいつまでも比べていて、なかなか先に進まないのである。

デグルートは、最高位のグランドマスターが、チェスの盤面を写真のように鮮明に記憶できることにも気づいた。チェスのマスターと一般プレイヤーに、駒を並べたチェス盤を二秒から一五秒見てもらうと、グランドマスターやマスターは駒の配置の九三パーセントを記憶していたが、一般プレイヤーでは五〇パーセント前後だった。

このような結果になったのはなぜだろうか。グランドマスターは単に、普通の人よりも記憶力が良いだけだろうか。実はそうではない。

デグルートの研究から数十年後、ウィリアム・チェースとハーバード・サイモンが実施した追加研究によって、チェスマスターにはきわめて特殊な、チェスという目的に特化した記憶力があることが明らかになった[3]。チェースとサイモンは、デグルートの実験を繰り返すにあたり、実際の対局の駒の配置と、まったくランダムな駒の配置の両方を記憶する能力について調べた。チェスマスターは、実際の対局の配置では一般プレイヤーに比べてはるかに好成績をあげたが、まったくランダムな配置ではそれほど大きな違いは見られなかった。まったくランダムな配置の場合、チェスマスターと一般プレイヤーはどちらも、七個程度の駒の位置を記憶していた。この七という数は、人間の短期記憶の限界にあたるようだ。ほとんどの人は、連続して読み上げられた数を、七個目くらいまでは記憶できるが、それ以上になると難しいという[4]。

つまりチェスマスターの記憶力は、彼らが対象とするものに合わせてあるようなのだ。これは、対局中によく現れるさまざまなパターンを認識する力を、長年の経験から身につけているからではないか、という推測には説得力がある。結果としてチェスマスターは、チェスの盤面を、特定の位置にある駒の集まりとしてではなく、それぞれが数個の駒からなる共通パターン（駒の「かたまり」）が三、四個集まった構造として、素早く認識しているのだ。そういった方法で盤面を見れば、記憶力への負荷を大幅に減らせる。たとえば「these are the times that try men's souls（今こそ人間の魂にとって試練の時である）」（トーマス・ペイン「アメリカの危機」（『コモン・センス』（小松春雄訳　岩波文庫）に所収）より引用）のような簡潔な文なら問題なく記憶できても、ランダムな文字列が複雑に並んでいたら、たとえ文自体の長さが等しくても、決して記憶できない。チェスの駒をパターンと見れば憶えやすいのは、これと同じで、記憶のくせのようなものだ。チェースとサイモンはこう述べている。「（チェスマスターの）知覚による分析の背後には、さまざまなスキルだけでなく、長年にわたる練習の繰り返しによって蓄積されてきた、大規模な認知機構がある。その認知機構のおかげで、かつては時間をかけ、意識して、演繹的に推理していたことを、素早い無意識の知覚的処理によっておこなえるのだ。チェスマスターは正しい手を『見て』いると言っても間違いではない」

熟練プレイヤーは、このような共通パターンを見抜く優れた洞察力を使って、相手より優れた戦略を自然に立てている。駒のパターンには、予測に役立ち、戦略を立てる上での基礎となる重要な特徴を反映したものもある。そうした「重み」のあるパターン、つまり重要であることが過去の経験から知られているパターンについて、熟練プレイヤーはよくわかっている。グランドマスターともなれば、どうすれば最善の手につながるのか、計算する必要などない。そもそもそんな計算は、数学的に考えればまったく不可能である。グランドマスターは、長年の鍛錬によって身につけたパターン認識のスキルを駆使して、さまざまな状況でどの方法が一番（あるいはそこそこは）うまくいくのか、ということについて、自分なりの方法論を構築している。そしてそうした方法論を、競技生活を続ける限り、常に見直していくのだ。

人間の行動の核として学習を重視するこの研究は、一九七〇年代にはすでに十分確立されていた。しかし当時は、合理的期待という考えがブームとなり、経済学分野を支配していたので、この研究に特に注目した経済学者はほとんどいなかった。それからの四〇年間、人間の学習プロセスとその経済学上の重要性に対し、主流派経済学者の多くは口先で支持を表明するばかりで、合理性という都合の良い仮説を正当化する手段としか見なしていないようだ。学習能力に優れた人々は最終的には、合理的期待に基づいて行動するようになるのだから、人間は合理的期待をすると考えるのは理にかなっていると、彼らは主張するだろう(説得力はないが)[5]。しかし実際にはそうはならない。人は、少しでも複雑な環境で学習をおこなうと、完全に合理的な理想像とはかけ離れた行動を取るようになることが、多くの研究によって明らかにされている。たとえば、自分が自制心を失っていると感じれば感じるほど、いっそう自暴自棄になって、完全にランダムなノイズにさえパターンを見いだすようになることがわかっている[6]。

このような認知心理学の知見の一部を市場理論の基礎として取り入れようという動きが出てきたのは、一九九〇年代になってからだ。このころ、スタンフォード大学の経済学者ブライアン・アーサーは、いたずらのような知的ゲームをやってみるようになった。アーサーは、(少なくともチェスと同程度かそれ以上に複雑な状況において)厳密に合理的な計画策定がどうしても不可能な場合、人々がどのように意思決定をしているのかと疑問に思った。アーサーのゲームは、市場モデル化の世界にちょっとした革命を引き起こした。そしてこうした認知心理学を取り入れる動きには、合理的期待を上回る大きなメリットが一つある。そこから得られる理論は、現実世界に本当によく似ていることだ。アーサーのゲームは、市場に備わっている奥深いダイナミクス、つまり気象の親戚のような存在としての市場の特徴を尊重した市場モデルへと続く、確かな道筋を示している。

ブライアン・アーサーの市場モデル

アーサーは、一般の人々も、チェスマスターがチェスでしていることを日頃からおこなっているのではないかと考えた。たとえば仕事のときや、毎日の行動計画を立てるときだ。チェスと同じで、日常でも、あらゆる状況に当てはまる「最適な」行動計画を立てるのは一般的に不可能である。複雑な状況を乗り越えるには、柔軟性の高い方法で行動計画を立てることが求められるのだ。では、多くの人々が一度に同じ状況に直面するケースではどうだろうか。この問題を考えるために、アーサーは魅力的なまでに単純な例を考え出した。エル・ファロル・バー問題だ。

エル・ファロルという大学内のバーがあるとしよう。木曜日には音楽の生演奏があり、ドリンクが安くなるので、常連となった多くの学生が自然とその日に来たがる。問題は、エル・ファロルは狭い店なので、客の人数が常連の学生の六〇パーセント以下でなければ、楽しく過ごせないということだ。それ以上になると、店内は暑苦しくなり、客たちはつらい思いをする。そのため、どの学生も毎週、他の常連の学生の多くが取らない行動を自分が取るにはどうすればいいか、その判断に頭を悩ませることになる。このゲームの世界では、ずるはできないようになっている。友達に電話して、どうするつもりか聞くことはできない。全員が同時に判断しなければならないのである。

経済学者がこの学生たちの行動を予測しようとするなら、伝統的に使われるのがゲーム理論だ。一九五〇年代にジョン・ナッシュがおこなった重要な研究（第5章を参照）の後に立て続けに生まれた諸理論では、すべての常連の学生は自分にとって最善な戦略を一生懸命考える一方で、他の人も同じようにすることを十分認識していると仮定する。すべての学生は、自分以外の学生もまた、できるだけ良い戦略を取ろうとすることをよく理解した上で、判断をしているのだ。しかしこの場合に、合理性を考えると壁にぶつかる。全員が合理的だったら、全員が同じように合理的な決断をするので、全員が同じ日にバーにやってきてしまう。これは、あまり混んでいない日にバーに行くという目的からすれば失敗だ。この状況は、チェスよりもよほど大変な問題である。解決策が見つけにくいどころか、そもそも存在しない可能性があるのだから。論理的思考を慎重に積み重ねても、足下から崩れてしまうのである。

アーサーは、合理的思考という要素を除外した上で、人々がこうした状況に実際にどう反応するのかを説明したいと考えた。そして、チェスマスターがやっている、実際の学習と理論づけというプロセスを考えれば、人間は実際的な方法、つまり単純な方法論や仮説に基づいて決断することが一番多いと、アーサーは主張したのである。

たとえば、ある人は「先週混んでいたのなら、今週はそれほど混まないはず」と考えて、エル・ファロルに行くかもしれない。別の人は、「二週連続で混んでいたから、今週もまた混んでいそうだ」と考えて、家にいる可能性もある。決断する際には、まずそうした推測をいくつか考えて、そのなかで最近一番うまくいっていると思える推測を採用するというやり方が多いことが、心理学者らの研究によって明らかになっている。

エル・ファロルの問題をこのように考えたアーサーは、人々のグループが、バーに行くかどうか決断するために多様な推測を駆使し、試行錯誤をしながら学習していく様子を、コンピューターを使ってシミュレーションした。すると、週ごとの来店者数は、すぐに平均して常連の学生の六〇パーセント程度に落ち着いた。ただし、ここが重要なところだが、その数字は六〇パーセントぴったりになることは決してなく、むしろランダムに上下し続けたのである。人々は週ごとに自分の戦術を変えることで、やはり戦術を変え続ける他の人々に対応していたのだ。そこには、経済学者が一般的に好み、期待するたぐいの「均衡」は存在しないし、変化のないバランス状態で状況が安定することもない。無限の変化と驚

きが、「毎週同じ問題を単純に解決しようとする」という、完全に静的な状況から現れてきたのである。(7)

確かに面白い問題だ。しかし、これにはどんな意味があるのだろうか。アーサーのはトイモデル〔メカニズムを理解するために、条件などを簡略化したモデル〕だが、ただのおもちゃ《トイ》以上の意味がある。そこからは、市場モデルを改善するための道筋がくっきりと浮かび上がってくるのだ。(8)「バーに行く」を「株を買う」に、「家にいる」を「株を売る」に置き換えて、買う人と売る人の人数の差が株価を上下させるのだと考えれば、実際の市場の動きと同じになる。たちまち、アーサーのゲームはバーについての問題ではなくなる。市場は美人コンテストであり、誰もが他の人が考えそうなことを推測する場なのだという、ジョン・メイナード・ケインズの市場観へとまっすぐ一歩進むことになるのだ（もちろん、それは一歩でしかない。投資家は必ずしも、多くの人が売る（買う）ときに買おうと（売ろうと）するわけではない。市場はもっと複雑なものだ）。

一九九〇年代にアーサーは、経済学者のブレイク・レバロンらとともに、こうした初期段階のアイデアをより詳細な市場モデルへと発展させた。このモデルでは、トレーダーが株の売買、あるいは安全な利付債券の入金をおこなったり、自らの行動の指針としてさまざまな予測戦略を用いる状況を想定している。アーサーらは、ニューメキシコ州にある有名なサンタフェ研究所での研究で、トレーダーが、自らの行動がその動向を左右する市場について、徐々に合理的で偏りのない見方をするようになるのかどうかを調べる実験をおこなった。全体としてみれば、実験の答えは「ノー」だった。トレーダーは、さまざまな種類の予測の間を絶えず行き来して、市場についての見方を変え続けていき、合理的な均衡に収束することはなかったのである。そうしたトレーダーの行動に基づく人工的な市場は、大規模な株価上昇や暴落といった、激しく突発的な変動が起こりやすく、ほとんど予測不能なものになった(9)。

エル・ファロル・バーのモデルと、サンタフェ研究所のモデルは、どんな均衡理論と比較してみても、現実主義に向かって飛躍的に前進していると言える。どちらのモデルも、荒削りながら、思考や継続的な学習を市場モデルに取り入れるのは可能なこと、そして、市場は予測不能な「気象」だという結論が直ちに得られることを示しているのだ。物理学者やコンピューター科学者、経済学者といった人々が、その後二〇年にわたって詳細な部分を追加してきたことにより、アーサーのゲームは、現在ではおそらく最も現実に近いとされる市場モデルになっている。特に、ブレイク・レバロンはこの種のモデルの改良と精緻化の作業を着実におこなってきており、このモデルでは現在、実際の市場の価格変動と事実上区別できないような価格変動をシミュレーションで再現することが可能になっている(10)。

このように複雑な要素や細部は大切だが、一方で、優れた理論においては、その構造の単純な側面から学べることが多い。大局的な視点の方が大きな意味を持つ場合があるのだ。先ほどのモデルが、市場の本質を少なくとも一次近似的にとらえているとすれば、そうした視点は何か驚くべき予言――市場に当てはまるはずだが、少し見ただけでは決して自明ではないものに対する予言――をしているのではないか、と考えられる。そして、実際にそのとおりなのだ。このことは、アーサーのゲームをさらに単純にした、必要最低限の要素しかないゲームで明らかになる。そのゲームでは、競争における戦略という抽象概念にきっちりと狙いを定めている。

マイノリティ・ゲーム

一九九七年に、張翼成とダミアン・シャレーという二人の物理学者は、アーサーが示した手本に刺激されて、そのエル・ファロル・バーのゲームを本質的な部分だけ残して分解し、理にかなったプレイをするには、継続的な適応と学習が必要とされる、できるだけ単純なゲームを作り出した。二人はこれを**マイノリティ・ゲーム**と名付けた。物理学者は、ある状況の本質をおさえた最も単純なモデルのメタファーとして、「水素原子」という言葉を使うことが多い。一個の電子が一個の陽子を回る水素原子が、あらゆる原子のなかで最も単純な構造をしていることからきたものだ。水素原子を理解することは、あらゆる原子の理解を深めるのに役立つ。何十個もの原子が複雑に配置されているような原子でもそうだ。そういう意味では、マイノリティ・ゲームは市場の仕組みを理解するための「水素原子」だと言える(11)。

エル・ファロル・バーの問題と同じように、このゲームにはたくさんのプレイヤーが登場し、毎回AかBのどちらかを選ぶという単純な選択をする。プレイヤーの目標は、少数派《マイノリティ》になること、つまり、他のプレイヤーの大半がしない選択をすること、それだけだ。このゲームでは、アーサーが考えたゲームと同じように、エージェントは理論または仮説に基づいて動くと同時に、学習能力も備えている。各エージェントは、たとえば一五種類か二〇種類の「戦略」のなかから、一つをランダムに選んで使う。戦略は、エージェントの「遺伝的形質」にあたると考えられ、世の中を予測する方法についてのさまざまな「考え方」を集めたものだ。エージェントは、そうした戦略をプレイに使っては、どの戦略ならうまくいくかを記録していく。毎回のプレイで、エージェントはアイデアが入ったカバンをのぞき込み、過去に一番うまくいった戦略を探し出して使うのである。

ルールはそれだけだ。論理的には、エル・ファロル・バーの問題と同じである。エージェントたちは、単純な試行錯誤をすることで、過去に基づいて未来を予測しようとし、各瞬間に他の人の大半が選ばないものを選ぶ。最初から成功すると決まっている戦略はない。もしそのようなものがあれば、全員がそれを採用するようになり、全員が多数派になってしまう。そうなると全員が負けである。多くのクオンツヘッジファンドが二〇〇七年に経験したとおり、成功する戦略というのは、自滅の種をまいていることになるのだ。アーサーのゲームと同じように、「AかBか」という選択を、株の「売りか買いか」という選択に置き換えれば、マイノリティ・ゲームは金融市場についての単純なモデルになる。

マイノリティ・ゲームでは、数学的な単純さという単なる一つのことが、大きなメリットをもたらしている。マイノリティ・ゲームは非常に単純なため、厳密に解くことができるのである。それも鉛筆と紙だけで。

エル・ファロル・バー問題や、マイノリティ・ゲームを油断ならないものにしているのは、「フラストレーション」の存在である。フラストレーションとは、すべてのエージェントが同時に正しい状態になることを不可能にする、面倒な状況のことだ。張とシャレーは偶然、一九八〇年代の物理学者たちが、スピングラスと呼ばれる不思議な物質でも、同じようなフラストレーションの問題に直面していたのを知る。スピングラスでは、原子はS極とN極を持った微小な磁石のように相互作用している。通常、磁石の間に働く力は、磁石を平行かつ同じ向きに並べる傾向があるが、スピングラスでは、一部の原子のペアでしかそうならない。他の原子のペアでは、力は原子を「逆平行」に整列させる。つまり、原子は平行に並ぶが、互いに逆向きを指す（たとえば、一個の原子が北を向くと、もう一個は南を向く）。ここから、どんなことが起こりうるか、考えてみよう。原子Aと原子Bには平行に並ぶ傾向があり、原子Bと原子Cも平行になろうとするが、原子Aと原子Cは逆平行になろうとするとしたら、必然的に「フラストレーション」状態に陥ってしまう。どうやっても、一つのペアは緊張状態のままになるからだ。物理学的に見れば、固有の最低エネルギー状態を取るのが難しい物質ができてしまう。一片の銅やケイ素だろうと、塩の塊だろうと、大半の物質では、原子は自然と、適当な幾何学的秩序のある配置を優先的に取り、各原子は満足できるやり方で、他の原子と仲よく隣り合う。しかしスピングラスの場合、そうした状態を取ることはまず不可能である。原子は、無数に存在する、異なる配置のどれか一つに落ち着きはするが、どの配置にもある程度のフラストレーションがあるのだ。

張とシャレーは、フラストレーションのある系を理解するために物理学で開発された手法を使えば、マイノリティ・ゲームの厳密な解が得られることに気がついた。二人が得た解は、非常に重要なことを伝えている。それは、市場は物理的実体に多少なりとも共通性があると考えるべきだということだ。具体的に言うと、市場には一般に、水（液体）と氷（固体）ほどに異なる、きわめて異質な二つの相、つまり二つの挙動領域があるはずなのだ。さらに市場は、ある相から別の相へと、まったく予期せぬタイミングで切り替わることができるのである。

張とシャレー、さらにこの分野の他の多くの研究者は長年にわたり、さまざまに異なる条件下でマイノリティ・ゲームのシミュレーションを実施してきた。こうした実験（実際には単なるコンピューターシミュレーションだが）の目標は、マイノリティ・ゲーム的な市場にパターンを見いだすことだった。その結果、フラストレーションのある系の数学から予測されたとおり、市場にはやはり二つの異なる種類の挙動があり、さらにその二つの挙動領域の間で突然切り替わる傾向があることが突き止められている。

こうした挙動領域の転移現象は、市場の「予測可能性」（過去の結果に基づいて未来を予測する能力）が市場参加者の数に左右される様子のなかに、はっきりと現れている。市場参加者の数が特定のしきい値より少なければ、市場の動きには常に、ある程度の予測可能性がある。予測可能性のレベルは、参加人数が増えるにつれて徐々に下がっていき、最終的には特定のしきい値でゼロになり、参加人数がそれ以上増えても、ゼロのままになる（図6）。

面白いことに、こうした予測可能性がゼロの、ランダムな変動をする領域は、経済学者が理想とする「効率的」で予測不能な市場にかなり似ている。サミュエルソンの言葉を借りれば、「適切に予測された価格がランダムに変動する」市場だ。一方、予測可能な領域はかなり異なっているように見える。そこには、市場の参加者が覚えて活用できるパターンが存在するからだ。

この予測不可能性への転移には、非常に大きな意味がある。詳しくは第8章で考えるが、最近、市場ダイナミクスが非常に高頻度で変化しており、特にフラッシュ・クラッシュのようなイベントが突然発生する頻度が高まっている背景には、この転移現象があると考えるだけの理由があるのだ。しかしその話をする前に、もっと深く理解しておくべき事柄がある。この根本的な変化の原因は何か、ということだ。その答えは、きわめて単純に見える。

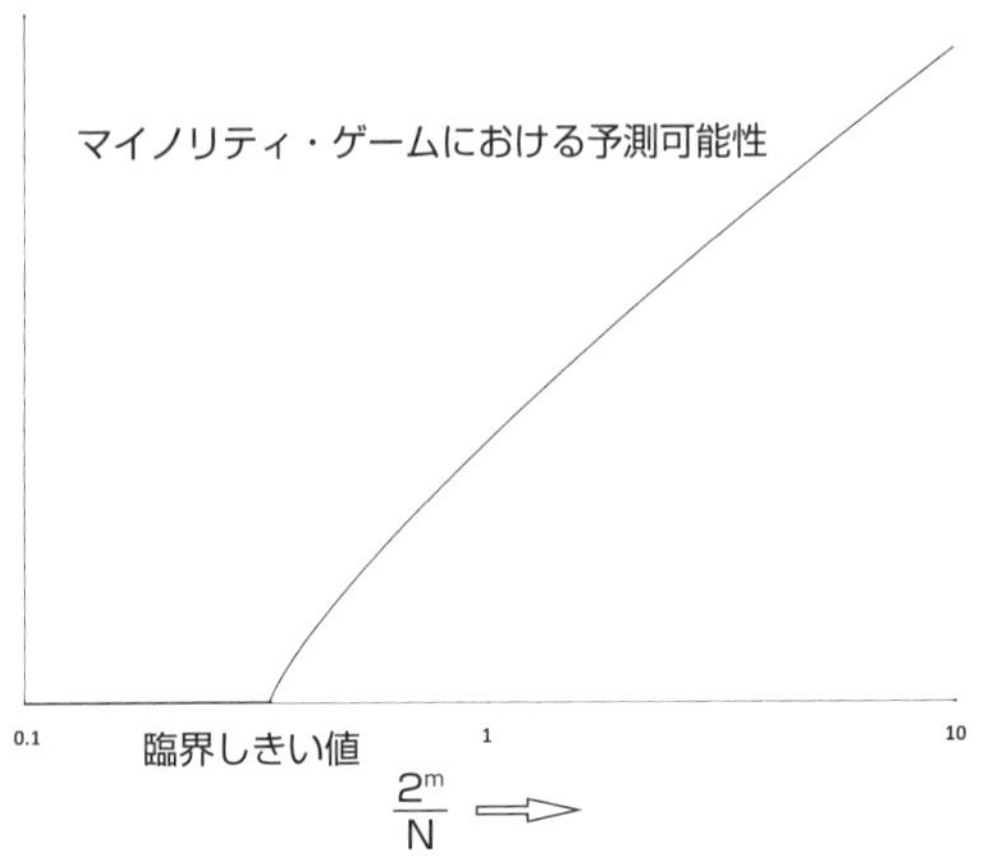

図６　このグラフは、マイノリティ・ゲーム的な市場の予測可能性を示すものだ。予測可能性は、市場の参加者数に依存する。このグラフでは、右に行くほど人数は減少する〔X軸が人数Nの逆数であるため〕。参加者数が十分多ければ、市場は完全に予測不能である。参加者数が少なければ、急激な転移現象を経て、市場は予測可能になる。（図はトビアス・ガーラの厚意による）

張とシャレーの研究では、エージェントは未来を予測するために過去に目を向けるよう設定されている。具体的には、各エージェントは市場の直近m回の変動（価格の値上がりまたは値下がり）を考慮する（ここでmは2、4、7など任意の数）。すべての変動は、値上がりか値下がりのいずれかなので、あり得る「市場の履歴」（たとえば「値上がり、値下がり、値上がり、値上がり」）の総数は2^mになる。過去五回の価格の変動を考える場合、市場の履歴の数は2^5になる。つまり、市場の履歴は三二通りあり得るということだ。

ここで意外な結果になる。転移点（市場が予測可能領域から予測不能領域に変化する境界点）というのは、市場参加者の数が、この鍵となる2^mという数に等しい場合であることがわかったのだ[12]（繰り返しになるが、過去五回の価格の変動を考慮すると、市場の履歴は三二通りある。この場合、市場の投資家の数が三二人以下である限り、市場は予測可能領域にあることになる)。これは驚くべき結果だが、筋は通っている。

その仕組みを説明しよう。市場の履歴の集合(三二通りのパターン)は、過去五回分の価格変動を考慮する人々にとっては、あり得る市場の挙動すべてにあたる。市場参加者は、これらのパターンのうちのいくつかに敏感であり、あるパターンが現れれば積極的に取引をおこなう。そして、そのパターンを優先し、他のものには関心を示さない。参加者の数が少ないほど、どの参加者も関心を示していないパターンで市場が動く確率が高くなる。この場合、取引し、利益をあげて、そのパターンを消し去ってしまう人が誰もいないので、その変化パターンは残る。大まかに言うなら、この場合に市場のプレイヤーによって使われている戦略は、さまざまな可能性のある空間全体に広がってはいない。そうした戦略は、いくつかのパターンを見落としているからだ。対照的に、いったん三二人というしきい値を超えてしまえば、戦略の空間は事実上、すべて満たされてしまう。つまり特定の戦略への集中が起こるのだ。予測を可能にするパターンはすべて、エージェントのうちの誰かの戦略カバンの中に入っている可能性が高くなる。そのエージェントは、そのパターンに飛びついて利益をあげるが、それはパターンを破壊するように作用する。そうなると、最善だった戦略も、もはや最善ではなくなる。私たちは再び、市場の予測不可能性に陥ってしまうことになる。

別の言い方をすれば、金融市場の「水素原子」モデルで発生する、根本的な転移現象というのは、物理的な意味で「集中した状態」ではなく、知性や戦略が「集中した状態」に基づいた転移である。二〇〇七年八月第一週にヘッジファンドが巨額の損失を出した後、AQRキャピタル・マネジメントのクリフ・アスネスは、この件の原因を「ある一つの戦略に集中しすぎたこと」に帰したが、彼はおそらく、わかってそう言っていたのだろう。

市場モデルはどこまで現実に近づいているか

市場は基本的に予測不能だとする、ウィーク型の効率的市場理論をもう一度考えよう。これが正しいはずはないだろう。厳密さを欠く言い方だが、少なくとも、アスネスのように市場の予測で良い暮らしをしているトレーダーや投資家はたくさんいるのだから。アスネスの戦略には、一般的な「マネージド・フューチャー」戦略も含まれている。これについてアスネスは次のように説明している。

（この戦略は）煎じ詰めれば、一種のトレンド追従戦略だということになる。それはモメンタム投資とも呼ばれている。モメンタム投資とは、簡単に言えば、値上がりしている有価証券を買い、値下がりしている有価証券を売る方法だ。一九九〇年代初めから、モメンタムが「効果的」であること、つまり価格モメンタムには大きな予測能力があることを示す研究が数多く発表されてきた。……われわれは、二つの異なるタイムホライズンのトレンドを見て、状況が極端に動きすぎているタイミングを見極めようとしている。われわれは、（一）短期的トレンドと（二）長期的トレンドをしっかりと調べて、（三）トレンドが度を越しているかどうかを見ている。[13]

そもそもトレーダーは、このような予測戦略の成功を追い求めることによって、市場を「効率的」で、完全に予測不能な理想的状態に戻すとされている。しかし、トレーダーのそうした試みが成功したことがあったら、それはよくないニュースだ。むしろ、そのような状況は現実にはあり得ないことが、分析によって示されている。経済学者のサンフォード・グロスマンとジョセフ・スティグリッツが一九八一年に、市場は現実にはわずかに予測可能だということを指摘している。予測可能性があれば、投資家は情報を集め、市場を研究しようという気になる。そうすれば儲かるからだ。

最も単純な形のマイノリティ・ゲームでは、市場が一般的に言って、確実に予測可能ではなく、わずかに予測可能である理由を違った角度からはっきりと示している。それは次のような考え方だ。

市場が「集中」フェーズにあれば、それは完全に予測不能で、投資家は組織的に利益をあげることができない。苦しい経験をしたことで、この市場に投資しても利益をあげられないと気づき、撤退する投資家が増える。少なくとも、運よく利益をあげる人よりも、苦しい経験をする人の方が多くなる。したがって、人の流れは全体として市場を離れる方向に動くだろう。しかし、投資家が市場を離れると、逆に市場は「集中」フェーズではなくなり、予測可能になる。そうなれば利益をあげやすくなり、投資家やトレーダーも市場に戻ろうと考え始めるだろう。[14] 市場は、転移点のごく近くをさまよいつつ、それを挟んで動く可能性が一番高いように見える。市場がこうした転移の瀬戸際、つまり株価の予測可能性は低いがゼロではなく、市場にパターンを見つけるのは難しいが不可能ではないという状況に向かって進化していく傾向を大胆に近似したのが、（ウィーク型の）効率的市場理論だと言える。市場はまさにこうした状況にある場合が多いように思える。

細かな部分を追加し、微調整をしていけば、徐々に現実に近づけることも可能だ。最も単純なマイノリティ・ゲームでは、各エージェントは各瞬間に一回、必ず取引するようになっているので、取引総量は決まってくる。このようなルールでは、株の売買が異常なほど激しい日や、逆に市場が気味悪いほど静かな日は発生しないが、もちろん、実際にはそうした取引日は頻繁にある。投資家は、市場で胃がむかむかするような株価の上げ下げが半日も続いたら、次に何が起こるのか自分にはまったく見当がつかないと判断して、コンピューターの電源を切り、ゴルフに行ってもおかしくない。実際に、経験豊富なトレーダーたちは、好機を待つこと、そして好機がこなければ取引をしないことをルールにするのが、トレードで成功する秘訣だと言っている。

マイノリティ・ゲームをもう少し柔軟な形に修正するのは簡単だ。エージェントは自らの最善の戦略が最近、十分に成功している場合に限り、トレードを開始するようモデルを調整するのだ。この単純なアイデアは、投資家の自信を表している。人は、役に立つ知識、つまり市場を出し抜く方法が自分にあると思わない限り、自分の金を無駄にするリスクを取ることはない。マイノリティ・ゲームにこうした小さな変更を加えれば、取引総量が自然に変動するだけでなく、悪評高い市場リターンのファットテールや、長期記憶といった、実際の市場についてのさまざまな統計データの大半を再現する市場モデルを実現できる。このモデルは、市場の現実の挙動を、非常に微妙な統計の特徴まで再現するという点では、従来の経済学よりもはるかに優れている。(15)

実際、この種のゲームのシミュレーションでは、価格と取引量の両方がでたらめに上下したり、そこに意思があるように動くという変動パターンが典型的に見られる。現実の市場と同じだ。突然、大幅な株価変動がどこからともなく発生するが、その原因は、外部で起きた劇的な出来事ではなく、システムの内部構造にあるのだ。ある瞬間、市場はほぼ黙り込むかもしれない。トレーダーの大半がこれまで自分が使ってきた戦略に慎重になり、自信を失ったせいだ。まったく逆の状況になることもある。多くのトレーダーが、自分には次に何が起こるかを見抜く真の力があると考えれば、取引量は急激に増え、価格は乱高下する。投資家たちの戦略が偶然、一時的に集中するだけで、大騒乱が生じることもある。それは群衆の思考や行動とよく似ている。

マイノリティ・ゲームは、張とシャレーが考え出して以来、他の数多くの研究によって、さまざまな方向へと拡張されている。言うまでもなく市場は、たとえば政策発表や企業のニュースといった、外部からの衝撃を受けており、これをモデルに加味するのは簡単である。[16] ゴシップや、トレーダー間でのアイデアの交換というのも、間違いなく市場で現実に起こっている現象であり、これらをモデルに組み込んだ研究もある。最近成功している戦略についての情報やうわさは、さまざまな投資家の間を飛ぶような勢いで広まっていき、そうした戦略を真似する投資家も出てくるからだ。張自身は、最も単純なマイノリティ・ゲームを一般化して、予測によって利益をあげようとする通常のエージェント（市場の投資家とトレーダーにあたる）と、売買はするが、利益をあげることにそれほど一生懸命ではない、別の種類のエージェントを取り入れたモデルを作った。このモデルも、実際の市場のある真理の一面を反映している。市場参加者のなかには、株や債券などの金融商品の売買を、投機目的ではなく、単に別の種類のビジネス活動の一環としておこなっている人もいるからだ。拡張版のマイノリティ・ゲームは、少数派《マイノリティ》という原則にこだわる必要すらない。多数派の人々が勝つという、はるかに一般的な状況を取り入れたり、その二つのもっと複雑な組み合わせなどにも拡張されてきている[17]。

マイノリティ・ゲームは実際には一つのモデルではなく、モデルの一つの種類だと言えるかもしれない。あるいは、もっと相応しい言い方もある。マイノリティ・ゲームは、相互作用する戦略の生態系としての市場という、まったく新しい市場観の基礎なのだ。

戦略の生態系としての市場

ウォール街で働く人々や敏腕投資家たちは、一つの出来事からどんな結果が生じる可能性が高いのかを予見できるのを誇りにしている。たとえば、イタリア沿岸でクルーズ船が沈没した場合、その船の所有会社やライバル会社の株価にとって、それはどんな意味があるのだろうか。あるいは、欧州中央銀行がギリシャの政府当局者と緊急融資についての協議を始めた場合、金の取引価格や、イタリア、フランス、ポルトガルの国債の価格にどう影響するのだろうか。こうした問題への対応力が実際に秀でている人々もいる。チェスのグランドマスターのように、かすかなヒントに気がつく能力を、長い経験や研究によって身につけているのだ。とはいえ、一つあるいは複数の事象の最終的な影響をどこまで計算できるかという点については、かなり過大評価されていると見ていいだろう。ある事象の影響が広まる経路は、あまりにも多くあるからだ。

二〇年ほど前に生態学者のピーター・ヨジスは、こうした効果について、生態系における食物網という文脈で、重要な議論をおこなった。アザラシはタラを食べる。そのため、アザラシの数が減れば（おそらくは漁業保護目的で駆除対象となったため）、タラの数は増えるはずだ。しかしアザラシは、メルルーサも捕食する。メルルーサは、また別種の魚で、タラと直接エサを争う立場にある。したがって、アザラシが減るとメルルーサが増えるので、タラにとっては競争が激しくなる。食物網について考えるには、この両方の効果を計算に入れる必要があり、しかもヨジスによれば、これはまだ序の口だ。ヨジスは、現実の食物網の構造において、四種以下の種が関わる食物網の「経路」（アザラシとタラの関係で説明したような、小さな因果関係のつながり）を考えると、干渉によって影響を与える経路が二億二五〇〇万通り以上あることを見つけた。AがBに影響し、それがC、さらにはDを引き起こすというストーリーは、単純で説得力があるものの、実際にはかなり不完全な見方である。影響の大きさが等しい同様の因果経路が数多くあれば、この経路だけが特に重要とはならないからだ。

ファイナンス論や経済学における相互依存のネットワークも、同じくらい複雑である。そのため、複雑に相互作用する生態系内でのフィードバックを調べる実験ツールとして、コンピューターモデルの利用が求められるようになるのは、ほぼ間違いない。マイノリティ・ゲームは、最も単純なものであっても、数多く存在する拡張版であっても、市場を系（システム）の視点から見たときに何が可能なのかを示している。マイノリティ・ゲームが、これまで均衡理論ではまったく予見されてこなかった相転移（予測可能領域と予測不能領域、あるいは「液体」と「固体」の間の転移）という重要な現象の存在を明らかにするのは、すでに見てきたとおりだ。しかしそればかりでなく、信条や戦略が相互作用する生態系として市場を扱う似たようなモデルも、実際に使用できる段階になっている。

今からおよそ一五年前、ナスダックの幹部は、古くから使われてきた株価の分数表示をやめて、近代的な小数表示に改めることを計画した。彼らは株価の呼び値単位を「一六分の一」から「〇・〇一」に変えれば、買いと売りの幅が小さくなり、ナスダック市場へもっと多くの企業を呼び込めると期待したのである。ただしナスダックはこの変更を実施する前に、科学者を雇って、マイノリティ・モデルからヒントを得た市場モデルで、この計画をテストさせた（これは、ナスダックの詳細部分にあわせて細かく設計した専用のモデルだった）。このモデルでは、さまざまな市場、そしてさまざまなタイムスケールで取引をおこなう、あらゆる種類のトレーダーとマーケットメーカーが考慮されていた。また、あらゆるトレーダーは自分で学習可能で、実際の市場ではこれまで知られていないような効果的な新戦略も発見できるようになっていた。ナスダックはまず、モデルが市場の通常時の挙動、つまり取引量や株価の変動、マーケットメーカーの行動などをきちんと再現するかどうか、慎重に検証をした。その結果、モデルが満足に機能するのがわかったので、それを使って小数表示に変える計画をテストすることにした。

モデルからわかったのは、株価表示の小数化への変更は、原則として効果的だということだった。しかし同時に、潜在的な問題も明らかになった。株価の増分単位が小さくなると、マーケットメーカーが自分たちの有利になるように取引を操作して、市場の全体的なボラティリティが増しているときでも利益をあげるのが可能になってしまうのだ。この点についてアドバイスを受けたナスダックは、二〇〇一年に小数表示を始める際には、市場のデザインにさらに一歩踏み込んだ変更をおこなって、その問題を回避するようにした。[18]

アンドリュー・ローは、金融経済学の失敗の多くは、経済学者が「物理学に嫉妬した」せいだとしている（そう考えている人は多い）。彼らには、簡潔で美しい数学で表現された理論を構築して、一般相対性理論や量子力学のような、普遍的な正当性を追求したいという願望があったのである。こうした評価は的確だ。少なくとも部分的にはそうだと言えるだろう。最新のマクロ経済学理論は、たとえば量子電磁気学などの基本的な「場の理論」で使われているのと同じ数学をいくらか採用している。しかし、すでに述べてきたとおり、物理学はこの種の基本的な理論を扱う学問だという考えは、かなり誤解を招きかねないものだ。大半の物理学研究は（銀河やブラックホールの形成から、金属中の破断の伝播までどんなものでも）少数の方程式にまとめられるわけではなく、数多くの不安定性やフィードバックを理解することが求められる。これは、一般的には、多種多様な数学モデルと、（やむを得ないが）大規模なコンピューターシュミレーションを用いることを意味する。経済学者が物理学への嫉妬に苦しめられてきたとすれば、それは彼らが間違った物理学のイメージを抱いていたからだ。

経済学者は、きちんとした物理学（より正しくは、きちんとした科学）を嫉妬の対象とすべきだ。不均衡な世界を認めるとは、つまり「万物についての理論」を手にしたいという希望を捨てることである。物理学者や他の分野の科学者は、このことを嫌というほど思い知らされてきた。本当に単純な問題を考える場合でさえ、巧みで簡潔な均衡論的な解を得たいという私たちの願望は、いとも簡単にくじかれかねないのである。

猫の群れを集めるようなもの

地球にこれまで誕生した生き物のなかで一番わがままなのは、なんといっても猫だろう。猫は言うことを聞かない。そのあまりの頑固さに、アメリカでは、ルールに従わない集団(たとえば、アイスクリーム売りのトラックと出くわした小学生の一団)を制御する難しさを表現するのに、「猫の群れを集める」という成句を使うほどだ。同じような頭痛の種は、世界で最も単純なものを制御するときにも生じることがある。

高校の理科の授業で、物質には四種類の状態があると習ったと思う。それは、固体、液体、気体、そしてこの三つと比べると知名度の低い、プラズマという状態だ。プラズマとは、原子がばらばらになるまで加熱された気体(たとえば、単純な水素気体など)のことだ。電子と原子核を結合させているエネルギーは、十分な高温下では原子間の激しい衝突の勢いに負けてしまう。そうなると、原子はばらばらになって、荷電した電子と陽子からなる高温ガスになる。この高温ガスでは、荷電粒子が衝突時だけでなく、粒子間の距離が遠い場合にも相互作用する。

この点が、太陽、地球の高層大気、原子炉内などにあるプラズマを、通常の気体とはまったく異なるものにしている要因だ。平衡状態にあるプラズマ(たとえば、ガラス管に封入されて一定温度に保たれているプラズマ)の大まかな基本的性質は、かなり昔にわかっている。しかし、プラズマを均衡から離れた状態にすると、話は比べものにならないほど複雑になる。

現在実施されている、核融合をエネルギー源として利用することを目指すプロジェクトは良い例だ。

核融合のレシピは一見すると簡単である。水素ガスを超高温まで加熱すれば、衝突した水素の原子核が融合して、より重い原子核を生成し、[19] その過程でエネルギーが放出される。この反応は、自己持続的に進行する。核融合に必要なのは、高温状態（衝突エネルギーを非常に大きくする）と高密度状態（衝突回数を多くする）だけだ。水素を容器に入れて、それを加熱・圧縮するだけでよい。核融合を利用すれば、安価なエネルギーが事実上いくらでも手に入るのである。

唯一の問題――非常に大きな問題――は、核融合を起こすには、プラズマの挙動を意図したとおりに制御しなければならないことである。それは、猫の群れを集めるようなものだ。いや、それよりも大変かもしれない。

カリフォルニア州のローレンス・リバモア国立研究所では、物理学者たちとエンジニアたちが約半世紀にわたって、いわゆる慣性閉じ込めプラズマという技術を用いた核融合の実現に取り組んでいる。慣性閉じ込めとは、水素が入った小さなペレットに、高強度のX線を全方向から照射する方法だ。このX線照射でペレットは蒸発し、球状の水素プラズマが生成される。この水素プラズマは内側に向かって押しつぶされ、同時に加熱される。十分に圧縮され、太陽よりも高い温度まで加熱されると、核融合が始まる。[20] 少なくとも原理の上では、実質的に実験室内でミニチュアの恒星を作ることになる。しかし、きれいな対称形のプラズマ球が爆縮を起こしているという初期状態は、いつまでも続かない。

自然に存在する物理的不安定性は、プラズマ球の表面に小さな波を発生させるが、この波は徐々に成長する傾向がある。[21] この表面の波が大きくなるにつれて、当初の不安定性が、種類の異なる二次的な不安定性を引き起こし、初期のプラズマ球のきれいな対称性は完全に失われてしまう。結果として、プラ

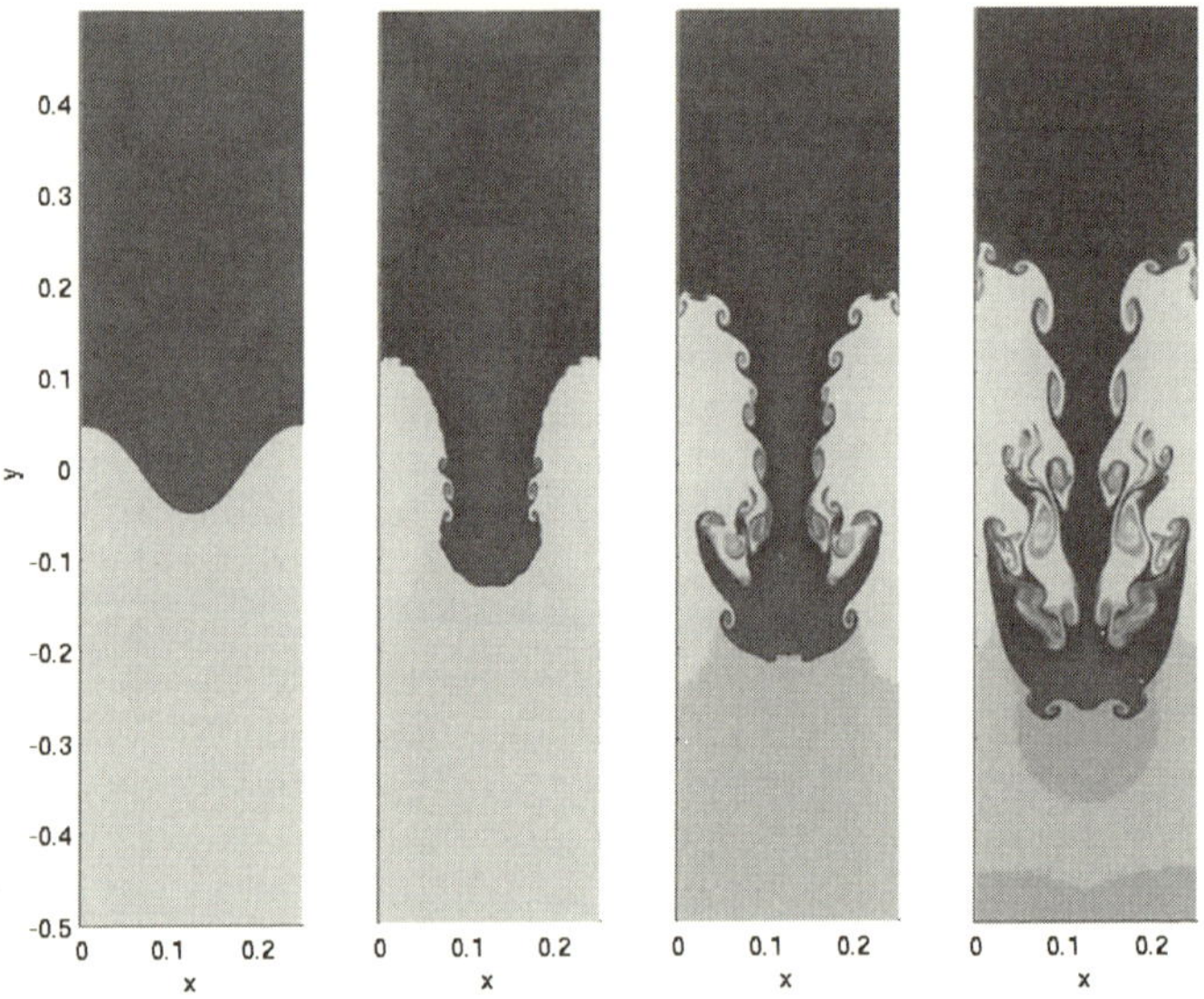

図７　レイリー・テイラー不安定性によってジェット状に成長した波が、連続的なカオスを生み出す。コンピューターシミュレーションで作成した本図が示すように、正のフィードバックは、単純な初期状態を破壊して、乱れた複雑性の海を作り出す。（図はロスアラモス国立研究所のシェンタイ・リの厚意による）

ズマの異なる部分が混ざり合うことになる。つまり、外側の低温部分が内側に入り込んできて、反応プロセスの進行を妨げるのだ。温度も十分高くならない[22]。図7は、自然に存在する不安定性から成長した波が、すぐに他の不安定性を連鎖的に発生させ、たちまち完全に複雑な状態になる様子を示すものだ。

こうした波や粒子の制御や位置の予測がどれほど難しいか考えてみよう。思い出してほしい。この大混乱は、プラズマという、荷電粒子からなる単純な気体を圧縮しただけで起こった。プラズマはもともと不安定な状態にあったのだ。プラズマには、これ以外にもさまざまな不安定性があるため、プラズマ物理学に単純なところなどほとんどない。粒子加速器の円形リングに荷電粒子ビームを周回させると、そのビームは均一な状態から不安定な状態へと変化するのだが、その変化のプロセスは、粒子同士の衝突や、粒子の軌道のふらつきなど、それこそ百通りもある。『プラズマ安定性ハンドブック』という、各巻がちょっとした電話帳ほどもある全三冊の大著では、さまざまな状態にあるプラズマが、正のフィードバックによって驚くような予想外の動きをする既知のプロセスをすべて一覧にし、説明を加えている。どの項目も、物理学者やエンジニアがプラズマを使って何かしようとして、結局思いどおりにいかなかったという、過去の状況の証しである。各項目は、生じる現象やその原因、その現象を初めて説明した人物などにちなんで名前を付けられている。たとえば、バンプ・オン・テイル不安定性、チェレンコフ不安定性、フィラメンテーション不安定性、ファイアーホース不安定性、振動2流体不安定性、ワイベル不安定性、Zピンチ不安定性といった名称がある[23]。並べていけば、その数はゆうに数百にもなる。

こうした不安定性はいずれも、ファイナンス論や経済学に期待されている謙虚さについての教訓を与えてくれるはずだと、私は考えている。絶対確実な定理を証明しても、それを基礎として多くの進歩が生まれるわけではない。しかし、そうした証明こそ、一世紀以上にわたって経済学者たちがしようとしてきたことなのだ。

考えてみてほしい。現実の金融システムや経済は、無数の人々の思考や感情、他人との予測不能なやりとりに基づいて動いている。そのほぼ無限というべき複雑性に比べれば、プラズマはとてつもなく単純だ。私たちは、原子や分子の物理法則なら、きわめて正確に理解できている。しかし、人間の行動となると、ひどく荒削りで定性的な方法でしか理解しておらず、私たちを導くしっかりとした規則もほとんどない。何百万人の人間をさらに他の人々と相互作用させることと比べたら、水素プラズマの圧縮など何でもないことだ。少なくとも、電子や陽子が自分の自由意思で別の方向へ進もうと、ランダムに決心することはない。これが、市場や経済がこの宇宙でも最も複雑なものに数えられる理由である。

人間行動の無限の複雑性

人間の行動は無限の複雑性を生み出す――奇妙な事象や多種多様な危機に彩られた経済の歴史そのものが、この基本的な点についての、長くて変化に富んだ実例と見なせるかもしれない。実際、経済の歴史の大半に、人間の集団的な行動を見つけることができる。たとえば、無数の人がいろいろな実体のない目的に殺到し、チューリップの球根の価格、インターネット企業の株価、住宅価格などは常に上昇し続けて、下がることはあり得ないとしばらくは信じ続けるのも、その例だ。こうした集団的行動は、正のフィードバックの作用だけで生み出されている。正のフィードバックという最初の火花が、さらに火花を発生させる状況を作り出すのだ。

これが、経済学やファイナンス論がいまだに均衡システムの研究を重視していて、正のフィードバックを一般には無視していることが大きな問題である理由だ。エリック・レイナートの言葉を借りれば、経済学は歴史の中で「ときどきおかしなことをする」のである。レイナートの言葉は、あらゆるものを均衡の枠組みに組み入れようと大変な努力をしてきた、過去五〇年の多くの研究を表すのに最適な表現に思える。しかし私たちは今、そうした時代の終わりにいるのかもしれない。

経済や金融システムの不安定性のリストを作るとしたら、それは間違いなく、プラズマ物理の不安定性リストよりもはるかに長くなるだろう。数ミリ秒から数年、さらには数十年、あるいはそれ以上のタイムスケールで作用するフィードバックをすべて掲載する必要があるからだ。そのなかには、多少なりとも一定の行動を強制する契約や法律、強力な社会規範のような、かなり機械的なプロセスで作用する可能性が高いフィードバックも含まれる。一方で、習慣的な学習や推測などの方法といった、私たちが本来持っている、心理や意思決定の部分の性質に基づいて作用するフィードバックもある。ほんの少数の関係者の行動（たとえば、二〇〇七年八月のクオンツ危機の際の一部ヘッジファンドの行動）がきっかけとなって始まるフィードバックもある。反対に、大規模なネットワーク効果によって始まるフィードバックでは、その原因は事実上、世界中の個人や企業にあると言える。

次の章では、金融システムに影響を与える基本的な不安定性をいくつか見て、不均衡という考え方が、そうした不安定性の説明にも役立つことを考える。『金融経済不安定性ハンドブック』の概要を紹介しようというのではない。もしそんな本があれば収録されるかもしれない事象の分類案をいくつか説明したいだけだ。それと同時に、深刻な不安定性が生じると予想される状況がどんなものかを理解したいのなら、均衡ではなく不均衡の観点から考える必要があることも、はっきりと示したいと思う。

物理学ではときどき（ただしときどきでしかない）、簡潔で美しい一連の方程式が完全にそろう場合があるが、市場理論ではそれは起こらないだろう。進化や気象を理解するように市場を理解するのは、近似や、まずまずの水準だが欠陥もあるモデルを扱うこと、そして、きわめてカオス的で変化しやすい現実を理解するのに役立つ手段を探すことを意味する。たとえそれが、大学のバーについてのおかしなゲームから始まるのだとしても。

第7章　効率性の落とし穴

人々の基本的なリスクは保険がかけられ、ヘッジされ、分散化されて、より安全な世の中が出現するだろう。リスクの負担を軽減することによって、新しい民主的な金融は人々がさまざまな活動についてより冒険的に、より情熱的になるのを奨励するだろう。

——ロバート・J・シラー（イェール大学の経済学者）／『新しい金融秩序』（田村勝省訳　日本経済新聞出版社）より引用

われわれの市場にとっての最大の脅威をもたらすのは、敵ではなく、われわれ自身である。……銀行は、拡大されたバランスシートの使用や、デリバティブの使用、オフバランスシートの使用、純利益と総売上高の混同、リスクは実際には指数関数的に増大するのに、線形関数的だと見せかけるといった不正を働いている。……そうした目くらましは、科学によって修正できるようになる前に、市場を破壊しかねない。

——ジェームス・リチャード（金融・証券アナリスト、タンジェント・キャピタル・マネージャーのシニアマネージングディレクター）

イギリスの弁護士ジョージ・ハドレーは、一七六八年、ロンドンの北西にあるフリットンという村で亡くなった。伝記によれば、ロンドンで数十年にわたって弁護士として働いていたにもかかわらず、財産はとても少なかったという。「その金額は、父親が残した遺産よりも少なかった。つまり、彼は仕事で儲けていなかったと言ってもいいだろう」。その上、ハドレーは弁護士の仕事があまり好きではなかった。むしろ彼のエネルギーの大部分は、アマチュア科学者としての研究に費やされていた。発明されたばかりの望遠鏡を何本も作ってみていたし、兄のジョンが六分儀の原型となった装置を開発するのを手伝ったりもした（六分儀は、海上で緯度を測定するための器具で、航海術で広く使われた）。[1]

ハドレーの研究でそれ以上に印象的なのは、一七三五年五月に王立協会に提出した「一般貿易風の成因について」というレター論文である。この論文でハドレーは、地球大気に見られる全球規模の動きについて、近代科学による説明を初めて提案している。

ハドレーが提案したのは、次のような説明だ。地球の赤道では気温が高く、南北両極では気温が低いため、温かい空気が赤道付近で上昇し、大気の上層を両極方向に流れていく。その後両極付近で下降して冷やされる。この冷たい空気は、下降すると、地表近くを赤道方向に流れる。この循環流によって、暑い熱帯の熱が寒い極域に運ばれるのである。ハドレーはこの説明をさらに進めて、上空の空気（もともと極域に向かって移動している）が地球の自転の働きで東に流れ、地表からはるか上空に強風を生み出しているとした。一方、地表近くでも自転の効果が働くので、赤道付近では西向きの風が絶え間なく吹く。[2]ハドレーは、あっという間に「貿易風」を説明してしまったのである。ヨーロッパの冒険家たちは何世紀もの間、この貿易風という定常風を頼りに、南北アメリカ大陸へ航海していた。

ハドレーは、大気は事実上平衡状態にあり、全体としてバランスが取れていて、一様で安定した空気の流れが維持されていると考えていた。これは、最初の一歩としては自然な考えだが、[3]間違いか、少なくとも、かなり不十分な見方だ。ハドレーが説明した循環流は、現実には赤道から緯度にして三〇度程度までしか到達していないからだ。これは北半球ではフロリダ、南半球では南アフリカのあたりになる。その先の中緯度域では、ハドレーの説はまったく通用しなくなる。そこにあるのは安定的なバランスではなく、絶え間ない変化だ。嵐や前線が発生し、低気圧や高気圧がふらふらとさまよい、持続的なカオスという大混乱が地球規模で起こっているのである。

私たちの大半が気象と呼んでいるもの、つまり中緯度域で生じる予測不能な大気の挙動がようやく概念的に理解されるようになったのは、一九五〇年代のことだ。そのころになると、研究者たちは一つの確信らしきものに到達していた――定常的な平衡のようなパターンでは、気象現象に生じるカオスを説明できないと考えたのだ。むしろ気象現象は、永続的な不安定性と乱流から生まれる。(4) その主犯格は、専門用語で「傾圧不安定性」と言い、前章で扱ったプラズマ不安定性の親類にあたるものだ。地球の中緯度域の上空では、ジェット気流が地球を一周するように流れていることはよく知られているが、傾圧不安定性のため、このジェット気流はきれいなリング状の流れを保てない。正のフィードバックによって、ジェット気流の南北方向へのずれが増大して、蛇行し始める。この波状の蛇行のパターンは非常に大きくなって、そこから大きな渦が分離して、独立した構造となることが多い。この構造が中緯度域をただよって、予測不能な気象現象の原因となるのである。

これが意味するのは、太陽から届いたエネルギーの地球大気中での移動プロセスを考える上で、嵐や前線がきわめて重要な存在になるということだ。地球のような、自転し、太陽の熱を受けている惑星に、雷雨やハリケーン、トルネードが発生しないことなどあり得ない。地球の大気は、平衡状態ではなく、永続的なアンバランス状態で動くシステムのまたとない例なのである。

気象学の歴史には、興味深い要素がもう一つある。大気の動きは、私たちの脳にとっては複雑すぎるため、気象パターンを近代的な形で理解できるようになったのは、一九五六年になってからだったことだ。この年、ノーマン・フィリップスという科学者は、初期のコンピューターを使い、大気流体力学の大まかな近似式に基づく仮想大気のシミュレーションをおこなった。コンピューター上で、フィリップスはある実験をした。静止状態にある大気を考えた上で、それが地球の自転に引きずられ、同時に温度差によって上下に動かされることによって、徐々に加速するようにしたのだ。シミュレーション実験には一二時間かかったが、大気の流れの基本的な性質が、単純な傾圧不安定性によって実際に説明できることがわかった。定常的な流れは必ず乱れて、私たちが目にするような低気圧や前線が生まれる様子が示されたのである(5)。

一九五〇年代の気象学は、不安定性と、それが複雑性の生成に果たす役割を正しく理解することで、平衡という考えから自由になろうとしていた。同じ時期に、経済学が均衡思想の強固な枠組みにひたすらしがみついていたのは皮肉な話である。一九五四年には、アローとドブリューが「厚生経済学の基本定理」を証明したことから、その後数世代の経済学者たちは、経済の現実を均衡という概念によって解釈するようになった。後の研究（主にソネンシャイン、ドブリュー、マンテルらの研究が中心）が、均衡という概念と、現実の経済との関連性に疑いを投げかけたにもかかわらず、その流れは続いた。それ以降、大半とは言わないまでも、多くの経済学者たちは、まるでそうした否定的な研究結果が発表されたことがないかのように、そのまま突き進んできている。ミルトン・フリードマンはかつて、自分が均衡論的な考え方を否定する研究結果について心配していない理由として、「一般均衡アプローチの安定性に関する研究は重要ではない。……経済が安定的であるのは明白だからだ」と述べている(6)。

こうした姿勢のせいで、現在の経済学は、一九二〇年ころの気象学と同じ状況にある。不均衡によって生じる難題を、不格好な均衡思想の枠組みに押し込めようとしているのだ。

これ以前の数章では、均衡からわずかに離れただけで何が起こるかを考えてきた。マイノリティ・ゲームのような単純な市場モデルで、現実の市場についての基本的な「定型化された事実」、つまり予測不能な大変動が起こりやすいという市場の傾向を反映したファットテールを再現できる。こうした相互作用する戦略の「生態系」にも、現実の市場にある微妙な長期記憶と同じ特徴が自然に見られた。これはつまり、現在の市場の動きは、一〇年後、あるいはさらに未来の市場の状況を知るための現実的な材料になるということだ。このような「エージェントベースのモデル」は、複雑な市場ダイナミクスを再現する能力を持つことで、従来の経済学による均衡論的モデルとはすでに一線を画している。エージェントベースのモデルは、現実の市場そっくりに「機能」する。つまり、均衡思想では探ることさえできない、自然な内部「気象」を示しているのだ。

こうしたモデルの研究が本格化したのは、ここ一五年程度にすぎない。比較的単純でありきたりの研究結果のいくつかは、株や住宅など対象がなんであれ、投機的バブルとその崩壊が、ごく一般的な市場のフィードバックから簡単に生じることを示している。多くの研究から(7)、個人投資家は大きく分けて、「ファンダメンタル投資家」と「チャーチスト」と呼ばれる二つのタイプに分かれることが明らかになった。ファンダメンタル投資家は、自分の売買対象の「真の」価値、つまり、ある企業の実際の長期的な成長の可能性を反映した株価を判断しようとする。その結果、ファンダメンタル投資家の行動は、市場を安定化させる方向に作用する傾向がある（かなり大まかだが、気象にたとえるなら、ファンダメンタル投資家には大気中の凪に少し似た作用がある。空気を輸送して気圧差をなくし、大気をよりバランスの取れた状態に保つのだ）。一方、チャーチストは、投機的な市場トレンドから利益をあげようとするので、そうしたトレンドを増大させ、しばしば市場を不安定化させる傾向がある（こうした人々の投機的なエネルギーは、大ざっぱに言うと、太陽のエネルギーに似たところがある。太陽エネルギーによって加熱された空気は、上昇して渦を作り、ジェット気流の周縁部から離れていく）。多くの研究からの知見として、市場が急騰している場合に、ファンダメンタル投資家が少しでもチャーチストのような行動を取れば（つまり、誰もが利益をあげているのを見て、取り残されたくないと考えれば）、持続的なバブルにつながる可能性があることが知られている。逆にチャーチストは、株価の下落時に慎重な取引をする傾向が弱く、持続的な株価暴落へのエネルギーを生み出すことがわかっている。[8]

こうした結果もまた、バブルを科学的研究に取り込むための確実な一歩だと言えるものの、市場ウォッチャーにとってはあまり驚くことではない。しかし、不均衡モデルから得られる他の教訓には、効率的市場を頑固に信奉する人々も驚くはずだ。そもそも定説では、与信を受けやすい時期の方が、一般的に市場はうまく機能するとされている。投資機会を見いだした賢い投資家が、自分の資金をレバレッジすることができ、ミスプライスと市場の効率性を素早く打ち消すからだ。同時に、市場は、より「完備」になるため、より効率的に機能する。したがって、デリバティブは、投資家があらゆる種類の情報をすぐに手に入れ、それを市場に持ち込めるようにすることで、利益をもたらすはずである。こうした均衡思想の主張は二〇年間にわたり、イノベーションと市場規制緩和を無制限に促進する政策を加速させてきた。

しかし、これとは反対に、均衡から外れた市場のダイナミクスを探る研究では、ここで言うような、効率性を高めることになる、よく知られたプロセスには、落とし穴があることが示唆されている。そうしたプロセスは、本当は根本的な不安定性を引き起こし、市場の破綻や崩壊の可能性を高めるのだ。効率性の追求そのものが、不安定性を生み出しているというのである。

「専門的に言うなら、最悪だった」

「専門的に言うなら、最悪だった」。これは、クリフ・アスネスが二〇〇七年のクオンツ危機の暗黒の四日間を言い表した言葉だ。この期間に、アスネスが共同設立し、運営しているファンドのAQRキャピタル・マネジメントは一〇億ドル近い損失を出した。同じ期間に、類似のファンド数社が合計で推定一〇〇〇億ドルの損失を出している。どのファンドの戦略も、それまでの一〇年間、非常にうまく機能していた。何が原因でそうした事態が起こったのだろうか。それが再び起こる可能性はあるのだろうか。そしてクオンツ危機の前には、誰も気づかなかった初期の予兆があったのだろうか。

こうした疑問に対しては、クオンツ危機の直後から、MITの金融学教授のアンドリュー・ローと、教え子の大学院生アミール・カンダニの事後分析研究から、いくつかヒントや部分的な答えが出てきている。ヘッジファンド業界の秘密主義のせいで、二人は科学捜査官さながらに、断片的な証拠から事件を再構成しなければならなかった。最初に考えたのは、クオンツ危機で損失を出したファンドはどのようにして、過去一〇年間、一貫して利益を出し続けてきたのか、という問題だった。

ローとカンダニは、こうしたファンドが一般的に、「ロング・ショート戦略」という戦略を使うことを知っていた。たとえば、ファンドは、割安と判断したさまざまな株を買い（ロングし）、割高と判断した株を売る（ショートする）。目的は、それぞれの株の価格が戻ったときに、逆方向の取引をして利益を出すことだ。二人は、ファンドが採用していた具体的な戦略や、売買した株がわからなかったので、違った方法を試みた。過去のデータを使って、ある一般的な種類に分類される単純な戦略をテストし、この戦略が過去一〇年間に使われていたらどのような成績をあげたかを調べることにしたのだ。その戦略がうまく機能すれば、クオンツ危機で損失を出したファンドはこれとかなりよく似た戦略に従っていただろうと、比較的自信を持って言えるのではないか。二人はそう推論したのである。

このテストのために、ローとカンダニは「逆張り」戦略を選んだ。これは、前日に値下がりした株を買い、前日に値上がりした株を売る戦略である。値上がりの後には値下がりが、値下がりの後には値上がりが起こることに賭けるというわけだ。これ以上考えられないくらい単純な戦略だが、この戦略を使っていれば、一九九五年から二〇〇七年の間に、平均して一日約一パーセントという安定的な利益をあげていたはずだということがデータから示された。年率にして約二五〇パーセントという莫大な数字だ。ただし、この数字は非現実的なものだ。そもそも、逆張り戦略というのは、市場で取引されている株を個別に売買することを必要とするので、実際にそういう方法で売買すると、多額の取引コストがかかってしまう。しかし、テストツールとしてはこの上なく便利だった。逆張り戦略を使ったテストによって、基本的なロング・ショート戦略が実際に、過去一〇年にわたって安定的に利益を出していたと示されたのである。つまり、損失を出したファンドが特別珍しい戦略をとっていたと考える必要はないことになる。

次に考えたのは、テストした逆張り戦略を使っていたら、八月六日から九日という運命の日々にはどうなっていたか、という問題だ。この場合も、データは直接的な答えを出してきた。ひどい結果だ。単純な逆張り戦略を使っていれば、クオンツ危機でヘッジファンドが出した損失に匹敵するほどの巨額の損失をこうむっていたと考えられるのだ。したがって、二つ目の結論が出てくる。クオンツ危機でヘッジファンドに何が起こっていたにしても、それはヘッジファンドが突然これまでと違った行動をとったからではないのだ。ロング・ショート戦略を選んでいたことで、そのまま大惨事へと陥ったのである。

この結論で確かめられるのは、ヘッジファンドがどこか奇妙な大混乱に不本意ながら巻き込まれたことだけだ。一方、テストした戦略のパフォーマンスの時間的な変化を見ると、もっと説得力のあるヒントが得られた。ローとカンダニがテストした逆張り戦略による日次リターンの平均は、一九九五年の段階では一・三八パーセントだったのが、二〇〇〇年では〇・四四パーセントに減少した。そしてクオンツ危機直前にあたる二〇〇七年一月から七月までの七ヶ月では、わずか〇・一三パーセントだった。つまり、その一二年間で、ヘッジファンドの中心的な戦略の効果ははるかに弱くなっていたのである。しかし、これと同じ時期に、ヘッジファンド市場は爆発的に成長している。運用資産額では一〇〇億ドルから一六〇〇億ドルへ、ヘッジファンドの数では一〇〇社から約一〇〇〇社に増加している。これは奇妙なことだったが、ローとカンダニにしてみれば重要な発見だった。ヘッジファンドのパフォーマンスは悪化していたのに、投資家がそこへ資金をつぎ込んでいたのは、「直観に反しているように思える」と二人は書いている。しかしこのパラドックスによって、純粋なリターンからがわからないことが示される。「(ここで)報告されている日次リターンの平均が……レバレッジされていないリターンに基づいていることを注意してほしい。これらの戦略にほころびがでてくると、ヘッジファンド・マネージャーは一般的に、投資家が期待していたリターンの水準を維持できるように、よりレバレッジを効かせていた」(9)

そもそも、ファンドマネージャーにとって最優先の仕事は、投資家を集めることであり、それはつまり、高いリターンを報告することである。競争の激化によって、採用した戦略の純粋なリターンが減った場合、最も簡単にできることは、レバレッジ率を高めてリターンを増加させ、すべて問題なしという体裁を保つことだ。しかしそれは、麻薬中毒者がハイになるために、前よりも多く注射するのと何ら変わらない。

この過剰なレバレッジへのレースが破滅へとつながり、ありがちな「出口への殺到」の役割を果たした。それがローとカンダニの最終結論だ。八月の第二週、あるファンドは現金を調達するために、資産の一部を売却しなくてはならなくなった。これはおそらく、追加証拠金を支払うためだったのだろう。この追加証拠金とは、ファンドの総資産に対する借入額合計の割合を、認められた割合以下に抑えるために、銀行に支払う義務がある金のことだ。このファンドによる資産の売却は、その資産の価値を下げ、それを保有する他のファンドの資産全体を減少させることになる。これによって、レバレッジ率が高い他のファンドも追加証拠金を支払わねばならない状況に陥る可能性が高くなる。こうしたファンドがまた、現金の確保のために資産を売却すると、それによって資産の価値がさらに下がり、さらなる追加証拠金支払の必要性につながっていくのだ。

重要なのは、この流れが始まってしまった後では、誰にも選択の余地がなかったことだ。ヘッジファンドは、高レバレッジの舞台に、一〇年の時間をかけて自らの意思でゆっくりと進んできた。しかしいったん火事になると、人混みのなかを逃げていくよりほかに選択肢はなかった。どのファンドも、他のファンドを押しのけながら逃げようとしたのだ。

それは、間接的な証拠に支えられた賢明な分析だと言える。そして「出口への殺到」シナリオはよく理解されている。[10] しかし、株価の暴落などの事象が突然激しい勢いで発生するのは、まだ不可解なことに思える。損失を出したヘッジファンドは、少なくとも一年前から同じようにレバレッジをしていたが、何も起こらなかった。それまでの一〇年は見るからに安定的な状態にあったのに、数時間という非常に短時間で問題が起こったのはなぜだろうか。

アメリカ人物理学者のリチャード・ファインマンは、量子論という奇妙な法則を学ぶ学生たちに、「どうしてこうなるのか」と考え込むのは時間の無駄だとアドバイスしていた。そんなふうに悩むのは、どうしようもないナンセンスのブラックホールに落ちていくようなものである。というのは、量子のレベルでは、日常的なレベルで考えると筋が通らないことが起こるからだ。しかし、ファイナンス論は量子力学とは違う。「どうしてこうなるのか」――ここでそれに答える必要がある。

レバレッジとボラティリティの本当の関係

大気のコンピューターモデルは、構築され始めた当初には、大気中のエネルギーと角運動量の保存と、極域から赤道に向かっての太陽熱の増加という、最も基本的な物理法則にしか対応していなかった。雲だとか、山脈や海洋の効果だとかは考慮されていなかったのだ。それでもこのモデルでは、自転する球体表面に重力の作用によって保持されている大気が不均一な加熱を受ける場合に、必然的に生じる相互作用について検討することが可能だった。現在の最も簡素な携帯電話より性能が劣るコンピューターを使ってはいたが、「どうしてこうなるのか」という基本的な疑問に答えるには、このモデルで十分だった。理論としてはきわめて荒削りだったが、いくつかの単純な要素の相互作用によって、気象現象の絶え間ない変化が地球上に生じることを示したのである。

それから半世紀が過ぎ、同じモデル計算が、市場のような人間が関与するシステムにも適用できるようになってきている。ヘッジファンドと投資家、銀行が存在する単純な仮想市場を考えて、それらを現実世界と同じように動かすとする。そうすると、シミュレーションで大気を再現したフィリップスと同じように、実験によって期待するような種類の結果を確認できるのだ。二〇〇九年に一部の経済学者や物理学者は、実際にその実験をおこなった。わかったのは、クオンツ危機は不可解な事象でも何でもないらしい、ということだった。それはむしろ、高温で湿った大気から、雷雲が予測どおりに発生するのに似ているのだ(11)。

シュテファン・ターナー、ドイン・ファーマー、ジョン・ジーナコプロスは、次のような三つの要素の微妙な相互作用を調べられる仮想市場モデルを構築した。一つ目の要素として、彼らのモデルでは、ヘッジファンド数社が投資家を集めようと競い合っており、その投資家たちは、現実と同じように、最近の成績が最も良いヘッジファンドに投資すると考えた。二つ目の要素として、ヘッジファンド各社には、銀行から融資を受けて、レバレッジによってリターンを増やす機会を与えた。三つ目の要素として、モデルに含まれる銀行は、ヘッジファンドの**レバレッジ**率（銀行からの融資額に対する、ヘッジファンドの株と現金による自己資本の比率）が、ある特定の比率（たとえば、五パーセント、一〇パーセント、一二パーセント、二〇パーセントなど、数字は独自に決める）以下になるよう制限するようにした。この章ですでに議論したとおり、銀行は、レバレッジ率を十分小さく保つ必要がある場合、ファンドに対して追加証拠金か、返済金の支払いを要求することによって、この規則に実効性を持たせている。

ターナーらが構築した骨組みだけの市場は、最も重要な特徴をすべて備えており、均衡論的経済学で標準とされる多くのモデルとそれほど違いはなかった。しかし、重要な違いが一つあった。標準的な経済モデルでは、バランスが取れた均衡状態が唯一認められる結果であり、最初から想定されていることだ。しかしターナーによるシミュレーションには、そうした制約はなかった。

ターナーらは、このモデルを使った実験を何百回も実行し、ヘッジファンド市場を何回も発展させた。実験は毎回、細かな点が少しずつ違っていた。たとえば、最も利益をあげるファンドは毎度入れ替わり、価格の変動も前回とは異なる気まぐれな経路をたどった。しかし、毎回変わらないストーリー展開も出てきた。一部のファンドがパフォーマンスで他のファンドを上回ると、そうした多少好調なファンドはより多くの投資家を集め、ライバルのファンドから金を引き揚げさせる。するとライバルのファンドは、競争に残るために高いリターンをあげようと、レバレッジ率を高めた。結果として、より高いレバレッジ率を目指す激しいせめぎ合いが起こった。これは現実そのままである。驚くことではない。このモデルのあらゆる点が、まさにこのプロセスを模倣するように設定されているのだから。

そうした高レバレッジ率を目指す傾向が、市場の効率性を高めたことも（少なくとも、裁定取引には市場を正しく保つ力があると信じている人にとっては）驚くことではなかった。この実験では、ヘッジファンド間の競争が、価格ボラティリティの着実な減少につながったのである。別の言い方をすれば、時間とともに、株はその「真の」価値に近づいていったのだ。レバレッジ率が高い場合、ファンドは瞬間的なミスプライスにいっそう勢いよく飛びつくことができる。それによって株価は現実価値、つまりファンダメンタル価値に近づく。そうしたファンドの一番の目的は、とんでもない額の利益をあげることかもしれないが、一方で市場に奉仕してもいるのだ。

しかしターナーらのシミュレーションでは、別の点も明らかになっている。こうした安定性の向上というのは、実際には一時的で、実に弱々しい幻想であることだ。

経済学の世界で、「ボラティリティ」というのは危険な言葉で、誤った解釈をされやすい。それは正しくは、市場にある本質的な真の「荒々しさ」のことである。つまり、市場というものには、数え切れないくらいの方法で、変動したり、驚くような出来事を発生させたりする傾向があることを言っているのだ。しかし同じ「ボラティリティ」という言葉が、その「荒々しさ」を評価する、慣習的で、きわめておおまかな固有の単位としても使われており、具体的には、ある時間における価格変動の二乗平均

（リターンの分散）と定められている。後者は、理解しやすく、計算も簡単だが、滅多に起こらない大変動や、ブラック・スワン的イベントに対する市場の脆弱性については、何も言っていない。実際、極端な事象が発生しやすくなっている市場でも、慣習的な意味での二乗平均型「ボラティリティ」は簡単に減少することがある。

これはまさに、ターナーらのシミュレーションで、投資家がレバレッジ率を高めたときに起こったことである。市場の効率性が高くなり、株価がその現実価値に近づくにつれて、慣習的な意味でのボラティリティは減少する。しかし広義の意味でのボラティリティは増加する。ターナーらが、長時間のシミュレーションを何百回も実施して、極端な動きが起こる可能性を調べたところ、レバレッジ率の上昇が、市場を、爆発的な大災害が起こりやすい不安定な状況へと、少しずつ、しかし否応なく押し進めることがわかったのである。rパーセント（rは一、五、一〇など任意の数）を超える大幅な市場リターンを得る可能性を評価するとしよう。レバレッジ率が低い場合、本当に大規模な市場変動が起こる確率は極端に小さく、安定した通常のガウス分布（正規分布）に完全に従う。大規模な動きは本当にまれだからだ。しかしヘッジファンドがより高いレバレッジ率を取るようになると、市場はしきい値を超え、極端な動きが起こる可能性がはるかに高くなる。そうなると、価格変動のパターンはファットテールになる。暴落が起こりやすくなるのだ。

別の言い方をすれば、市場の平穏さや効率というのは見せかけにすぎない。それが実現する陰には、暴落の頻繁な発生というマイナス面があるのだ。市場がレーシングカーだとしたら、レバレッジ率というのはアクセルを踏んで車を加速させる、ドライバーの足だ。ただし市場というのは、高速で走行するとがたがたと振動し始めて、故障する可能性が高くなってしまうレーシングカーなのである。

重要なことはまだある。レバレッジ率が不安定性のしきい値を超えると、市場の崩壊は、どの銘柄がどの日に暴落するかという、時間と内容の問題になるのだ。一般的なシミュレーションの時間経過を調べてみると、ヘッジファンドはずっと順調に推移していても、ある日、何の前触れもなく、すべてが急激に爆発的に変化することがわかる。クオンツ危機と同じだ。偶然でもなければ、まれな要素が重なるという運命のいたずらでもない。二五標準偏差に相当する出来事が三日連続で起こっていたわけでもない。そうした状況は、レバレッジが、ヘッジファンドや銀行を結びつけて、密接で危険なループを作り上げていたことによる、予測可能な帰結だ。もちろん、ヘッジファンド自身にとっては、そうした最終的な大激変はまさしく青天の霹靂《へきれき》である。これは、ローとカンダニが説明したとおりに、追加証拠金の支払いと強制的なレバレッジ率の低下によって、「出口への殺到」シナリオが突如始まったということなのだが、そのシナリオが発生した日は、その前日や前の週と比べても、何の違いもないのである。

そして、それが最も重要な点だ。最終的な市場暴落の原因と関係があるのは、問題の日に発生した事象などではなく、市場が全体として不安定な状況にあったことなのである。それは誰の責任でもないとも言えるし、すべての人の責任だとも言える。競争の激化とレバレッジ率の上昇は、狭義の「ボラティリティ」の低下につながることから、ファイナンス論の専門家は、見かけ上の市場効率性の美しさに驚嘆する。しかし、それは幻想であり、大惨事は、効率性の産物である不安定な市場の状況に、そして、あらゆる人々が取る、見たところ妥当そうな行動に潜んでいる。このモデルがはっきりさせたのは、クオンツ危機のわずか数週間後に、一部の敏感な市場専門家が考えた、どうしても変えられないダイナミクスの存在である。投資銀行家やヘッジファンドのマネージャーの経験があるリチャード・ブックステーバーは、二〇〇七年八月に次のように書いている。

市場に流入する資本が増え、レバレッジ率が上昇すると、市場機会を追う金も増える。……ヘッジファンドは現在、目標とするリターンを実現しようとして、レバレッジ率をさらに高めなければならなくなっている。そしてサイクルが進む。レバレッジ率の上昇が流動性の上昇につながり、ボラティリティを減少させ、機会を狭めるのだ。これがレバレッジ率のさらなる上昇につながる。

こうした流動性、ボラティリティ、リスクの間の関係には気がつきにくい。毎日の市場には、何かがおかしいと暗示する要素がないからだ。実際に、ボラティリティが低いときには、すべて順調に見える。レバレッジ率というのは、誰もその数字を持っていないので、上昇しても気づかない。……一見すると、水面はガラスのようになめらかだ。しかし、水深の深いところで起こっている出来事を推測することはできない[12]。

もちろん、これは決して驚くにはあたらない。正のフィードバックとはそういう性質のものだ。危険は、システムの部品そのものではなく、そうした部品のつながりや相互作用にあるのだ。

代表的個人と交通渋滞

私は前著『人は原子、世界は物理法則で動く』（白揚社）で、社会科学者たちは、社会的帰結の複雑さを人間個人のせいにするという誤りをとかく犯しやすい、と主張した。例として考えたのは、自動車で混雑する道や、暴動、根強い貧困、さらには奇妙なファッションや社会の変化だ。混乱し、納得のいく説明のない状況に置かれると、物事が非常に理解しにくいのは、人間個人が同様に複雑だからではないかと考えがちである。

こうした考え方が必ずしも間違っているわけではないが、論理的な誤りを抱えている——この結論は、このような前提からは必然的に導かれないのだ。現実の混乱は必ずしも、その現実を生み出している個々の要素の性質に由来している必要はない。むしろ本書で何度も見てきたように、社会的現実の複雑さの大部分は、複数の集団の相互作用に由来するものだろう。

物事を理解するということが、結果として、人間個人ではなくパターンを考えることになる場合はほかにも多くある。

視点を間違えると、それは直観に反しているように思えるだろう。しかしこれは過激な考え方ではなく、むしろ日常的に経験していることだ。毎日、非常に多くの人々が、渋滞につかまって数時間を無駄に過ごしている。そしてその数時間に、さまざまな思考や感情を経験している。私たちは、誰かが、あるいは何かが渋滞の原因を作っていると考えがちだ。しかし、交通渋滞を引き起こそうと狙っている人がいるわけではないので、たいていの場合、交通渋滞の原因となる行動をした車やドライバーの特定は不可能だ。交通渋滞の多くは、車が多すぎたことによる必然的な結果だと言える。車が多すぎると、なめらかで分散していた流れが、一定の交通密度を上回った時点で不安定になる。そうなると交通渋滞は自然に発生する。つまり本当の原因は、交通密度の高さであって、特定のドライバーが予想外のタイミングでブレーキを踏んで、渋滞が最初に成長するきっかけを作るわけではない。実際、交通渋滞には法則性があり、予測可能なので、簡単な方程式を使って正確にモデル化できる。渋滞は、一時間におよそ五マイル（八キロメートル）の速さで後方に広がっていくことがわかっている[13]。

こうしたことすべての根底にあるのが、相互作用、つまりある要素が別の要素に直接あるいは間接の影響を及ぼしている状況だ。道路上の相互作用はすぐにわかる。複数の自動車が同時に同じ空間を占めることはできないので、自分の進みたい道を決めるには、他の自動車の位置を考慮する必要があるということだ。経済学やファイナンス論を含めた他の分野でも、人間や企業などの社会的主体が集まると、その相互作用によって、これと同様の驚くような結果が生まれると考えるべきだろう。しかし不思議なのは、経済学者たちが、主に数学的な部分を簡略化するために、**代表的個人**という小手先の技を使って、相互作用という概念を考えないようにしていることだ。

代表的個人の背景にあるのは、ある集団の行動は、それを構成している人間の行動の足し合わせを表しているにすぎない、という考え方だ。多くの人を対象に聞き取り調査を実施するとしよう。銀行が貯蓄口座の金利を三パーセント上乗せした場合、大半の人は、収入から貯金に回す金額の割合を五パーセント増やすと答える。この情報から推測すると、アメリカの全銀行が預金金利を三パーセント上乗せする場合、アメリカ人は一斉に、貯金する割合を五パーセント増やすと考えられる。この見方に立てば、それぞれの人は独立した反応をするが、集団は一つの巨大な経済主体、つまり代表的個人のように振舞うことになる。十分に納得のいく話だと思うかもしれない。しかしこれは、過激なまでに単純化のしすぎである。

もし集団が、そこに含まれる個人の利害のみを代表しているならば、交通渋滞は決して発生しないだろう。渋滞を起こしたいと考えている人などいないからだ。相互作用は、個人の意図や欲求よりもはるかに重要であることが多いのだ。

交通渋滞は、集団から生じる何らかの社会的事象が、いずれかの個人の欲求や意図、あるいは具体的な行動を明確に反映しているとは限らないことを思い出させてくれる。フィードバックのネットワークからは、劇的な結果が突然生じる場合がある。そのフィードバックは、人間の脳ではほとんど検知できないような形で作用しており、そのプロセスやネットワークに参加している人にも見えない（あるいは、参加しているからこそ見えないのかもしれない）。周囲の車の流れが予想外のタイミングで突然止まって、イライラしたり途方に暮れたりしているのに、道路工事も故障車両も、交通事故も見当たらず、明らかな原因がまったくわからないという経験は、誰にでもあるはずだ。交通渋滞の原因は、論理的な要素から読み取れないが、別のところには存在している。交通密度という大局的なレベルで考えるべきなのである。

ターナーとファーマー、ジーナコプロスによる実験は、交通渋滞とは別の問題だが、金融の文脈で考えれば、非常によく似た点を実証していると言える。

デリバティブは大量破壊兵器だ

ターナーらの研究からはっきりとわかるのは、市場の効率を高めるメカニズムが、市場を不安定にする可能性もあるということだ。もちろん、科学者やエンジニアは、これと同じような安定性と効率のトレードオフに日常的に直面している。エンジニアは、燃料節約のために、自動車やバス、列車、ジェット飛行機などのエンジンをできるだけ軽量に設計しており、原理上は、厚さと重量を革新的に抑えた材料を使えば、エンジン効率をこれまでになく高められる。しかしそれにも限界はある。いくらエンジンが軽量で高効率でも、高温になると溶けてしまったり、悪路でばらばらに分解してしまうのでは意味がないのだ。

どんなテクノロジーでも、効率を追求しすぎると安定性は低くなる。そもそも、効率というのは、少しのもので多くをおこなうことを意味するが、一方の安定性には、空間的な余裕や、強度や容量を多めに確保するという含みがある。しかし経済学において、効率は無条件に良いものとされ、あらゆる金融イノベーションから必然的に生じると期待されている。マートンとボディは二〇〇五年の論文で、次のように書いた。

新しい金融商品や市場デザイン、コンピューターや通信技術の向上、ファイナンス論の前進といったことから、国際的な金融市場や金融機関の構造における急激な変化が生じてきた。……先物取引やオプション、スワップなどのデリバティブ商品が開発され、改良を重ねて、幅広く採用されることになったというケースが、良い事例であることは間違いない。実務レベルでの金融契約テクノロジーのイノベーションは、リスク共有の機会を広げ、取引コストを下げ、情報や代理店に関するコストを削減することで、効率を向上させてきた(14)。

奇妙なのは、この論文では市場安定性について触れていないことだ。二〇〇七年五月に発表された、OECD、世界銀行、IMFの共同見解をまとめた報告書でも、デリバティブ商品は、投資家が自らのポジションを微調整する際の選択肢を増やすため、リスクを減らして効率を高めることになるという、マートンらと同じ考え方を繰り返し述べている。

デリバティブ商品は、全体的な市場の効率化と流動性に貢献している。デリバティブ商品の利点としては、市場の参加者がポジションのリスクヘッジを効率的におこなえることや、いつでも取引の開始あるいは終了ができること、デリバティブという資産クラスにおける取引を通じて、価格の更新や市場の情報の入手が継続的におこなえることなどがある。……これらの要素が今度は、政府の資金調達コストの抑制に直接的に貢献する。その結果、(投資家や仲介業者による)オークションへの競争的な参加が増え、二次市場におけるマーケットメーキングが改善される(15)。

経済学者らの称賛の言葉が証明しているとおり、均衡的経済理論には、市場効率という黄金郷につながる道がいくつもあり、そのなかで最も期待できる道は、デリバティブ商品で舗装されているのだ。しかし、やはり気になるのは、安定性はどうなるのか、ということだ。
伝説的な資本家のウォーレン・バフェットが、二〇〇二年に書いた投資家向けの手紙で、「デリバティブは大量破壊兵器だ」と断言したのはよく知られている。バフェットはさらに、次のようにも書いている。

デリバティブはシステミック・リスクを軽減すると主張する人は多い。特定のリスクを負うことができない参加者が、そうしたリスクを、より強い立場にある人の手に移せるからだ。そう主張する人々は、デリバティブが経済を安定化させ、取引を促進し、個人の市場参加者にとっての障害を取り除くように作用すると考えている。……ミクロレベルで見れば、彼らの言うことが正しいことも多い。しかしマクロ的には危険であり、その危険度は高まりつつあると私は考えている。大量のリスク、特に信用リスクが比較的少数のデリバティブ取引業者のもとに集中しており、同時にそうした取引業者間での取引も大規模におこなわれている。ある取引業者が抱える問題は、あっという間に他の取引業者にも伝染する。……デリバティブという精霊は今や、魔法のランプから完全に外に出てしまっている。デリバティブ商品の有毒性はいずれ、何らかの事象によって明らかされるまでは、種類の上でも、数の上でも増えていくことはほぼ間違いないだろう。

バフェットは正しかった。では、どの程度正しかったのだろうか。二〇〇八年九月一六日、ＦＲＢは大手保険会社ＡＩＧの倒産を防ぐために、八五〇億ドルの融資によって介入せざるを得なかった。ＡＩ

Gはそれまで、迫り来るサブプライム・モーゲージの問題を無視して、ゴールドマン・サックスや、ソシエテジェネラル、ドイツ銀行などの企業に対し、クレジット・デフォルト・スワップ（CDS）を平然と販売していた。CDSは基本的には、次第に怪しさを増していくモーゲージ担保証券に対する保険契約だ。ところが突然、AIGが約五〇〇〇億ドルもの支払責任を負う可能性が出てきた。AIGが倒産すれば、このCDSというデリバティブ商品を介して、世界金融システム全体に問題が広がっていただろう。

しかし、バフェットの直観的な洞察は、一企業による一度の非常事態についてはもちろんだが、実際のところ、一種類のデリバティブ商品の域にとどまらない話である。デリバティブ商品はリスク分散のメカニズムを用意しており、標準的な均衡論的経済学では、この種の「リスク共有」は、各金融機関と金融システム全体の両方の安定性と効率を向上させると考える。しかし、これもやはり正確ではない。少なくとも完全に正しいとは言えない。

二〇一一年、物理学者のステファノ・バティストンをリーダーとした、物理学者と経済学者による研究チームが立ち上げられた。メンバーには、ノーベル経済学賞受賞者である、ニューヨークのコロンビア大学のジョセフ・スティグリッツも含まれていた。プロジェクトのテーマは、多くの銀行や金融機関がデリバティブ商品や他の金融契約によって互いにつながっている、金融ネットワークの安定性を探ることだった。Aという銀行は、Bという銀行に大規模な融資をおこなったため、B銀行が返済不能になるリスクを抱えるようになったと考えよう。A銀行は、その融資からの受取利息を他の金融機関に売ることで、このリスクを軽減させられる。そうなると、A銀行はB銀行だけでなく、金利の売却先である他の金融機関ともつながることになる。経済学では一般的に、金融機関のつながりの密度の急増を伴う、この種のリスク共有は、個別の銀行を保護するだけでなく、システム全体を安定化させると考えられている。

しかし、バティストンらが発見したのは、このような大まかな前提には根拠がない、ということだった。[16] バティストンらの研究では、銀行システムを、相互作用する金融機関のネットワークとしてモデル化し、そのネットワークの安定性、つまり金融ショックに団結して対応する能力を調べた。その際には、ネットワーク内に存在する各金融機関は、独自にオペレーションをおこなっており、利益をあげることもあれば、損失を出すこともあると考えた。こうした状況では、ランダムな金融ショックの影響を受けやすくなるが、各金融機関の財政的な回復力は、独自の局所的条件（良い場合も悪い場合もある）と、財政的パートナーの回復力という、二つの要素によって決まる。財政的パートナーの回復力が問題になるのは、パートナーの財務状況が悪ければ、その困難な状況の影響を受けて、融資元である、他の金融機関でもたちまち問題が生じるからだ。

バティストンらは次に、この基本的なモデル――財政的に独立した金融機関からなるネットワーク――を用いて、ある特定の金融機関の突然の倒産が、どのような結果をもたらす可能性が高いのか調べた。わかったのは、そのネットワークの全体な接続度が結果を大きく左右するということだ（図8を参照）。接続度が比較的低い状況であれば、一つの銀行が間違った決定をして、突然倒産したとしても、それほど深刻な影響はない。このトラブルは、他の金融機関数社でも問題を生じさせるものの、通常は遠くまでは伝わらないのである。この場合には、リスク共有によるメリットが教科書どおりに作用した

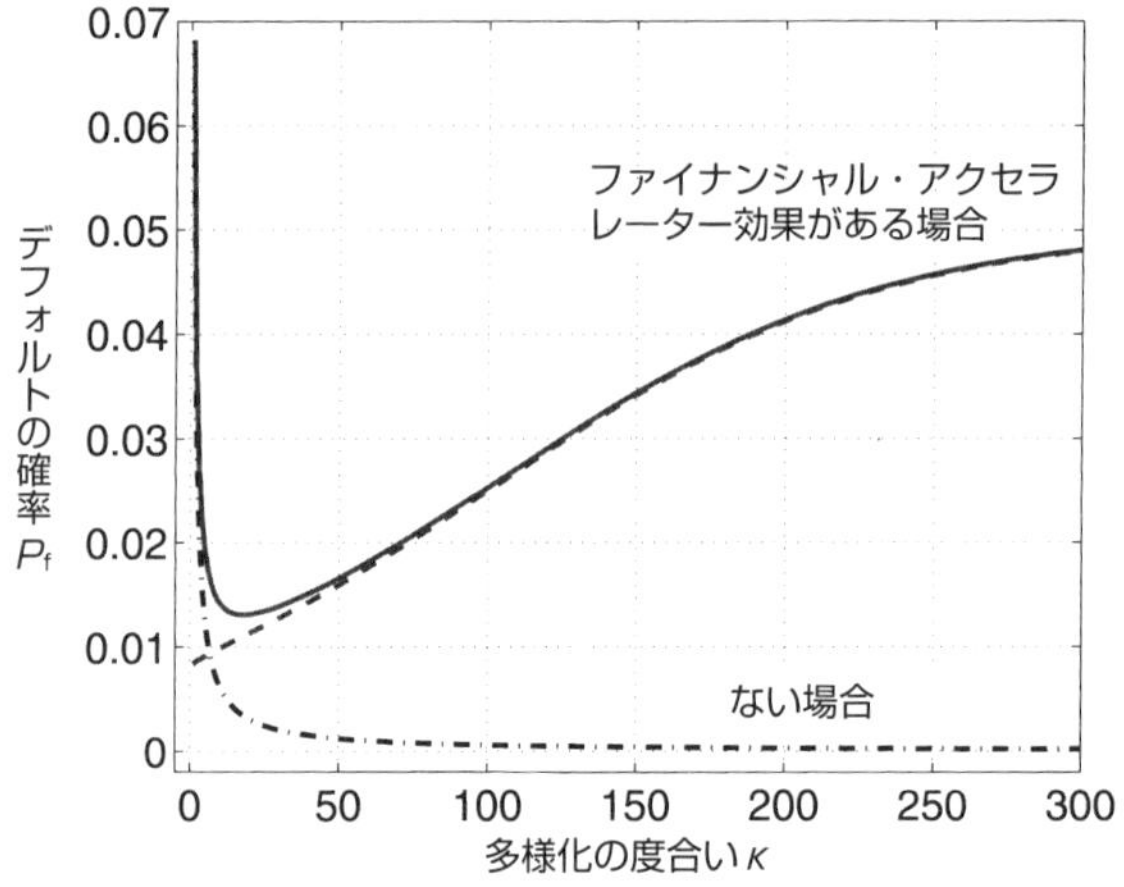

図８　銀行間のつながりの密度に対する、銀行が倒産する確率（κは、ある典型的な銀行と他の銀行をつなぐ取引の平均数）。従来型の結果（点線）では、リスク共有が多ければ倒産の確率は必ず下がると考えている。対照的に「ファイナンシャル・アクセラレーター効果」という現実がある場合、過剰なリスク共有は、システム全体の不安定性を高める。（S. Battiston, D. D. Gatti, M. Gallegati, B. C. N. Greenwald, and J. E. Stiglitz: "Liaisons Dangereuses: Increasing Connectivity, Risk Sharing, and Systemic Risk," *Journal of Economic Dynamics and Control*（2012）から許可を受けて複製）

と言えるだろう。

しかし、金融機関ネットワークの接続度が高まるにつれて、状況は大きく変わってくる。この接続度が何らかのしきい値を超えると、皮肉なことに、リスク共有が反対の効果を持つようになるのだ。トラブルが広がる経路は非常にたくさんあるので、システム全体が崩壊する可能性が実際に高まる。つまり、リスク共有によって、個々の銀行のリスクは確かに低くなるが、細かく張り巡らされた金融機関のつながりが、システム全体を不安定にするのである。この発見は、リスク共有にはシステミック・リスクの軽減というプラスの効果しかないとする、従来の経済分析と真っ向から対立するものだ。

従来の経済分析で見落とされていた

のは、多くの独立した経路に沿って、財政的トラブルがネットワーク経由で波及していくダイナミクスだ（これは均衡論的分析には含まれていない）。トラブルが広がっていく経路の数の増加は、「ファイナンシャル・アクセラレーター効果」というフィードバック（たとえば、困難な状況にある銀行が、融資額よりも多く支払わなければ融資を受けられない状況に突如陥るなどして、個別の財政的脆弱性が自己増幅するような状況）とともに、初期のショックの影響を実質的に高め、金融システムの深刻な危機につながる。

ここでもやはり、個人対集団という問題が出てくる。デリバティブ商品の問題点は、個々の金融機関ではなく、グループ全体の弱体化に起因しているのだ。

もちろんこれは、デリバティブ商品には何の役目もないという意味ではない。たとえば、CDSを販売する企業は、自分たちがしているのはリスクの軽減だと主張しており、彼らの主張の多くには説得力がある。ある特定の国の銀行や企業に融資している国際的な銀行は、その国の金融システムにおける経済混乱から身を守るため、ソブリン債〔各国政府や政府機関などが発行する債券の総称〕のスワップを買うだろう。保護の可能性は、資金貸出しを促進するのである。しかしこういったことには限界がある。少数の個別金融機関にとってはリスク軽減につながるものでも、それをさらに推し進めれば、より大規模な銀行システムに問題を引き起こす。これはむしろ、デリバティブで舗装された道を進んでいけば、完備市場という完全に効率的な涅槃にたどり着けるという、無邪気な信念を傷つけるものだ(17)。

この問題について言うべきことはまだ数多くある。実際に、最近になって二つの研究が、ここで説明した、デリバティブは市場の安定性を蝕む傾向があるという見方を裏付けている。自分の投資リスクの一部をヘッジできれば、その結果として別の投資ではより大きいなリスクを取れることは明らかだ。経済学者のウィリアム・ブロック、カール・ホメス、フロリアン・ヴァーゲナーは、こうしたヘッジの効果は、投資家が最新かつ最善の投資を追いかけて、資金をある投資先から別の投資先にきわめて素早く移動することにつながりやすく、結果として市場は一段と不安定になると示した。一方、物理学者のファビオ・カッチョーリとマッテオ・マーシリの研究で発見された二つ目の効果は、一つ目の効果と密接な関係があるが、違う点も多少ある。金融機関がデリバティブ商品を増やして、自らのリスクをより効率的にヘッジすると、市場はより効率的になる。これは広く知られている理論が示すとおりだ。しかし、ヘッジのバランスも次第に危険な状態になる。企業は、リスクを完全にヘッジするために、小規模な市場ショックに対応して自社の所有株式を継続的に再調整する必要があるからだ。市場は依然として安定的ではあるが、指先に立てた鉛筆のように、かろうじて安定しているにすぎない。新しいデリバティブ商品が登場するたび、このバランスはいっそう危険な状態になっていく。

つまり、ここまで見てきたことから言えるのは、レバレッジとデリバティブという、効率性の向上につながる二つの方法は、触れ込みどおりに作用してはいないということだ。

リーマン・ショック再考

歴史家は、因果関係の奇妙な性質について、そしてそれを説明することの難しさについて、誰よりも多くのことを考えてきた。説明が難しいというのは、この世界には相互作用の複雑な網の目があり、ある出来事の原因となり得る物事の間で競合や干渉が生じることも珍しくないからだ。歴史にはカオス的な要素がある。小さな事象が国全体の運命の邪魔をして、奇妙な方向に進ませることがあるのだ。一九二〇年、ギリシャ国王が飼っていたサルに噛まれて亡くなった。ここから連鎖的にさまざまな出来事が起こり、最終的にはギリシャとトルコの戦争につながった。後にイギリスの首相となるウィンストン・チャーチルは当時、「このサルが噛んだせいで二五万人が死んだ」と言っている。

経済学やファイナンス論における事象の説明も、同じくらい複雑である。頭が良い人なら、およそどんな出来事にでも、複数の説明を提案できる。投資銀行のリーマン・ブラザーズが二〇〇八年九月一五日に経営破綻したとき、それは過去最大規模の倒産であり、たちまち甚大な被害をもたらした。翌月には、各国市場は機能不全に陥り、世界の株式市場から一〇兆ドルが一気に蒸発した。これは過去最大の下落幅だった。これをどうやって説明するのだろうか。それは必ずしも、意見の一致が見られる問題ではなかった。

シカゴ大学の経済学者ジョン・コクランによれば、それはすべて期待の問題であり、政府が引き起こした、投資家の自信への「取り付け騒ぎ」だという。デリバティブやサブプライム・モーゲージ、住宅バブルといったものは一切関係ないと、コクランは言う。コクランはちょうど一年後、次のように書いている。

（この象徴的な事象は）「取り付け騒ぎ」「パニック」「質への逃避」など、なんと呼んでもかまわないが、二〇〇八年九月後半に始まって、冬の間に終了した。通常の直接的な買い戻し契約や、銀行間貸出、コマーシャルペーパー（CP）市場を含む短期金融市場では資金が枯渇した。そのパニックが発生していなかったら、住宅バブル崩壊へと続く経済縮小は、二〇〇一年のドットコム・バブル崩壊に続く緩やかな景気後退ほどにも悪くなっていなかった可能性が高い(18)

この見方によれば、リーマン・ブラザーズの破綻以前に、投資家は「大きすぎてつぶせない」銀行に対しては、必ず政府の救済があるだろうと考えていた。しかし、政府がリーマン・ブラザーズを破綻させたときには、誰もがもう一度よく考えざるを得なかった。シティグループやゴールドマン・サックスも破綻したらどうなるだろうか。コクランはこう言う。「突然、『なりふり構わず逃げ出す』ということが現実味を帯びてきたのだ」

これとは対照的な見方を示しているのが、ニューヨークの金融専門の弁護士が書いているブログ「軽蔑の経済学」だ。このブログの筆者は、コクランの見方は「びっくりするほど馬鹿げている」としている。リーマン・ブラザーズの破綻が二次的な経営破綻を引き起こさなかったというコクランの主張に対して、このブログでは、リーマン・ブラザーズの破綻によって、すぐに数多くのヘッジファンドが消え去ったと指摘している。さらに重要な点として、リーマン・ブラザーズ欧州部門の破産管財人が、クライアントのファンド資産四〇〇億ドルを凍結したことで、「ヘッジファンドはいきなり予想外に、この四〇〇億ドルを使うことができなくなった。……何千億ドルもの流動性が一気に市場から消え去った」と述べている。その上でリーマン・ブラザーズと同種の銀行としては最大級である、バンク・オブ・アメリカやシティグループ、ドイツ銀行などは、破綻に向かっていたところを、すべて各国政府によって救済されたとしている。[19]

一方の説明では、リーマン・ブラザーズの破綻は人間が持つ期待と意図が原因であり、責任は政府の不適切な管理にあると考えている。もう一方の説明では、世界中の金融機関と重要なつながりのある、多額の債務を抱えた極度に中央集権的な金融機関の破綻という、きわめて理解しやすい出来事がきっかけになって、機械的なプロセスが作用したと考えている。どちらが本当なのだろうか。

イギリスの歴史家であるエドワード・ハレット・カーは、そうした混乱が起こらないようにする方法を提唱している。多数の矛盾する原因に直面した場合には、「一般化可能な」原因を探すべきだというのが、カーの主張だ。カーの言う「一般化可能な」原因とは、将来への教訓が得られるような原因という意味だ。

例として、飛行船ヒンデンブルク号の爆発事故を考えてみよう。一九三七年五月六日、ニュージャージー州レークハースト空軍基地への係留作業中に、ヒンデンブルク号に火災が発生して、三六名が犠牲になった。この大惨事は、飛行船の浮揚ガスとして使われていた水素ガスの引火によって起こった。一説では、航路上の雲の中を飛行する間にヒンデンブルク号の金属製外皮に静電気が蓄積したが、この外皮には設計上の問題があったため、静電気の火花が発生し、水素ガスに引火したとされている。だとすれば、その火花が大惨事を引き起こしたのは明らかだ。そう考えると、この事故の教訓は、「今後は火花を起こさないようにする」というものでよいのだろうか。

大気中を移動する巨大な金属製の物体では、静電気の火花はたびたび生じる。巨大な金属製の物体が、鋼鉄の骨組みを持つ係留塔にドッキングしようとする場合でも同じだ。しかし、そうした火花が一般的に爆発を生じさせるとは限らない。それにひきかえ、巨大な風船に爆発性が高い水素ガスを充填すれば、一般的には大爆発のもとになる。それは、「一般化可能な原因」である。水素を充填した飛行船を数多く飛行させれば、きっかけはそれぞれ多少異なるかもしれないが、かなりの数の大事故が発生するだろう。

一般化可能な原因というのは、AがBに、BがCにつながるという叙述的なストーリーでは捉えきれないことが多い。モデルが非常に有益だとわかるのはこうした場面であり、大気循環モデル、レバレッジ市場モデル、独立な金融機関のネットワークなど、どんなモデルにも同じことが言える。独立な金融機関のネットワークについてのモデルからは、たくさんの金融機関の間にきわめて高密度な相互依存関係の網を張り巡らしていけば、集団レベルでの大惨事が起こる可能性が次第に高くなっていくことが示唆される。ただ、トラブルがどこでどのように始まって、どう広がっていくかを予想するのは難しい。

この観点から見ると、コクランの説明は、ヒンデンブルク号の事故が発生したのは静電気の火花のせいだとして、水素ガスの存在を無視するのと同じに思える。もちろん、期待の突然の変化は取り付け騒ぎにつながる場合があり、財政状態が健全な銀行でさえ、それは変わらない。とはいえ、二〇〇八年九月の時点でのリーマン・ブラザーズは、とても健全な金融機関とは言えなかった。資産のレバレッジ比率は、二〇〇三年にはおよそ二四対一だったのが、二〇〇七年には三一対一に増加していた。この数字は、資産価値がわずか三〜四パーセント下落しただけで破綻してしまうことを示している。二〇〇八年七月には、リーマン・ブラザーズの株価は七三パーセント下落した。

リーマン・ブラザーズがデリバティブ商品を介して、ほぼあらゆる金融機関とつながっていたことが問題をひどくした。約八〇〇〇社が、デリバティブ取引を通じて、リーマンの担保証券に数十億ドルを払っていた。破綻から三年たっても、リーマン・ブラザーズ・ホールディングスは、取引があった十社以上の大手金融機関と、未解決のデリバティブ取引をめぐる交渉を続けていた。リーマン・ブラザーズ・インターナショナル（リーマンの欧州部門）のウェブサイトの情報によれば、リーマン・ブラザーズが依然として借金をしていることを破産管財人が特定している金融機関等は、六〇〇〇機関を超えているという。

そうした意味では、この破綻によるトラブルは、正のフィードバックと、リーマン・ブラザーズと金融機関との間のネットワークによって引き起こされた、かなり予測可能な事象と見なす方が、私にとっては無理のないように思える。銀行取り付け騒ぎによって「火花」が生まれたのは確かだが、いずれ火花はどこかから生じただろうし、すでに空気は「水素」でいっぱいだったのだ。

こうした単純なモデルは、金融危機や経済危機が常に驚くようなタイミングで発生するように思える理由も説明できるかもしれない。多くの人々が、自分の身に降りかかるまで大惨事を想像すらできないのは、心理的効果（市場や経済の変化について「今回は違う」という言い方をすること）が働いているからである。しかし、もっと深い理由もある。そうした現象は、私たちの古くからの思考パターンに収まりきらないのだ。だから、集団で前進しているうちに、目に見えない危険な境界線を越えてしまっていたというのが、より真実に近いように思える。多くの経済学者や銀行家が、自分たちの作り上げた世界はこれまでになく効率的かつ安定的だと心から信じていることは、疑う余地がない。しかし彼らのモデル（そしてそれに基づいた思想）には、根本的な欠陥がある。

「効率的フロンティア」にはご用心

何事も度を越すのはよくないという考え方は新しいものではなく、古くはギリシャ神話に登場するイカロスの翼の物語にも出てくる。理論経済学は概して、この時代を超越した知恵を忘れ、厚生経済学の定理と完全な市場効率性という自らのビジョンに酔っているように思える。

金融分野において、投資理論の核となる概念として知られているのが、かなり以前にハリー・マーコウィッツという経済学者によって導入された**効率的フロンティア**である。基本原則は、「卵をすべて同じバスケットに入れるのは賢明ではない」ということだ。効率的フロンティアは、それをやや洗練させた考え方で、投資ポートフォリオのアイテムを注意深く選べば、期待リターンがどのレベルにあっても、ポートフォリオの全体的なリスクを軽減できると言っている。たとえば、自分の資金をビール会社に投資するとしたら、異なる一〇社に分散投資した方がいい。手始めとしてはそういうことだ。しかしこのような投資先の組み合わせよりも、ビール会社三社、製薬会社二社、さらにグーグル、アップル、ゼネラル・モーターズ、ナイキ、トイザらスの合計一〇社からなる株式ポートフォリオの方が、株価のランダムな変動を抑えられる。経済のランダムな変化がこれら一〇銘柄に与える影響はそれぞれ異なる傾向があるため、組み合わせ全体に与える影響はより小さくなるからだ。

市場で取引されている数多くの株式を考えれば、数学的には、望ましいリターンと、許容できるリスクレベルに対する、最適ポートフォリオの効率的フロンティアが存在するのである。

概念として見れば、効率的フロンティアには、規制のない市場についての標準的な経済的観点が色濃く反映されている。つまり、規制のない市場というのは機械のようなもので、デリバティブ商品の増加や金融緩和の進展、そしてどんな取引でも時と場所を問わずにおこなえる環境が実現すれば、自然と効率が高まるという考え方だ。この章で主張してきたように、こうした観点はほとんど広告宣伝のようなものであって、科学ではない。どのようなアプローチを取るにしても、ほかに問題を生じさせることなく、そうした効率性を達成できる根拠はほとんどないのである。私はこの章で、レバレッジ率の高さは、金融緩和やデリバティブ商品の増加と結びついている場合には、非常に単純なメカニズムによって、市場の安定性を高めるのではなく、低くするように作用しかねないことをはっきり示してきた。完全に効率的な市場が、完全に不安定な市場に見えてくるのである。

こうした視点は、不均衡に関する研究によってはっきりしてきたものだが、実際には、他の人々が多くの場面で憂慮してきた問題を、より正確に表現したにすぎない。経済学者のロバート・ネルソンは一〇年ほど前、[20]均衡論的経済学で常識とされていることの大部分は、ポール・サミュエルソンの『経済学』のような影響力の強い書籍に由来していると指摘した。このサミュエルソンの『経済学』は、何世代にもわたって大学の教科書として使われてきた。学生たちは、そこに書かれていることを何の留保もなしに吸収してきたのだ。ネルソンは、次のように述べている。

問題は、『経済学』に書かれている市場メカニズムが、科学よりも詩であるという印象が強いことだ。そのメカニズムは、効率性という進歩的な教義の新たな解釈への転向者を集めるために考え出された、当時としては説得力のあるメタファーと見るのが、一番ましな理解だろう。サミュエルソンがそれに関しておこなった主張のなかで、しっかりとした科学的基盤に基づいたものは何一つない。今後五〇年のうちに、一流の経済学者たちは次第にそう結論するようになるだろう。

このメッセージが十分に広まっていないのは明らかである。

しかし誤解のないように言っておくと、私が伝えたいのは、均衡論的経済学から得られる洞察がすべて間違っているとか、不均衡モデルを使えば経済学のあらゆる疑問をより簡単に解決できるということではない（そう聞こえるかもしれないが）。一九七〇年代初頭、経済学者のジェームズ・トービンは、金融取引（当初、トービンは外国為替取引を考えていた）に少額の税金をかければ、不必要な投機取引を抑止し、市場を安定化させるように作用する可能性があると提案した。投機的な取引をおこなう投資家は、短時間で大量に取引するので、投機目的ではない長期的投資家よりも多くの税金を支払うことになる。その結果として投機は抑止される、という考えだ。このトービンの提案以降、経済学者たちはこの案のメリットをめぐって、結論の出ない議論をおこなってきた。この考え方は、金融危機が起こる度に浮上してきては、論争を巻き起こしている。

ドイツの経済学者フランク・ヴェスターホフは最近、不均衡の観点から、自然発生的なフィードバックを含み、現実の市場についての「定式化された事実」をすべて示す現実的な市場モデルのなかで、このいわゆる「トービン税」がどう機能するのかを確かめる実験をおこなった[21]。ヴェスターホフの実験結果を見ると、そうした疑問への答えは非常に微妙なものであるらしいことがわかる。税率が低い場合（〇・一パーセント未満）、トービン税はきわめてよく機能し、市場のボラティリティを軽減して、価格を現実のファンダメンタル価値の付近に保つ。しかし、この税率が〇・三パーセントになると、ミスプライスが再び大きくなる。それと同時に、ある不思議な、予期せぬ効果も出てくる。税率が高すぎると、ファンダメンタル投資家として活動している投資家が市場を離れる可能性が出てくる。そうなると、価格は現実的価値から大きく外れて、大規模なバブルが生じ、たとえ取引が課税されていても、投機で利益をあげることが再び可能になるのだ。これは、市場が一つだけのモデルの場合である。市場が二つあって、一方の市場だけに取引税をかけるモデルになると、税金をかけた市場の方が安定性は高くなり、もう一方の市場では、投機的な投資家が流入するにつれて、より大きな価格変動が生じるようになることがわかった。対照的に、両方の市場に同率の取引税をかけると、それぞれの市場でボラティリティが減少した。

つまり、取引に税金をかけるべきかという質問には、明確で決定的な答えが出た。「状況次第」という答えだ。しかし少なくともこうしたモデルがあれば、市場で作用するとわかっている多様な効果や影響を取り入れる科学的手段という文脈において、結果について何の先入観もなく答えを探ることが可能なるのだ。

もちろん、この章で扱ったモデルから得られた教訓はどれも、最新のコンピューターなしで研究をしていたら、出てこなかったものかもしれない。偉大な哲学者や理論家は、歴史を通じて、「もし~だったら」という魅力的なゲームをしてきた。とはいえ、複雑に絡み合ったフィードバックのなかで、A、B、Cという複数の仮定が衝突した場合にはどうなるのかについて、彼らが実際に経験し、確かめる手段は限られていた。しかし、今はもうそんなことはない。少なくとも、いつでもそうした制限があるわけではない。そしてコンピューターによる計算は、市場と、市場の科学の両方を、どんな人間の脳にも把握できないほどのスピードで変えつつあるのだ。

第8章　テクノロジーは市場をどう変えるか

高頻度取引によって、市場の全体的な質は高まっている。取引コストは下がり、市場はより深化し、流動性が高まる。関連市場の間の価格差は縮小し、価格は、株式や市況商品の価値についての情報をより適切に反映するようになる。

――ジム・オーバーダール（SEC元チーフエコノミスト）

速いことはいいことだ。……「愚かで速い」というのが危険なのだ。

高頻度取引についてのブログ記事からの引用

マイク・マッカーシーは、フラッシュ・クラッシュという強盗にあった。それはいつもどおりの午後、白昼堂々襲ってきて、少なくとも一万五〇〇〇ドルを奪っていった。その金を取り戻す方法はない。

それまでの五年間は、マッカーシーにとって苦しい時期だった。二〇〇六年、二三年間勤めてきたゼネラル・モーターズの金融部門という難しい職場をついに離れて、カントリーワイド・ファイナンシャルという業績の良い住宅金融専門会社に転職した。この会社は当時、アメリカのモーゲージ全体の約二〇パーセントを扱っていた。カントリーワイド・ファイナンシャルが、不良債権化したサブプライム・モーゲージの山の下敷きになりかけていることを、マッカーシーが知らなかったのは不運だった。一年と経たないうちに、マッカーシーは仕事を辞めた。会社が倒産したのだ。四九歳にして無職になった。

二〇〇九年には、母親が急死するという悲しい出来事があった。彼女は株式も含めた資産をトラストとして残してくれていたので、マッカーシーは利息と株式の配当で家族の生活を何とかやりくりしていた。二〇一〇年五月、株価が下落しそうだと確信したマッカーシーは、株を売ることにした。五月六日の午後に、スミス・バーニーの担当ブローカーに電話して次のように言ったのを、マッカーシーは後になっても憶えている。「市場が心配だから、P&GとディレクTVの株を売りたいんだ。ああ、ちょっと待って、他の一〇銘柄も売ってしまってほしい」

そのタイミングは遅すぎだった。同時に、早すぎでもあった。マッカーシーの担当ブローカーが彼のP&G株を売るためにボタンを押したのが、午後二時四六分ころ。これはフラッシュ・クラッシュで株価が底値をつけてから約一分後、そしてほぼ通常レベルまで急激に回復する数分前だった。売り値は三九ドル三七セントだった。これはP&G株としては過去七年で最安値であり、その前後の六〇ドルから六三ドルという株価と比べると、わずか三分の二だった。差額は一万五〇〇〇ドルを超えた。

「その時点で、それは私のモーゲージ返済額の六カ月から八カ月分というところだ」とマッカーシーは後に語っている。「今のP&Gの株価は六二ドルくらいだ。こんなことが起こったなんて、とても信じられない。トワイライトゾーンにいるような気がする」(1)

天気予報の草分け的存在である、イギリスの物理学者ルイス・フライ・リチャードソンは、一九二六年の論文で奇妙な疑問を提示した。「風には速度があるのか」という疑問だ。この一見馬鹿げた疑問には、はっきりとした答えがないと、リチャードソンは指摘している。確かに、空に浮かぶ雲が時速約三〇キロメートルで通り過ぎていくのは見えるかもしれないが、そうやって雲が流されるのは、大量の空気全体でのおおまかな平均速度を反映しているだけである。特定の場所での空気の速度をもっと正確に割り出そうとすると、話はややこしくなってくる。風は、旋回する空気の渦を作り出すが、この渦が分かれるとさらに小さな渦ができる。空気の流れはタバコから立ち上る煙のように、曲がりくねり、よじれるのだ。もっと細かく観察してみると、空気が進む速度や方向は場所によって大きく不規則に変化している。風には明確な速度はないのである。

マッカーシーも気づいたように、このようなことは市場でも起こっている。P＆Gの株価は六二ドルに見えるかもしれないが、金融市場を吹き荒れる小さなつむじ風が、同社の株価を三七ドルまで下げてしまい、その前に売ることができないかもしれない。これが光の速度で取引するアルゴリズムで動く市場の現実である。

ニューヨークに本拠を置くインフォリーチという会社は、直接コンピューターを接続することで毎秒二〇〇〇回以上の取引が可能な、「ハイフレック」と呼ばれるアルゴリズム取引プラットフォームを販売している。インフォリーチは、ボタンを押してから取引が完了するまでの時間がゼロになる理想的な状態である、「ゼロレイテンシー（待ち時間ゼロ）」を目指す競争を激化させている、数多くの会社の一つにすぎない。現時点で最速の取引は、光がサッカー場を横切るのにかかる程度の時間、つまり一〇〇万分の一秒で実行されている。これほど高速になると、アインシュタインの相対性理論の原理がファイナンスの法則を左右するようになる。ハイベルニア・アトランティックという会社は、アメリカとイギリスのトレーダーが大西洋を横断して通信する際にかかる時間を五マイクロ秒短縮するために、この一〇年では初となる新しい大西洋横断通信ケーブルを、他のケーブルより三一〇マイル（約五〇〇キロメートル）短いルートで敷設しようとしている。[2]

この技術面での軍拡競争の速度が遅くなる気配はないので、取引にかかる時間は近いうちに数ナノ秒以下まで短縮するだろう。これは、コンピューターにつながるケーブルの長さが数メートル違うだけで取引の勝ち負けを左右するレベルだ。太平洋の南国情緒あふれる島が「相対論的裁定取引」に理想的な取引中継地になる日も近いかもしれない。「相対論的裁定取引」というのは、アインシュタインの相対性理論をうまく使いこなす企業は、株式取引の上でメリットがあることを表現するために作られた用語だ。東京とロサンゼルスの証券取引所の間で生じる、株価のわずかな差から利益をあげようとするなら、アインシュタインの理論から考えれば、正確にその中間に位置する場所、つまり太平洋上のどこかに建設した海上プラットフォーム上でトレーディングをすべきだということになる。そこでは、両取引所からの価格のシグナルを宇宙一早く受け取ることになるからだ。[3]

トレーディングについて言えば、スピードと判断力が一番注目を集める要素だが、今ではそれらはコンピューターの性能として表されるようになっている。しかしビジネスのスピードが文字どおり光速に近づくなかで、これは本当に良い考えなのかと、疑問に感じ始める人もいるかもしれない。

二〇〇九年七月、定量的ファイナンス論の専門家として長年の経験を持つポール・ウィルモットは、『ニューヨーク・タイムズ』紙に、取引スピードの高速化には危険がないのかと問いかける内容の論評記事を寄稿した。「今でさえ危険なほど影響力が強く、道義的な面で疑問のある金融という地雷原の上に、(われわれは)思考力のない機械の力を(加えようとしている)」とウィルモットは主張した。[4]賢明にも、ウィルモットははるか昔に株式市場が始まったときのことを振り返るうちに、こうした超高速トレーディングのうち、価値のある事業のための資金獲得に役立つものはいったいどのくらいあるのかという疑問を抱いた。もっと正確に言うならば、高頻度取引アルゴリズムの間にフィードバックが生じ、それが驚くような危険な事態につながる可能性を懸念していた。たとえば、二〇〇三年は、現在の基準でみれば物事がゆっくり動いていたころだが、あるアメリカの株式仲介会社で、社内の誰かが取引アルゴリズムのスイッチをオンにしたところ、一六秒後に会社が破綻するという出来事があった。[5]自分たちの会社がつぶれたのだと理解するまでには一時間近くかかった。これと同じようなことが、大企業や、証券取引所全体、あるいは一国の金融システム全体に起こる可能性はないのだろうか。

高頻度取引トレーダーや多くの経済学者にとって、ウィルモットの懸念は馬鹿馬鹿しい話に思える。それは一九世紀末に、馬の往来が多すぎるから、馬の糞でそのうち道路が通行止めになると心配するのと同じだというのだ。そもそも、均衡経済学での取引が失敗するはずがないし、取引が高速であるほど、市場は効率的な状態により素早く到達するはずだ。取引によって市場に情報がもたらされれば、価格が適正化されるはずだからだ。時間も含めて、どんな取引の障害でも取り除いて悪いことはない。短時間でより多くの取引ができれば、市場の歯車の回転は滑らかになるばかりだ。これほどよいことがあるだろうか。

ウィルモットが、高頻度取引は「市場を次第に不安定化する可能性がある」と警告したのは、フラッシュ・クラッシュが発生するちょうど一年前のことだった。それから二年たって、実際には何がわかったのだろうか。高頻度取引は市場の役に立つのか、それとも害になるのか。それは一筋縄ではいかない問題である。

楽な呼吸、高い流動性

人間である私たちは、できるだけ抵抗や妨げがなく呼吸する必要がある。普通はそれが可能だ。身の回りの空気が酸素の供給源として役に立つのは、空気に流動性があるからだ。つまり空気は、部屋から鼻腔をへて肺へと容易に流れるようになっている。一方、一立方平方メートルの砂(その主な成分は二酸化ケイ素(SiO_2)だ)には、その約三〇〇〇倍の体積の空気と同じ量の酸素原子が含まれている。しかし、砂は液体ではなく固体なので、酸素原子は固定されていて使うことができない。

ある意味では取引は呼吸に似ていて、市場というのは、その作業物質、つまり金と資産が流れやすい状態にある場合にうまく機能すると言える。多くの買い手や売り手の活動によって妨げられることなく、取引が市場を流れる場合、トレーダーは物理学を真似して、市場は「流動性が高い」と言う。株や債券、先物、住宅などの売買を希望する人がいる場合、その取引を引き受けたい相手がすぐに見つかり、適正な価格で取引がおこなえるというのが、流動性の高い市場である。対照的に、流動性に欠ける市場(「閑散市場」とも言う)では、売買を希望する人の数が相対的に不足しており、取引相手を見つけるのが難しい。そうした状況では、資産を売却したければ価格を下げなければならないし、買いたければ余分な支払いが必要になる。

流動性に欠ける市場で売買取引をするというのは、身につけた人工呼吸装置が故障していて、いまひとつ正常に作動しない状況に似ている。空気がまったく送られてこない場合もあれば、きちんと送られてはくるが、息を吐けないこともある。どちらの場合も結果は予想がつく。不安になるのだ。ことによるとパニックに陥るかもしれない。

メタファーは悪くないが、それが説明しているものの性質をきちんと調べられるのなら、さらに役に立つだろう。実際ファイナンス論の専門家は、「流動性」の性質を測るにはどうすべきかを考えてきた。市場の流動性を調べれば、高頻度取引が市場の役に立ってきたのか、それとも状況を悪化させてきたのかを知る手段が得られるのだ。

あなたが株をいくらか買いたい、あるいは売りたいと思った場合、あなたの担当ブローカーは「マーケットメーカー」の役目の会社（たとえばゲトコやトレードボットなど）に注文を出す。マーケットメーカーは、事前に定められた価格での売買を希望のタイミングでおこなえるアルゴリズムを市場に準備している。扱っているあらゆる資産について、マーケットメーカーは、売買を合意する「売り買い呼び値」を発表する。そうしたマーケットメーカーはもちろん、慈善事業としてやっているわけではなく、売り呼び値と買い呼び値の間の差額（「呼び値スプレッド」）には、マーケットメーカーとして利益をあげるのに受け取る必要がある額についての、彼らの考えが反映されていると言える。ゲトコ自身は投機的取引をするわけではないので、あなたから株を買うと、その株の価格が値下がりしないうちに、すぐに別の相手を見つけてその株を売りたいと考える。市場の流動性が高いほど、このマーケットメーカーは株の売り手や買い手を見つけやすくなるので、彼らの「呼び値スプレッド」は小さくなる。

つまり、流動性が高いと一般的に呼び値スプレッドは低くなるのだ。したがって、光速に近い超高速取引が呼び値スプレッドに与えた変化を調べるのは、そうした取引が市場に与える効果を評価するわかりやすい方法の一つだと言える。呼び値スプレッドが減少していたら、市場の流動性が高まった可能性が高いということだ。この評価基準を用いると、何もかも順調に見える。高頻度取引は実際に、市場の呼吸を楽にしているようだ。たとえば、アメリカやイギリスの株式のスプレッドは、高頻度アルゴリズム取引の影響力が強まったこの一〇年で、約一〇分の一に減少している(6)。二〇一〇年の時点で、高頻度取引を扱う会社の割合は、株式の売買取引を活発におこなっている二万社のうちの二パーセント未満だったが、取引量全体に占める割合は七三パーセントに達している。そうした会社の取引は、光ファイバーケーブルを光速で駆け抜けていく、注文と反対注文とキャンセルからなる見通しの悪いカオス状態だと言えるが、それが流動性を高めてきたのは明らかである。

これは、わざわざ検証するまでもない「明白な」結果に思えるかもしれない。どちらかの側で超高速取引をするトレーダーを市場に増やせば、市場の流動性が高まらないはずはないのだ。しかし反対の効果が出る可能性もある。少なくとも原理の上ではあり得る。アルゴリズムを使っているのはマーケットメーカーだけではない。彼らのアルゴリズムは受動的に作用し、特定の価格で注文に合わせて売買するのを待つ方法を取るが、他の多くのトレーダーはアルゴリズムを積極的に使用している。彼らは捕食動物さながらに、マーケットメーカーの売買募集を探しだしては、「狙い撃ち」しようとするのだ。たとえば、市場の情報に通じた「肉食アルゴリズム」は、あるマーケットメーカーがＩＢＭ株をあまりに安い価格で売ろうとしているのに気づくだろう。このトレーダーは、このＩＢＭ株を買って別の相手に売ればば利益をあげられる。マーケットメーカーを犠牲にして利益をあげる、頭のいい肉食アルゴリズムがあまりに多くなると、マーケットメーキングのコストが上昇するので、呼び値スプレッドは拡大する。もちろん、こうなると市場の流動性は低くなる。

そういう意味では、「高頻度取引が増える＝流動性が高まる」という単純な方程式は成り立たないのである。アルゴリズムが市場にあふれかえり、マーケットメーカーと肉食アルゴリズムが、高速化と高性能化を目指した軍拡競争をひたすら繰り広げれば、それに応じて呼び値スプレッドは増加も減少もする。ありがたいことに、データを見ると、全体的に良い方向に進んでいるようだ。高頻度取引は、取引全般にかかるコストを低くしてきたのだ。そして、情報が市場に流れやすくなることで、株価はより正確になるはずである。市場についての ある研究では、「アルゴリズム取引は市場の流動性を高め、相場の情報性を強める」と結論している。(7)

それは、テクノロジーと利益の追求が世界をより良い場所にするという、幸せな物語である。言うなれば、アダム・スミスの「見えざる手」が作用する様子を、ポスターのように描いてみせたのだ。問題は、それが部分的な話にすぎないことである。口癖になるほど何度も言っているが、安定性についてはどうなのだろうか。

二〇一〇年五月六日のフラッシュ・クラッシュによる株価の急速な下落は、同日一四時三一分〇〇秒にワデル・アンド・リードがおこなった、大量のＥミニ先物の売り取引によって始まると、一三分二七秒継続した。一四時四五分二七秒には、注文が殺到したせいで、Ｅミニ先物の価格はこの一秒で一・三パーセント下落した。これによって、ＣＭＥグローベックスが運営している電子取引プラットフォームではサーキットブレーカー（取引一時停止措置）が発動して、それ以降の取引がすべて五秒間停止した。一四時四五分三三秒に取引が再開されると、Ｅミニ先物の価格は五秒間にわたり上下した後、一四時四五分三八秒からは上昇し始めた。これは、マイク・マッカーシーの担当ブローカーが、運命のかかった取引を開始するほんの数秒前だった。二一分後の一五時六分〇〇秒、市場は実質的にクラッシュ発生以前の状態まで回復した[8]。

このとき、サーキットブレーカーが整備されていなかったら何が起こっていたのかは、誰にもわからない。同じように、フラッシュ・クラッシュの本当の「原因」もわかっていない。フラッシュ・クラッシュについての政府の最終報告書では、「ファット・フィンガー」や、「よからぬアルゴリズム」の邪悪な動き、あるいは市場を操作しようという陰謀などの証拠は挙げられていない。またオーダー・ルーティングシステムやデータシステムなど、株式取引インフラストラクチャに重大な故障があったわけでもない。システムの基本的な部分は、いつもどおりに動いていたのである。

しかし、クラッシュの間に奇妙なことが起こったのも確かだ。高頻度取引によって生まれていた、あの素晴らしい流動性がすべて、唐突に消滅してしまっていたのである。商品先物取引委員会・証券取引委員会（ＣＦＴＣ－ＳＥＣ）最終報告書[9]によると、フラッシュ・クラッシュのデータは、「一部の高頻度取引会社はその間、取引を減らすか、一時停止していた。午後二時四一分から二時四四分の間には、一時的なロングポジションを減らすために、約二〇〇〇件のＥミニ先物を積極的に売った」ことを示唆していたという。別の言い方をすれば、マーケットメーカーは、どちらかのサイドでの取引もやめて、代わりにその時点までに蓄積していた株を投げ売りしていたのである。

トレーディング会社であるTDアメリトレードの幹部は後に、「商品先物と株の両方で、市場における流動性が完全に消失した」とコメントしている。[10]

つまり、高頻度取引がもたらす流動性は見かけとは違っているのだ。少なくとも、フラッシュ・クラッシュの発生時には違っていた。流動性は自動車のエンジンオイルのようなもので、エンジンが高熱になって、冷却と潤滑が最も必要なときに限って蒸発してしまったのである。結局のところ、この「消失マジック」は、単なるフラッシュ・クラッシュの奇妙な性質ではなく、もっと一般的な現象であり、高頻度取引は金融の車輪にとっての潤滑油だという心強い物語には、多少の修正が必要になると言える。この潤滑油は頻繁に蒸発してしまう。これはぜひとも考えておくべき点だ。

洪水と株価変動

一九〇六年、イギリスの公務員であった若き日のハロルド・エドウィン・ハーストは、当時イギリスの統治下にあったエジプトのカイロへと旅した。ハーストの仕事は、ナイル川の毎年の洪水規模の予測を改善することだった。その予測の難しさはよく知られていた。洪水の記録は約八〇〇年前から残っているというのに、エンジニアたちがダムを建設しても、数十年のうちに、予想以上に大規模な洪水によって突然破壊されてしまう。ハーストはその理由に気づいた。河川の流れ、特にナイル川の流れには、長期記憶がある。洪水がある年は、時間的にランダムに現れるのではなく、集中して発生する傾向があるのだ。

ハーストは、データを今までにない手法で分析しようとして、巧みなアイデアを思いついた（図９）。まず、平均流量を計算して、その平均からの変動量のグラフを作成する。これは上下にふらつく不規則な線になるだろう。次に、このグラフのパターン上に、一定の領域《ウィンドウ》を設定する。このウィンドウは、水平方向の拡大または縮小によってサイズを変化させることで、そのなかに含まれるパターンの範囲を調整できる。このウィンドウの幅をTとして、あらゆるTの値について、ウィンドウ内の最大値と最低値の差を計算する。この値をRとすると、このRは、選んだ時間のウィンドウ内における、河川流量の変動量の最大値を表すことになる。さまざまなTの値についてRを求めると、時間の幅を広くするにつれて、変動の規模が大きくなるのがわかる。

ハーストの考えた方法は、降水量や気温、湿度など、計測できる数値なら何でもいいが、そうした変動のシグナルの幅の大きさや激しさや傾向を判断するのに使うことができる。こうした変動が完全にランダムであれば、RはTの平方根、つまりTの〇・五乗に比例して増加するはずだ。ハーストはナイル川について、降水量のふらつきはそれより大きく、RはTの平方根ではなく、Tの〇・七乗に比例して増加する、つまりランダムな場合よりも速く増加することを発見した（この累乗の指数を表すのに、Hという記号を使うことにする。このHは変動幅と時間の関係を表し、ナイル川ではH＝〇・七である）。これは、流量が増加方向または減少方向に振れた後には、続けて同じ方向に動く傾向があるため、変動のシグナルは、流量が変化しない場合に予想されるより短時間で増大していくということだ。この傾向は、短期的な市場のトレンドでも顕著であるのがわかっている。

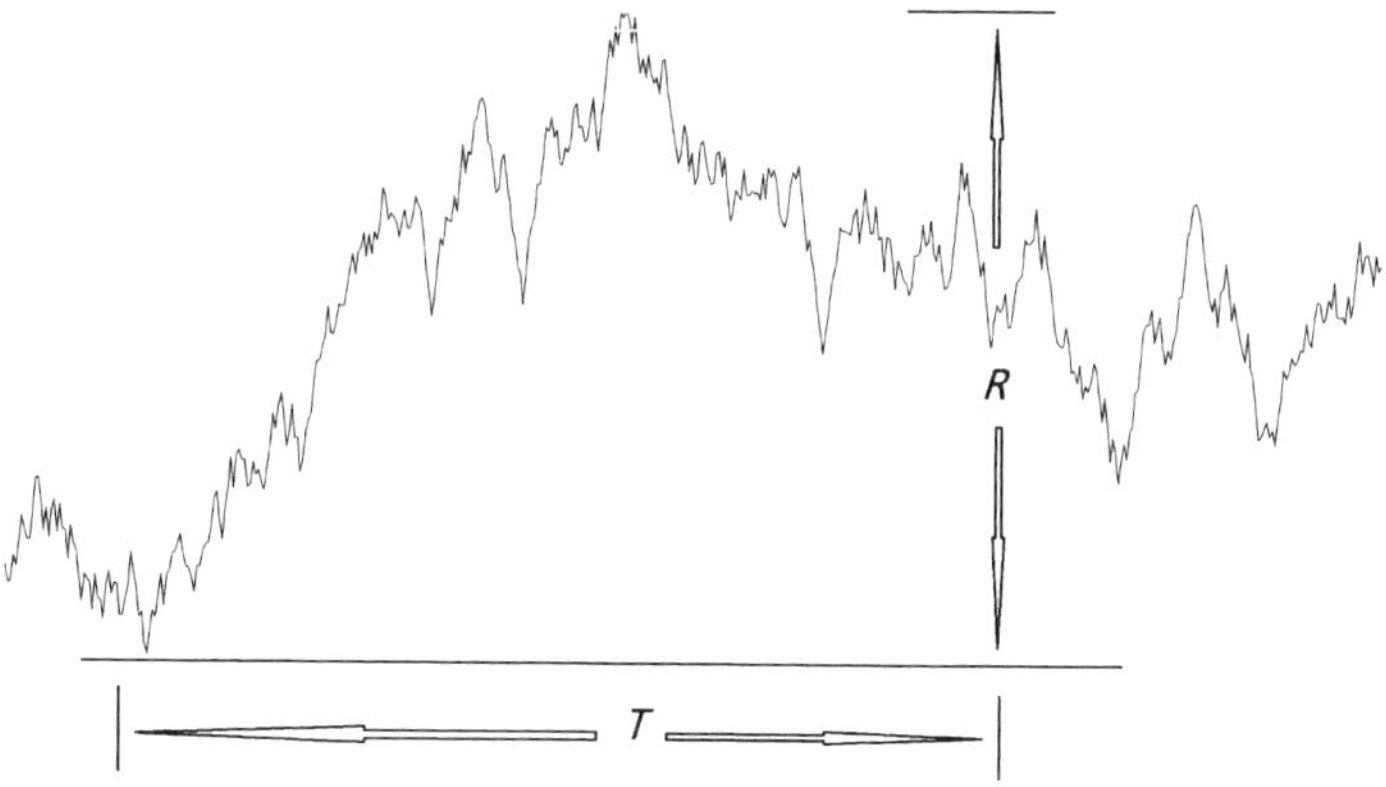

図9　イギリスの水文学者ハロルド・エドウィン・ハーストが導入したRS分析法は、時系列の変動やふらつきの特徴を求める統計的手法である。この手法では、時間間隔（T）を広げたときに、値の範囲（R）がどのくらいの速さで増加するかを考える。標準ランダムウォークの場合、RはTの平方根に比例して増加する。そのため、標準ランダムウォークと比較すると、ある時系列のふらつきは、標準的なランダムウォークよりも速いか、遅いかのどちらかになる。

二〇一〇年、物理学者のレジナルド・スミスは、二〇〇五年ころからの短期的な株価変動が、H＝〇・五以上に相当する激しい挙動を示すようになっているのを発見した[11]。スミスのデータによると、Hの値は、多少の変動はあるものの、二〇〇二年から二〇〇九年で〇・五から〇・六へと次第に増加していた。この上昇が意味するのは、短期的な市場は、平均からのずれが次第に激しくなってきているということだ。

これは驚くことではない。断続的なボラティリティの爆発が立て続けに発生するという市場のパターンが、かつては数時間、数日間、数週間という期間で現れていたのが、今ではもっと短期間（数分レベル）で現れるようになったというだけだ。このような荒々しさの高まりや、オペレーションのスピードを考えれば、高頻度取引をおこなうマーケットメーカーが、危険が高まりつつある世界での支配力を徐々に失いかけており、そのせいで弱気になっているというのは、当然考えられることだ。

先ほど説明したとおり、呼び値スプレッドは、利益をあげるために必要だとマーケットメーカーが考えている金額を反映したものである。それは、マーケットメーカーとして本質的に抱えるリスクをカバーするために彼らが請求する保険料と考えてもよい。リスクが高まれば、当然ながら保険の支払額は増加するのだが、短い時間間隔で大きな価格変動が起こりやすくなれば、マーケットメーカーのリスクは高くなるのは、現実を見ればわかるとおりだ。ゲトコや他のマーケットメーカーは、マイク・マッカーシーのような目に遭うのは避けたいと考えている。価格のボラティリティが高まれば、株を別の相手に売る前に、株価が急落してしまう可能性は大きくなる。したがって、ボラティリティの高い時期には、高頻度取引をおこなうマーケットメーカーは、より高い額を請求する必要がある。予想外のカオスによって大損失を被る確率が高くなるからだ。

そう考えると、激しく変動する市場において、マーケットメーカーが呼び値スプレッドをときには急激に拡大するのは、きわめて当然だと言える。高頻度取引はリスクの高いビジネスであり、市場が荒々しく動くときにマーケットメーカーのところへやって来る取引は、「有毒」と呼ぶのが適切な場合もある。つまり、悪意ある取引の可能性が非常に高いのだ。アルゴリズムの設計者が、あまりにも危険な状況になった場合には、弱気の取引をしたり、場合によっては完全に取引を中止したり、取引を拒否することで、流動性を下げるようにプログラムを調整しているのは、理にかなった対応だと言える。もちろん、アルゴリズムはマイクロ秒以内に取引を中止することが可能だ。

ここで一番重要な点は、高頻度取引は市場の動きが穏やかな期間には呼び値スプレッドを小さくするかもしれないが、動きが激しい期間には逆の動きをすることだ。イングランド銀行のアンドリュー・ホールデン金融安定化担当理事は、二〇一一年のスピーチで次のように語っている。

高頻度取引は、市場のストレスを緩和するどころか、むしろそれを増幅してきたように思える。高頻度取引が流動性をもたらすことは、平穏時の呼び値スプレッドが大幅に低いことから明らかだが、幻想かもしれない。……(フラッシュ・クラッシュの間の)呼び値スプレッドは単に拡大しただけでなく、急激に膨らんだ。一方、流動性は消え去った。アルゴリズムは自動操縦で動き続けていた。……価格は、単なる非効率な情報ではなかった。情報の中身をまったく含まないほど、おかしくなっていた。(12)

ホールデンの解釈が正しいとすれば、今日の市場のまさに中心にあるのは、非常に短いタイムスケールで作用する、爆発的にもなりかねない正のフィードバックである。市場がスムーズに動くかどうかは、流動性にかかっている。ところが、たとえ数ミリ秒の間でもストレスがかかれば、マーケットメーカーのアルゴリズムが市場から撤退してしまう可能性がある。ボラティリティが高くなれば、流動性は低くなり、その流動性の低下がボラティリティをさらに高くする、というサイクルがどこまでも続く。原理の上では、こうしたフィードバックはいつでも始まる可能性がある。

実際に、これに非常に似たことが、現在は一日一〇回程度起こっているようだ。

境目は一秒

動的なシステムで大規模な事象が発生した場合に、事後検討をおこなって、何がどのような理由で起こったのかの説明になるヒントや証拠を探そうとするのは、一つのやり方ではある。とはいえ、そこからわかることも多いが、それがすべてではない。むしろ、これという大規模事象が何も発生していない時期のデータを徹底的に調べて、説得力のある細かな特徴を探した方が、問題の解明につながることが多いのだ。そういった特徴は、見逃されがちだが、危機的状況を引き起こす基本的なダイナミクスを示している可能性がある。地震が起こった後にしかプレートの動きを調べないとしたら、地震でビルが崩壊したり、歩道に地割れができたりする場合を除けば、自分たちの足下の地球は常に静止していると考えることになるかもしれない。実際に地球物理学者は、高精度の地震計を使うことでようやく、地球の地殻では、揺れがあまりに弱くて生身の人間の感覚では気づかないほどの小規模な地震や微小破壊が絶え間なく発生していることを発見したのである。

物理学者のニール・ジョンソンは、フラッシュ・クラッシュと、その後に発生した、個別株式単位での影響しかない多くの小規模な事象についての、なかなか解けない謎に興味を持っていた。そこで、地球物理学者たちと同じ目標を持って、市場を調べることにした。ジョンソンと、市場データ提供会社ナネックスの最高経営責任者エリック・ハンセーダーらの研究チームは、ナネックスが収集したデータベースを使って、過去五年間に複数の株式取引所での取引についての株価変動データを精査して、奇妙な事象を探した。(13) やってみた甲斐はあった。短いタイムスケールの事象を調べた結果、個別銘柄の株価

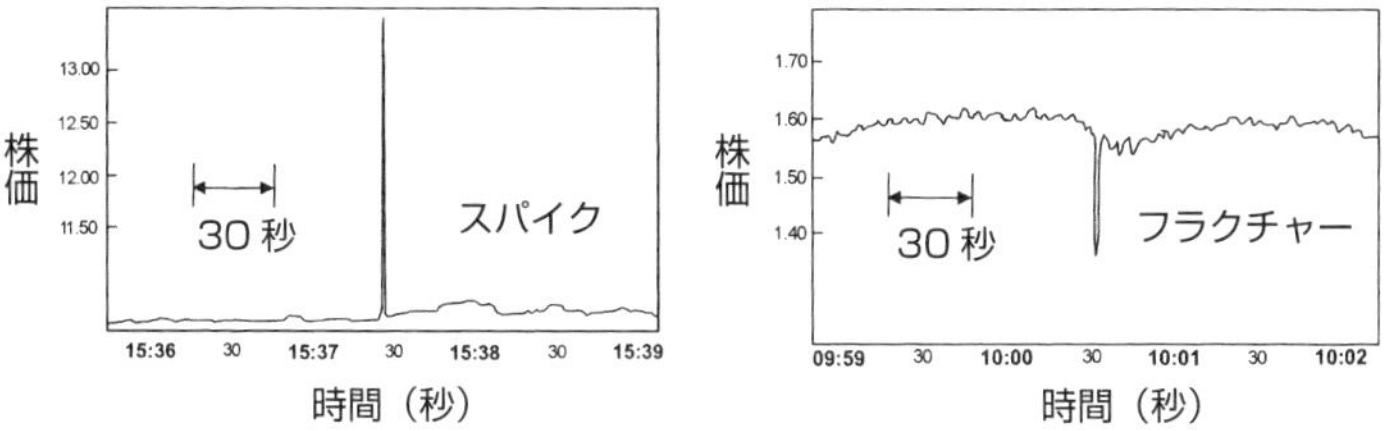

図10　市場において非常に短い時間で現れる「ブラック・スワン」事象の2つの事例。左のグラフは、2010年10月1日にスーパー・マイクロ・コンピューター社の株価に生じたスパイク（急上昇）を示している。このケースでは、株価が0.025秒の間に31回連続して上がり、26%上昇した。右のグラフは、2009年11月4日にアンバック・フィナンシャル・グループの株価に生じたフラクチャー。このとき株価は0.025秒の間に20回連続して下がり、14%下降した。（グラフはニール・ジョンソンの厚意による）

が一・五秒以下の間に、少なくとも一〇回連続して上昇（あるいは下降）し、その間に株価が〇・八パーセント超上昇（あるいは下降）するような事象が、一万八〇〇〇回以上見つかった。たいしたことではないように聞こえるかもしれないが、こうしたミニクラッシュやミニバブル（研究チームでは**フラクチャー**（割れ目）や**スパイク**（急上昇）と呼んでいる）の多くは、一〇分の一秒を大幅に下回るタイムスケールで発生しており、人間の感覚ではほとんど瞬間的な現象だと言える。しかし、仮にこのペースでの株価下落が一〇秒も続いたら、株価は完全にゼロになってしまうだろう。

データからは、こうした事象は一日におよそ一〇回は発生しているのがわかる。図10では、一般的なスパイクとフラクチャーが、高速で発生する激しい事象であることがはっきりと示されている。まるで市場が火花を散らしているかのようだ。

もちろん、こうした事象のそれぞれを、それを発生させた具体的な取引のいきさつを語って「説明」することはできる。実際SECは、フラッシュ・クラッシュについて、最終的にはそうした形の説明をしている。しかし市場で起こる事象は、それが奇妙であろうがなかろうが、当然ながら、その背後には必ず何らかの取引がある。したがって、そこで重要になるのは、そうした事象が起こりやすい状況になったのは市場にどんな変化があったからなのか、という問題だ。

ジョンソンらは問題解決の糸口を、物事を時間別に分析することに求めた。スパイクやフラクチャーは、継続時間が一秒未満というきわめて短い、急激な市場の大変動である。こうしたミニクラッシュは、形の上ではフルサイズのクラッシュと変わりなく、ただ規模が小さいだけではないかと考えるかもしれない。しかしそれは間違いである。ジョンソンらが、継続時間がさまざまに異なる大規模な市場変動のデータを調べたところ、一秒以上続く事象は、おなじみのファットテール分布を示していた。すでに見てきたように、これは市場では標準的なものだ。対照的に、継続時間が一秒未満の事象の分布はかなり違っていた。それは実際には「ファットテールよりもファットな」分布になっており、ブラック・スワン型の市場変動に見られる、通常より大きな分布傾向を反映している。

境目は一秒だ。ここで何かが大きく変わり、その前後では、クラッシュやスパイクの見た目がかなり異なってくる。一秒という時間の何がそれほど特別なのだろうか。実はそれは人間にとって、さまざまな時間の長さのなかで特別な意味のある場所なのだ。

たとえば、自動車のドライバーを対象とした研究では、ドライバーの脳は、二〇〇ミリ秒ほどの時間で、視覚や音による刺激を処理し、「認識」していることがわかっている。しかし、検出した現実を処理して、「ほら！　XXXがこっちに突っ込んでくる！」と応答するには、最大で一秒かかる。道路を渡っている子犬に驚いたあなたは、どれだけ素早くブレーキを踏めるだろうか。これもやはり一秒ほどかかる。自分の専門分野で活動する専門家にも、同様の限界はある。チェスのグランドマスターが、複雑な戦況を見極めて、チェックメイトの恐れがあるかどうかを判断するにも約三分の二秒かかり、それより素早い判断はできない。

別の言い方をすれば、約一秒よりも大幅に短い時間で発生する物事には、誰もうまく反応できないのである。それなりに複雑な決断になれば、なおさらだろう。[14] ここで一秒という時間が出てくるのは偶然だろうか。おそらくそうではない。ここで説明したことと、市場では危機的な状況になると流動性が消え去る傾向を考え合わせれば、継続時間が一秒未満の事象というのは、市場が人間のコントロールを脱するという、根本的な転換を反映しているように見えてくる。高頻度アルゴリズムによる流動性の低下を引き起こすほど大規模なランダム変動にはすべて、スパイクかフラクチャーを発生させる可能性がある。つまり、価格の一方向への激しい変動を伴う、爆発的な取引が起こりうるのだ。

この最後のアイデアはまだ推論の域を出ないが、ジョンソンの研究チームが示したさらなる証拠からは、このような「機械が支配的な段階」への移行が実際に、非常に短時間で起こっているように思われる。第6章で考えてきたとおり、マイノリティ・ゲームに基づいた単純な市場モデルについての数学的な研究では、そうしたモデルの基本的なダイナミクスに影響を与える、最も基本的な要素の一つが、市場の「集中度」であることがわかっている。繰り返しになるが、「集中度」というのは、知的かつ戦略的な意味合いでの話であり、利用可能な選択肢の数と、それを作り出す投資家の数を評価するものだ。市場の参加者が、多種多様な取引戦略を採用していれば、市場は集中していない。それは、比較的十分な量の食料があり、あらゆる生物が個別のニッチを獲得して繁栄できる世界のようなものだ。参加者はそれぞれ違う方法で利益をあげているのである。思考や行動のタイムスケールも違えば、未来についての見方も違っている。

ジョンソンが指摘しているのは、現実の市場はこの「非集中」フェーズにかなり似ていて、市場変動はきわめて不規則であり、その分布はファットテール型だということである。

対照的に、市場が「過剰な集中」フェーズになった場合、つまり多くのトレーダーが数少ない機会を追い求めており、その際にかなり似通った戦略を用いている場合には、市場の連続性は失われがちである。こうしたフェーズにある場合、市場は「グリッチ」あるいはフラクチャーと呼ばれるもの、すなわち現在、継続時間が一秒未満の取引フェーズにおいて観測されているような、急激な価格の上下を起こしやすくなる。図11は、ここで説明した「集中」フェーズの市場の挙動（左）と、より滑らかな「非集中」フェーズの市場の挙動（右）を示している。

一秒未満での市場ダイナミクスが実際に、そうした集中フェーズに入っていると考えるのには十分な理由がある。高頻度アルゴリズムは本質的にスピード競争なので、比較的単純である必要があり、分析する情報が多すぎることで時間を無駄にしている余裕はないのだ。もちろん、価格変動予測のアルゴリズムに最先端の数学を盛り込んで、わずか五〇ミリ秒間計算しただけで取引することは不可能ではない。しかし別の人が、単純な数学を使い、精度の劣る「その場しのぎ」のアルゴリズムを書いて、わずか五ミリ秒の計算で取引できるようになるかもしれない。最先端数学を使ったアルゴリズムが一回取引する間に、「その場しのぎ」アルゴリズムは一〇回取引できるだろう。

つまり、成功する戦略を見つけるのは非常に簡単なのだ——一般的に言って、より高速の戦略ほど良

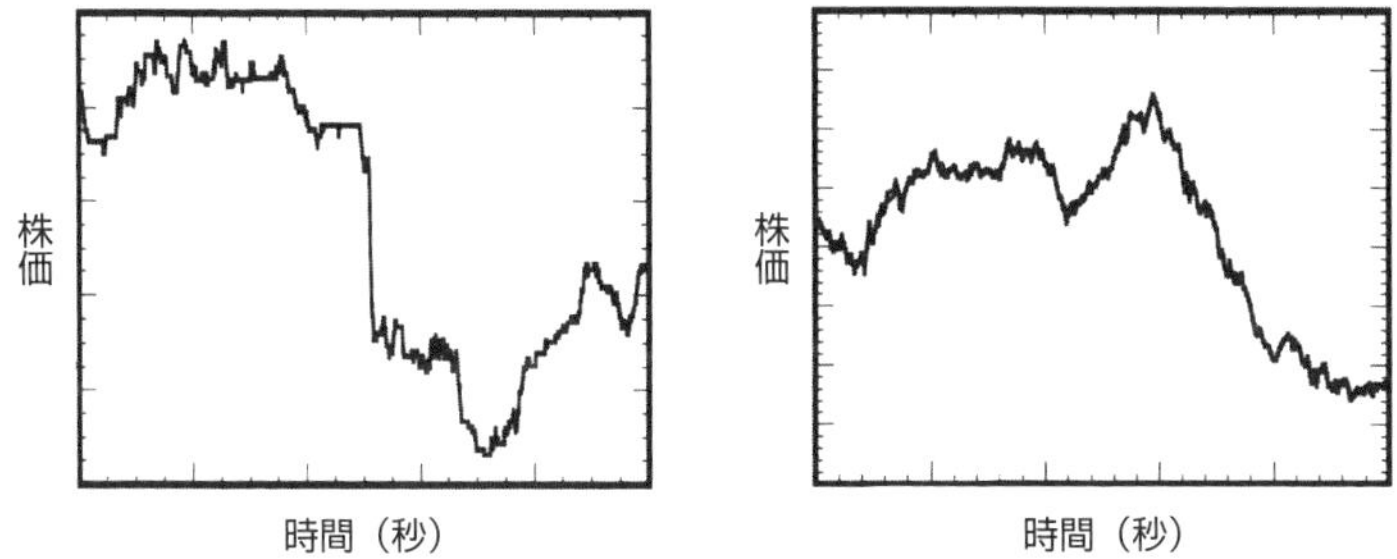

図11　マイノリティ・ゲームに基づく市場モデルにおける、「集中」フェーズから「非集中」フェーズへの移行。このグラフは、集中フェーズ（左）と非集中フェーズ（右）での典型的な価格ダイナミクスを示している。変数ηは、市場の参加者数（N）と使われている戦略の数の比を表す。したがって、$\eta<1$は、戦略の数に対してエージェントの数が多く、戦略空間が集中状態になっていることを意味する。その結果として、左のグラフで示されているように、急激な価格変化がしばしば発生する。一方、$\eta>1$は、戦略の数に対してエージェントの数が非常に少ないため、集中状態にないことを意味する。この場合、大規模な価格変化が急激に発生することはまれである。（グラフはニール・ジョンソンの厚意による）

いのである。しかし、第6章での話を思い出してほしいのだが、明らかに優れている戦略でも、それが人気になりすぎると、たちまち非常に悪いものになってしまうときがある。こうした機会を追いかけているトレーダーの数を考えれば、過剰な集中状態になる可能性は非常に高い。そして、そこからフラクチャーのある市場ダイナミクスが生じる可能性も同じように高いと言える。

これは、単純な適応的市場モデルから、自明ではない洞察が得られることを示した見事な例だ。効率的な均衡論的市場という考え方では、このような洞察は得られない。株式取引が人間のレベルを超えたタイムスケールの世界へと移っていくなかで、私たちは、継続時間の非常に短い「ブラック・スワン」事象が今までより頻繁に発生することを十分予想しておくべきである。それは、取引が、人間による意識的な意思決定の影響から切り離されつつあることの当然の帰結であるように思える。おそらく、フラクチャーのような小さな火花はたいてい消えてしまって、より大きなトラブルを引き起こすことはないだろう。あるいは、火花は消えないかもしれないが、私たちにはまったくわからない。すべては、アルゴリズムと人間のトレーダーが市場で示しそうな反応でも、特に微妙な細部によって左右されるが、私たちはそんなところまでは理解できないのだ。

再び、フラッシュ・クラッシュについて

こうした視点に立てば、フラッシュ・クラッシュはもはや、さほど不思議な事象には見えない。確かに、それは大いに驚かされる事象であるし、詳しい全体像にいたっては、いまだに謎に包まれている。しかし妥当な見方をするならば、フラッシュ・クラッシュは、市場の「マイクロ・ストラクチャー」、つまり取引が発生する現実的な仕組みが、現在急速に進化しつつあることの結果と考えられるのだ。大手投資銀行のトレーダーが、きちんとした身なりをして、どこかの大きな株式取引所で争うように取引をしているというイメージは忘れよう。これからの「市場」は、銀行やヘッジファンドや個人で構成される複雑な生態系であり、そのダイナミクスは、ハードウェアとしての取引プラットフォームや、ソフトウェアとしてのアルゴリズムを提供するコンピューターメーカーによって加速されている。株式取引というのは、コンピューターがデータを処理して、互いに直接の競争関係にある数多くの電子取引所のサーバーや、他の多くの小規模な私設取引所に、ネットワーク経由で注文を送るプロセスのことなのだ。

そして、従来の市場ですでに正のフィードバックが発生していたのであれば、おそらくは高頻度取引の働きによって、さらに爆発的な正のフィードバックが生じるようになっているはずだ。現在、株価が一日に三パーセントから四パーセント変動する可能性は、近年の株式市場の歴史のどの時期よりも高い。二〇〇〇年以降は、一日の株価変動が四パーセント以上になる頻度は、四〇年前の四倍になっている。(15)

フラッシュ・クラッシュに関するCFTC-SEC最終報告書が、フラッシュ・クラッシュの原因は、ワデル・アンド・リードによるEミニ先物の大型取引だと結論したとき、多くの新聞や雑誌の報道は、「事件は解決、この件は終了」といった調子だった。しかし、そのころナネックスでは、エリック・ハンセーダーが、同社が専門的に分析している市場データの海の中で泳ぎながら、何かうさんくさい感じがする、と考えていた。そもそも、問題のワデル・アンド・リードの取引は、Eミニの一日の取引量の一パーセント強にすぎなかった。それほど少量の取引が、本当にそんな大惨事を引き起こせたのだろうか。ワデル・アンド・リードが独自に集めた、フラッシュ・クラッシュ当日の自社の全取引データを直接調べたハンセーダーは、CFTC-SEC報告書のストーリーには大きな穴がいくつもあると主張した。フラッシュ・クラッシュを、市場外部からのショックのせいにすれば気が楽かもしれないが（そうすれば、市場は本質的に安定であり、自己調整的な均衡状態にある、という信念はそのまま残せる）、ハンセーダーは、それにデータの裏付けはないとしている。

ハンセーダーが指摘している矛盾点は二つある。一つ目の矛盾点は、ワデル・アンド・リードが自分たちの取引を、市場への影響を最小化できるように、注意深く正確に実行したことだ。彼らは一日かけて着実に、市場へ完全に受動的な指値売り注文を出しておいて、買い手が現れるのを待った。こうした取引方法は市場の流動性を高めるものであり、ハンセーダーの主張では、株価への影響はほとんどないはずだ。そもそも、この取引方法は具体的には、売り取引による価格下落と、売り手の損失額を最小化するように考えられていたのだ。二つ目の矛盾点は、フラッシュ・クラッシュが本当に激しくなった一四時四二分四四秒ちょうどに、取引データは明確な不連続を示し、Eミニ先物の価格は実際に急落していたが、ワデル・アンド・リードがその裏でおこなっていた取引は、この時間帯も穏やかに推移しており、急激な変化は起こっていないことだ。この時点で、誰か他のトレーダーが突然、積極的に売り始めたのである。そして、そのトレーダーは価格への影響などまったく考えずに取引を始めていた。この取引は、買い手が現れるまで待つ受動的な指値注文ではなく、どんな価格がつこうとも関係なしに数千件の売りを指示する、いわゆる成り行き注文だった。

売り取引を始めたトレーダーは、この時点で自分たちの通常の取引から撤退した高頻度取引トレーダーだったようで、おそらくはマーケットメーカーだろう。ちょうどその決定的な瞬間で、誰かのアルゴリズムが作動し、急落を引き起こした。これが他の高頻度取引トレーダーの間での連鎖反応につながったとハンセーダーは考えている。すると、マーケットメーカーのアルゴリズムは、自分たちの設定限度を超えて買い入れをし、独自の付け値は断念して、誰でもいいので売れる相手に売った。その大半は他の高頻度取引アルゴリズムであり、そのアルゴリズムも次に同じことを繰り返した。会社は一斉に市場から撤退し、クラッシュがさらに進んだ。一四時四五分一三秒から一四時四五分二七秒の間に、高頻度取引アルゴリズムは二万七〇〇〇件以上の売買をおこなっていた。これは、全取引量の半分近くに相当する。一方、クラッシュの原因とされているワデル・アンド・リードがこのフラッシュ・クラッシュの間におこなった売り取引の件数は、その日の他の時間におこなった取引よりも少なかった。

ハンセーダーがデータから理解したのは、フラッシュ・クラッシュの原因は何かまったく別のものだったということだ。

ワデル・アンド・リードの取引は、原因でもなければ、きっかけでもなかった。（彼らの）アルゴリズムはきわめて行儀の良いもので、市場に影響を与えないように注意を払っていた。……しかし、こうした取引の買い手側が、自分たちが蓄積してきたものを売る際には、あまり注意深くはなかった。その売り取引が市場に影響しないようにするどころか、まったく反対のことをした。できる限りの速さで、市場に二〇〇〇件以上の取引を叩きつけたのだ。

Eミニの最初の大規模な売りが市場に叩きつけられたのは、一四時四二分四四秒〇七五のことだった。これによって、呼び値と取引が爆発的に増えた。……すべては約二〇ミリ秒後に起こっている（情報がシカゴからニューヨークまで伝わるのにかかる時間とほぼ同じだ）。このような市場活動の急増によって、この情報を処理するシステムすべてがほぼ瞬時に、飽和状態になるか、動きが遅くなってしまったのだ。さらに二件の売り取引がちょうど四秒後に始まったが（一四時四二分四八秒二五〇と一四時四二分五〇秒四七五）、多くのシステムが最初の事象の衝撃から回復するには時間が足りなかった。これが、フラッシュ・クラッシュとして知られるようになった、異常な株価急落の始まりだった。[16]

ハンセーダーが全面的に正しく、CFTC－SECが全面的に間違っているかどうかはわからない。他の人々が指摘しているように、受動的な指値注文でさえ、十分に規模が大きければ、価格に圧力をかける場合がある。市場のアルゴリズムがその存在を検知して応答するからだ。いずれにしても、ワデル・アンド・リードの取引が規模の点で特別異なっていたわけではなく、フラッシュ・クラッシュの最悪の部分が、市場の他の要素に直接起因していることは間違いない。頻度は低いが、現在のような形の市場にとってはまったく普通の事象が起こっていたように思えるのだ。高頻度取引トレーダーがストレスを受けている市場から撤退することに決めたため、その高密度なネットワーク内でパニックが急に始まり、強力なフィードバック効果を生み出したのである。ヒンデンブルク号の事故と同じで、フラッシュ・クラッシュは何か特定の火花から始まったのかもしれないが、それは実際には、きわめて不安定な状況によって生じた結果である。そしてやはり、それは再び起こると予想するべき種類の事態である。

また当然ながら、もっとひどい事態になっていた可能性もある。コンピューター科学者のデイヴィッド・クリフとリンダ・ノースロップは、高頻度取引のリスクについて分析した、イギリス政府への報告書[17]で、実はフラッシュ・クラッシュはかなり運の良いケースだったと書いている。

フラッシュ・クラッシュのときに、六〇〇ポイントの株価下落と一兆ドルの債務償却が発生していたのが、取引時間終了直前だったら、悪夢そのものと言っていいシナリオが展開していただろう。つまり、急激な下落の直後、同じくらい素早い回復が始まる機会が来る前に、市場の取引が終了してしまったら、ということだ。ニューヨーク証券取引所が、五月六日の取引終了前の一五分間に、一日の下落幅として過去最大の数字を示していたとしたら、それを見た東京のトレーダーたちの合理的な反応は一つしかない。売りである。そうなれば、東京市場が一日としては史上最大の下げ幅に匹敵する数字を出していた可能性もある。これに続いて、五月七日朝にヨーロッパ各地の証券取引所とロンドン市場が取引を開始すると、最初にニューヨーク、次に東京をすでに苦しめてきた前例のない急落を目にしたヨーロッパ各地の市場は、急激な自由落下状態に陥っていただろう。……こうした連続的な事象が起こらなかった唯一の理由は、タイミングが良かったからだとしか言えない。端的に言えば、二〇一〇年五月六日の午後、世界の金融システムは一発の弾丸から身をかわしたのだ。

私たちは、サーキットブレーカーが設計どおりに作動したことに感謝しなければならない。サーキットブレーカーによって取引が停止した五秒間は、あらゆるアルゴリズムが彼らの集合的な頭脳を立て直すには十分な時間だった。しかし同じことは必ず再び起こるだろう。二〇一〇年のフラッシュ・クラッシュに実際に直接巻き込まれたのは、先物市場とエクイティ市場という二つの市場だけだった。その後、高頻度取引トレーダーは、自分たちのビジネスをあらゆる種類の市場に広げ、さらに幅広い範囲を巻き込んだ相互接続の網を作り出そうと熱心に取り組んでいる。

ネットワーク社会の危険性

二〇一一年六月八日、ある異常なアルゴリズムが原因で、天然ガス先物の価格が数分間にわたって不自然に振動した[18]。価格の急激な暴落につながった、この奇妙に上下する時系列を見ていると、ある種の市場操作があったのではないかと考えてしまいがちだ。相互作用する適応的なエージェントが構成する系では、たとえそのエージェントが人間でなくても、犯罪や不正、搾取といった行為は必ず発生する。バクテリアのコロニーでさえ、バクテリアによる不正という問題を抱えている。突然変異したバクテリアは、自分は資源の生産に貢献せずに、仲間の生産した資源を使うことで不当に利益を得るのだ。

しかし、現実における市場の大暴落の原因は、ほとんどの場合、不正とは無関係である。そうではなく、私たち自身が着実に大暴落を招いているのだ。大暴落が発生する条件は、善意に基づいているように思える小さな変更によって整えられていくが、それは舞台裏の見えないところで進んでいる。金融取引ソフトウェアの大手サプライヤーであるプログレス・ソフトウェアで最高技術責任者（CTO）を勤める、コンピューター科学者のジョン・ベーツの話を聞くと、次にどんな問題が出てくるのかについて、業界関係者の意見がわかる。フラッシュ・クラッシュを経験してきた市場は現在、不可解で不安にさせるマイクロフラクチャーが次々と起こるなかで、落ち着かない状態にある。市場という自動車からは、何かがぶつかったり擦れたりする音がしているのに、私たちはあまりに不安でボンネットを開けることもできず、奇跡的に自然と音がおさまってくれたらと、無駄な期待を抱きながら運転し続けているのである。ベーツは、フラッシュ・クラッシュよりもひどく、影響範囲の広い事態が起こる可能性が高いと考えている。

ベーツも指摘しているとおり、かつてない取引の高速化や、テクノロジーの高度化といったこと以外で、高頻度取引で進んでいる最も攻撃的な流れには、その対象範囲が、株と先物だけでなく、デリバティブやコモディティ、外貨、エネルギーなど、他のアセットクラスにまで拡大していることがある。結果として、次に大規模なフラッシュ・クラッシュが起これば、それは単なるフラッシュ・クラッシュではなく、「アセット横断的」な事象になると、ベーツは示唆している。つまり、「アセットクラスを越えてクラッシュが『飛び散り《スプラッシュ》』、市場参加者と規制当局に大損害をもたらす、『スプラッシュ・クラッシュ』または『ドミノ効果』」が発生するということだ[19]。

これは実に想像しやすい。そもそも、エクソンなどの石油会社の株価というのは、アメリカの金利や、米ドル相場に加えて、事業を展開している国々の為替相場にも左右されている。また原油価格や政治の影響も受けている。自動で売買をおこなうトレーダーは以前から、そうした情報に基づいた取引が可能な人工知能アルゴリズムを採用してきた。大手の銀行やヘッジファンドが使っているアルゴリズムが、何か普段と違うことをすれば、二〇一〇年五月六日の高頻度取引マーケットメーカーと同じで、すぐに事件を引き起こす可能性がある。ただしその影響ははるか広範囲に及び、それをきっかけに石油会社の株やデリバティブからエネルギー先物まで、あらゆるものについて大量の自動売り注文が出る。その結果は小さくない。「大パニックになるだろう。取引システムは停滞し、処理能力が制限されて注文ができなくなる。取引所は動かなくなってしまうだろう。こうしたことが、被害を受けたアセットクラス全体で起こる。……このような状況が生じるリスクは極端に高い。それを防ぐための措置がまだ本格的に整備されていないからだ」

ベーツが示す不安には、ネットワークエンジニアリングの基本原理と共鳴するところがある。第7章で見てきたとおり、相互接続が多いことは、通常時にはメリットだが、問題がある場合には状況を悪くする可能性がある。ここでも効率性と安定性が問題になる。たとえば送電網は「分散型ネットワーク」として構築されている。この非集中的な構造では、各所にある発電機を小型化できるので、効率化が可能だ（これとは正反対の場合を考えるとすれば、アメリカの地理的な中心に位置する場所に、大規模複合施設を建設して、国民全員が必要とする電力をすべてここに蓄え、ここから送電する方式になる）。分散型ネットワーク方式の送電網では、そのときどきに需要の多い場所にエネルギーを送り、需要の少ない場所へは総電量を減らすことができる。しかし一方で、当然の結果として、エネルギーと同様にトラブルや故障も簡単に広がり、その影響も長く残ることになる。二〇〇三年には、オハイオ州で生長しすぎた樹木が一本の送電線を遮断した結果、機能停止と電力負荷の集中が次々と発生し、五〇〇〇台以上の発電機が動かなくなった。影響は五〇〇〇万人に及び、アメリカ北東部全体が一日近くにわたって停電した。

異なる種類のシステムがネットワーク化されて、ネットワークのネットワークとして互いに接続していると、問題が悪化する（少なくとも波及しやすくなる）ことがわかっている。たとえば、物理学者のユージン・スタンレーらが二〇一三年に発表した研究では、送電網や通信システム、金融機関といった多種多様な要素が混じり合った、複合的あるいは相互連結的な「ネットワークのネットワーク」と、ほぼ同種の要素からなる、もっと単純なネットワークとでは、故障の伝わり方がどう違うのかを調べた。

わかったのは、ネットワークの要素や、要素間の関係が多様であるほど、問題を素早く伝える経路が増えるということだ。そうした相互連結されたネットワークについて、スタンレーは次のように結論している。

一つのネットワーク上のノードのごくわずかな部分の欠陥が、複数のネットワークが相互依存するシステムの完全な崩壊につながることもある。現実世界で起こった、欠陥の連鎖現象（「同時発生的な機能不全」）の劇的な例は、二〇〇三年九月二八日にイタリアの広い地域で発生した停電だ。発電所の機能停止が、インターネット通信ネットワークのノードの故障につながり、これによって発電所の機能停止がさらに拡大したのである。[20]

少し抽象的かもしれないが、こうしたシステム故障をウイルスだと考えてみよう。それぞれの要素の間の接触が多いほど、悪いウイルスが広がる機会が増すのだ。そう考えると、ベーツの説はいっそう現実味を帯びてくる。グローバル化した世界では、相互依存度がこれまでになく高まっているからだ。市場での失敗は、たちまち世界中で企業の倒産や産業の崩壊を引き起こし、エネルギーや食料供給、さらには通信サービスを妨げかねない。それがさらに金融業界の崩壊へとつながるのである。

この種のシナリオにおける正のフィードバックや連鎖的な増幅効果を調べたり、それを避けるための市場の調節や監視の方法について助言したりする場合には、明らかに、いかなる均衡思想もほとんど役に立たない。本質を見抜くためには、起こりうる正のフィードバックを詳しく理解するとともに、それらにどのような相互作用の可能性があるのかを考える必要があるのだ。これは、システム全体のダイナミクスを再現して調べることができる、きわめて大規模なコンピューターシミュレーションを開発し、使用することを意味するのは、ほぼ間違いない。この点は、第10章で考える予定だ。

現在のところ、そうしたシミュレーションは存在しておらず、高頻度取引の業界は、テクノロジーに胸を躍らせ、均衡論的経済学のレトリックに力づけられながら、時間差ゼロを目指すレースに今まで以上に全力をあげている。強調したいのは、高頻度取引が悪いものであるとか、コンピューターが登場する前の「古き良き時代」には、市場は今より良い状態だったと言うつもりはないことだ。コンピューターのない時代、従来型のマーケットメーカーは、競争にさらされることもほとんどなく、クライアントに莫大な取引手数料を請求していた。呼び値スプレッドが小さくなるというメリットは現実であり、テクノロジーには良いところがたくさんある。しかしそれを賢く使うには、「見えざる手」で物事は何とかなるという盲信だけでなく、それ以上のことを土台としなければならない。

テクノロジーは私たちをどこへ連れていくのか

一九八六年、当時五歳だったサロー・ブライアリーは、インドの農村部で列車の床を掃除する仕事をしていて、一緒に働いていた兄と離ればなれになってしまった。仕事で疲れたサローは寝てしまい、目が覚めると兄が見当たらなかった。混乱したサローが乗りこんだ列車は、一四時間かけて彼をカルカッタのスラムへと運んでいった。サローは、地球で最もひどいスラムに数えられるその場所で、住む家もなくさまよい歩く物乞いになった。

サローは最終的には孤児院に入れられ、後にオーストラリア人夫婦に引き取られてタスマニア州に移り住み、そこで育った。

サローは、家族の住んでいた村の名前すら思い出せなかった。しかし二〇一一年にグーグル・アースの存在を知って、それを使ってインド中を計画的に探し始めた。列車に乗っていた約一四時間という時間に、インドの列車の平均的な速度をかけ算して、一二〇〇キロメートルというおおよその距離を割り出した。次に、カルカッタを中心とする半径一二〇〇キロメートルの円を地図上に描くと、探していた村はすぐに見つかった。カンドワという村だ。「その村を見つけて拡大してみると、すぐにそうだとわかりました。昔遊んでいた滝からの道をずっとたどっていきました」

一年もしないうちに、サローは母親と再会した。離ればなれになってから二五年後のことだ。(21)

最新のテクノロジーは驚くべきものだ。多くの人々は、その発展ぶりを見て、どんな問題が起こったとしても、そこから脱する道を必ず作り出せると信じている。サロー・ブライアリーの話を聞くと、グーグルがなければサローが母親と会えなかったのは容易にわかる。しかしテクノロジーは、問題を解決するばかりでなく、引き起こす場合もある。そして人類学者のなかには、人間は自分たちが周囲の世界に与えている影響を現実的にイメージできているのか疑わしい、と考えている人々もいる。アリゾナ大学の人類学者サンダー・ファン・デル・レーウは、人間が周囲の世界に与える影響についてのメンタルモデルと、私たちが特にテクノロジーによって、その世界に引き起こしている実際の変化の間には、根本的に一致しないところがあると主張している。

環境への人間の介入をどれだけ慎重に計画したとしても、その結果は、意図していたものとは異なってくる。こうした現象が起こるのは、環境に対する人間の作用はどれも、人間の行為者が考えるよりも多くの形で環境を改変するという事実のためであり、そうした事実はひとえに、環境が人間の頭脳で理解できるよりもはるかに多次元的であることが原因のように思われる。……われわれが環境に与えている変化は、短期的なダイナミクスだけでなく、関連が不明な長期的なダイナミクスにも影響している。……未知の長期的な問題が取り込まれて、蓄積していく。[22]

ファン・デル・レーウは、結果として、未知の長期的リスクが蓄積され、「時限爆弾」になるとしている。

このことは、テクノロジーやイノベーションが、市場の機能性も含めた、経済や金融の環境全体に与える影響にも同じように当てはまる。均衡経済というメタファーは長きにわたって、市場は正常な状態になっていくという、ある種の自己満足と信念を助長してきた。しかしこれは、完全に宗教のような行為だ。

均衡市場理論は、安定性の問題を棚上げすることで、ある理論の断片でしかなくなっている。たとえば、ある原子炉運転に関する理論が、可能な限り最も燃料効率の良い方法でエネルギーを生成する、均衡状態での自律的核反応の存在を証明していると想像しよう。物理学者は、現実の原子炉をこの理想状態に近づけるには、たとえば燃料の「完全な」混合物を使うなど、さまざまな方法があると主張するが、原子炉が安定的で安全な状態を保つのか、あるいは逆に爆発しやすくなるのかについては、実際にはまったくわからないことになる。そうなると、原子力エネルギーの利用は「建設したら、後はうまくいくよう願う」という話になるだろう。

これは、現在の金融経済学をとりまく状況そのものだ。そして、願うだけでは十分でないようだ。クオンツ危機は、過剰なレバレッジが市場の効率化を後押しするが（その過程で見かけのボラティリティが下がる）、一方で市場の暴力的な崩壊をますます起こりやすくしていることを劇的な形で示した。また、デリバティブの取引が多すぎると、密度の高い相互依存ネットワークが生まれるが、同時に市場は不安定性のしきい値を超えかねない。金融危機の前の一〇年間に、デリバティブ取引は爆発的に増加した。クレジット・デフォルト・スワップ（ＣＤＳ）は、一九九八年には事実上存在していなかったが、二〇〇八年には市場価値が三兆ドルを上回り、住宅バブルが膨らんでいく上で大きな要素だった。金融の世界が崩壊したのは、不思議でも何でもないのである。

現在、高頻度取引のためのテクノロジーは、私たちを涅槃に向かう新たな道に進ませようとしている。目指しているのは、取引の速度や簡単さ、市場の流動性によって実現する効率性という涅槃だ。しかし、生み出された流動性が幻想だというのは、少なくともときおりあることで、市場は以前よりも不安定になっている。この涅槃への道を進んだ先に何があるのかは、ほとんど予想もつかない。それは一つには、ファン・デル・レーウが指摘した根本的な不一致が原因だが、私たちがこうした不安定性や、それを生み出す正のフィードバックの起源を理解しようという真剣な取り組みをほとんどしてこなかったせいでもある。

テクノロジーは素晴らしいものだ。しかしテクノロジーが解決する問題より、生み出す問題が多いようでは、そうとばかりは言っていられない。ファイナンス論は単なるゲームではない。ポール・ウィルモットの言葉が核心を突いているのは間違いない。「かつて、株を買う場合は、長期的な価値を得ることが目的だった。自分で調査をして、成功しそうだと思う企業を見つけていたのだ。それは、見た目が好みの製品がある会社かもしれないし、しっかりとした経営陣のいる会社かもしれない。そうした現実的な価値が次第に無意味になりつつある。今争っているのは、機械だ。機械は現実の企業と現実の人々でゲームをしているのだ[23]」

私たちが今後しなければならないのは、もちろん、ゲームをすることでも、良い状態が続くのをただ期待することでもない。テクノロジーが驚くような不快な出来事につながる場合の、さまざまな形を理解しようと努めることだ。高頻度取引が基本的な不安定性に悩まされているのなら、そうした不安定性を制御する方法を学ぶことは、工学的な問題かもしれない。つまり、一番必要な場面で流動性が消失しないように、安定性を確保あるいは促進するためのゲームのルールを作るということだ。ジャン＝フィリップ・ブショーは、こうした考え方に経済学者たちは慣れていないのだと指摘している。「彼らは、市場を安定化させる必要はない、なぜなら市場は安定しているから、と考えがちだ」

第9章　消え去りゆく幻影

この三〇年ほどの間に、英米の大学でマクロ経済学や金融経済学の教育を受けた一般的な大学卒業者は、集合的な経済行為と金融政策に関連する理解についての十分な研究を数十年分も後退させてきた可能性がある。それは個人としても、また社会としても、時間などのリソースを無駄にしてきた。……一九七〇年代以降に主流派のマクロ経済学がおこなってきた理論面のイノベーションは、よく言っても、その大半が自己言及的で内向的な気晴らしというところだ。

——ウィレム・ブイター（シティグループのチーフエコノミスト）

私たち物理学者は自分のまちがいを一日も早く証明しようとして努力していることになる。進歩をするにはそれしか方法がないからです。

——リチャード・ファインマン／『物理法則はいかにして発見されたか』（江沢洋訳　岩波現代文庫）より引用

理論は科学の創造性の原動力であり、新たな可能性と推論、「こうなっているかもしれない」という考えを糧に育つものだ。しかし実用科学においては、理論は実験によるテストを通じて鍛錬される必要がある。「現実」による検証を経ていない理論は、希望的観測や、実用的な重要性を持たない見栄えだけの考えになりがちだ。そして「現実」からの逃避は、残念ながら、新古典派経済学の中心となってきた経済学者たちの間でよく見られる態度なのである。

シカゴ大学のゲーリー・ベッカーは数十年にわたり、犯罪からドラッグやアルコールへの身体的依存まで、あらゆるものに合理的最適化の考えを適用する研究に取り組んだ。

普通に考えれば、路地で震えている麻薬中毒者は、破壊的な行動のフィードバックにとらわれており、その原因は、依存性のある物質が脳内の化学的性質や感情などと相互作用するためだということになる。しかしベッカーの考えは違う。中毒者は、一連の合理的選択をおこない、自らの期待効用を最適化させているというのだ。経済学者のゴードン・ウィンストンは、そうした「合理的中毒者」の行動をこう説明する。「(その中毒者は)……大学の一時限目の授業に出席して、自分の人生の時間Tにわたる、将来的な収入や、生産技術、投資や依存の関数、消費選好を調べ、自らの期待効用の割引価値を最大化した上で、アルコール依存になることを決断するのである。それによって、その人物は人生から最大の満足が得られる[1]」

言い方を変えれば、合理的中毒者が薬物に依存する人生を選んだのは、慎重に検討した結果、それが自分に実現できる最善の人生だと判断したからだというのだ。信じがたい話だが、この理論は実際に大きな影響力を持つようになっている。ベッカーが一九八八年に発表した原論文の年間引用件数は、毎年約五〇件ずつ着実に増加してきており、その半数近くは、薬物乱用、精神医学、法学、心理学といった分野での引用である。ここまでの影響力を持つのであれば、ベッカーの理論を裏付ける実証的な証拠はたくさんあると期待してしかるべきだろう。しかし実際にはそうではない。

二〇一一年、経済学者のオーレ・レゲベルグとハンス・オラフ・メルベルグは、タイトルか概要、キーワードに「合理的アディクション（嗜癖）」という用語が使われている論文の著者、または共著者になったことのある研究者を対象に、この理論とそれを裏付ける証拠の状況について意見を求める調査を実施した。その結果、回答者の大多数は、元の理論とその後の発展を「経済学的論証の力を実証するサクセスストーリー」だと見なしているが、同時に、この理論への実証的証拠は不十分だとも考えていることがわかった。さらに回答者らの間では、この理論の検証に使える証拠の種類や、理論の政治的な意味合いをめぐって意見の相違があった。(2)

もちろん、どんな科学分野でも、非常に重要な証拠をめぐる意見が一致しないのはよくあることだ。物理学者たちはかつて二〇年にわたって、高温超伝導という不可解な現象の説明に挑んでいた。高温超伝導というのは、最高で絶対温度一五〇度という、通常考えられるよりもはるかに高い温度で、物質の電気抵抗がゼロになる現象だ。やがて物理学者たちは、その仕組みの「決定的な」証明だとする実験的証拠を発表した。しかしこうした証拠を示した論文はどれも、発表されるとすぐに他の物理学者からの反論を受けた。それらの証拠はよく見てみると決定的などではなく、むしろ高温超伝導がまったく別の仕組みで生じている可能性さえ示唆している、というのだ。こういった意見の不一致は科学の世界では珍しくない。誰よりも自信を持って超伝導研究を進めている物理学者でさえ、自分が難問を解明したとは考えない。超伝導をかろうじて断片的に理解しつつある、としか言いようがないのである。

経済学で取られている姿勢は、これとは違うように思える。レゲベルグとメルベルグが指摘するとおり、合理的アディクションの研究の中心には、人が依存状態になるのは、ある種の選択を迫られ、合理的な判断によって選択した結果だ、という考えがある。つまり、中毒者の脳の中の話をしているのだ。その主張を裏付ける検証実験をまったく実施していないことを考えれば、ずいぶん思い切った主張だ。レゲベルグらは、次のように言っている。

（この分野の経済学者らは）自分たちがその行動を説明していると主張する人々の実際の選択問題（選好、信念、選択プロセス）を実証的に調べることに関心を示さない。……そうなると、人々が直面してもいないし、解決できる見通しもない選択問題が、立てたという認識のない最適消費計画を規定している、という因果関係になる。すると、人々が時間の経過とともに、自分が立てたと実際に思い込んでいる計画で許される量よりも多くタバコを吸ってしまう理由は、まさにこの未知の最適消費計画を段階的に実施することで説明できることになる。バートランド・ラッセルの言葉を、あえて文脈を無視して引用するならば、この主張は「きわめて馬鹿げていてただ非常に学問のある人のみが採用しうるような見解の一つである[3]（『私の哲学の発展』（野田又夫訳　みすず書房）より引用）」ということになる。

このラッセルの言葉は、経済学の他の領域でも同じようにうまく当てはまるように思える。市場は常に「物事を正しく理解する」という立場を取る均衡的市場理論は、近年の金融危機をめぐって当然ながら激しい非難にあったが、ユージン・ファーマは後に、ジャーナリストのジョン・キャシディとのインタビューで、この理論は「今回の騒ぎでかなりよくやった」と言ってはばからなかった。金融危機では、住宅価格が半世紀ぶりの急激な上昇を示し、それが借り入れブームとギャンブル的な投機熱をあおったが、最終的には住宅価格が崩壊して現実的な水準に戻るとともに、政府による大規模な救済措置が実施されたことで、金融システム全体が保護されたのは間違いない。しかしファーマは、バブルはそうした騒ぎとは実際にはまったく関連性がないというのである。バブル？　バブルとは何だ？　ファーマは声を大にして言う。「そもそも、バブルというのが何のことかわからない。そういう言葉はよく使われているが、とりたてて意味があるとは思えない。……（バブルは）予測可能な現象でなければならない。今回の現象で特に予測可能な部分があったとは思わない」

バブルを認識し、その崩壊時期を予測する方法をはっきりと説明できない限り、バブルについて討論しても意味はない。さもないと、そうした討論は実際的な経済学ではなく、迷信に基づく行為になりかねない。それがファーマの主張のように思われる。このような厳密さを欠く議論が表面的には正しく思えることは多いが、これは経済学という科学にとって、何を意味するのだろうか。ある現象の説明が困難である場合に、それをもっとうまく定義しようと努力するのと、ただそれが存在しないふりをするのとでは、どちらが適切な態度だろうか。ファーマが地球物理学の学会に出席して、予測不能という理由から、地震は存在しないと主張すればどうなるか、想像してみてほしい。

このようにバブルが存在しないふりをするのは、時間の存在を否定することにも等しい。そもそもファーマの見方では、市場の効率性は、あらゆる新しい情報が市場に「瞬時に」流れ込むという想定から結果として生じるので、投資戦略を立てるのが目的ならば、時間の要素は事実上無視できることになる。同じように、情報が市場に流れ込むダイナミクスも無視できる。重要なのは、「長期的」に見てどうか、ということだけであり、市場はきわめて素早くその段階に達すると思われているのである。つまり、均衡状態を仮定することは、時間やダイナミクスには現実的な役割がないと考えることに等しいのだ。実際、ある大学院用の経済学の教科書の著者は、自信たっぷりに「ダイナミクスは扱わない」と書いている。むしろ、個人は自分の将来の行動を現時点で計画すると仮定し、同時に、未来全体についての最適化問題を解くことで、時間とダイナミクスを見えないところに隠している。レゲベルグとメルベルグはそれを、合理的アディクションの文脈で、次のように述べている。

（合理的中毒者の）アディクションというのは、時間的な整合性があり、十分な情報に基づいていて、一定の特性を満たす積極的な消費計画を立てて、それを段階的に実行していくことでしかない。たとえば、このモデルで考える初期のヘロイン常用者というのは、ヘロインの注射や吸引の効果には、即効性（ある種の喜びや気晴らし）と、遅効性（健康や、将来的な好み、雇用の機会など）があることを理解している。ヘロイン常用者は、こうしたことすべてを考慮した将来の消費計画を立てた上で、さらに異時点間のトレードオフをすべて活用できるようにその消費計画を修正する。結果として、ヘロインの使用を中止する際の苦痛や、ヘロインの陶酔感を知ることの効果、将来的な賃金収入への影響、予想されるヘロイン価格変動などを考慮した、複雑な構造を持つ計画ができあがる。

もちろんこれは幻想だ。ヘロイン中毒者がこのように考えているなどと、誰が想像するだろうか。中毒者が、精神的な安らぎを数時間味わうことと引き替えに、金銭面、身体面、感情面で荒廃していく危険を冒すという判断を、意図的に、十分計画的におこなっているとは考えられない。現実の世界は、周到な計画の実現によって生まれてくるものではない。調整と順応を通じて、行動し、学習することによって、次第に現れてくるのである。学習し、調整する適応的なエージェントのいる世界から何が生まれてくるかを真剣に考えると、ダイナミクスが停止したり、安定状態になることの決してない、マイノリティ・ゲームによく似たモデルに行き着く。あるいは、レバレッジを伴う競争が爆発的な不安定性をきわめて自然に生み出し、それによって暴落が自発的かつ予測不能な形で発生することを調べた、シュテファン・ターナーの研究チームらのものと似たモデルになる。現実が時間の中に存在する以上、私たちは時間の中で考える必要がある。そしてここで述べたモデルは、重要な思考ツールになる。そうしたツールがあれば、何が起こりうるのか、そしてそれはなぜか、ということがわかるのだ。ファーマのように、こうした概念的な例に詳しい人が、「バブルはどんなものか」と想像すらできないというのは考えにくい。もしかすると、想像力がはなはだしく欠如しているのかもしれないが、そのような想像力の欠如は、現在の経済学理論の根幹に系統的に組み込まれている。とりわけそれが顕著なのが、経済全体についての理論、つまり**マクロ経済学**だ。

マクロ経済学のミクロ的基礎付け

「この論文のデータ分析はなかなか興味深い。また、産業の成長に対してそれなりに新しい視点を提示するものだ」。査読者のレポートにはこう書いてあったが、好意的な意見もそこまでで、結論は次のようなものだった。「しかしながら、理論面での議論には説得力がない。本モデルは、データに現れる統計的パターンを十分に説明しているように見えるが、ミクロ的基礎付けを欠いている。このため、この論文は掲載にまったくふさわしくない」

今の文章は、私が科学雑誌『ネイチャー』の編集者をしていた一九九〇年代中頃、一編の投稿論文を査読者である経済学者に回したところ、戻ってきた査読レポートの一部だ。その論文は、企業の成長率に興味深い統計的規則性があることを報告し、それについての簡単な説明も提示したものだった。他の二人の査読者からは、論文を称賛する好意的なコメントが寄せられたが、先の経済学者は「ミクロ的基礎付けを欠いている」という非難の言葉を何度か繰り返していた。私は、論文の主張には説得力と論理的な整合性があり、確かな根拠に基づいていると考えていたし、他の査読者も同じ意見だったから、経済学者の非難に困惑を感じた。仲間であるはずの経済学者が、この問題についてこれほど違った見方をしているのは、いったいなぜだろうか。

当時の私が理解していなかったのは、最近の経済学史上の経緯から、経済学者にとって**ミクロ的基礎付け**という言葉には言外の意味があることだ。

経済全体をモデル化し、インフレやGDPなどを実用レベルで予測しようという考えが広まったのは、一九六〇年代のことだ。当時は、大半の経済学者がケインズ学派《ケインジアン》を自称していた。つまり彼らは、イギリス人経済学者のジョン・メイナード・ケインズの考えに従って、経済はときおり停滞したり、機能不全になる可能性のあるシステムだと考えていた。機能不全の一つである高失業率は、労働需要が一時的に不足するだけで生じるもので、そうした需要不足はおそらく、信頼感の欠如や資金不足などの要因とつながりがあるとされていた。一九七〇年にFRBは、アメリカ経済の予測分析モデルに初期のケインジアンモデルを採用するようになった。このモデルは、経済変数間の歴史的な関係性を表す約六〇の粗削りな方程式に基づいており、方向性としては、その当時、気象学者が気象で始めていたのと同じことを経済でも実現しようとしたものだった。つまり、起こりうる未来の変化を予測し、有効な政策について何らかの方向性を示そうとしたのだ。

しかしプロジェクトは、一九七〇年代中頃に完全に行き詰まる。このモデルでは、当時のインフレ悪化と、慢性的な高失業率がまったく予測できなかったのだが、こうした事態は「停滞」そのものである。そこで経済学者らは、白紙から考え直すことにした。そうした経済学者の一人であるロバート・ルーカスは、このモデルの何が悪かったのか、それを修正するにはどうすべきかについて、見たところ先見的に思える分析を提示した。

一九七六年の論文でルーカスは、のちに「ルーカス批判」と呼ばれるようになる考え方を提示する。ルーカスは、当時使用されていたモデルが予測に失敗した一番の理由は、個人の期待が経済に及ぼす作用、あるいはそうした期待の変化について考慮していなかった点にあると主張した。「不安定な時期に決断をする場合は特にそうだが、人は、政策決定者の動きを推測することに必死になりやすい。何かが起こる可能性が高いと期待すれば、それはその人の行動に影響し、予測モデルの基盤である歴史的なパターンを変えてしまいかねない」。モデルのデータ内には、規則性が以前から存在していたかもしれないが、それは過去の支配的な政策との関係で存在していたにすぎない。その政策が変わったらどうなるだろうか。政策の変化は、人々の行動や将来についての予想の様式に影響を与えるため、計画のよりどころとなっていた規則性が変化したり、場合によっては規則性そのものが破壊されるかもしれない。

ルーカスの主張[4]は、ある意味では、有名なシュレーディンガーの猫の問題に似ている。シュレーディンガーは、箱の中に、猫と特殊な装置が入っている場面を想定した。装置は猫を殺してしまう可能性もあるが、その時点ではそれが決まっていない。この思考実験でのシュレーディンガーの主張は、量子論の基本的な数学をきわめて厳密に真剣に考えていくと、猫が確実に生きている、あるいは確実に死んでいることになるのは、その箱を開けて、誰かが中を確認した場合のみという結論にならざるを得ない、ということだった。量子論によれば、箱を開ける瞬間まで、猫は生きていると同時に死んでいるという奇妙な状態にある。その意味では、箱の中を確認するという行動は、猫がどうなるにせよ、結果を最終的に変えてしまうことになるのだ。ルーカスの主張は、量子論のメタファーほどの奇妙さはないものの、かなり似ている。ある市場パターンに注目を集めるという単純な行為に、そのパターンを変える効果があるのだ。

この考え方は、理論経済学の姿を変えた。そして例の経済学者が、私が査読のために送った論文を評価しなかった理由もこれで説明できる。その論文では、パターンについて詳述はしていたが、人間とその未来についての期待形成の方法について詳しく検討することによって、そのパターンを説明しようとはしていなかったのだ。ルーカスが提案した問題の解決方法は、人々とその行動の観点に立った経済モデルを構築して、人間の期待を明示的に考え、それらを考慮することだった。このモデルで唯一不変と仮定されるのは、どのような政策でも変化しない、いわゆる深いレベルの構造的事実のみである。たとえば、人間の基本的な選好がそうだ。このようなモデルを追求する動きはほどなくして、経済学における、いわゆる「合理的期待革命」へとつながった。ルーカスは、エドワード・プレスコットやトーマス・サージェントといった他の経済学者たちとともに、理論の構築に取りかかった。これ以降、何らかの大規模経済システムについての理論は、個人や企業といった個別の経済主体の行動を根拠とし、それらの選択や行動を考慮しなければ、優れた理論とは呼ばれなくなった。こうした条件を満たす理論は、「ミクロ的基礎付け」があって、人々の期待の変化を考慮しており、したがって政策の指針として信頼できるとされるのだ。

言うまでもなく、ルーカスの考えにはそれなりに筋が通っている部分もある。物理学を用いた例えとして、風船の中の空気を考えてみよう。風船に空気を吹き込んで内部の空気圧を上昇させた場合に、体積がどう変化するかを測定する実験を、まずは夏に実施する。次に冬になってからもう一度同じ実験をすると、あらゆる点が夏から変化していることに気づく。空気は冷たくなり、そのために密度が高くなっているのだ。そこで信頼できる理論を立てるには、ミクロ的基礎付けが必要になる。つまり、個々の原子や分子が風船の内部を飛び回り、互いに衝突し合うという、ミクロレベルのダイナミクスの挙動を考えることによって、空気の圧力と体積の間の関係を導く理論を構築するということだ。その結果として導出される圧力と体積の関係式は、温度に明示的に含まれているため、夏でも冬でも通用する（ちなみに、そのような理論は物理学にすでに存在しており、気体分子運動論と呼ばれている）。ミクロ的基礎付けのある理論は、最小要素のダイナミクスを調べることで、ミクロ的現実から大規模なマクロ的現実がどのように現れるのか、妥当な形の説明ができるのだ。

経済学における「ミクロ的基礎付けを欠いている」という非難の影響力をここまで強めたのは、ルーカス批判なのである。

話はこれで終わりではない。実を言うと、経済学者たちが「ミクロ的基礎付け」という言葉を持ちだす場合、私がここまでで示唆したような、人間の行動とその期待についての現実的な仮定を意味しているわけではないからだ。ルーカスは、その後に理論を発展させていく過程で、ミクロ的基礎付けを強く求めるばかりでなく、その唯一許される形を定めてもいる。ある理論が「ミクロ的基礎付けがある」と認められるには、個人（または企業）の行動は、本章の冒頭で取り上げたベッカーの理論のドラッグ中毒者や、大半の経済学理論における経済主体のように、長期間にわたる十分合理的な計画を立てることで決められると考えて、実際にそのようにモデル化した理論でなければならない。実のところ、査読をした例の経済学者が気に入らなかったのは、これができていないことだった。問題の論文[5]の著者らは確かに、人間の行動についてもっともらしい仮定をしており、特に経営陣が組織のあるレベルから別のレベルへとどのように流動するかについては現実的な仮定をしていたのだが、個人が何かを最大化するということは考えていなかった。これが重罪とされたのである。

もちろん、よく考えればわかるのだが、経済学理論においてミクロ的基礎付けが必要とされることと、経済学理論が現実的なものになることの間には、ほとんど関係がない。この点については、経済学者のサイモン・レン＝ルイスのブログ記事に対する、ある人物のコメントが、問題をきわめて明確に浮かび上がらせている。

ミクロ的基礎付けが重要になるのは、それが真実を表しているという明確な証拠がある場合だ。たとえば、これまでに実施された一連の実験で、個人は合理的で、効用という測定可能な量を最大化するように意思決定をする、という主張が証明されているのであれば、マクロモデルがこれと矛盾しないのは意味のあることであり、それを実現させる一番直接的な方法は、合理的な効用最大化を実施している世帯をモデルに組み込むことである。……実のところ、そうした証拠は存在しない。ミクロ経済学は実証的証拠に基づいてはおらず、ミクロ経済学が採用しているアプローチは、真実とは言えない。(6)

言い換えれば、ミクロ的基礎付けは実のところ何の基礎にもなっておらず、それどころか、実際の人間の行動と矛盾するのはほぼ間違いない。奇妙な話なのだが、マクロ経済学の理論は、科学的で最先端だと見なされるために、正しくないとわかっていることを基盤としなければならないのだ。ミルトン・フリードマンの「Fツイスト」は、こんなところまで広がってきている。

経済学者たちは、こうした実情を進んで受け入れている。さらに彼らは、ミクロ的基礎付けのある理論を構築している経済学者に、モデルが現実と一致しなくても気にしない者が多いことすらも、悪びれる様子もなく認めている。アンドレア・ペスカトーリとサイード・ザマンという二人の経済学者は、マクロ経済学の現状についてのエッセイで次のように書いている。

構造的モデルの構築には、経済理論の基本原則が用いられるが、その代償として、そのモデルでは

ＧＤＰや価格、雇用といった重要なマクロ経済学的変数を予測できないことが多い。言い換えると、構造的モデルを構築する経済学者らは、自分たちは、外部からのデータとの厳密な一致を目指すことよりも、経済理論の複雑さを探ることによって、経済プロセスについてより多くを学んでいると信じているのだ。[7]

経済学分野の中心人物であるロバート・ルーカスとエドワード・プレスコットはさらに進んで、実証的証拠を理論の評価基準から外すことさえしている。彼らにとっては、合理的な期待との一致の方が重要なのだ。トーマス・サージェントは二〇〇五年のインタビューで、実証的な検証の結果と、自分たちのモデルがうまく合わなかったときに、ルーカスとプレスコットが見せた反応を振り返って、「ボブ・ルーカスとエド・プレスコットの二人が私に、そのテストはあまりに多くの良いモデルを不合格にしていると私に言ったのを覚えている」と語っている。[8] こうした姿勢は現在でもある。同時に、ミクロ的基礎付けという理論上の正統に適合しなければ、データに合致する理論であっても不合格にするという、裏返しの姿勢も見られる。

最終的に私は、『ネイチャー』の他の編集者と相談した上で、批判的だった経済学者の意見は無視して、その論文を『ネイチャー』に掲載した。嬉しいことに論文は好評で、これまでに三〇〇回近く引用されている。

大切なのはモデルか、それとも現実か

一〇年ほど前、フランスで経済学を学ぶ大学院生たちが、小規模で短期間ではあったが、教授に反旗を翻したことがあった。大学院生たちは、経済理論の大半が極端に非現実な前提に基づいていることに我慢できなくなり、授業への出席を拒否し、現実とまったく無関係な経済理論を教えていると教授たちを非難する声明を発表した。非難された教授たちは、当たり前だが、自分の立場を守りに出た。その結果、学生たちも最終的には引き下がった。しかし、この騒ぎがきっかけになって、『ジャーナル・オブ・ポストオーティスティック・エコノミクス』（のちに『リアル・ワールド・エコノミクス・レビュー』と誌名を変更した）と呼ばれる新しい学術雑誌が創刊された。この雑誌が目指すのは、無益な数学の訓練以上のものを目指す経済学研究を発表することだ。

多くの国の中央銀行で経済変化を予測するのに使われている合理的期待モデルを詳細に調べていくと、フランスの大学院生たちが異議を唱えた理由が容易に理解できる。欧州中央銀行で現在、欧州経済の予測と分析に使われているモデルは、現代の経済学者の多くが「最先端」と考えている種類のものだ。フランク・スメッツとラフ・ウーターズという二人の経済学者が考案したこのモデルは、「動学的確率的一般均衡（DSGE）モデル」として知られるもので、その方程式は、合理的期待のミクロ的基礎付けの要件に十分注意している。DSGEモデルには、「家計」（働き、収入を得て、消費する人々）の行動を扱う方程式が一つある。さらに別の方程式では、企業の販売や雇用、投資を扱っている。こうした方程式では、家計や企業の行動を、将来にわたる自らの効用を複合的に最適化することで生じるものとして定義しているのだ。

アメリカでは、FRBがこれとかなりよく似た「FRB／US」（「ファーブス」と読む）というモデルを使用しているが、ここでも期待のモデル化が重視されている。連邦政府によるモデルの説明を引用すると[9]、このモデルでは、「ショックに対する家計や企業の反応の特徴を記述するために、動学的最適化理論を幅広く利用して」おり、家計や企業、金融市場についての方程式は「最適化行動についての経済理論」に基づいている。欧州中央銀行のスメッツ＝ウーターズモデルと同様に、このモデルでも、個人と企業は合理的であり、何であれ、そのモデルの予測に一致した行動を取ると仮定している。そうしたモデルで考えると、現実の経済が崩壊状態に近づいているのに、住宅価格の上昇によって大きな利益があげられると期待して不動産を買い占めるという行動は、アメリカの大半の地域ではまず不可能だという結論になる。

残念ながら、経済学者の言う意味での「ミクロ的基礎付け」はこれまで、予測の成功にほとんどつながっていない。FRB／USを用いたアメリカの翌年のGDP予測は、ここ二〇年ほどの間に起こった景気後退を一度も事前に予期できなかった。全般的に見て、GDP成長率の推定値は、景気後退期には高すぎ、景気回復期には低すぎた。つまり、直前の出来事を繰り返すと予測しがちのため、変化をとらえられないのだ。同様に、イギリス財務省が一九九六年までの二五年間にわたっておこなってきた予測では、GDPの平均予測誤差が一・四五パーセントだった。毎年のGDP変動幅が二・一〇パーセントであるのを考えれば、きわめて大きな誤差だと言える。ほぼ同じことがヨーロッパ各国で起こっている。一般的に、実際のデータと比較して予測の誤差が大きく、また正確な予測ができたとしても、ほとんどが経済状況の比較的安定した時期の予測であることから、全体としては、これらの経済学モデルは、いかなる種類の変化の予測にも不適だと言える(10)。

経済学者のポール・オームロッドが、予測の成功についてのレビュー論文で結論づけているとおり、「科学の基準に照らせば、これまでの短期的な経済予測の精度は低く、時間とともに改善する兆しもない」のである。

一方で、歴史に残る暴落や景気後退といった、最大クラスの事象を考えた場合でも、この状況はまったく変わらない。二〇〇八年の大不況でも、予測成功までもう一歩というモデルさえなかった。各国政府のモデルは、巨大な嵐が目の前にわき上がっているのに、天気はもっとよくなるだろう、と予報していたのである(11)。

しかし実を言えば、こうした状況は少しも驚きではない。これらのモデルは実際にはあまり多くを説明しようとしておらず、むしろ、言い逃れをしているからだ。

DSGEモデルの専門家の主張で最も過激なものが、DSGEモデルは、GDPの変動パターンに含まれる特定の統計的特徴——具体的にはGDPの変動パターンの長期記憶——を再現するのであり、GDPの変化には、将来的に起こり得る変化の情報が含まれる、という主張だ。もちろん、これを笑うことはできない。詳しい統計データを調べるのは、きわめて不規則なプロセスについてのモデルを検証する方法として最も適しているからだ。とはいえやはり、この主張はまともに取らない方がいいし、あるいは全面的に疑ってかかるべきだろう。モデルにシンプルで妥当な仮定を組み込んで、そこから何か複雑で現実的なものが現れてくるかやってみる、というのは一つのやり方ではある。この方法で、現実世界の事象の根本的な原因にたどり着けるかもしれない。適切な材料をオーブンに入れれば、ケーキができてくるのと同じだ。

しかし、DSGEモデルでしているのは、それとはまったく違う。GDPの複雑な統計データや、他の経済学的な時系列を説明するために、DSGEモデルの想定では、経済主体は効用などをできる限り最適化し、さらに「経済は、技術や選好、政策といったものへのショックによって影響を受ける」と仮定することになっている。さらに、モデルの出力と合うように、外部から入ってくるショックは、複雑さの度合いが完全に同じで、長期記憶も等しいと仮定する必要もある。これはむしろ、オーブンにケーキを入れておいて、後で同じケーキを取り出して、「ほら、ごらんなさい!」と言うようなものだ。

イギリスのエリザベス女王が二〇〇八年に、ロンドン・スクール・オブ・エコノミクスで経済学者たちと会った際に、経済学者たちが金融危機を予見しなかった、あるいは少なくともその可能性について警告しなかったのはなぜか、と質問したのはよく知られた話である。これはどう見ても公平かつ賢明な質問であり、その答えは、経済学者たちが好むモデルは、ミクロ的基礎付けに固執するあまり、人間の行動と同じくらい重要とされる他の要素を無視していたから、ということになりそうだ。金融イノベーション? 信用の暴走? 大規模な住宅バブル? そんなものはDSGEモデルが作り上げた合理的期待の世界には存在しない。DSGEモデルの専門家たちは、危機を「説明する」ために(もちろん事後的である)、自分たちでも受け入れがたいと感じるような奇妙な仮定を用いるほかなくなったのだ。DSGE支持派の経済学者であるナラヤナ・コチャラコタは、二〇一〇年に次のように認めている。

マクロ経済学のモデルの大半は、テクノロジーの先端領域について、何らかの形で大規模な四半期変動を取り入れている（たいていは技術の進歩に関する変動）。あるモデルでは、労働者の勤労意欲に対する集団的なショックを考慮している。他のモデルでは、四半期ごとに生じる、資本ストックの償却率への大規模なショックを導入している（資産価格のボラティリティを高くするため）。私の考えでは、このようなテクノロジーや労働者の選好に対する集団的なショックを取り入れることには問題が多い。二〇〇九年の第4四半期に、すべての人が仕事を減らすことがあるだろうか。[12]

こうした経済学者は、結果を現実に近づけるため、自分たちのモデルに登場する「合理的な行為者」の行動について、いっそう信じがたい仮定をせざるを得なくなったのである。このような考え方をする必要があるシステムに、いったい何の意味があるのだろうか。よくわからない行為者を想定し、彼らを起こり得ない状況に置いたところで、その行為者が現実的な行動を取ると期待できるだろうか。むしろ、これまでのことは水に流した方がいいかもしれない。「合理的期待革命」のことは忘れ、最初からやり直すのだ。ミクロ的基礎付けという考え方は、「waterboarding（水責め）」という言葉にどこか似ている。その言葉の意味を知らないうちは、良いことに聞こえるのだ。根拠があり、信頼できそうなミクロ的基礎付けというものがあるのなら、良い考えだと言えるのだが。

現実には、人間は行動を合理的に最適化するのがあまり得意でない。それどころか、まずまずというレベルでさえない。むしろ人間は、他人から影響を受けやすい社会的な動物なのだ。私たちの期待には大きな意味があるが、そうした期待を左右するのは、政策決定者がしそうなことについての慎重な検討ではなく、他の人が何を望んでいるかに対する予想だと言える。現在考えられている合理的期待のなかには、当惑するような内容が数多く見受けられるが、その極めつけはおそらく、合理的期待を考えるモデルでは、すべての人間が、他人の影響をまったく受けずに自分自身で判断し、行動するとされている点だろう。その考えに従うなら、他人が住宅の購入や転売をしようとしているときに、自分も同じ行動を取ろうとする可能性が高くなることなどない。社会的影響はまったく働かないからだ。

こう考えれば、ＤＳＧＥモデルが金融危機の可能性さえ予測できなかったのも、少しも驚くことではないだろう。

アニマル・スピリット

二〇〇〇年代初頭、アレックス・ペントランド教授は、海外、特にインドでの研究室の展開を目指すＭＩＴのイニシアティブの委員をしていた。そのイニシアティブは計画どおりには進まなかった。「世界で最も優秀で力のある人々を集めていた」とペントランドは振り返る。「それなのに、私たちの仕事は大失敗だった。信じられないほどの大失敗だ。人々はいろいろと決定を下していたが、それはどう見ても馬鹿げたものばかりだった。何かを決めた二日後には、『いったいどうしてあんな話に賛成したんだろう』と考えることになるのだ。みんなの脳のスイッチがオフになっているようだった」

ペントランドは、コンピューター科学者としての教育を受けており、大半の科学者と同様、合理的な思考と意思決定の重要性を理解している。しかし、この経験には不安になった。何が起こったのかをじっくり考えたペントランドは、ある結論にたどり着いた。イニシアティブを率いていたディレクターたちは、非常にカリスマ的で自信にあふれていたが、他の人々を引っ張っていくために、非合理的な、少なくとも会話によらない力を使っていた、というのである。ペントランドはその効果をより明確に突き止めるために、すぐにいくつかの実験に取りかかった。

たとえば、大規模なコールセンターで実施した実験では、オペレーターたちの音声パターンを分析する電子装置をコールセンターのフロアに設置した。この装置は、オペレーターの使う特定の言葉や会話の論理ではなく、物理的な音声信号、つまり声の抑揚や高さの変化の測定値のみを記録するようになっていた。それでもペントランドは、ほんの数秒聞けば、営業電話が最終的に成功するか、失敗するかをほぼ正確に予測できた。わかったのは、成功の確率が高いオペレーターたちはあまり話さず、代わりに相手の話をよく聞くという点だった。自分が話す場合は、声の振幅と高さを大きく変化させることで、顧客の要望に興味があり、それに応えようとする姿勢を示していた。話し方に変化がほとんどないオペレーターは、きっぱりしていて権威的な印象を与えるが、熟練オペレーターになると、人を引きつける話し方と、反応は良いが押しつけがましくない態度によって、電話の相手が自発的に購入するよう仕向けるのに長けていた。この会社は、この実験の結果を用いて、電話セールスの成績を二〇パーセント以上向上させることに成功している。

人類学的な立場から見れば、人間が与える影響の多くが話し言葉によらないというのは驚くにはあたらない。進化上の近縁種であるチンパンジーなどの類人猿や、その他の霊長類には、人間のような言語能力はないが、それでも高度な社会的生活を送っている。彼らは狩りや集団防衛、子育てのためにグループを作るが、これらはすべて、力の誇示や、意味を持つノイズ、顔の表情といった非言語的な手段によっておこなわれている。この種のコミュニケーション能力を本能として持っていたために、人間の祖先は強力で団結力の強い集団を形成できたと言える。そしてこの人間の本能は、最近進化した言語と理性という能力とともに、いまでも残っているのだ。

この一〇〇年間で最も有名な社会心理学研究に数えられるものとして、集団が個人に与える影響の大きさについての実証研究がある。たとえば心理学者のソロモン・アッシュは、一九五一年の実験で、被験者に一枚の紙に引かれた三本の線を見せ、別の紙に引かれた線と同じ長さのものはどれか質問した。三本の線の長さはかなり違っていたので、正解は間違えようがなかった。それなのに被験者の多くは、他の被験者が何人も同じ誤答をするのを聞くと、集団の意見に合わせてしまい、自分の感覚という明確なインプットを完全に無視してしまった。集団に所属する人々は、多様な意見を意識的に比較検討してから、他の人々に同調することを慎重に（あるいはおそるおそる）選んでいるわけではない。むしろ同調行動というのは、自動的かつ無意識的に起こるものである。

経済学の世界では、ケインズが、金融不安定性の根幹に同じ力があると考えた。そして、この力が楽観主義や悲観主義に与える影響や、支出や貯蓄にもたらす効果について検討し、それを「アニマル・スピリット（動物的衝動）」と呼んだ。ケインズの考えは自らの経験や洞察力に基づいたものだったが、最近の研究では、それが与える効果がさらに明確に実証されている。

期待には、過去についてのかなり明確な見方が必要になる。期待するためには、過去の経験から何を期待すべきなのか、それなりにわかっていなければならないからだ。しかし、私たちの記憶はそれほど明瞭でもないし、曖昧なところもある。社会的影響と無縁でもない。数年前、イスラエルの心理学者のミカ・エデルソンらは、ボランティアの被験者にドキュメンタリー番組を見てもらい、その数日後に、他の被験者がどんな記憶を語ったかを知らされた場合と、何も知らされなかった場合という異なる状況で、番組の内容を思い出せるかどうかをテストした。エデルソンらが発見したのは、被験者の記憶は、しばしば他の人がした間違った話に同調し、一時的な記憶違いばかりでなく、長期的な誤りも生じることだった。それは実験直後の記憶が強力で正確であっても同じだった。さらに重要なのは、この研究の続きとして、脳機能イメージングを用いて、記憶の変更が生じた脳の部位を特定したことだ。被験者たちが本当は記憶していないことを話したのは、その場に合わせていただけではなかった。被験者の脳は社会的圧力を受けて、実際に変化しており、そのために異なる内容を記憶していたのである。

この結果は、グレゴリー・バーンズらが実施した別の実験にも見られる。バーンズらは、有名になっていたアッシュの社会的同調実験を再試験したのだが、バーンズらが採用した実験方法では、同調行動を取っている被験者（自分自身の観察結果を事実上捨てて、他の人の観察結果に賛成している）は、単に周囲に合わせているのではないことが明らかになった。社会的圧力のせいで、被験者は世界を違った目で見ていたのであり、その原因は、脳内の特定のメカニズムだったのである。

これは、実験室内の管理された条件で確かめられたことだが、もっと広い条件にも当てはまりそうだ。私たちの過去についての記憶や見方、そして現在についての見方は、社会的圧力に同調しているのである。二〇〇五年に、あるイギリス人の友人は私に、「住宅価格は決して下がらないよ」と言った。彼は、三軒目となる投機目的の不動産物件を購入するために住宅ローンを組んだばかりだった。この友人は賢くて常識のある教養人だが、その意見は自ら調べて得たものではなかった。当時の新聞は、住宅の転売で一夜にして金持ちになった人々の話であふれていた。経済史学者のチャールズ・キンドルバーガーには「友人が金持ちになるのを見ることほど、心の平和や判断力を乱すものはない」(『熱狂、恐慌、崩壊』(吉野俊彦ほか訳　日本経済新聞社)より引用)という言葉がある。私の友人の心は、他の多くの人の心と同じように、世間の空気に染まっており、結果としてその脳は物理的に変化していたのだろう。

こうした考え方や、それに類する考え方は、DSGEモデルであれ何であれ、現在のマクロ経済学モデルにはまったく取り入れられていない。合理的期待という束縛から、きわめて慎重に数歩だけ離れようとしてみた主流派の経済学者たちもいるが、どれもあまり本格的な試みではなかった。もちろん、そうした試みは危険に満ちたものだろう――実際的な心理学というのは、無限に変化し続ける、荒々しく底知れぬ世界のようなもので、そこに入り込んだ者は、どうしようもなく混乱して道に迷ってしまうかもしれないからだ。しかし、細かい点をすべて一度に扱おうとせず、森の中に慎重に踏み込んでいくことならできるかもしれない。マイノリティ・ゲームの例を思い出してほしい。人間は学習と適応をおこない、未来の行動は過去の経験に基づいているというアイデアをきちんと取り入れただけで、飛躍的に前進したではないか。それ以外に考える必要があることがはっきりしているのは、人々の間の現実的な差異や、往々にして人々の行動の伝染性を高める社会的な要素などだ。

こうした基本的な特徴が経済のダイナミクスに送り込まれるプロセスは、いくつかの不均衡経済モデルですでに調べられており、そこから安全で安定な均衡状態が生まれる保証はまったくないことが示唆されている。このあたりが、主流派経済学がこうした種類の研究にいつまでも抵抗し続ける理由なのかもしれない。思考にはいろいろな役割があって、真実の探求はその役割の一つにすぎない。ベンジャミン・フランクリンはこう言っている。「『理性的な動物』であることは都合の良いもので、人間はこの理性というものによって、何かやりたいと思えばどのようなことでも、そのための理由を見つけたり、作り出したりできるのである」

哲学者のなり損ない

物理学者にはいろいろな人がいる。たとえば、ひも理論の研究者は数学的な美それ自体が目的だと考えており、イギリスの偉大な物理学者ポール・ディラックがそうだったように、物理学研究を「美しい数学の探索」と見なしている。その一方で、かなり違った考え方で研究を進めている人たちもいる。そうした物理学者は、データに向き合って、それがパターンを通じて何か語りかけてこないかを調べている。

二〇一一年にドイツ人物理学者のトビアス・プライスらは、そうした考え方に基づいて、先物市場や株価市場での価格変動を、最短で数十ミリ秒間（具体的には先物市場の高頻度取引）、最長で一〇〇億ミリ秒、つまり数十年間（四〇年間のS&P五〇〇種株式指標）のタイムスケールで調べた。市場参加者の間ではよく、ブル（強気）市場やベア（弱気）市場、持続的な値上がりや値下がりにつながる市場心理といったことが話題になる。値上がりした銘柄の株価はさらに値上がりする（あるいはその逆）というモメンタム効果が現実に存在するのは、多くの研究ですでに明らかにされているとおりだ。そしてモメンタムの向きの転換には普遍的なパターンもあるらしいことが、プライスらによって発見された。プライスらの分析では、彼らが「転換事象」と呼ぶ、価格の上昇トレンドが下降トレンドに切り替わる（またはその逆）事象に焦点を当てている。この転換事象は、数学的に一義的に特定（あるいは定義）可能だ。プライスらは、先物市場と株式市場のどちらであっても、あらゆるタイムスケールで原則的に同じ数学的パターンが存在するのに気づいた。つまり転換点に固有の特徴が取引量に現れて、迫り来る変化を予言することを発見したのだ。基本的なパターンは簡単な式で表せられるが、図12のようなグラフの方が理解しやすい。このグラフは、転換点の瞬間が近づくにつれて、一回当たりの取引量が増加することを示している。気をつけてほしいのは、それが特定のタイムスケールを表すものではなく、多くのタイムスケールの平均になっていることだ。

グラフの中央が転換の瞬間であり、ここで一回当たりの取引量が非常に大きくなっている。すなわち、価格トレンドの転換点が近づくにつれて、人々はより大量に取引するようになる。人々の行動が事実上、その後に起こる事象の早期警戒信号になっているのだ(13)。

このパターンから示唆されるように思われるのは、ある種類の集団的行動が、規模を増大させながら別の種類へと転換する普遍的なメカニズムの存在であり、それは鳥の群れが突然、飛ぶ方向を変えるのと非常によく似ている。実際、鳥類学者は、鳥の群れが急に方向転換するのは、群れのすべての鳥が合理的に最適化された同一の計算をして、同時に考えを変えたからではなく（鳥の飛行を合理的期待の観点で見るとそうなる）、それぞれの鳥が近くを飛ぶ鳥の変化に対応し、その変化が連鎖反応的に群れ全体に伝わるからだと知っている。数年前におこなわれた実験では、ムクドリの群れは、ある集団での飛

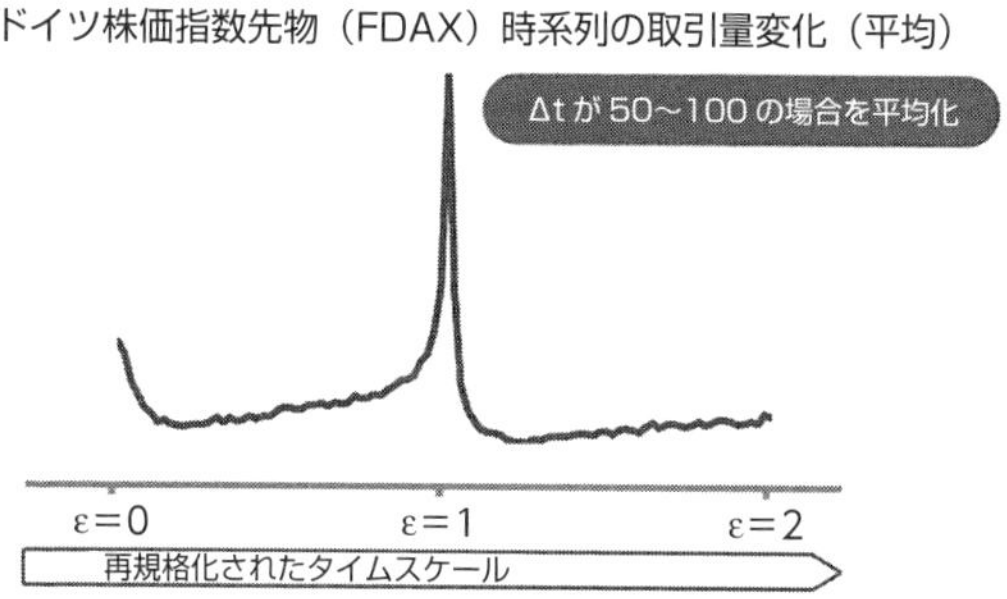

図 12　トレンド転換の普遍的なパターン（多くのタイムスケールのパターンを平均化）。このグラフは、価格トレンドの転換点に近づくにつれて取引量が増加し、上昇トレンドから下降トレンド（あるいはその逆）への転換の瞬間にピークを迎えることを示している。価格変動の範囲が数カ月でも数秒でも、このパターンが現れる。（Tobias Preis, Johannes Schneider, and H. Eugene Stanley, "Switching Processes in Financial Markets," *PNAS* 108, 7674-7678（2011）を許可を受けて転載）〔Δt は、価格変動のタイムスケールの大きさを表す。t は、時間を表す離散数（1 取引を単位とする）で、$t-\Delta t \leqq t+\Delta t$ の範囲で時間 t の価格よりも高い（低い）価格がない場合、時間 t を価格トレンドの転換点とする。Δt が大きいほど、より大きなタイムスケールでの価格変動になる〕

行状態を意図的に保っていて、その状態では、どの一羽の行動に対しても極限まで敏感であるため、どこから来た情報でも最大限に活用していることまでわかっている。プライスらが発見したパターンは、同じことが市場にも言えると示唆している。多くの人は、その時点のトレンドに従っている。そのうちに、何人かが、トレンドが逆転する可能性を警戒して、しかるべき行動を取る。すると他の人々は、そうした人々の行動を感じ取って、追随する。行動の連鎖が広がって、トレンドを逆転させ、やがて逆方向のトレンドが始まる可能性が高いのだ。

　こうした発見が具体的な数学の形で示したことを、経験豊かなトレーダーや投資家の大半は直観的に理解している。伝説的な投資家のジョージ・ソロスは、投資の世界のレオナルド・ダ・ヴィンチのような存在であり、その豊かな才能によって、世界中の専門家の間でもきわめて抜きんでた存在になっている。ソロスは四〇年間にわたり、まれな例外を除き、あらゆる重大な金融危機の到来を事前に予測してきた。現在の悲惨な経済状況においてもやはり勝者の側におり、世界中の歴史ある投資銀行が破綻するなかで、かなりの利益を出している。

　ソロスはどうやってそうした予測をしているのだろうか。彼は数多くの著書において、自らの洞察の源泉について説明を試みている。ソロスがきわめて直観的な言葉づかいで書いたのが、自ら考え出した「再帰性」理論である。この理論は、信念と行動の間にある微妙な相互作用と、人間の市場理論が人間の行動を変え、さらに市場の仕組みにも影響する過程を把握しようとしている。本人も認めているが、ソロスの理論は、彼の投資での成功ほどには評価されていない。ソロスは今では、自分は「考えを伝えるのは下手」で「哲学者のなり損ない」と考えている[14]。

　ソロスの考え方は経済学界から批判されているが、そのなかには、公平なものも、そうでないものもある。たとえば、彼の市場理論は定性的で、その大半がかなり抽象的な哲学的用語で表現されており、予測の科学が持つべき明確で細やかな視点が欠けている、という批判は公平なものだろう。そうしたソロスの議論の方法は、いまや遠い過去となった、経済学に数学が導入される以前の時代の方がなじみが良いと言える。しかし一方で、ソロスの考えは正統派の経済学に合致せず、近代経済学や多くの経済学者の社会的地位の基礎である、一見すると立派な体系を脅かしている、というだけの理由でその考えを無視するのは、公平とは言えない。ただし、最後に笑うのはソロスかもしれない。（すでに莫大な金を手にしているのに加えて）ソロスの市場観は、ここで考えている単純なダイナミクスと強く響き合うからだ。ソロスは「あらゆるバブルは、再帰的な形で相互作用するトレンドや誤解からできている」と書いているが、その意味は必ずしも明確ではない。しかし、これまでの著書の内容から判断すると、ソロスが説明しようとしているのは、現実社会の事象と、人間の思考やそうした事象への反応の間に生じる正のフィードバックのことのようだ。

ソロスが第一原則としているのは、人間の合理性や知識ではなく、可謬性であり、知識の欠如である。市場を構成する人々は、何が正しく何が間違っているのかを調べて、未来がどうなるかを理解しようと最善を尽くしているが、それは常に不完全であり、近似的な理解であり、比較的現実に近い近似も、かなり離れた近似もある。市場参加者は、自分が理解している範囲のことについて、参加者の行為のより効率的な指針としてその理解を用いたいとも考えて、ソロスが心の「操作機能」と呼ぶものに従うようになる。これは、私の考えでは、やや哲学的すぎるきらいがあるが、基本的な考えはしっかりしているように思える。そしてこの点でソロスは、他の異端派経済学者たちといい関係にあるのだ。

ミンスキーのシナリオ、レバロンのモデル

四〇年前、二〇代半ばのチャールズ・グレイは、博士課程の指導教官であるアメリカ人経済学者のハイマン・ミンスキーのもとでの研究生活に、必ずしも満足してはいなかった。現在はミネソタ州セントポールのセントトーマス大学の教授であるグレイは、一九七〇年代には、ミズーリ州セントルイスにあるワシントン大学で他の若手経済学者と同じように、合理的期待仮説と、それによって強く求められ

る、最適な均衡状態を目指す金融規制緩和という刺激的な考え方に夢中になっていた。一方でグレイは、均衡理論の数学的な面白さを理解しないミンスキーのもとで研究をおこなうことに閉塞感を感じていた。「彼は金融システムと経済の脆弱性を繰り返して言っていた」とグレイは後に振り返っている。「目の前には、誰も信じていないことをくどくど繰り返す人物がいるのだ。私は彼の指導のもとで研究しなければならなかったが、自分がその指導を信じているのかよくわからなかった[15]」

ケインズや、歴史的な関係性を重視する経済学者の考えに影響を受けていたミンスキーは、経済システムというのは気象と同じで、均衡理論だけでは理解できない可能性があると主張していた。人間の心理の根本的な要素は、散発的に生じる発明や新たな投資と協働して、市場の正のフィードバックを自然に育て上げる。そうした正のフィードバックには、快晴の経済状況に嵐を引き起こす力があるというのが、ミンスキーの考えだった。

ミンスキーが語ったシナリオは、多くの歴史上の出来事と一致していることもあって、説得力のあるものだ。経済が好調で安定的な時期には、人々は自然と楽観的になる。投資家は、借り入れをして、住宅購入や工場の開設、新会社設立といったリスクを取り、そこからの利益を期待する。好況期が長く続くほど、彼らが取るリスクは多くなる。投資家は通常、借り入れによるレバレッジを活用して、自分の潜在的な利得を何倍にもしているわけだが、一方で借入金を返済しなければならない。そのため、現状維持のためには、ますます高リスクの投資に手を出す必要が出てくる。最終的には、自分の資産から生み出した現金をつぎ込んでも、その資産の取得のために負った多額の債務を完済するには足りないという段階まで到達してしまう。そうなると、何かが引き金となって、状況をさらに暗転させる可能性がある。たとえば、優良企業の破綻や、重大な会計スキャンダルの報道などがあれば、継続的な拡大傾向への幅広い信頼は失われ、株価が暴落する。投機的資産で損失を出したことで、貸し手は融資の回収を考えるようになるが、実際にそれがおこなわれた場合、資産価格が暴落して、一気に状況が進み始める。このとき経済は、クオンツ危機に似ているが、おそらくはるかに大規模な下方スパイラルの段階に入るのだ。

二〇〇八年の金融危機は、このパターンに完璧に当てはまる。二〇〇二年から続いていた低金利は、人々の住宅購入を促進した。当初、それは旧来型の住宅購入だった。つまり、元本と利息の両方を完済する意思を十分に持って、従来の担保付きローンを組む方法だ（ミンスキーはこの金融形態を「ヘッジ金融」と呼んでいる）。しかし金利引下げによって住宅価格が高騰したことで、すぐにより投機的な要素が出てきた。最初は「インタレスト（金利）・オンリー」ローンが組まれていたが（「投機的金融」）、やがて「ポンジ金融」の段階に入っていった。このタイプのローンは、毎回の返済額が非常に少なく、金利分にもならないほどなので、実際の未返済額は時間とともに増えていく。この時点でバブルは、消えずに広がっていく楽観主義の波になった。貸し手は、住宅価格が上昇し続けると信じて、「ポンジ金融」型のローンの借り手に資金を提供しただけだったが、当然ながらそんなことはあり得ないため、大規模な下方スパイラルを引き起こすことになったのだ。

このことは、ミンスキーの考え方にもう一つの要素をもたらした。つまり、そうしたバブルの膨張において金融機関が果たす基本的な役割についての考察を与えたのだ。具体的に見ていこう。「ポンジ金融」型ローンを借りるには、当然のことながら、それを融資する立場の人々が必要である。こうした影の金融システムは急激に拡大し、その主な結果として、融資をかつてなく投機的かつ高リスクで、高レバレッジ率に支えられたものにするメカニズムが生み出された。そして、このメカニズムは、住宅バブルを促進する働きをした。借りられる資金が増えれば、住宅価格の上昇が促されるからだ。バブルは当然の結果として崩壊し、現在、ヘッジ金融から投機金融、ポンジ金融へと進む、ミンスキーの金融形態のプロセスは逆行している。企業のレバレッジは縮小し、貸付基準は高くなっている。そして金融形態の三段階における借り手の割合は、「ヘッジ金融」型が多くなっている。

一九八四年の著書『金融不安定性の経済学』[16]で、ミンスキーはこのメカニズムについて説明し、それが一七二〇年の南方泡沫事件から、一九二八〜二九年のアメリカ株式市場バブルまで、歴史において繰り返し発生してきたと指摘した。しかしミンスキーの考えは、合理的期待革命とは相容れなかった。合理的期待は当時、ケインズの言葉を借りるなら、「宗教裁判所がスペインを征服したのと同じくらい完全に」経済学界を征服していた。合理的期待を支持する主流派経済学にとって、不安定を生む原因が市場経済の真ん中に永続的に存在するという考えは、何よりもタブー視されたのだ。しかし時代は変わるものだ。ノーマン・フィリップスが地球の風のパターーンの分布を突き止めたときにおこなったような、自分のモデルをコンピューターに入力して、そのダイナミクスや、各要素の相互作用を人間の頭脳ではできないほど詳細にシミュレーションするという作業は、ミンスキー自身はしていない。しかし、何人かの冒険心にあふれた経済学者たちが、そうしたシミュレーションをするようになった。

たとえば、経済学者のブレイク・レバロンは二〇一一年に、ある初期型のモデルを開発した。このモデルは、地球大気をシミュレーションしたフィリップスのケースのように、粗削りではあるが大きな価値をもったもので、これを検証することで、この種のモデルが、経済をたびたび混乱に陥れる本質的なプロセスを明らかにするのに有望なことが示された。概要を説明すれば、レバロンのモデルには、これまでに見てきた他の適応的モデルと同じように、市場価格を予測しようとするトレーダーが登場する。こうした経済主体は、相互作用によって、現実の市場に非常によく似た金融市場を生み出す。具体的には、この市場の動きは予測不能であるが、これは効率的市場仮説や、実際の市場を観察した結果でも同じことが示唆されている。またこの市場は、ファットテール分布や長期記憶といった統計的特徴も示し、これも実際の市場で見られるものとよく対応している。ここまでは、他のモデルも似たようなものだが、レバロンのモデルはさらに一歩進んでいる。

ミンスキーの指摘の一つに、他の人よりも投機的傾向が生まれつき強い人々が存在する、というものがある。レバロンのモデルにはこの点が反映されている——個人や企業には、他よりも考え方が慎重で、「ファンダメンタルズ」を詳細に検討して、長期的な観点で投資をおこなおうとするタイプと、より投機的で、利益があげられそうだと信じたトレンドに積極的に飛びつくタイプがいると考えた場合には、どんなことが起こるのかを調べるようにしたのだ。私たちの世界は、実際には、一種類の自動機械で作られているわけではない。したがって、タイプの違いを設定することには大きな効果があるとわかっている。

この仮想世界のシミュレーションでは、投機的タイプのほとんどが一般的に、財全体の約四〇パーセントを長期的に支配するのに対し、ファンダメンタル投資家タイプは約一〇パーセントしか支配していないことが明らかになった。この結果を見れば、市場の適応的かつ投機的なセクターが、市場全体のダイナミクスに支配的な影響を与えている理由や、モメンタムが考慮すべき力である理由が理解できる。また市場は、資産価値の上昇に伴うゆっくりとした長いバブル的値上がりの期間と、それに続く、ミンスキーが説明した種類の急落を何度も通り抜けていた。さらにレバロンのモデルは、ミンスキーの説明では必ずしも明確になっていなかったことも何点か指摘している。

一つ目は、急落のリスクが高まるなかでも、投機家がそれに無関心なのは、短期的トレンドへのこだわりという、投機家を投機家たらしめている性質そのものが原因だという点だ。市場がピークに達しても、投機家たちは、リスクはまだ低いと考える。そして、自分たちの戦略がその時点でも堅調な成績を収めていることを証拠として示せる。二つ目は、市場に残っているファンダメンタル投資家は、危機が迫っているのを十分認識してはいても、市場安定化のために彼らができることはないという点だ。フリードマンなどの新古典派経済学者であれば、その努力をすべきだと主張するところである。実際には、ファンダメンタル投資家は価格の急騰から利益をあげられないため、最終的に手にする財は少なく、よって彼らによる市場の支配は、市場安定化につながるほど十分ではない。

こうした価格の上下の波が、企業がレバレッジを増加させていなくても起こりうる点にも注目すべきだ。レバレッジの増加は、ミンスキーが重要な要素と考えた慣行だが、あまりにも複雑だったので、レバロンはひとまず自分のモデルに入れなかった。しかしレバレッジがなくても、単純な心理学的要因とリスク志向によって、ここで述べたような投機的な不安定性は生じるのだ。もちろん、雪だるま式に進むレバレッジ解消によって生じる価格下落の過程で、特にレバレッジがモデルをより不安定にするのはほぼ間違いないことである。

他の計算モデルと同様に、レバロンのモデルは、いくつかのシンプルな行動ルールの相互作用からどんな結果が生じるかを検討し、深く調べるためのツールとして考えられている。もちろんレバロンの研究は、ほんの手始めの試みにすぎない。しかし、それを用いれば、どんなことが起こりうるかを調査し、一見不可解な事象も、合理的期待や均衡という目隠しを外せば、少しも不可解ではなくなることを実証できる。ところで、歴史家たちが指摘しているように、多くの金融バブルでは、バブルのピーク直後、暴落の直前というタイミングに「財政難」の時期を経過し、この時期には市場が長く不安定になることが多いが、それはなぜだろうか。こうした微妙で細かい特徴も、かなり単純な不均衡モデルで自然に再現できるように思えるが、この場合にも、市場にさまざまな考え方の投資家が存在することが重要になる[17]。それらを考え合わせると、確かにミンスキーの基本的な洞察は正しいように見える。

人間は、完全に合理的な存在などではない。私たちはそれぞれが違っていて、市場も均衡状態にはなっていない。こうしたことはすべて、現実世界の混乱をもたらすものだが、それを真摯に受け止めていけば、私たちの理解も前に進んでいくだろう。

合理的期待を超えて

合理的期待——経済現象を均衡という概念に押し込め、イデオロギー的な根拠だけで他のあらゆる可能性を否定したいという強迫的欲求を、これほどはっきりと例示するものは経済学にはほかにないだろう。そうした欲求は、科学的な観点からはまったくあり得ないように思えるが、社会学や人間行動の観点では、それほどでもない。知識の面で袋小路に閉じこもろうとするのは、経済学者が最初ではない。アッシュの実験は、社会的同調の圧力を受けた人が、本当は短い線を長いと認識する場合があることを示した。それならば、経済学者たちが、実験的な根拠のない合理的期待モデルは現実の経済を何らかの形で反映していると見なすのも、そうした圧力を受けているからではないか。これは十分に考えられることだ。

経済学者たちは実際に、大学院での教育において相当な社会的圧力を受け、特定の概念を教え込まれてきている。ある経済学者は私に、経済学者が新しい手法を嫌っているように見える件に関して、「それは、どの経済学者もたいてい、勉強を始めたばかりのころに、経済学の方法論に関するフリードマンの古い論文をたたき込まれていて、深くはまり込んでいるせいだ。あの論文から距離を置くのは大変なのだと思う」と話してくれた。

こうした状況が経済学に与える影響は、知識面でのちょっとした危機にとどまらない。経済学者のデイヴィッド・コランダーらは、金融危機後に発表した論文で、現在の経済思想を次のように批判している。

世界的な金融危機は、金融システム規制の方法を根本的なところから再考する必要性を示した。さらに、経済学界の組織的な失敗についても明らかにしている。過去三〇年にわたって、経済学者たちは、資産や他の市場の結果を左右する重要な要素、つまり決定ルールの多様性や、予測戦略の変更、社会的状況の変化などを無視したモデルを大規模に構築し、それらに頼るようになっている。

少し見回しただけでも、こうしたモデルが現実の経済の進化を説明できていないのは明白だ。さらに言えば、現在の学術研究のテーマからは、金融危機の本質的な原因についての研究がほとんど締め出されている。金融システムにおける危機を初期段階で検知する指標や、この病弊の発生を防ぐ将来的な方法についての研究も、ほとんどおこなわれてこなかった。実際のところ、マクロ経済学や金融についての学術論文にざっと目を通すと、「システミック・クライシス」というものは、経済モデルには登場しない別世界の事象のように思える。大半のモデルは、この繰り返し発生する現象の考え方や対処法についての直接的な手がかりを、意図的に提示していない。どうしても助けが必要なときに、あらゆる国は、手がかりとなる理論もなく、暗闇を手探りで進まざるを得ない状況に置かれている。経済学のシステム的失敗だと言える。(18)

ポール・クルーグマンの言葉を借りれば、それはあたかも、「見た目が印象的な数学に包まれた美しいものを、真実と」勘違いするようなものだ。

正直なところ、経済学で使われている数学というのは、実際にはそれほど美しいものではない。ルーカスが書いた、合理的期待についての重要な論文を見ると、次のような方程式が出てくる。(19)

$$U'\left(\sum_j Y_j\right)p_i(y) = \beta\int U'\left(\sum_j Y_j'\right)\left(y_i' + p_i(y')\right)dF(y', y)$$

いやはや、ローマの日没のような美しさだ。実際には少しも見栄えのしない風景のような、この方程式は、ドイツ人数学者のレオンハルト・オイラーにちなんで「オイラー方程式」と呼ばれ、経済における一個人が、富を現在消費するか、あるいは将来のために投資するかのいずれかで最適な選択をする状況を記述する式とされている。どちらを選択するかの決断は、市場の現状と、起こりうる未来の経路に関する、その個人の合理的な（当然そうなる）推測によって左右される。数学としては、この方程式は実に魅力的だ。記号が山ほど使われているし、深遠で理解しがたく見える。その上、オイラー方程式には数学的にすっきりしたところがあり、物理や工業数学でも頻繁に使われている方程式である。

しかしこの方程式は、経済学としては、理解する価値もないものだ。現実の経済活動にほとんど関係のない知的遊戯なのである。イギリスの小説家イーヴリン・ウォーが、現代哲学の多くを言い表すのに使った言葉を借りれば、「論理的な言い逃れという室内ゲーム」だ。こうしたことがあってか、経済学者のロバート・クラウアーは、「経済学の大部分は、多少なりとも現実世界に似たものからさえ、かけ離れてしまったので、経済学者が自分の研究テーマを真剣に受け止めるのに苦労することも多い」と告白している。

実際のところ、これはモデル化でも何でもない。むしろそれは異常な幻想であり、経済学から重要なフィードバックや非線形的性質をすべて取り除くという、数学を不誠実な方法で応用した例なのは間違いない。意図しているのはただ、本質的な豊かさと複雑さをそなえた問題を、非常に単純で、重要性に欠けるところさえある問題に変えることである。シティグループのチーフエコノミストのウィレム・ブイターが指摘しているとおり、合理的期待に基づくマクロモデルの主な「成果」は、経済理論から現実世界の複雑さを組織的に消し去ったことにほかならない。

われわれのなかで、非流動性市場における資産価格と、時価会計や、委託証拠金、追加担保要求などを通じてこうした資産価格に接している金融機関の資金の非流動性の間に作用する、非線形的なフィードバックループに驚嘆してきた人々は、このようにマクロ経済学モデルの活力を奪うことで失われるものを敏感に察知するだろう。しきい値効果や、クリティカルマス、臨界点、非線形加速プロセスといったものがすべて、もはや問題外にされているのだ。……当時は実際の数値的政策分析に役に立っていた経済モデルから、あらゆる非線形性と、不確実性の興味深い側面の大半を取り除くという行為は、大きな後退だった。[20]

言い換えると、DSGEモデルは、穏やかな均衡状態だけを使って、嵐もなければ強風も吹かない、晴れた日についての説明をしようとしているにすぎない。しかもそれを当然だと考えているのだ。これはまさに、嵐を理解していない天気予報官の仕事だと言える。イングランド銀行の金融政策委員を長く務めた経済学者のチャールズ・グッドハートは、実務者として、DSGEモデルによる均衡理論的なアプローチについて、次のように簡潔に述べた——「このモデルは私が関心のあることをすべて除外してしまっている」

私たちは、人間の思考パターンを超えたものにも関心を持った方がいいだろう。数年前、二人の神経科学者が、ロンドンにある大手投資銀行のトレーディングフロアで、ある実験を実施した。それは八営業日連続で午前一一時と午後四時の二回、一七人のトレーダーの口腔内から唾液を採取して、テストステロンやコルチゾールといった何種類ものステロイドホルモンの濃度変化を測定する実験だ。わかったのは、取引が好調なとき、トレーダーは単に利口さと、大脳の機敏さだけで取引しているのではないことだ。同じくらい重要なのは腹をすえることだ。腹というより「睾丸」というべきだろうか。トレーダーは、午前中のテストステロンの数値が高かった日の方が、良い成績をあげたのだ。テストステロンのほとんどは精巣で作られている。

これは実は少しも驚くことではない。テストステロンは血中のヘモグロビン濃度を上昇させ、血液によって運ばれる酸素の量を増やすことができるからだ。どんな動物でも、そうした状態では一般的に、何かを根気強く探す力や大胆さ、リスク志向が高まる。こうした性質があれば間違いなく、いかなるトレーダーでも市場での絶好のチャンスをつかめるようになる。大会に向けて準備中のアスリートの体では、さらに多くのテストステロンが作られている。

一方、コルチゾールは、精神的あるいは身体的なストレスを感じている場合に濃度が上昇することから、「ストレスホルモン」と呼ばれることが多い。この実験では、唾液中のコルチゾール濃度が、直近の取引のボラティリティに正比例して増加するという結果も得られた。取引が成功するのか、失敗するのか、予測不能であればあるほど、コルチゾールの濃度が高くなるということだ。

では、この結果が重要なのはなぜだろうか。テストステロンとコルチゾールには、濃度の上昇が長期間続くと、望ましくない副作用があることがわかっているからだ。テストステロンは、自信過剰と、過剰なリスクを取りたがる傾向につながる。一方、コルチゾールが高濃度な状態が長期にわたって続くと、不安や、動揺する記憶の選択的再生、危険に常にさらされている感覚といった精神面への影響をきたすので、反対に過剰にリスク回避的になる。ケンブリッジ大学のジョン・コーツは、二〇一二年に発表した著書『トレーダーの生理学』(早川書房)で、こうした単純な事実が、市場に対する考え方に大きな影響を与えているという点についてじっくりと検討している。[21] 私たちが、金融市場の好況と不況という出来事から逃れられないのは、体の構造が原因かもしれない。上昇トレンド時にはテストステロンが原動力になり、ピーク後にはコルチゾールが状況をより深刻にするのだ。

その意味では、経済学やファイナンスの理論を生理学や生物学の理論に近づけ、合理性への破滅的な執着をやめるべき時期にきていると言えるのである。

経済学者たちの骨身に染みついてしまった思想はともかくとして、合理性と均衡を基盤とする現行の経済学の枠組みの大部分が、近いうちに思想史のゴミ箱に投げ込まれる運命なのは嬉しい話だ。少数の人々がそれを守ろうとますます必死の努力をするかもしれないが、どうにもならない。そんなことよりも私たちがすべきなのは、そうした枠組みを、気象のように振る舞う金融と経済についての本物の科学に置き換えることだ。そこでは、その発生源が何であれ、金融市場に発生する嵐についても考えることになるだろう。

ここまで見てきたように、非常に単純なモデルでも、それが現実の重要な要素をとらえている限り、不均衡のダイナミクスについて重要な知見が得られる。このことは、ミンスキーの市場の不安定性を再現した、レブロンの初期型モデルにも当てはまるように思えるが、そうした試みは、まだ始まったばかりである。

第10章　経済危機は予測できるか？

「非平衡」という状態は、現実の科学ではあまりに一般的なので、むしろそうとは呼ばれていない。「動力学《ダイナミクス》」と呼ぶのだ。あるプロセスの動力学モデルは、平衡状態から離れたところからスタートしなければならない。平衡状態からスタートすれば、何も起こらないからだ。経済学者はそろそろ、経済を動力学的にモデリングする必要性を気づいてもいい時期だ。

——スティーヴ・キーン（経済学者）

教育とは傲慢な無知から惨めな不安への道である。

——マーク・トゥエイン

ヘッジファンド同士の熾烈な競争が、フィードバックという爆弾の導火線に火をつけて、何十億ドルもの大金を数分で失わせることがある。光速でおこなわれるコンピューター・アルゴリズム取引のせいで、市場は気難しくなり、一秒未満のタイムスケールで「スパーク」しやすくなる。フィードバックによって生み出される過剰な楽観主義と悲観主義の波によって、市場や経済全体が衰えていくが、そうしたフィードバックのなかには、人間心理の深い部分に根ざすものもあるかもしれない。自己調節機能のある安定的な均衡状態は、経済学やファイナンス論における標準的な状況とは決して言えないのだ。たとえミルトン・フリードマンがそうした意見に我慢できず、その後の数世代の経済学者に、自分と同じ考えを信じ込ませたとしても。

今日の経済学の論文誌は、慢性的な失業率や貧困の高さから、企業による談合、共通通貨の安定性（または安定性の欠如）まで、あらゆるものの説明に均衡モデルを応用した論文であふれかえっている。もちろんそれは悪いことではない。こういった現象の多くには、正反対の力の間のバランスという要素が含まれている場合もあるし、均衡思想によって、物事の仕組みを大まかに理解できることも、ときにはある。しかし残念なのは、こうした均衡論の議論が排他的なことだ。七五年ほど前、先見の明のある経済学者数人が思い切って均衡論の先へ進もうとした。彼らの研究は、完全に忘れ去られてはいないまでも、意図的に隅の方へと追いやられてしまっている。

世界大恐慌の後、経済学者たちは当然ながら、「見えざる手」が経済を最適な結果へとまっすぐに導いてくれるというバラ色の物語は、もはや受け入れがたいと考えるようになった。イギリスの経済学者ジョン・メイナード・ケインズはかつて、一時的な経済需要の不足が増大して、経済を困難な低迷期に追いやり、さらには自己持続的な不況にまで発展すると主張した。ケインズ以前には、アメリカ人経済学者のアーヴィング・フィッシャーが、ケインズ以上に明確な形で、市場と経済が制御不可能になるケースは何百通りもあると主張していた。バランスの取れた均衡状態にある経済というのは「想像の中でしか」あり得ず、波一つない大海原を探すようなものだと考えたのである。(1)

フィッシャーは特に、楽観主義や金融緩和、負債の拡大といった波は、必然的に「負債デフレ」と、長期にわたる金融引き締めと経済不況（もう聞き慣れただろうか）につながるのだと指摘した。

一九四〇年代には、ニコラス・カルドアやジョン・ヒックスといった経済学者たちが、経済活動が自然に上下動しやすく、均衡状態に落ち着こうとしないことを示す数学モデルを構築した[2]。こうした初期の研究は、基本的な不安定性は気象の多様な変化だけでなく、ほかにも多くのものの原動力になっていると考える、当時の最先端の科学思想に同調するものだった。一九五二年、コンピューター理論の創案者であるイギリスの数学者アラン・チューリングは、正のフィードバックや不安定性は、生命そのものの基礎であり、特に細胞が分割して体のさまざまな部分に分化していく、胚発生という神秘的なプロセスで重要だと指摘した。今では、チューリングの考えが正しかったとわかっている。生物の世界では、実際に正のフィードバックが、私たちの生命に欠かせない特殊化したニューロン、血液細胞、筋組織、内臓を作り出し、制御しているのだ[3]。

しかし、科学の他の分野がこうした洞察によって繁栄していたとすると、一九七〇年代の経済学は異様なほど内向的だった。「合理的期待」革命の後、経済学は均衡論の殻に閉じ込められてしまい、市場のダイナミクスを、本格的な研究には向かないテーマとして扱うことが多かった。現在、自然の不安定性に関するフィッシャーやケインズの洞察は、否定されないまでも、密かに均衡モデルに取り込まれて、事実上無力化されてしまっている。

経済学者たちは、信念を持った少数派をのぞいては、過去数十年に起こった非常に重要な科学的発見の数々を事実上無視してきた。そうした発見には、たとえばカオス理論や、地形から銀河の分布まであらゆるものに見られるフラクタル構造の科学などがあり、これらはすべて非平衡プロセスから生じるものだ。現在では、不均衡的な考え方が徐々に復興し、その結果、経済・金融システムの継続的な変動は、外部からの「ショック」が何もない状態でも、ごく普通に生じることがわかってきている。私たちは、「見えざる手」による無条件の効率性を、過ぎ去った時代の妄想と見なすことを覚えたのだ。

しかしこの最終章では、別の問題を考えたいと思う。気象予報官は、嵐を理解するだけでなく、その予測でも大きな成果をあげている。アメリカの平野部ではたびたび竜巻が発生するが、それによる死者の数は一〇〇年前より少ない。竜巻が発生しやすい気象条件になると、アメリカ気象局が正確な警報を出すからだ。ここで、ある単純な疑問が湧いてくる。これと同じことを、経済学やファイナンス論でもできるだろうか。有用な将来予測は可能になるだろうか。

この本を書いている二〇一二年六月の時点では、経済紙はさまざまな憶測で沸き返っている。ギリシャ、スペイン、ポルトガル、イタリアがデフォルトの瀬戸際にあり、その脅威は、ドイツ、フランス、イギリス、アメリカの大手銀行に及ぶという。金融機関の間に広がった相互作用という不穏な網の目は、欧州の通貨統合全体を危うくするものだ。昨日、証券会社から私に届いたアラートメールは、「ユーロを救うには三日間しかない」というジョージ・ソロスの論説記事が掲載されたという内容だった。はたしてユーロは救済されるのだろうか。世の中の意見は、「欧州のリーダーたちはユーロを破綻させないだろう」と楽天的に信じるものから、「この通貨はおそらく絶望的だ」という悲観的な（私から見れば現実的な）ものまで、さまざまだ。(4) 本書の読者はすでに、この歴史的なドラマで次に何が起こったかを知っているだろう。だが現時点では、事態が明白だとはとても言えない。

将来どんなことが起こるのかを知るのに役立つ、欧州経済のコンピューターモデルは存在していない。そもそも、モデルを作ろうという考えが馬鹿げている。そうしたモデルを考え出すこと、それが存在すること自体が、人々の行動様式を変え、予測が不確かになってしまうからだ。この点は議論の余地がないばかりか、社会科学では実際に問題にもなっている。社会科学の理論は、人々がそれについて知った時点で、現実を変えるという逆向きの作用をして、理論そのものを間違ったものにしてしまうのである。(5)

多くの人々は、この種の議論を「そのとおり」の一言で片付けている。天気を予測するように、経済学やファイナンス論の予測をする時代は来ないと考えているのだ。私には、これはあまりに性急な結論のように思える。「予測する」という言葉には、もっと微妙な意味合いがあるからだ。

歴史は繰り返さない

第一次大戦中、多くの気象学者は正確で科学的な気象予報の実現をほとんどあきらめてしまっていた。この分野は、現在の経済学と同じくらい多くの問題を抱えていた。ロバート・フリードマンは、気象学のパイオニアであるノルウェーのヴィルヘルム・ビヤークネスの伝記の中で、一九〇〇年代初頭の気象予報の状況を説明しているが、そこで使われているのは、本書の読者にはかなり見覚えのある表現だ。

気象予測のための単純な法則を見つけるという夢は、前世紀の終わりには消え失せた。……それまでは数多くの理論が提案されていた。大気の問題を理論化するために、熱力学や流体力学が応用されてきたが、予測は次第に形式的になっていって、気象の変化の原因になっているプロセスについての物理的な理解とは別のものになっていた。……一九〇〇年を迎えるころには、大半の気象学者は気象予測のために、物理学や動力学の面での知見を得ようとするのではなく、統計的パターンを探すようになっていった。失望が広がっていた。画一的な保守主義は、絶望感を高める結果になった。(6)

奇跡を待つのに近い状況だったのも当然と言えるだろう。実際、当時の気象学者にとってはそうだった。

たとえば、イギリス気象庁は当時、国中に点在する気象観測所で、毎日の気圧や風、湿度などの大気の状態を示す数値を記録した、大規模な天気図目録を管理していた。過去の記録もかなりの量があり、新しい記録も常に加えられていたその目録は、いわば天気の歴史であり、気象学者は、次に何が起こるかを調べる早見表として参考にしていた。考え方は単純だ。現在がどんな天気でも、科学者は過去の気象の目録を徹底的に調べて、同じようなパターンを探すのである。たとえば、今日の状況に近いのが、一九〇三年五月一日だとわかったら、目録のページを進めて、歴史では一日後や二日後、つまり一九〇三年五月二日や三日についてどう記録しているかを確認すればいい。五月二日が穏やかな快晴、翌三日にはにわか雨が降り、徐々に風が強まるという記録が残っていたら、それが彼らの予測だった。明日は一日快晴で、明後日はにわか雨と強風になる。気象学者は、気象の歴史が繰り返されるのを期待したのである。

この方法はあまりうまくいかなかったが、ルイス・リチャードソン（風には速度があるかと考えた、あの人物だ）は、その理由がわかると考えた。一九一六年、リチャードソンは、スコットランドのエスクデールミュアにあるイギリス気象庁測候所所長の職を得た。最初に注目したのは、気象学者たちが、予測が可能になっている他の科学分野を手本にしていない点だった。天文学者は惑星や恒星の動きを、何年も前から非常に正確に予測できる一方で、天界の歴史そのものが繰り返されることは想定していないと、リチャードソンは指摘した。気象学とは正反対である。リチャードソンは次のように述べている。「恒星や惑星、衛星の特定の配列は、二度と起こらないと言ってもいいだろう。それならばどうして、現在の天気図とまったく同じものが、過去の天気の目録にあると期待すべきだろうか[7]」

では、天文学者が予測に成功したのはなぜかというと、天体の運動法則を理解していたからだ。天体の運動法則を最初に説明したのはアイザック・ニュートンであり、その後、レオンハルト・オイラーや、ジョセフ・ラグランジュといった科学者らが発展させてきた。天文学者は、たとえば現在の木星と火星の位置がわかれば、たとえその惑星の位置の組み合わせが過去になくても、引力がある条件下での惑星の運動を説明する数式を使って各惑星の動きを計算し、一カ月後、一年後、あるいは一〇〇年後の惑星の位置を予測するのである。

何を予測するにしても、変化の根底にある法則の正しい理解が必ず求められるのに、当時の気象学者は、それをせずに済ませようとしていると、リチャードソンは考えていた。気象の予測が「複雑なのは、大気が複雑だから」だ。そこには近道も奇跡もない。自分の主張を証明するために、リチャードソンが次に取り組んだのは、退屈で、危険でもあり、少なくともしばらくは失望を伴う作業だった。リチャードソンは、エスクデールミュアの測候所を退職すると、第一次世界大戦の戦場で救急車の運転手になり、最終的には北フランスのフランス軍に従軍した。彼はここで、砲火を浴びながら負傷兵を助けるという身のすくむような任務の合間に、後の記述によれば「寒くて湿っぽい兵舎にある、干し草の山の上」に座って、ある重大な計算を手計算のみでおこなった。目指していたのは、ヨーロッパの特定の地域の八時間分の気象の変化を、実際の物理法則を使ったシミュレーションによって算出するというものだった。一九一七年四月には、シャンパーニュ地方での戦いの混乱のさなか、彼の計算用紙と、書きかけだった本の原稿が行方不明になってしまう不幸もあった。しかし、数カ月後に石炭の山の下からそれらが見つかると、リチャードソンは計算を再開した。

とうとう計算を終えると、リチャードソンは自分の計算結果を確認するために、ドイツのある地点で、一九一〇年のある一日に実際に観測された気圧変化と比較してみた。結果はまったく違っていた。リチャードソンの努力は失敗に終わったのだ。しかし、リチャードソンの取った方法がすべて正しかったことは歴史が証明している。彼の結果が間違っていたのは、ちょっとした計算上のミスが原因にすぎない。[8] 基本的な考え方は正しく、現在では、この計算手法を改良したものが、世界中の気象予報センターで使われており、予測に見事成功している。このために使われているのは、最新のコンピューターだ。

たとえば、イギリスのレディングにあるヨーロッパ中期予報センターでは、二台のスーパーコンピューターで仮想大気のシミュレーションをおこなっている。使われているのは、地上から高度約六五キロメートルまでの空間にある二〇〇〇万以上の空間点での風、気温、湿度を予測するモデルだ。アメリカでは、国立環境予測センターがほぼ同じシミュレーションをおこなっている。夜のニュースで流れるような毎日の天気予報や週間天気予報だけでなく、農業や航空、海運業、軍といった、業務が気象によって大きく左右される業種向けの、もっと詳しい気象サービスの裏には、こうしたシミュレーション（そして世界中の国々でおこなわれている同様のシミュレーション）があるのだ。石油会社は、数週間にわたるタンカーの航海の航路を決める際、強風域や嵐を避けた航路を取ることで、何万ドルもの費用を節約している。しかしそれはひとえに、彼らが未来を見通せるからなのだ。

こうした科学分野での成功には、二つの教訓がある。一つ目は、テクノロジーは人間の頭脳の力を大幅に増幅させる、ということだ。哲学者のダニエル・デネットはかつてコンピューターについて、「正確な計時装置の発明以来、最も重要な認識論上の進歩だ」と評したが、それは正しいと言えるだろう。一九四〇年代に発明されて以来、コンピューターは、数百万個もの部品があるジェット航空機から、交通の流れ、さらには人間の脳の複雑なニューロン発火まで、あらゆるものの仕組みのシミュレーションを可能にしてきた。歴史家のジョージ・ダイソンは、現実の宇宙と平行して存在する「新しい宇宙」ができあがったと言った。そして私たちは、その宇宙の中に、現実の宇宙を理解するために使える奥深いシステムを構築し始めている。二つ目は、未来を予測する力は、現在を動かしている原因要素を真に理解することから直接的に得られる、という点だ。これはリチャードソンの主張の要点であり、気象予報の成功によって証明されたものだ。奇跡のような数学上の近道や、グランドセオリー〔あらゆる領域に適応できる一般理論〕がいくら魅力的であっても、未来を予測する力がそういったものから得られることはまれである。

複数の影響や力が相互作用している場合に予測をおこなうには、その相互作用を観察して、それがもたらす結果を突き止めるという方法が必要になるが、その道は遠回りになることが多い。また、結果として得られる予測が正確な場合もほとんどない。とはいえ、それは意外ではない――私たちの世界に、確実にわかっているものはほとんどないのだから。

不完全でも役に立つ予測

「予測」とか「予報」と言った場合、大半の人は未来についての正確な申し立てを想像する。たとえば、「二〇一五年のクリスマスに東京で地震が発生するだろう」とか、「クリーブランド・ブラウンズが今年から三年連続スーパーボウルで勝利する」[9]というものだ。こういう意味での正確な予測が実際に可能な場合もある。一例を挙げれば、二八〇四年五月一日には、太陽、地球、月がちょうど皆既日食を引き起こす位置になることを、私たちは知っている。[10]この日、月の影は南半球を弧を描くように通過し、オーストラリアを横切る。その経路上であればどこでも、月が太陽を数分間覆い隠すのが見えるだろう。観測に最適の場所は、オーストラリア・ブリスベンの北東約一〇〇〇キロメートルにある珊瑚海上で、ここでは皆既日食の暗闇がきっかり五分二一秒継続する。

こうした正確な予測が可能なのは、ニュートンの万有引力の法則によって、惑星運動が決定論的に厳密に記述されているためだ。これに刺激を受けたフランスの物理学者ピエール＝シモン・ラプラスは、十分な能力を持つ知性的存在がいれば、宇宙の未来をすべて知ることができると考えた。「この知性にとって不確かなものは何一つないであろうし、その目には未来も過去と同様に現存することであろう」(『確率の哲学的試論』(内井惣七訳　岩波書店)より引用)と想像したのである。[11]もちろん、経済学やファイナンス論、あるいは科学の他の多くの分野では、そこまで厳密なものは期待できない。数多くの問題が邪魔をするからだ。

ピンボールマシンを駆け回るボールは、途中で受けるあらゆる影響にとても敏感に反応し、その経路を変えていく。ボールを少しだけ強く打ち出せば、経路はまったく違ったものになるのだ。これは決定論的カオスと呼ばれている。ピンボールを面白くしているのも、自然界においてラプラスが思い描いた「完全な予測」を一般的には不可能にしているのも、この決定論的カオスだ。小さなアクシデントが事象の流れの中に絶えず入り込んできて、歴史の経路を変えてしまうため、非常に短時間の場合を除けば、完全な予測は不可能である。最高精度の局地気象シミュレーションでさえも、基本的な数値計算上の理由から、数日後には役に立たなくなってしまう(だから十日間予報には気をつけた方がいい)。

ファイナンス論や経済学にも同じ問題がある。たとえ心理学者(またはロボット工学の研究者)が明日、人間が本当は単純で予測可能なルールに従う機械であることを発見しても、金融市場をはじめ、社会のほぼあらゆるものは、ほとんど予測不能なままだろう。最初に用意した人間個人のモデルに少しでもエラーがあれば、人間同士の相互作用によってたちまち増大してしまうので、そのモデルの予測はすぐに役に立たなくなるからだ。このように、個々の人間の行動や心理の計り知れない複雑さがなくても、数学的な理由を考えれば、システムが予測不能であることは十分に説明できる。もちろん、人間の行動や心理の複雑さは実際に、社会的現実を込み入ったものにしている。たとえば、金融システムの運命が銀行家個人の行動によって決まることは多いが、そうだとすれば、金融システムについてラプラスが考えたような予測をするのは、なおさら不可能と言えるだろう。

さらに言えば、人間が携わるシステムを理解しようする私たちの取り組みの中心には、本当の意味でのパラドックスが存在する。それは、すでに説明した自己言及の問題であり、ジョージ・ソロスはそのパラドックスを「再帰性」と呼んだ。社会を理解しようという努力は、実際にそれが前進すれば、私たちの行動を変えたり、影響を与えたりといったフィードバック効果をどうしても発生させてしまう。こうしたことは、物理学者であれば頭を悩ませる必要のない特異な性質であり、これがあるからこそ、社会科学は根本的に異なる学問だと言える。科学哲学者のカール・ポパーが厳密に証明したように、再帰性は予測不可能性のもう一つの理由である。

ワールド・ワイド・ウェブ（ＷＷＷ）が世界を変えたのを見れば明らかなように、知識の増加は、人間の歴史に直接的な影響を与える。しかし私たちは、自分たちが次に何を発明するのか、あるいは自分たちの地震の知識がどのように広がっていくかを、予測できない。もしそれができるなら、その発明や知識について、すでに知っていることになるからだ。未来の発見を現時点で予測できるというのは、どう考えてもおかしな話である。したがって、ある絶対的な意味において、私たち人間の未来は必ず予測不能だということになる。

もちろん、私はこうした点について議論するつもりはない。しかし、先の主張はどれも、厳密な予測が不可能であることを証明しているが、実のところ、科学の世界でも厳密な予測はかなりまれなものだ。たとえば、鳥インフルエンザウイルスが人間に感染するウイルスに進化する時期や場所を、伝染病の研究者が厳密に予測できる見込みはない。そのようなウイルスの発生は、偶然の遺伝的要因に左右される。さらに他の要因もある。鳥との接触を伴うような行動を取ろうという判断を多くの人がして、ウイルスが人間の宿主に飛びうつる機会を与えれば、急激な進化が起こりやすくなるのだ。しかし、そうしたことをまったく知らなくても、研究者が、可能性の高いウイルスの伝播経路について有益な予測をおこなえないわけではないし、そうやって近似的に考えていけば、いずれ無数の命を守ることにつながっていく。

未来についての完全な知識はなくても、そこには不完全な理解からなる広大な世界がある。船の設計や、人工衛星の打ち上げ、あるいは気象学での予測や予報というのは、厳密な予測が不可能なこの世界で、十分うまくやっていけている。

経済学やファイナンス論では、可能なことや、起こりそうなことを予測するだけでもかなり有益であり、私たちに具体的な危険についての警告を与えてくれる。ここまでで、レバレッジによって激化した市場競争が、事実上目に見えない、不安定性の転換点の先へ市場を押し進める場合があることがわかった。賢明に思えたリスクの共有が、倒産の可能性を低くするのではなく、逆に高める場合があることも見てきた。社会経済予測の明確な目標とは、突然の市場の混乱には恐ろしいパターンがいくつもあると計算に入れた上で、その原動力であるフィードバックを始動させた重要な要素を特定することだ。そうすれば、知識がないことも、さほど危険ではなくなるだろう。

潜在的な危険や驚きに対して現実的になることが、均衡思想に最大の痛手を与えてきている。均衡思想は、金融市場の自己調整的な性質をひどく無頓着に扱うように助長してきたからだ。どんな場合でも、知識のなさを自覚するのは、確実だと思い込むよりはよほどましである。ナシーム・タレブが使ったメタファーを借りるなら、高度計なしで飛ぶパイロットは、壊れた高度計を何も考えずに信じているパイロットよりもずっと幸せだ。前者は少なくとも、窓の外を眺められるからだ。しかし、今日の市場の複雑さを表すには、別の例え話が必要だ。パイロットは窓の外を見て、霧で視界が悪いことに気づいた。なんとかして飛び続けたいのなら、何かの助けが必要になる。正のフィードバックについての明示的なモデルは、まさにその助けとなる存在だ。それは当然ながら、部分的に、かつ不完全にではあるが、霧を見通して、危険を察知して墜落を回避するためのツールである。

不安定性を回避する

シュテファン・ターナーらが、ヘッジファンド業界におけるレバレッジの影響についておこなった調査は、ノーマン・フィリップスが気象の起源について一九六一年に実施した基本的な研究の親戚のようなものだ。フィリップスは、自転する惑星上に温かい空気の流れを生み出す太陽熱は、私たちが現実世界で目にしているカオス的な気象を引き起こすのに十分かどうかと考えた。一方、ターナーとファーマー、ジーナコプロスは、レバレッジと、ファンド間の競争が組み合わさった状況が、クオンツ危機で発生したような、突然の激しいレバレッジ解消に必ずつながるかどうかと考えた。どちらの疑問も、答えは「イエス」だった。こうした現象はどれも、正のフィードバックの作用を知ってしまえば、何ら驚くようなことではない。

気象は現実そのものであり、普通はそれを変えようとは思わない[12]。対照的に、現代の金融システムは「われわれ自身が設計した悪魔」であり[13]、したがって、金融システムを本質的に脆弱なものにしている不安定性を回避しようと試みることができる。この意味で、レバレッジ競争のモデルは、私たちが実験で扱っている市場モデルを用いれば、いったい何が可能になるかを明確に例示するものと言えるだろう。特にこのモデルは、考えられているより、はるかに一般的なものかもしれない。

二〇〇八年一〇月に、ジョン・ジーナコプロスは、連邦準備制度理事会でプレゼンテーションをおこなった。そこにはベン・バーナンキ議長もいた。ジーナコプロスは、彼が「レバレッジ・サイクル」と名付けた概念について説明した。これは、高レバレッジ期と低レバレッジ期が交互に来る、経済の自然発生的なサイクルの一つで、高レバレッジ期は、爆発的なレバレッジ解消事象によって中断、または終了するとされている。ジーナコプロスの主張は、つきつめて言えば、ヘッジファンドモデルは、もっと幅広い重要性を持つプロセスと比べればおもちゃにすぎないということだった。たとえば、最近の金融危機に先立つ好況期には、貸出金利は緩和され、大手金融機関のレバレッジ率は三〇対一の比率を超えるレベルに達していた。金融システムは、導火線がつなげられて、適切な火花を待つだけの時限爆弾と化していたのだ。リーマン・ブラザーズの破綻は、その後のレバレッジ解消の前触れだった。レバレッジ解消は、クオンツ危機のときと非常によく似ていたが、クオンツ危機と比べて、非常に多くの金融機関がかなり大規模に関与していた。このレバレッジ解消は、四年近くたった二〇一二年夏の時点でもまだ継続している。

ジーナコプロスが指摘したのは、そうしたフィードバックは、追加証拠金を伴う担保付き貸付が使われている市場なら、どんな市場でも発生するということだ。自分のクレジットカードを使う場合、担保はなくてもよい。そのクレジットカードを発行している銀行は、利用者に信用力があれば、支払ってもらえると期待しているからだ。一方、担保付き貸付は仕組みが異なる。返済を保証するのは、借り手の資産の一部であり、借り手は返済しなければその資産を失うことになる。銀行は常にこの方法で借り入れしており、株式などの資産を担保として使っている。厳密には、こうした貸付の期間は一日のみだが、通常は契約によって、資産（株式）価値に対する貸付残高の比率が一定基準値以下である限り、負債をもう一日「繰り越し」すると定めている。ここで、追加証拠金が出てくる。株式の価値が下落すれば、借り手は、貸付残高の比率が契約で合意した基準値を超えないようにするため、貸付残高の一部を返済せざるを得ない。追加証拠金の支払いに迫られた借り手は、どこかから現金を調達しなければならないという問題が生じるが、担保の一部を売却するという方法が一番簡単な場合が多い。これは、危険なループを生み出す。資産を売却すればその価格は下がるので、さらなる追加証拠金が発生し、そのためさらに資産を売るという、自己強化型の下降スパイラルに陥るからだ。

ゆえに、担保付き貸付の特性そのものが、経済の秩序をさまざまなレベルで脅かす、根本的な不安定性を生み出すのである。ジーナコプロスはプレゼンテーションのなかで、経済安定性にとって、レバレッジへの規制は、金利といった他の要素への規制と同じくらい重要だと主張した。しかし、レバレッジを制限するために取り得るさまざまな措置が、どんな影響をもたらす可能性があるのか、実際にはほとんど何もわかっていない。レバレッジを完全にゼロにするのは、電気は家を全焼させる場合があるとして、使用禁止にするようなものだ。レバレッジは、企業の給与支払から住宅ローンまで、金融のあらゆる面で潤滑剤の役割を果たしている。経済のなかで、レバレッジなしで機能するものはほとんどない。そのため、過剰なレバレッジを回避するだけでも十分な効果があるはずだ。しかし過剰なレバレッジというのは、どの程度のことを指すのだろうか。さらに言えば、レバレッジをどうやってコントロールすればいいのだろうか。

そうした疑問に答えるには、予測という作業が役に立つ。先ほど紹介した、ヘッジファンドが競争状態にあるモデルをより一般的にして、金融機関が競争状態にあるモデルを考え、さらにレバレッジを制限する規則として、任意の最大値（五でも八でも、一〇でもいい）を導入するとしよう。二〇一〇年、ターナー、ファーマー、ジーナコプロスはそのような実験を実施した。その際、結果が政策的に重要なものになるように、次のような二つの具体的な事例を比較した。一つ目の例では、許容されるレバレッジ率に単純な上限値を設けた実験をおこなった。二つ目の例では、いわゆるバーゼルⅠ、バーゼルⅡという国際銀行法のルールに似た制限をさらに追加した（この例では、ファンドに貸し付けをおこなう銀行は、自分たちの資金の一部を貸付に回さず、別に取っておくよう設定された）。この実験で明らかになったのは、多少注意を要するような、直観に反する結果だった。

実験の初期段階で得られた結果は、自由市場原理主義者たちを喜ばせるようなものだった。レバレッジへの制約がない状態で投資ファンドに利益を追求させることは、市場にとってプラスになり、市場より（経済学者が言う「低ボラティリティ」という意味で）「効率的」になるのがわかったのだ。レバレッジの上限を高くすると、ヘッジファンドはより積極的に機会に飛びつくようになり、結果として、ミスプライスをより効果的に打ち消すことになる。価格の二乗平均平方根（標準偏差）であるボラティリティは、レバレッジが高いほど小さくなるのだ。繰り返すが、これは他の規制のない状態での実験結果だ。対照的に、規制のある市場でボラティリティを同程度減少させるためには、レバレッジはもっと高くなければならないことが実験で明らかになった。つまり、銀行規制は、市場がうまく機能する妨げとなるのだ。

しかし、話はこれほど単純ではない。すでにわかっているように、レバレッジが高ければ、激しい市場崩壊が起こる可能性は高くなる。ターナーらは実験を重ねて、自分たちのシミュレーションではヘッジファンド崩壊がどのくらいの頻度で発生するのかを調べた。その結果、レバレッジの上限だけを設定した実験では、レバレッジが大きくなるにつれて、ヘッジファンド崩壊の頻度も増えた。この場合、レバレッジの上限が比較的低いと（このモデルの単位で五程度）、市場は上限に達するまでにレバレッジの恩恵を受ける。この上限が高くなると、ファンド崩壊の頻度は増えるばかりで、恩恵が増えることはない。こうなるのは、レバレッジが市場を、ファットテール型リターンと、担保付き貸付や追加証拠金といった金融上の操作によって生じる正のフィードバックループの世界へと追いやるからだ。対照的に、銀行規制のある市場では、わずかながら良い結果になる。そうした規制は、ボラティリティをあまり悪化させることなく、ファンド崩壊の数を減らすのである。

こうした予測からは、レバレッジのある程度の制限には効果があるが、あまり制限しすぎるのもよくないとわかる。さらには、レバレッジの上限という考え方を検証するには、他の規則も検討しなければならないことも示されている。銀行規制は、予想もしない形で相互作用をするからだ。二〇〇八年の金融危機以前には、誰も、銀行や政府、大学の経済学部さえも、こうしたモデル実験に類するものを実施していなかったことは、何度でも繰り返し言っておきたい。私たちはただ、規制を導入してから、それが現実の市場に与える影響を観察していただけである。現実の中で実験をしていたようなものだ。

ありがたいことに、どんな種類の物事が発生する可能性があるのかを仮想的に予想する作業は、以前よりも一般的になってきている。二〇一一年、イングランド銀行の研究者たちは、ターナーらの研究を少し進めて、金融システムの構造が、レバレッジによる不安定性にどう影響するかを調べた。彼らの実験では、金融ネットワークに存在する特定の銀行が、財政危機の震源となる可能性が特に高いとされた。他の銀行（ネットワーク上で他の多くの金融機関とつながっている銀行）は、財政危機をより素早く広げるパイプとなる可能性が最も高かった。現実でこうした役割を担うのは、どの銀行だろうか。たぶん驚かないだろうが、心配なのは、この研究がゴールドマン・サックスや、J・Pモルガン、シティバンクといった、大規模で複雑なため「大きすぎてつぶせない」金融機関の名前を挙げていることだ。ターナーらは結論として、「最新の金融システムは、システム上のトラブルを起こすように作られているように思える」と書いている。

この研究はあくまでも、長く、おそらくは終わりのない探求の始まりにすぎない。そのような探究で最初に得られる教訓は、市場の自然な進化は不安定性――過剰なレバレッジ、過度の複雑性、相互連結性など――を引き起こしがちだ、というものになるはずだ。奇跡的な、安定的均衡を期待するだけでは十分ではないのだ。しかも、この考え方は少しも新しくはない。一九三〇年代にアーヴィング・フィッシャーが提示した経済観の中心に、すでにそうした考え方はあり、つい最近になって、相当な苦労の末に捨て去られただけだ。ターナーらのモデルは、当時からフィッシャーが思い描いていた正確な比喩的イメージに、より具体的で科学的な形を与えたと言える。

データ革命と予測の未来

正のフィードバックは、金融バブルから、債務危機、銀行の取り付け騒ぎ、さらには波のように広がる企業腐敗まで、経済学やファイナンス論で登場する事象のなかで、最も重要かつ破壊的なものの原動力になっている。ほぼ例外なくすべての経済学者が、五〇年の長きにわたってこの点を必死に無視してきたが、その理由は社会学者や歴史学者によって説明されるべきだろう。しかし、その理由が何であれ、そうした時代は終わろうとしているようだ。科学の他の分野のアイデアや技術を使えば、市場のフィードバックや不安定性を、これまでになく詳細に調べられるからだ。経済学者はもはや、嵐を理解しない気象予報官でなくてもよいのだ。

そう遠くない未来に、たとえば欧州原子核共同研究機構（ＣＥＲＮ）やロスアラモス国立研究所のような現代の最先端物理学研究所に相当する機関として、アメリカ（または欧州）金融予測センターが設立されることは想像にかたくない。そこでは、何千人もの研究者が、世界の大手金融機関の相互作用ネットワークの広がりを調べる大規模シミュレーションをおこなうことで、銀行や政府、ヘッジファンド、保険会社、格付け会社などを結びつけている、貸し付けや株式持ち合いといった法的債権の網の目をたどっていく。またコンピューターによってシナリオを検証するとともに、金融システムにおける数多くのレバレッジや、相互接続の密度、金融機関（あるいは金融機関の集団）へのリスクの集中度について、多くの指標を計算する。専門家は、金融機関のモデルを調べて弱点を探したり、そのレジリエンスをテストする。それは現在のエンジニアが、電気回路などの複雑なシステムでおこなっていることと非常によく似ている。

こうした機関が近い将来に登場すれば、金融システムを調査して将来的な見通しを知る能力、さらには仮定に基づいた疑問に答える能力が、格段に高まるのは間違いないだろう。現在足りないのは（経済学者の意欲を別にすれば）データだ。たとえば、核反応の安全性と安定性を確保しようとするエンジニアたちに必要なのは、原子炉の運用に関連するあらゆる詳細情報を入手し、あらゆる部品とその結びつきについて調べる能力である。同じことは、金融市場の安定性を支えようとする金融機関にも当てはまるはずだ。現時点では、それはまだ実現していない。金融規制当局はこれまで、金融機関の財務データの収集を金融機関単位でおこなっており、金融機関同士の結びつきにはあまり関心を払ってこなかったのだ。このような方法では明らかに、金融機関の相互接続や、そこから生じるフィードバックについて、あるいは全体的なダイナミクスや、金融システム全体の健全性について語ることはできない。

こうした状況は変わってきている。たとえば、今回の危機がきっかけとなって、金融ネットワークについてのデータを、これまでよりずっと大規模に集めようという動きが進んでいる。アメリカでは、ドッド＝フランク法に基づいて、より良い金融データを政策決定者に提供することを目的とした金融調査局が新設された。民間のヘッジファンドは近いうちに、さまざまな資産クラスの保有比率や、レバレッジ率、流動性不足への脆弱性といった情報の報告が義務化される。規制当局が、組織的な問題が生み出される中心には正のフィードバックがあることを認識し、このデータを使って、そうしたフィードバックを積極的に調べれば、大きな違いが生まれるかもしれない。

現実世界で起こっているデータ革命は、さらにその先へと進む可能性がある。コンピューター制御の部品は、身の回りのほぼすべての製品に入り込んでいる。最新のセンサシステムは、人間が有史以来集めてきたのとほとんど同量のデータを、今後一〇年間で集めるだろう。こうした大量のデータが、予測モデルにどのように入り込んでくるのかは、誰にもまだはっきりとわかっていないが、想像力を働かせてみよう。過剰な楽観主義や悲観主義は多くの市場危機を生んでいるが、こうした集団的に現実から外れる状態は、市場に関与する人間の生理機能にもほぼ確実に現れている。経済学者たちは長年、そうした楽観主義や悲観主義は本当なのか、あるいは過剰に見えるだけなのかということを議論してきたが、ジョン・コーツらが明らかにしたとおり（第9章）、人間の唾液を調べれば、ホルモンが行動の原因になっているという明らかな兆候が見つかる。高性能センサネットワーク――被験者に取り付けたパッチが生理学的情報を収集して、データベースに直接アップロードするなど――を用いれば、ホルモンの変化が金融コミュニティに一気に広まる様子まで、はっきりと捉えられるかもしれない。

もちろん、こうしたデータに基づいた予測によって、未来についての完全な知識を得るというラプラスの理想が実現されることはないだろう。ラプラスの理想というのは、さして重要性のない哲学的遺産にすぎないのだ。実際のところ、気象予報官はこんな理想は目指していない。常に不完全な大気データしかないなかでは、近似式を使った予報しかできないからだ。大気科学者たちは、この不確実性を生かし、データをランダムに変化させることで未知の部分がある状況を表しながら、何千回もシミュレーションをおこなって、将来の気象予報の候補を何千通りも生成する。できあがるのは、将来の状況についての一群、つまり集合《アンサンブル》であり、このような予報を「アンサンブル予報」と呼ぶ。経済学やファイナンス論でのアンサンブル予報も、これと同じ仕組みになるだろう。そうした予報では、可能性として、個人や企業の行動といった条件が少しずつ異なる状況を考え、さらにそれらの要素が独立した知性を持つことで、物事に挑戦し、モデル構築者が考えもしない振る舞いを身につけられるようにする。結果として、単一の予測ではなく、予測の候補が多数得られることになる。

　こうしたことが可能になる時代が到来すると考えてみると、微妙な問題が見えてくる。大量のデータが格納された大型コンピューターシステムを開発して、金融・経済システムを監視し、そのあり得る未来について予測すれば、この知識はきわめて価値のあるものになるだろう。それは、清潔な水や空気のように、公共財として取り扱うべきである。多くの人の集合的な努力によって生み出される、集合的な未来についての知識も同じであるべきだ。この知識が、特定の集団に悪用されることを防ぐにはどうすればいいだろうか。コンピューター科学者のデイヴ・クリフは、核融合や宇宙探査の研究と同じように、政府が投資して、民間企業の追随を許さない莫大なリソースを集めた拠点を開発するのが実際的な方法だと提案している[14]。

　これらの課題は、私たちの社会経済的な世界で作用しているフィードバックを理解しようと本格的に取り組めば、自然と生じてくるものだ。課題に対処するのは、完全な自己調整的均衡という神話を乗り越えるために支払わねばならない対価である。私たちは、驚くような出来事が起こると想定するようになり、常に用心する必要があることを受け入れるようになる。正のフィードバックが持つ意味を正しく理解した以上、最もよくないのは、均衡という妄想を新たな幻想で置き換え、完全な市場理論を構築できると考えるように自分を欺くことだ。脆弱性は完全に消し去れない。できるのは弱めることだけだ。そのためには、絶えず努力して、知識のなさ、バイアス、起こり得ることと起こり得ないことについての先入観に関心を払い続けるしかない。

目指すべき場所

バーナード・マドフが一九九〇年ごろからの二〇年間にわたって運用したフェアフィールド・セントリー・ファンドは、前例のない成功を収めた。ナスダックの元会長であるマドフの投資ファンドは、毎年一貫して驚くほどの好業績の記録をあげていた。リターンは平均年率約一五パーセントで、その値にはほとんど変動がなかった。マドフの成功はあまりにも確実視されていたので、一部の人々（ほんのわずかだったが）は、それは何というか、どこか話がうますぎて本当とは思えないと考えていた。金融ジャーナリストのマイケル・オクラントは二〇〇一年に、「ヘッジファンド界におけるマドフの地位を承知している人々の大半は、マドフの会社がそれほど一貫して安定したリターンを毎月、さらには毎年あげている様子に惑わされている。……観測筋の関心を引くのは、そうした年間リターンではなく……そうした順調なリターンを、非常に小さなボラティリティであげられることだ」[15]と書いている。

もちろん、のちにわかったとおり、それはうますぎる話だった。史上最大のポンジ詐欺であり、マドフが認めたように、すべてが「一つの大きなうそ」だったのだ。しかし投資家の側にも、そのうそを信じたいという気持ちがあった。私たち人間は、知性を自慢にしていながら、だまされやすくもあり、自分の行為を正当化するための非常に強力な心的装置を与えられている。実際に、多くの心理学者や神経科学者は、正当化は意識的に思考をする際の基礎的なスキルだと考えている。その主な役目は「われわれの生活を一つにつなぎ合わせて筋の通った物語にする」ことであり、[16] それによって正しい論理や事実が歪曲されてしまっても気にしない。市場や経済の大きな変化に対して「今回は違う」という言い方をすることが常に妥当に思えるのには、理由がある。私たちは、本当に「今回は違う」と信じたいからだ。進化生物学者が指摘するように、人間の脳はこの一万年でそれほど変化していないし、この先すぐに変わることもないだろう。私たちは誤った考え方をなかなか変えられず、結果として、金融危機は今後も繰り返し起こるだろう。

誤解を避けるためにはっきりさせておきたいのは、経済科学がどれだけ発展しても、将来的な金融危機は防げないという点だ。いくら科学や知性があっても駄目なのだ。実際のところ、金融危機というのは、ちょうど次の危機が起きそうなタイミングでその予防措置をオフにしてしまうという、人間の行動のくせから生じることが多い。たとえば、一九八六年のチェルノブイリ原発事故は、いい加減な愚行が招いた事件ではない。チェルノブイリ原子力発電所には、種類の異なる安全システムが複数設置され、正常に機能していた。そうしたシステムは大事故を防ぐはずだった。しかし、発電所の運転員が原子炉の低出力運転中に動作試験を実施できるよう、自動運転停止装置を意図的に解除したため、事故が発生してしまった。そういう意味では、金融ダイナミクスについて完全に理解していたとしても、本当はそうすべきでないタイミングで、安心だと思ったり、気を緩めても大丈夫だと考えただけで、次の危機に簡単に進んでしまうかもしれない。

もっと深刻な問題がある。世の中は、金融システムが安定して機能することを望む人ばかりではないことだ。これまでの歴史において発生した金融危機は、考えの不十分さだけでなく、腐敗や政策的な失敗とも関連していた場合が珍しくない。一九八〇年代末から九〇年代初めにかけて、アメリカの貯蓄貸付組合（S&L）の約二〇パーセントが破綻した。これは外的な要因による失敗ではなく、税優遇制度によってあおられた強欲の波が、こうした預金や融資を扱っていた銀行のマネージャーらに自行のファンドを横領させた結果である。この危機のすぐ後に、経済学者のジョージ・アカロフとポール・ローマーは、今でも重要とされる論文を書いた。「略奪行為――利益のための破綻という経済の闇」というタイトルの論文で、アカロフとローマーは、銀行のマネージャーが自らの個人的な利益のために自分の銀行を使いつぶすのは、しばしば起こりうることであり、それは合法的であるが、銀行に対する略奪行為にあたると主張した。その論文の最後の二段落を引用しよう。

アメリカにおけるS&L危機は、政府が悪弊にその身をさらしていたのはなぜか、という疑問をわれわれに残した。当然ながら、答えの一つとして、政府が取った行動は政治的プロセスの結果である、と言うことができる。規制当局は、問題の本当の大きさを見せかけの会計上の操作で隠していた。連邦議会議員は規制当局に対して、特別な有権者や政治献金をおこなった人々には対応を緩めるよう圧力をかけていた。また、最大手レベルの証券会社は、ブローカー預金をどの国内貯蓄機関にでも送金できる現状を変えないようにロビー活動をおこなっている。さらに、貯蓄貸付組合業界のために活動するロビーストは、業界の問題が大きくなって、それに対応するために、業界で成功している企業からの税収ではなく、一般税収を使わざるを得なくなるまで、政府の対策を先送りさせる戦略を取っていた。こうした行動や、その他の行動が取られる場面では、人々はその政治的プロセスのなかで直面した誘因に合理的に反応したのである。

しかしS&L危機は、誤解も原因になっている。一般の人々にしろ、経済学者にしろ、一九八〇年代の規制が略奪的行為を生み出す運命にあるとは誰も予見していなかった。略奪的行為という概念に気づいていない人々には、それがどれほど深刻なものになろうとしているか、知るよしもなかったのである。そのようなわけで、何が起ころうとしているか最初からわかっていた、この分野の規制当局の言い分には、せいぜい形ばかりの賛意しか寄せられなかった。今ではわれわれもわきまえている。われわれが経験から学べば、歴史は繰り返されずにすむのだ。

この論文が発表されたのは一九九三年だが、彼らの主張は今でも十分通用する。これと酷似したダイナミクスが、現在の危機につながったからだ。この状況は私たち全員に、現実的で深刻な犠牲を負わせている。イングランド銀行のアンドリュー・ホールデンの見積もりによれば、アメリカ政府とイギリス政府は、毎年約二〇億ドルから三〇億ドルを、それぞれの国の大手銀行五行程度への支援目的で支出しているという。この数字は、不定期だが、繰り返し発生する金融危機の長期的なコストを慎重に分析することで得られている。[17] 略奪的行為は事実上、今も大規模に進行中なのである。

私はここまで、システムが陥りやすい不安定性の種類を予測するには、より良い科学が必要だと主張してきた。そしてそこでは、腐敗を伴うような不安定性も考えるべきである。透明性を求める市場の規制当局者と、一般投資家の間には常に争いがある。一般投資家の戦略は目立たないほどよく機能するからだ。この点について、均衡という妄想は、投資家の積極的な協力者として、不安定性を標準的な状況ではなく例外として扱い、同時に自己調整をめぐる稚拙な主張に過剰な裏付けを与えてきた。幸いなことに、今回の金融危機で、多くの人々はこうした状況を悟ったようだ。そこには、主流経済学の人々も多く含まれている。

二〇一〇年一一月に、欧州中央銀行のジャン゠クロード・トリシェ総裁は、世界各国の中央銀行総裁を集めて開催された中央銀行会議で演説をおこなった。この演説でトリシェ総裁が目指したのは、「経済分析について、この金融危機から学んだ主な教訓」が何であるかを明らかにすることだった。最初にトリシェ総裁は、現在のファイナンス論にはいくつかの明らかな欠点があることを認めた。

今回の金融危機が起こったとき、既存の経済・金融モデルに重大な限界があることはすぐに明らかになりました。……金融危機を予測できなかったマクロモデルは、経済に何が起こりつつあるかを説得力のある形で説明する能力を持たないように思えました。この危機の期間中に政策決定者の立場にある者として、私は従来使われてきたツールから見捨てられたと感じたのです。

既存の分析フレームワークによる明確なガイダンスがないなかで、政策決定者たちはそれぞれ自らの経験に頼らざるを得ませんでした。……判断を下す上で、われわれはある分野の経済学論文に助けられました。それは経済史です。過去の金融危機の具体的なエピソードについての経済史からの研究によって、予想し得る潜在的な問題が浮かび上がってきました。……何よりも歴史的な記録が、われわれに回避すべき誤りを教えてくれたのです。

トリシェ総裁は続けて、ファイナンス論の質を今後向上させるためにはどういった方向性で考える必要があるのか、自分の考えを説明した。簡単に言えば、次の四つのことを指摘した。経済主体は合理的で最適化しているはずだという認識を乗り越えること、人間の学習行動に注目すること、中央銀行が用いるモデルに金融市場を含めること、そして経済理論を新しくするために、複雑系の研究に関連がある、物理学や他の科学分野から最先端の理論を取り入れることだ。トリシェ総裁は次のように述べている。

このような状況では、物理学、工学、心理学、生物学といった他分野からの刺激を大いに歓迎したいと思います。こうした分野の専門家と経済学者、中央銀行の関係者の協力関係は、非常に創造的であり、価値のあるものになる可能性を秘めています。科学者たちは、複雑な力学系を厳密な形で分析するために、高度なツールを開発してきました。彼らが開発したモデルは、伝染病、気象パターン、群集心理、磁場といった、多くの重要であるが複雑な現象の理解に役に立つことが証明されています。こうしたツールは、市場の実務家たちによってポートフォリオ管理の決定に応用されており、ある程度成功している場合もあります。私は、金融市場や、金融政策の波及についての分析ツールの開発においては、中央銀行もまたこうした知識の恩恵を受けられると期待しています。

これは、欧州中央銀行の総裁が世界各国の中央銀行総裁を前にしておこなった発言としては、かなり異例の内容だ。ニーチェも、自分の正しいと信ずるところによって行動するのはよくある間違いであり、自説に疑問を持つ方が、よほど勇気のあることだと指摘している。

この点については、ニューヨーク連邦準備銀行のウィリアム・ダドリー総裁も、大いに称賛に値する。私は本書の冒頭で、ダドリー総裁による、自由市場の驚異についての恥ずかしい発言をいくつか引用した。たとえば、デリバティブなどの金融イノベーションは「リスク負担の増大」を促進するが「このリスクの増加が経済を不安定化させることはない」とした発言などだ。しかし、ダドリー総裁は金融危機を経験して、自分が間違っていたのであり、実際には均衡市場思想にひどく惑わされていたと確信するようになった。二〇一〇年四月にニューヨーク経済クラブでおこなったスピーチ[18]で、ダドリー総裁は次のように指摘している。

私はやや異端者的な意見として、資産バブルは存在し、しかもきわめて頻繁に起こっていると主張したいと思います。ここで資産バブルというのは、ファンダメンタルズ面の評価が定まらなくなるような価格上昇（あるいは下降）のことです。……最近の経験からはっきりとわかったのは、規制が不十分な金融システムはそうしたバブルに陥りやすく、また資産バブルが崩壊するまで何も対応しなければ、きわめて高い代償を払うことになるという事実です。……バブルを見分けることは、特にその初期段階では困難ですが、不確実性は不作為の根拠とはされないというのが私の結論なのです。

これも注目に値する発言だ。聴衆が保守的な経済界の人々だったことを考えればなおさらである。ダドリー総裁のスピーチでは、ほかにも重要で洞察にあふれた主張がなされている。一つ目として、バブルにはさまざまな種類があり、一般的にレバレッジや信用が関係するバブルは、株価しか関係していないバブルに比べて、しぼんだ場合に及ぼす損害がはるかに大きく、危険であると主張した。そもそも一般的に、債務を保有するのは銀行やレバレッジ率の高い投資家なので、バブルがしぼめば金融システムの大部分が道連れになりかねない。一方、株式資本というのは通常レバレッジされていないので、問題になりにくいのである。二つ目としては、バブルを見分けるだけでなく、その影響を小さくする方策を見つけることも本質的に難しいと、ダドリー総裁は理解していた。「それは一筋縄にはいかないでしょう。実際に使えて効果があり、重大な言い逃れや意図せぬ影響を生じさせないような一揃いのツールを開発するには、よりいっそうの取り組みが必要になります」

他の科学分野の知識が非常に役に立つ可能性があるのは、まさにここだ。

均衡状態にある自己調整的市場という考え方はそもそも、市場活動を分散化すればこんなことが達成可能なのだという、人々を奮い立たせるための目標だった。確かに市場には素晴らしい働きがあるが、この考えを偏狭に解釈すれば、優れた思考に刃を向けることになる。

人間は、風のダイナミクスから地震の規模、液体の流動パターンまで、身の回りにある多くの自然のシステムについて考えるなかで、皮相的な前提を何度も乗り越えてきた。経済学も同じである。そして今こそ、私たち自身でそれを確かめる時期だ。

謝辞

多くの人々が、この本のさまざまな部分について筆者の手助けをしてくれた。関連研究を教えてくれた人や、論理の微妙な部分を説明してくれた人もいたし、重要な問題について筆者の視野を広げるために時間を取ってくれた人、各章を読んで批評してくれた人、自分の研究から図を提供してくれた人もいた。そうした人々の中には、物理学者や経済学者はもちろん、その間に位置する人々も多くいた。

次の人々には心の底から感謝している（アルファベット順に紹介する）。ロバート・アクセルロッド、ステファノ・バティストン、アレックス・ベントレー、ジーン＝フィリップ・ブショー、ウィリアム・ブロック、グイド・カルダレッリ、シルヴァノ・シンコッティ、キム・クリステンセン、ドイン・ファーマー、ヴィダル・フレッテ、グザヴィエ・ガベ、トビアス・ガーラ、マウロ・ガレガッティ、ディルク・ヘルビング、ジェフ・ジョンソン、ヤーノシュ・ケルテス、イムレ・コンドール、ポール・オームロッド、エステバン・ペレス、ルキアーノ・ピートロネロ、エリック・ハンセーダー、ニール・ジョンソン、アラン・キルマン、ブレイク・レバロン、サンダー・ファン・デル・レーウ、シェンタイ・リ、アンドリュー・ロー、マッテオ・マーシリ、アレックス・ペントランド、ファビオ・パモーリ、トビアス・プライス、エリック・レイナート、オーレ・レゲベルグ、バークリー・ロッサー、エンリコ・スカーラス、ディディエ・ソネット、ジョージ・ソロス、ジーン・スタンレー、シュテファン・

ターナー、ポール・ウンバンハワー、フランク・ヴェスターホフ、ポール・ウィルモット、マティアス・ヴェルネンゴ、張翼成。ほかにここで紹介できなかった人がいたとすれば（おそらくいると思う）、心からお詫びしたい。

いつものように、私のエージェントであるガラモンド・エージェンシーのリサ・アダムスは、執筆開始前にこの本の構想をはっきりさせる段階で、計り知れないほどの手助けをしてくれた。ブルームスベリーの編集者である、ベンジャミン・アダムス（アメリカ）とマイケル・フィシュウィック（イギリス）にも感謝する。彼らはこの本のアイデアを強く信頼して、それを支えるためにエネルギーを注いでくれた。ベンジャミンは各章を分解し、それをはるかに良い形にまとめ直してくれた。

最後に、私の妻であるケイトに限りない感謝をしたい。うつろな表情をして、目つきもぼんやりとした私の、「心ここにあらず」といったとっぴな行動にいらいらさせられる生活を、彼女は一年あまりにわたって耐えてくれた。彼女の果てしない寛容さと励ましがなかったら、そして彼女がときどき締め切りを決めて、強硬に守らせてくれることがなかったら、この本が完成することは決してなかっただろう。

訳者あとがき

「『今回は違う（This time is different）』というのは、四つの単語からなる言葉の中で最も高くつくものだ」。これは、バリュー投資家として有名なジョン・テンプルトンが残した株式相場の格言である。リーマン・ブラザーズ破綻直後の二〇〇八年九月、ある新聞コラムは、このテンプルトンの格言を引用してこう書いている。「テンプルトンが戒めた『今回は違う』という風潮は、バブル崩壊の初期に広がる。崩壊の怖さを知っているのに、いざ直面すると事実を認めたくなくなる投資家の希望的な心理だ。『銀行が損失を隠し続けた日本とは違う』。四月、米議会で九〇年代の日本の金融危機との比較を問われたバーナンキ米連邦準備理事会（ＦＲＢ）議長の発言だ。この油断が対応の遅れた伏線ではなかったか」（二〇〇八年九月二〇日付　日本経済新聞朝刊「一目均衡」より引用）。

過去に何度も起こってきたような危機的状況を目の前にしても「今回は違う」と考える背景には、経済システムは本質的に安定的で自己調整されており、常に均衡状態に向かうものだという、経済学の考えがあるようだ。本書の冒頭では、二〇一〇年春に起こったフラッシュクラッシュ（株価などが数分という短時間で瞬間的に急落する現象）を取り上げている。この原因は、通常の取引から始まった「正のフィードバック」だった。正のフィードバックとそれによって生じる不安定性は、「超新星から惑星の生態系、地球の気候、さらには地球の地殻の動き」まで、自然界ではいたるところにみられる。しかし、米国証券取引委員会（SEC）などによる最終報告書では「正のフィードバック」という言葉は使われなかった。経済学、特にファイナンス論の基礎である「均衡」という概念に反するからだ。そうした現在の経済学は、「中世の物理学」に等しいものであり、必要とされるのは、自然界にみられる「非平衡系」の概念を取り入れた「不均衡」の経済学だ。そう著者は主張する。

本書『市場は物理法則で動く』の著者マーク・ブキャナンは、物理学で博士号を取得後、『ネイチャー』『ニューサイエンティスト』等の編集者を経て、現在はサイエンスライターとして活躍している。これまでに、『歴史は「べき乗則」で動く』（早川書房）、『複雑な世界、単純な法則』（草思社）、『人は原子、世界は物理法則で動く』（白揚社）という三冊の著書があり、非平衡物理学や複雑系科学、ネットワーク科学などを中心的なテーマとしてきた。四冊目の本書でも、それらがキーワードであることは変わらない。しかし本書のトーンは、今までの著作とはやや違っている。これまでは、自身の専門である物理学を土台に、「歴史物理学」や「社会物理学」といった新たな視点から人間や社会を読み解くことを試みてきた。一方、経済物理学がテーマの本書では、市場均衡や合理的期待、効率的市場仮説といった、主流派経済学の中心的な思想がいかに現実の世界を説明できていないかという、経済学そのものの問題に鋭く切り込んでいる。著者が本書で経済学に軸足を置き、主流派経済学に対してときには相当に厳しい批判を展開する背景にはおそらく、前作（二〇〇七年）の発表後に米国の住宅バブル崩壊を発端として発生した、世界金融危機の衝撃があるだろう。著者は現在も、経済メディアのブルームバーグニュースが運営するサイト「ブルームバーグ・ビュー」に経済を中心としたコラムを連載しているほか、二〇一一年から「The Physics of Finance」（ファイナンスの物理学）というブログを運営するなど、本書刊行以後も経済物理学の分野で精力的な執筆活動を続けている。

もちろん著者は、やみくもな経済学批判をしようというのではない。まずは経済学やファイナンス論の歴史を振り返り、経済学が現在の形になるまでの経緯をじっくりと考察している。そして、物理学を初めとする科学分野の成果を経済学に取り入れることについて、具体的な提案をしていることにも注目すべきだろう。例えば、天気予報で使われている「アンサンブル（集団）予報」（初期値などの条件が少しずつ異なる数値シミュレーションを多数おこない、その結果の平均を取る手法）を、経済学やファイナンス論にも応用することを考えている。具体的には、金融システムに存在する複雑な相互作用ネットワークの広がりをシミュレーションすることで金融市場の将来を予測する、国や地域レベルの「金融予測センター」だ。

この訳者あとがきを書いている時点では、ギリシャがＩＭＦへの融資返済の期限を迎え、事実上の債務不履行に陥ったことが報じられている。中東情勢も混迷を極め、世界の先行きを見通すことは非常に難しい。そうした不透明な状況のなかで、金融危機は今後も起こるだろう。それを確実に予測することはできないかもしれない。しかし予測し、回避できる問題もある。それには、ほかの科学の理論を取り入れた、新たなツールが必要とされるのである。

アルゴリズム取引が全取引の五〇パーセント以上を占め、光速に近いスピードでの高頻度取引がおこなわれている現在、もはや人間の直観にもとづく知識だけでは経済の未来を見通すことはできない。均衡という幻想を捨て、科学が既に蓄積してきた非平衡（不均衡）という概念を取り入れることは、経済学とファイナンス論にとってもプラスになる。私たちはそうした変革の時代にいるというのが、著者の見方である。

ソニーコンピュータサイエンス研究所の高安秀樹氏には、本書のテーマである経済物理学の誕生と発展について、詳しい解説をご執筆いただいた。白揚社編集部の上原弘二氏には、本書の翻訳の機会を与えていただき、訳稿に的確な指摘と貴重な提案をいただいた。同社編集部の筧貴行氏も、訳稿を丁寧に読み、間違いの指摘をくださった。金融ベンダーに勤務する友人の池田昌夫氏には、専門的な内容についての助言をいただいた。皆様に心より感謝申し上げます。

二〇一五年夏

熊谷玲美

解説——経済物理学の誕生と発展

高安秀樹

なぜ物理学なのか？

「市場を支配している物理法則はなんだろう」。これは、私自身が一九八〇年代の後半に市場変動の研究を始めたときから、現在に至るまで一貫して抱いている疑問である。物理学は物質の科学ではないのか、といぶかしく思う方もいるかもしれないが、最先端の物理学は物質の究極の姿を研究するだけでなく、大げさに言えば森羅万象が研究対象である。実際、日本物理学会には「社会経済物理」というセッションがあり、多数の物理学者が、市場だけでなく、企業の取引関係の分析やブログの書き込みデータの解析などの研究発表をしている。しかし、物理学と社会経済との関係は、実は、物理学そのものの誕生時にまで遡る。

物理学の研究方法を確立させたのは、いわゆる科学革命の四人の立役者である。その四人とは、一〇〇〇年以上信じられていた天動説に疑問を呈し地動説を唱えたコペルニクス、物体の落下の実験を行い、コペルニクスの本に触発されて自作の望遠鏡で惑星や衛星の詳細な運動を観測したガリレオ、惑星に関する膨大な観測データを分析し三つの経験則を見出したケプラー、そして、ケプラーの三法則をより基本的で普遍的な万有引力の法則と力学法則から導出したニュートン、である。

ある未知なる現象に直面したとき、まず常識を捨て、実験や観測を積み重ね、データから経験則を確立し、すっきりとした理論を作る、この一連の科学的研究手法そのものを、物理学者は「物理」とよぶ。ちなみに、「物理学」と翻訳される physics という言葉は、理屈を究める学問として江戸時代末期には「究理学」ともよばれていた。欧米では、physics は science（科学）とほぼ同義語として扱われており、研究対象を物質に限定しているわけではない。

この科学革命の立役者らが、実は、経済に極めて重要な寄与をしていたのは、あまり知られていない。一六世紀、それまで数百年の間安定していたヨーロッパの経済が、インフレによって大混乱に陥った。このとき、インフレの原因が、航海技術の発展によって新大陸から持ち込まれた大量の金や銀のせいであることを突き止めたのは、コペルニクスだった。彼は、通貨の役割を果たしている金や銀の量が増加するとインフレが起こることを論文にまとめたが、その論文は、最も古いインフレに関する論文として経済学でも高く評価されている。コペルニクスは、元祖物理学者であり、元祖経済学者だったことになる。

一七世紀になり、ガリレオは、当時流行っていたサイコロギャンブルの経験則（サイコロを三つ投げたとき、目の和が九になる場合よりも一〇になる場合の方が多い）を説明するために、場合の数を数え上げるという確率論の基盤となる考え方を見出している。ギャンブルも経済活動の一つであるとすれば、経済現象を確率論の視点から解析する先駆的な研究と言える。

同じく一七世紀後半、晩年のニュートンは造幣局長官に転身し、英国経済の発展に大きな貢献をした。金と銀がともに世界的な通貨だった時代に、世界に先駆けて金本位制を導入し、贋金防止のために硬貨の側面の周囲にギザギザを彫り込む技術を確立している。彼は、超一流の物理学者であると同時に、微積分を発明するなど数学者としても超一流だったが、さらに、経済でも歴史に名を残すほど超一流の実務家だったのである。

ニュートンの力学理論の正しさは、ハレーによる彗星の出現周期の予測によって実証された。そのハレーは、彗星の軌道計算をしただけでなく、当時初めて得られた国勢調査の結果から年齢ごとの人口分布のデータを分析し、そこから、老後の生活を支えるための仕組みである年金制度を考案し、英国を社会福祉先進国にする貢献をした。また、年齢ごとの死亡率に基づいた生命保険制度も考案した。現在、年金制度や生命保険制度は、社会を安定させるための柱になっているが、常識に囚われずにデータに基づいて数理的に理屈を究めるという物理の考え方が、時代を超越したハレーの発想の源だったのだ。

このように物理学の誕生初期の歴史を知れば、物理学の視点から経済現象を研究するという経済物理学は、極めて自然な成り行きであるのがわかる。物理学は、まず、常識を捨てることから始まるのであるから、いったん経済学の既存の理論は忘れ、先入観に囚われないで、実験や観測とデータ解析により経験則を確立することが物理としての第一歩となる。

経済物理学の誕生

本書もまた、経済物理学をテーマにした本である。そこでここからは、この比較的新しい学問分野の成り立ちを、私自身の研究の歩みと共に振り返ってみたい。

一九八〇年代、当時の私自身の研究は、フラクタル現象に関する物理だった。フラクタルとは、拡大しても縮小しても同じように見える構造や現象の総称であり、身近な例としては、地形の凹凸、稲妻や雲の形状、ガラスが割れたときの破片の分布、樹木の枝の構造など枚挙にいとまがない。フラクタルの概念を創出したマンデルブロの『フラクタル幾何学』という本が、コンピュータグラフィックスの美しさも手伝って世界的なベストセラーとなり、アカデミックな世界にも大きな影響を及ぼしていた。それまで、構造を特徴づける次元という量は整数値しか想定されていなかったが、マンデルブロは複雑な構造の場合には、次元が非整数値をとり、しかも、至る所で微分が定義できない凹凸を持つと主張した。ニュートン以来、微分を最大の道具として様々な現象の解明をしてきた物理学にとって、盲点を突かれたような形で登場したフラクタルは、大きな衝撃だった。

私は、最先端の研究テーマとしてフラクタルを物理学的に理解する研究を進める中で、乱流、放電パターン、脆性破壊、河川地形、地震、エアロゾルなどに関して、なぜどのようにフラクタル構造が生じるのかについて自分なりに納得できる結果を得た。そして学位論文をまとめ、フラクタルの単行本も執筆し、ポスドクで在籍した京都大学を経て、神戸大学の地球科学科に助手として就職した。そのようなとき、八七年に、フラクタルの元祖であるマンデルブロの所属するイェール大学に日本学術振興会の海外特別研究員として滞在する機会を得た。

米国に渡り、マンデルブロと直接話をする中で、彼がフラクタルという概念を閃いたのは、市場価格の変動データの解析をしていたときだったと知った。また、「フラクタルを通して広い分野の研究をされているが、自分の専門を既存の分野からひとつ選ぶとすると何を選びますか?」という私の質問に対し、マンデルブロが「経済学だ」と即答したことからも、経済現象の重要性を教えられた。それまでの自分は、物質の視点でしか見てこなかったので不安はあったが、こうした経験に後押しされ、フラクタルの源流とも言うべき市場変動の解析に取り組もうと決心した。

市場変動の研究を始めるにあたって、まず、市場のデータを解析しようと思ったが、当時はまだ精度の高いデータが整備されておらず、入手できなかった。自分は経済に関しては全くの素人だったので、何がわかっていて何がわかっていないかを知るために、経済の専門家と共同研究をする必要性を強く感じた。

知人がほとんどいないイェール大学ではあったが、幸い、日本人会などのつながりから、経済学科の浜田宏一教授と出会うことができた。市場価格変動をフラクタルの視点から研究したいという自分の研究の狙いを説明し、どういう文献を勉強すればよいかを尋ねたところ、「経済学ではゲーム理論的に考えるのが主流であるが、市場参加者が皆合理的な判断をすると想定すると、結果としては市場価格が一つの値に収束することになり、そもそも不安定に変動すること自体、うまく説明ができていない」ということだった（この指摘は本書でも何度か登場する）。それならば、文献を学ぶ必要はあまりなく、市場価格がランダムに見えるような変動をすること自体を問題として、それを説明するような研究ができると考えた。データがないなら実験をするしかない。だとすれば、ディーラーの行動をプログラムで記述し、コンピュータの中に仮想的な市場を作り、そこで数値実験をしたらよいのではないか。コンピュータモデルで現象を解析するのは、それまでの自分の研究スタイルだったので、この方針で市場を物理として研究できると期待が膨らんだ。

仮想市場での発見

浜田先生との議論を経て、仮想市場の基本形ができあがってきた。全ての市場参加者は、安く買って高く売ることで差額として利益を得ることを目的としていると考える。ディーラー達は、それぞれが戦略を持ち、買いたい価格と売りたい価格を想定する。彼らの希望価格を集めたものは「板情報」とよばれ、最も高い買値と最も安い売値がちょうどぶつかったときに取引が成立し、市場価格が確定する。取引に関わったディーラー達は満足して売値と買値を付け替え、また、確定した市場価格を知ったディーラー達も、それぞれの戦略に応じて売値買値を付け替える。最高買値と最安売値がぶつかるまでは、市場取引が行われない中で、ディーラー達は売値と買値を付け替え続ける。このような基本的な枠組みをコンピュータの中に作れば、あとは、ディーラー達の戦略をいろいろと変えて実験を繰り返せばよい。

複雑な設定はいくらでも考えられるので、まずは、最も簡単で基本的な場合を想定するのが、この種のシミュレーション研究の基本である。これ以上簡単化できないというほど基本的な設定から出発し、そこに一つずつ新たな要素を導入し、その差分から、新たな要素の持つ効果を明らかにしていくのである。

例えば、それぞれのディーラーが、資金が少ない極限として、株を一つ持つか持たないかという簡単な状況を想定し、株を持つディーラーは売値を初めは高く設定し、取引ができるまで次第に値段を下げていくようにし、株を持たないディーラーは逆に買値を初めは安く設定し、買えるまで少しずつ値を上げていくようにした。取引が成立すれば、売り手と買い手は入れ替わる。ディーラーが二人しかいない市場では、容易に想像できるように、売り手と買い手は取引のたびに交互に立場を交換し、また、市場価格はほぼ一定値に収束することが確認できた。

ここまでは、経済学の予想する範囲である。しかし、ディーラーを三人にすると、おもしろい現象が現れた。三人のうち、どの二人が取引をするかが毎回予想できないように入れ替わり、結果として、市場価格も予測できないような変動を起こしたのである。取引をするかしないかという相互作用は、数学的には強い非線形性を持ち、また、強い非可逆性も持つ。その結果として、わずかな条件の違いを増幅するカオスのメカニズムが働く。そこから、ひとりひとりのディーラーの戦略は未来が一通りに決まっているような決定論的ルールに従っていても、結果としての市場価格の時系列は、予測不可能な変動になることがわかった。また、直前の市場価格の変動に比例するように近未来の市場価格を予測して売値買値を付ける「トレンドフォロー」という効果を導入すると、価格のゆらぎが大きく増幅され、ひとりでに暴騰や暴落に相当する価格変動も現れることもわかった。

門前払いから道をひらく

市場変動に関する基本的な特性を解明できたという自信があったので、さっそくこれらの成果をまとめ、物理学では最も権威のある「フィジカル・レビュー・レターズ」誌に投稿したが、想定外の結果になった。「この原稿が扱っているトピックは物理ではないので、別の雑誌に投稿するように」と言われ、査読にも回らないで門前払いになってしまったのである（「ネイチャー」誌を舞台にした同様の苦労のエピソードが本書にも見られる）。この雑誌には、それまでフラクタルの研究論文を幾つも掲載していたので、査読に回ればおもしろさを説得する自信はあったのだが、門前払いでは取り付く島もない。とりあえず、論文にすることは焦らずに、研究を深めていくことにした。

このテーマに関しては、マンデルブロとも議論を深めたいと思っていたのだが、フラクタルのブームがあまりにも高まり、マンデルブロは世界中を講演旅行で飛び回るようになり、議論をする機会を持てなくなっていた。そのこともあり、私は研究場所をイェール大学からボストン大学に移した。ボストン大学の物理学科には、私を受け入れてくれた数理モデル解析を専門とするレドナーや、統計物理学の大御所的な存在であるスタンレー、また同年代の研究者が多数おり、活気に溢れていた。ゼミで話をする機会をいただいたときに、最新の仮想市場の解析に関する話をしたが、スタンレーから、詳細よりも、「なぜ経済を研究するのか」と執拗に問われたことを記憶している。ボストン大学に滞在していた間にスタンレーと共同研究することはなかったが、この時の会話が一つのきっかけになって、数年後、スタンレーは経済物理学の論文を量産するようになった。

ほぼ二年間の米国滞在が終わり、神戸大学に戻り、大学院生にも市場モデルのシミュレーションを手伝ってもらい、スタンレーが編集をしている物理の雑誌、Physica A にやっと論文を掲載することができたときには、九二年になっていた。実はこのとき、同じ雑誌に、スタンレーのもとで大学院生として研究をしていたマンテーニャが株式市場のデータを分析した論文を掲載しており、これら二つの論文が、黎明期の経済物理の論文として評価されている。

九五年、マンテーニャとスタンレーが、「ネイチャー」誌に、市場価格の変動の解析に関する論文を掲載し、物理学者が経済の研究をすることに注目が集まるようになった。のちにスタンレーに聞いたのだが、彼らも初めは、物理の論文として「フィジカル・レビュー・レターズ」誌に投稿したが、トピックが物理ではないという理由で門前払いされたため、書き直してネイチャーに載せたということだった。

こうして、経済に関係した研究をする物理学者が次第に増加し、九七年には、ブダペストで、経済物理学（Econophysics）を主題とする国際会議が初めて開催された。参加者は総勢六〇名程度、日本からは自分も含めて三名だけの出席だったが、経済物理学という分野名を冠した第一回の国際会議であり、新しい分野の誕生という高揚感を皆が感じる印象深い会議になった。本書に名前が出てくる研究者の中には、この最初の国際会議に参加した同期生が多数おり、今でも国際会議などで会うと、第一回の国際会議のことを懐かしく語り合う。

九七年は、もう一つの意味で、経済物理学にとって重要な年だった。それは、それまで門戸を閉ざしていた「フィジカル・レビュー・レターズ」誌に、ちょうどこの会議に参加していた日本人三名による経済物理の論文が掲載されたからである。表だって経済をトピックとして挙げると、また門前払いになることが想定されたので、今度は戦略的に、抵抗率が時間とともに変化する電気回路という物理学のど真ん中の問題を議論の中心に置き、そこにベキ分布というフラクタル性が発現するメカニズムがあることを数理的に示し、最後に、それと同じメカニズムが市場変動のベキ分布の説明に使える、という論法にした。この論文以降、市場変動を堂々と議論する論文が門前払いを受けなくなり、「フィジカル・レビュー・レターズ」誌に経済物理の論文が多数掲載されるようになった。着想からおよそ一〇年かけて、ようやく新しい研究分野が物理学者らに受け入れられるようになったことになる。

経済物理学の発展

その後、経済物理学の研究者の数も増え、経済学者とのつながりも深くなり、また、ビッグデータがらみで情報学の研究者や、統計解析の専門家などもこの分野の研究に絡んできて、様々な研究成果が蓄積されている。その一部は、本書の中でも取り上げられているが、それは氷山の一角に過ぎない。そこで、本書のテーマである市場に関する研究として、ディーラーモデルのその後の発展とＰＵＣＫモデルについて、是非この場を借りて紹介しておきたい。

ディーラーモデルはその後、着実に進歩し、現在では、通常の市場の変動の基本的な特性はほぼ全て再現できるようになり、また、日銀の介入などの非常に特殊な状況での市場変動も、モデルのパラメータを調整することで、ほぼ再現できるようになっている。例えば、介入のタイミングを変えることで、介入の効率がどの程度変わるか、というような問題を数値シミュレーションによって解くことができる。

現実の市場変動を説明するために最も重要なディーラーモデルの特性は、トレンドフォローである。例えば、バブルのように価格が上昇を続けるとき、その上昇が続くことが保証されているならば、そのトレンドにのって売買をすることでディーラーは利益を上げることができるので、トレンドフォローは合理的である。一方、トレンドが反転するのがわかっているならば、トレンドフォローとは逆の、逆張りと言われる戦略にすることが合理的である。問題は、トレンドがいつ反転するのかを誰も事前には知らないことで、そのためにディーラー達は、相互の疑心暗鬼の中で、トレンドフォローと逆張りの戦略を随時切り替えているのが現実の市場の姿である。仮に、市場が純粋にランダムウォークに従うならば、売買による利益は見込めないので、手数料のかかる売買をしないことが最良の戦略となり、市場は流動性を喪失することになる。ディーラーが市場変動はランダムウォークではないと信じるからこそ、市場の取引が活発になるのである。

市場の中のトレンドフォローの強さを市場価格の時系列から定量的に評価できるようにしたのが、PUCKモデルである。PUCKとは、Potentials of Unbalanced Complex Kinetics（不安定複雑動力学ポテンシャル）の略で、通常のランダムウォークモデルに一つのポテンシャル項を付け加えるだけで、市場変動の特性のほとんど全てが記述できるようになる非常に優れた数理モデルである。このモデルを用いると、市場価格の変動が示すフラクタル的特性だけでなく、ボラティリティ・クラスタリングや暴騰や暴落、さらには、インフレやハイパーインフレのようなマクロなスケールの現象も統一的に理解することができる。特殊な場合として、ノーベル経済学賞の対象となったARCHモデルも包含する懐の広いモデルであることがわかっており、リアルタイムで市場の時系列データを分析することにも使われている。現在、金融市場で取引をする実務家にとってのプラットフォームであるブルームバーグ端末から、アプリの一つとして、このPUCKモデルを使って自分が関心を持つ市場の状態を分析できるようになっている。経済物理学の成果は、既に広く実務で応用される段階に入っているのである。

もちろん、経済物理学の研究は市場変動以外にも広がっている。実務にも役立つレベルになっている事例として、企業の取引ネットワーク解析による成果を紹介しよう。企業の売上や成長率の分布が正規分布ではなく、フラクタル性を有するベキ分布に従っていることは、経済物理学の初期の段階から知られていたが、最近、企業間の取引関係のネットワーク構造が観測されるようになり、その分野の研究が大きく進展している。例えば、帝国データバンク社は、国内約一〇〇万社の企業の取引相手を一社一社丁寧に調べ上げ、どの企業からどの企業にお金が流れるのか、そのネットワークデータを蓄積している。このビッグデータを丁寧に分析して経験則を見つけ出し、さらに、その経験則を満たすような数理モデルを構築すると、ネットワーク構造だけを与えただけで、それぞれの企業の年間売上額や企業間の取引金額をおよそ推定できることがわかってきた。この発見は、既存の経済学の企業に関する研究の常識を超えたものだが、既に、内閣府がホームページとして公開しているビッグデータ解析ツールＲＥＳＡＳ（地域経済分析システム）の中で使われている。ある地域に流れ込んでくるお金がどの地域から流れ出ているのかを推定する必要があるとき、この企業ネットワークモデルを使うと、欲しい量を推定することができるからである。

これ以外にも、この企業データは、いわば惑星の観測データのような宝の山であり、東京工業大学帝国データバンク先端データ解析共同研究講座を中核に、日々、企業の物理に関する研究が進められている。

今後の展望

社会の高度情報化によって、あらゆる所でビッグデータ解析が必要とされる時代になってきたが、経済物理学はビッグデータ解析の先駆的成功事例を多数生み出しており、今後はさらに、実務への応用を視野に入れた研究が進むと期待している。

そのような環境の中で、私が今必要だと考えているのが「市場変動観測所」である。気象観測所や地震観測所と同じように、市場変動を客観的に観測し研究する公的な機関を作り、その観測データを公開することで市場の物理が大きく発展し、その成果として、社会を安定に豊かに維持できるようになると考えているからだ。本書でも、政府が投資する金融予測センターの設立が必要だという主張がされているが、全く同感である。このプロジェクトは、日本学術会議が重要と認めた第二二期学術の大型研究計画に関するマスタープランの中には選ばれてはいるが、実現のために必要な数十億円という金額の予算化ができていない、という段階である。

科学革命の源となった惑星の観測は、莫大な利益を生む源泉である航海技術の必須項目として発展し、その観測データは長い間公開されず、天体モデルも国家的な機密事項だった。しかし、そのデータから普遍的な法則が見出され、モデルが社会に広く使われるようになって、研究成果やモデルを秘密にして個別の利益を狙うよりも、公開して社会全体の利益をめざす方が有意義であると社会的に認識されるようになり、天文台が各国に建設され、私たちの宇宙に対する理解が深まった。残念ながら、今はまだ、市場データの解析をするというと、「それでどれくらい儲けられるのか」というようなレベルの返事が返ってくることが多い。しかし、広く長い視野に立てば、膨大な市場データを科学的に分析することで、市場の基本的な特性が理解され、どのようにすれば市場を安全安心に誰もが使えるようにできるのか、社会の中のお金を有効に活用するにはどうしたらよいのか、という万民の利益につながるような研究成果が出てくるに違いないと私は期待している。

経済物理学の種が撒かれてから芽が出るまでに一〇年、そこから実を結ぶまでにさらにおよそ一〇年かかった。この研究が本当に社会の役に立つようになるには、もう少し粘り強く研究を進める必要がある。

（ソニーＣＳＬシニアリサーチャー・明治大学先端数理科学研究科客員教授）

えられたはずだ。後年に行われた計算からは、リチャードソンが平滑法を適用していたら、たとえ手計算でもかなり正確な結果になっていたことがわかっている。

9　クリーブランド・ブラウンズの熱心なファンを半世紀近く続けている私には、夢を見る権利があるはずだ。

10　「知っている」と言っても、地球や月に小惑星や彗星が衝突するという破滅的な出来事のような、神の介入が何も起こらなければの話だが。

11　Pierre Simone Laplace, "A Philosophical Essay on Probabilities," (New York: Dover, 1953).『確率の哲学的試論』(内井惣七訳　岩波書店)

12　実際には、これはもはや正しくはない。特に中国では、気象改変の分野で大規模な科学プログラムが実施されている。以下を参照。www.guardian.co.uk/environment/blog/2009/oct/01/china-cloud-seeding-paradc

13　Rick Bookstaber, *A Demon of Our Own Design* (Hoboken: Wiley, 2007).『市場リスク』(遠藤真美訳　日経BP出版センター)

14　U.K. Government's Foresight Project, The Future of Computer Trading in Financial Markets, "The Global Financial Markets: An Ultra-Large-Scale Systems Perspective." www.bis.gov.uk/assets/foresight/docs/computer-trading/11-1223-dr4-global-financial-markets-systems-perspective.

15　Michael Ocrant, "Madoff Tops Charts; Skeptics Ask How," *MarHedge* 89 (May 2001).

16　Joe LeDoux, *The Emotional Brain* (New York: Touchstone, 1996).『エモーショナル・ブレイン』(松本元ほか訳　東京大学出版会)

17　Andrew Haldane, "The $100 Billion Question," comments given at the Institute of Regulation and Risk, Hong Kong, March 30, 2010. www.bankofengland.co.uk/publications/speeches/.../speech433.pdf.

18　William Dudley, "Asset Bubbles and the Implications for Central Bank Policy," remarks at the Economic Club of New York, New York City, April 7, 2010. www.newyorkfed.org/newsevents/speeches/2010/dud100407.html.

■第 10 章　経済危機は予測できるか？

1　Irving Fisher, "The Debt-Deflation Theory of Great Depressions," *Econometrica* 1 (1933): 337-57.

2　Nicholas Kaldor, "A Model of the Trade Cycle," *Economic Journal* 50 (1940): 78-92.

3　Alan Turing, "The Chemical Basis of Morphogenesis," *Philosophical Transactions of the Royal Society of London* 237 (1952).

4　この方面についての 2012 年 5 月末以降の議論は以下を参照のこと。Simon Johnson, "The End of the Euro: A Survivor's Guide." http://baselinescenario.com/2012/05/28/the-end-of-the-euro-a-survivors-guide/.

5　人間の反応が理論を正しいものにする場合もある。実際に多くの研究では、理論が自己実現的な予言の働きをして、理論がいっそう正しくなるように人々が行動するようしむける場合もあることが示されている。ひどく気の滅入る話だが、このことは、経済学者たちが構築した、狭い自己利益に基づいた個人の行動に関するモデルにも当てはまるようだ。たとえば、このモデルについて学生を対象に実験をおこなうと、心理学やコンピューター科学などを専攻している学生であれば、自分自身のためになることだけでなく、ある程度は公平性も気にかけるという結果になる（これは一般の人々にも当てはまる）。しかし例外的な結果が出る場合がある。経済学専攻の大学院生で実験をする場合だ。彼らは他分野の学生よりも全体的に自己利益的に振る舞うのである。その理由は、彼らは自己利益モデルによる予測をすでに理解してしまっているので、他の学生の自己利益的な行動に出会うことを予想しているから、ということのようだ。結果として経済学専攻の学生は、自分から自己利益的に行動してしまうのである。これについては、たとえば以下の文献を参照のこと。Robert Frank, Thomas Gilovich, and Dennis Regan, "Does Studying Economics Inhibit Cooperation?," *Journal of Economic Perspectives* 7 (1993): 159-71。もちろん、この自己実現的ダイナミクスには害もある。さまざまな状況での協力関係を台無しにする可能性があるのだ。

6　Robert Friedman, *Appropriating the Weather* (Ithaca: Cornell University Press, 1989).

7　Lewis Fry Richardson, *Weather Prediction by Numerical Process* (Cambridge: Cambridge University Press, 1922).

8　リチャードソンは平滑法という数学的テクニックを適用していなかったことがわかっている。これを使っていれば、非現実的な大気変化の発達を抑

with Thomas J. Sargent," *Macroeconomic Dynamics* 9 (2005): 561-83.

9　以下を参照のこと。F. Brayton and P. Tinsley, eds., "A Guide to FRB/US" (Washington: Federal Reserve Board, 1996). www.federalreserve.gov/pubs/feds/1996/199642/199642abs.html.

10　以下を参照のこと。Paul Ormerod and Craig Mounfield, "Random Matrix Theory and the Failure of Macro-Economic Forecasts," *Physica* A 280 (2000): 497-504.

11　以下を参照のこと。Volker Wieland and Maik Wolters, "Macroeconomic Model Comparisons and Forecast Competitions." www.voxeu.org/index.php?q=node/7616.

12　Narayana Kocherlakota, president of the Federal Reserve Bank of Minneapolis, quoted in James Morley, "The Emperor Has No Clothes," *Macro Focus* 5, no. 2 (June 24, 2010).

13　Tobias Preis, Johannes J. Schneider, and H. Eugene Stanley, "Switching Processes in Financial Markets," *Proceedings of the National Academy of Sciences* 108 (2011): 7674-78.

14　George Soros, *The Alchemy of Finance* (New York: Simon and Schuster, 1987).『ソロスの錬金術』(青柳孝直訳　総合法令出版)

15　Casey Selix, "Financial Meltdown: Hyman Minsky Warned Us This Would Happen," *Minnesota Post*, September 17, 2008.

16　Hyman Minsky, *Stabilizing an Unstable Economy* (New York: McGraw-Hill Professional, 2008).

17　以下を参照のこと。Mauro Gallegati, Antonio Palestrini, and J. Barkley Rosser, Jr., "The Period of Financial Distress in Apeculative Markets: Interacting Heterogeneous Agents and Financial Conditions," *Macroeconomic Dynamics* 15 (2011): 60-79.

18　David Colander et al., "The Financial Crisis and the Systemic Failure of Academic Economics," discussion papers 09-03, University of Copenhagen, Department of Economics.

19　Robert E. Lucas Jr., "Asset Prices in an Exchange Economy," *Econometrica* 46, no. 6 (1978): 1429-45.

20　William Buiter, "The Unfortunate Uselessness of Most 'State of the Art' Academic Monetary Economics," *Financial Times*, March 3, 2009.

21　John Coates, *The Hour Between Dog and Wolf* (New York: Penguin, 2012).

18　www.nanex.net/StrangeDays/06082011.html.

19　http://blogs.progress.com/business_making_progress/2011/02/beware-the-splash-crash.html.

20　S. V. Buldyrev et al., "Catastrophic Cascade of Failures in Interdependent Networks," *Nature* 464 (2010): 1025-28.

21　Robin Banerji, "Little Boy Lost Finds His Mother Using Google Earth," (April 13, 2012). www.bbc.co.uk/news/magazine-17693816.

22　Sander van der Leeuwe, "The Archeology of Innovation: Lessons for Our Times," Athens Dialogues, Harvard University. http://athensdialogues.chs.harvard.edu/cgi-bin/WebObjects/athensdialogues.woa/wa/dist?dis=83.

23　Paul Wilmott, "Hurrying into the Next Panic?," *New York Times*, July 28, 2009.

■第９章　消え去りゆく幻影

1　ゴードン・ウィンストンの発言は以下の文献で引用されたものだ。Ole Røgeberg and Hans Olav Melberg, "Acceptance of Unsupported Claims about Reality: A Blind Spot in Economics," *Journal of Economic Methodology* 18 (2011): 1, 29-52.

2　Ibid.

3　Bertrand Russell, *My Philosophical Development* (London: Routledge, 1995).『私の哲学の発展』（野田又夫訳　みすず書房）

4　Robert Lucas, "Econometric Policy Evaluation: A Critique," in K. Brunner and A. Meltzer, *The Phillips Curve and Labor Markets*, Carnegie-Rochester Conference Series on Public Policy, 1 (New York: American Elsevier, 1976), 19-46.

5　M. H. R. Stanley, L. A. N. Amaral, S. V. Buldyrev, S. Havlin, H. Leschhorn, P. Maass, M. A. Salinger, and H. E. Stanley, "Scaling Behavior in the Growth of Companies," *Nature* 379 (1996): 804-6.

6　以下のブログ記事に最初についたコメント。http://mainlymacro.blogspot.jp/2012/03/microfounded-and-other-useful-models.html.

7　Ray C. Fair, *Testing Macroeconometric Models* (Cambridge: Harvard University Press, 1994).

8　以下を参照のこと。George Evans and Seppo Honkapohja, "An Interview

7　Ibid. この著者たちは、自分たちの研究の限界について注意深く指摘している。彼らはこう書いている。「ただし、いくつか断っておきたい。われわれのサンプル期間全体は、一般的に株価が値上がりしている時期に対応している。また株式市場は、2003年のオートクォート導入の間、きわめて不活発であった。われわれの実証的な研究では、株価レベルとボラティリティをコントロールしているものの、ATおよびアルゴリズムによる流動性の供給が、より動きの激しい市場や、値下がり市場でも同じようにメリットがあるものかどうかについては、未解決のままである」

8　David Easley, Marcos Lopez de Prado, and Maureen O'Hara, "The Microstructure of the Flash Crash," *Journal of Portfolio Management* 37 (2011): 118-28.

9　CFTC-SEC, *Findings Regarding the Market Events of May 6, 2010*, September 30, 2010.

10　以下の記事で取り上げられている、TDアメリトレードのオーダールーティング担当マネージングディレクターであるクリス・ナージの証言を参照のこと。"Panel Urges Big Thinking in 'Flash Crash' Response," Reuters, August 11, 2010.

11　Reginald Smith, "Is HFT Inducing Changes in Market Microstructure and Dynamics," working paper (2010).

12　Andrew Haldane, "The Race to Zero." Speech given at the International Economic Association Sixteenth World Congress, Beijing, China, July 8, 2011.

13　Neil Johnson et al., "Financial Black Swans Driven by Ultrafast Machine Ecology," 以下のプレプリントを参照のこと。http://arxiv.org/abs/1202.1448.

14　以下を参照のこと。Tapani N. Liukkonen, "Human Reaction Times as a Response to Delays in Control Systems." www.tol.oulu.fi/fileadmin/kuvat/Kajaani/ReactionTime-ALMA.pdf.

15　Louise Story and Graham Bowley, "Market Swings Are Becoming New Standard," *New York Times*, September 11, 2011.

16　以下を参照のこと。www.nanex.net/FlashCrashFinal/FlashCrash-Analysis_Theory.html.

17　Dave Cliff and Linda Northrop, "The Global Financial Markets: An Ultra-Large-Scale Systems Perspective." Review of the U.K. Government's Foresight Project, The Future of Computer Trading in Financial Markets.

も参照のこと。Fabio Caccioli and Matteo Marsili, "Efficiency and Stability in Complex Financial Markets," Economics Discussion Papers, No. 2010-3, Kiel Institute for the World Economy (2010).

18 John Cochrane, "Lessons from the Financial Crisis," *Regulation* (Winter 2009-2010): 34-7. www.cato.org/pubs/regulation/regv32n4/v32n4-6.pdf.

19 ブログ「Economics of Contempt」の記事を参照のこと。http://economicsofcontempt.blogspot.fr/2010/02/mind-boggling-nonsense-from-john.html.

20 Robert Nelson, *Economics as Religion* (University Park: Pennsylvania State University, 2002).

21 以下を参照のこと。Frank Westerhoff, "The Use of Agent-Based Financial Market Models to Test the Effectiveness of Regulatory Policies." http://www.uni-bamberg.de/fileadmin/uni/fakultaeten/sowi_lehrstuehle/vwl_wirtschaftspolitik/Team/Westerhoff/Publications/2011/P45_JfNS_FW.pdf.

■第8章 テクノロジーは市場をどう変えるか

1 Lauren La Capra, "How P & G Derailed One Investor," The Street (May 17, 2010). www.thestreet.com/story/10757383/5/how-pg-plunge-derailed-one-investor.html.

2 Joe Pappalardo, "New Transatlantic Cable Built to Shave 5 Milliseconds off Stock Trades," *Popular Mechanics*, October 27, 2011. www.popularmechanics.com/technology/engineering/infrastructure/a-transat lantic-cableto-shave-5-milliseconds-off-stock-trades.

3 A. D. Wissner-Gross and C. E. Freer, "Relativistic Statistical Arbitrage," *Physical Review* E 82, (2010): 056104.

4 Paul Wilmott, "Hurrying into the Next Panic?" *New York Times*, July 28, 2009. www.nytimes.com/2009/07/29/opinion/29wilmott.html.

5 Carol Clark, "Controlling Risk in a Lightning-Speed Trading Environment," *Federal Reserve Bank of Chicago Financial Markets Group*, Policy Discussion Paper Series PDP 2010-1 (2010).

6 Terrence Hendershott, Charles Jones, and Albert Menkveld, "Does Algorithmic Trading Improve Liquidity?" *Journal of Finance* 66 (2011): 1-33.

次のような論文がある。Thomas Lux and Michele Marchesi, "Scaling and Criticality in a Stochastic Multi-Agent Model of a Financial Market," *Nature* 397 (February 11, 1999): 498-500.

9 Amir E. Khandani and Andrew W. Lo, "What Happened to the Quants in August 2007? Evidence from Factors and Transactions Data," *Journal of Financial Markets* 14 (2011): 1-46.

10 たとえば、以下の優れた論文を参照してほしい。Lasse Pederson "When Everyone Runs for the Exit," *International Journal of Central Banking* 5 (2009): 177-99. pages.stern.nyu.edu/~lpederse/papers/EveryoneRunsForExit.pdf. これは論理的には、銀行への取り付け騒ぎでも珍しい形のものだと言える。ただし取り付け騒ぎの場合は、あくまでも期待によって引き起こされるもので、人々が逃げ出すのは、自分の資産を守ろうとするためだ。しかしレバレッジ率の場合は少し違う。売り取引は、支払いの必要からやむを得ずおこなわれるのであり、どのような期待があるかによらない。

11 Stefan Thurner, J. Doyne Farmer, and John Geanakoplus, "Leverage Causes Fat Tails and Clustered Volatility," *Quantitative Finance* 12 (2012): 695-707.

12 リック・ブックステイバーのブログを参照。http://rick.bookstaber.com/2007/08/can-high-liquidity-low-volatility-high.html.

13 この現象をわかりやすく説明した動画が以下のサイトにある。http://web.mit.edu/newsoffice/2009/traffic-0609.html

14 Robert Merton and Zvi Bodie, "Design of Financial Systems: Towards a Synthesis of Function and Structure," *Journal of Investment Management* 3 (2005): 1-23.

15 2007年5月22日～23日に開催された第9回OECD／世界銀行／IMF債券市場年次フォーラムの報告書。www.oecd.org/dataoecd/49/45/39354012.pdf

16 S. Battiston, D. D. Gatti, M. Gallegati, B. C. N. Greenwald, and J. E. Stiglitz,"Liaisons Dangereuses: Increasing Connectivity, Risk Sharing, and Systemic Risk," *Journal of Economic Dynamics and Control* 36 (2012, 1121-1141).

17 以下を参照のこと。William Brock, Cars Hommes, and Florian Wagener, "More Hedging Instruments May Destabilize Markets," Working Paper, Center for Non-linear Dynamics in Economics and Finance (May 2009). 以下

レーの原著論文の存在を知らずに独立で考え出している。以下を参照のこと。Edward Lorenz, "A History of Prevailing Ideas About the General Circulation of the Atmosphere," *Bulletin of the American Meteorological Society* 64 (1983): 730.

4　この発見は誰か一人の業績ではなく、オーストリア人のアルベルト・デファント、ノルウェー人のヴィルヘルム・ビヤークネス、イギリス人のエリック・イーディ、アメリカ人のジュール・グレゴリー・チャーニーといった、数多くの気象学者の研究から生まれたものだ。チャーニーは、MITの気象学者として長く活躍し、1979年には、米国学術研究会議（NRC）に設置された大気中の二酸化炭素と気候の関係を調査する委員会の委員長に就任した。この委員会の報告書は、地球温暖化を初めて科学的に評価したものの一つとされており、二酸化炭素の量が2倍になった場合に予想される気温の上昇について、「約3℃（確率誤差±1.5℃）」という推定値を発表した。注目すべき点は、これが30年後に世界中の科学者が集まっておこなわれた評価による推定値に非常に近いことだ。IPCC第4次評価報告書（2007年発表）では、「平衡気候感度は2℃から4.5℃の範囲内にある可能性が高く、最良推定値は約3℃である。1.5℃未満である可能性は非常に低い。4.5℃よりかなり高い値も除外はできないが、そのような値については観測結果との一致が良くない。（気象庁翻訳（http://www.data.jma.go.jp/cpdinfo/ipcc/ar4/ipcc_ar4_wg1_ts_Jpn.pdf）より引用）」と推定している。

5　フィリップスの実験とその歴史への影響については、以下の文献が非常に参考になる。John Lewis, "Clarifying the Dynamics of the General Circulation: Phillips's 1956 Experiment," *Bulletin of the American Meteorological Society* (1998). www.aos.princeton.edu/WWWPUBLIC/gkv/history/Lewis-on-Phillips98.pdf.

6　フリードマンのこの発言は、MITの経済学者フランクリン・フィッシャーとの会話でのものだ。フィッシャーの以下の論文を参考のこと。"The Stability of General Equilibrium—What Do We Know and Why Is It Important?," in P. Bridel, ed., *General Equilibrium Analysis: A Century After Walras* (London: Routledge, 2011). http://economics.mit.edu/files/6988.

7　Lukas Menkhoff and Mark P. Taylor, "The Obstinate Passion of Foreign Exchange Professionals: Technical Analysis," *Journal of Economic Literature* 45, no. 4 (2007): 936-72.

8　多くの研究者が、これに沿った単純なモデルを考えている。たとえば、

the Science of Complex Adaptive Systems (New York: World Scientific, 2007).

19　余談だが、核融合には通常の水素を使うことはできず、その同位体である重水素か三重水素を使う必要がある。これらの原子核には、陽子が1個と、中性子が1個または2個含まれている。重水素や三重水素は、原子核が融合して不安定になり、それが減衰して、最終的に安定な元素であるヘリウムの原子核ができる。ヘリウムの原子核は、2個の陽子と2個の中性子からなる。

20　慣性閉じ込め核融合プログラムについて詳しく知るには、以下を参照のこと。https://lasers.llnl.gov/programs/nic/target_physics.php.

21　専門的には、レイリー・テイラー不安定性として知られている。

22　面白いことに、慣性閉じ込め核融合の爆縮の間に起きることは、超新星爆発で起きることに非常に近く、反応の向きが逆なだけである。超新星爆発は、流れが内向きではなく、外向きだが、同じ不安定性が原因となって、波が成長し、結果として乱流が生じる。

23　リストの一部を見るには、ウィキペディアが便利だ。http://en.wikipedia.org/wiki/ Plasma_stability#Plasma_instabilities.

■第7章　効率性の落とし穴

1　以下を参照のこと。Stephen Peter Rigaud, *Biographical Account of John Hadley, Esq. V.P.R.S., the Inventor of the Quadrant, and of His Brothers, George and Henry* (London: Fisher, Son & Co., 1835).

2　この背景にある物理的効果はコリオリ力として知られている。コリオリ力は、自転する惑星上で大気の角運動量が保存された結果として生じる力だ。空気が垂直方向のリング状に循環しており、高いところの空気は北極に向かって移動していると考えよう。北極に近づくにつれて、このリングは自然と地球の自転軸（北極と南極を通る軸）に近づくことになる。リングの角運動量は不変なので、北に向かって風が吹く部分ではリングの回転は高速になる。このため中緯度では、北極に向かう高高度の空気は地球に対して東に曲がる。同じ仕組みで、低いところにある空気は、赤道方向に向かうにつれて速度が遅くなり、地球に対して西向きに曲がる。貿易風はこれで説明できる。

3　これは非常に自然な考え方であったため、その後の数十年で、ドイツの哲学者イマニュエル・カントとイギリスの科学者ジョン・ドルトンも、ハド

は、ファンダメンタル投資家がトレンド追随者に変わる傾向が強くなり、株価の値上がりを後押しする。キルマンはアリの略奪行動からひらめきを得ている。以下を参照のこと。Alan Kirman, "Epidemics of Opinion and Speculative Bubbles in Financial Markets," in M. Taylor, ed., *Money and Financial Markets* (London: Macmillan, 1991).

9 Blake LeBaron, "Building the Santa Fe Artificial Stock Market," working paper, Brandeis University (June 2002). http://people.brandeis.edu/~blebaron/wps/sfisum.pdf.

10 Blake LeBaron, "Agent-Based Financial Markets: Matching Stylized Facts with Style," in D. Colander, ed., *Post Walrasian Macroeconomics: Beyond the DSGE Model* (Cambridge: Cambridge University Press, 2006). http://people.brandeis.edu/~blebaron/wps/style.pdf.

11 Damien Challet and Yi-Cheng Zhang, "Emergence of Cooperation and Organization in an Evolutionary Game," *Physica* A 226 (1997): 407.

12 R. Savit, R. Manuca, and R. Riolo, "Adaptive Competition, Market Efficiency and Phase Transitions," *Physical Review Letters* 82 (1999): 2203.

13 "Interview: Cliff Asness Explains Why He Started a Managed Futures Fund," *Business Insider* (March 5, 2010). http://articles.businessinsider.com/2010-03-05/wall_street/29960522_1_trend-inflows-trading-places.

14 Yi-Cheng Zhang, "Why Financial Markets Will Remain Marginally Inefficient." http://arxiv.org/abs/cond-mat/0105373.

15 取引量の変動を再現する方法は他にもある。たとえば、もう一つの方法として、時間が経つにつれて、エージェントが富を蓄積するようにして、彼らの取引量をその富に比例して増加させるものがある。これもまた、現実に確実に一歩近づいたモデルであり、これほど単純なものであっても、現実の市場で見られる奥深い統計学的特徴の多くを備えた市場変動が再現される。

16 G. Berg, M. Marsili, A. Rustichini, and R. Zecchina, "Statistical Mechanics of Asset Markets with Private Information," *Quantitative Finance* 1, no. 2 (2001): 203-11.

17 たとえば以下を参照のこと。C. H. Keung and Y. C. Zhang, "Minority Games," in R. Meyers, ed., *Encylopedia of Complexity and Systems Science* (Berlin: Springer, 2009).

18 Vince Darley, *Nasdaq Market Simulation: Insights on a Major Market from*

い。以下を参照のこと。George Miller, "The Magical Number Seven, Plus or Minus Two," *Psychological Review* 63 (1956): 81-97.

5　たとえば次の文献を参照のこと。George Evans and Seppo Honkapohja, "Learning and Macroeconomics," *Annual Review of Economics* 1 (2009): 421-51. この論文では、一般的な合理的期待モデルのいくつかについて、エージェントの期待が合理的に形成されるのではなく、むしろ何らかの学習アルゴリズムに基づいて形成されると想定したら、そのモデルで何が起こるのかを探った。その結果、ある種の学習アルゴリズムは、合理的期待の視点で得られるのと同じ均衡につながる結果をもたらすことがわかった。こうした発見は面白く、非常に印象的なものに見えるが、よく考えるとそれほどでもない。というのも、その学習アルゴリズムがかなり特殊な種類のものだからだ。この論文で検討されたモデルの大半では、市場におけるエージェントはすでに、将来の価格についての期待を形成するために用いるべき適切な数学的形式を知っていると仮定している。エージェントに欠けているのは、方程式内のいくつかのパラメーターについての知識だけである。これは、たとえば量子論の方程式を学ぼうとしている人々が、量子理論で一番重要な方程式である、シュレーディンガー方程式について、空間と時間の導関数もすべて含めて正しい形で知っているが、正確な係数については知らないと仮定するようなものだ。これはかなり途方もない仮定である。この論文について教えてくれたイワン・ストリスに感謝する。

6　以下を参照のこと。Jennifer Whitson and Adam Galinsky, "Lacking Control Increases Illusory Pattern Perception," *Science* 322 (2008): 115-17.

7　経済学者なら、人々が60%の確率で、バーに行くことをランダムに選ぶというのは、実際にはゲーム理論のいわゆる混合戦略から得られる解決策だといって反論しようとするかもしれない。しかしこれもやはり、現実とは違っている。アーサーのゲームのエージェントは、適応的な進化戦略に従えば、純粋にランダムな戦略を取る場合よりも、良い成績をあげる（最終的に満足する頻度が多い）のである。ゲーム理論ではそれほどうまくいかない。

8　適応的エージェントによって市場モデルを検討した経済学者は、アーサーが最初ではないことは強調しておきたい。たとえば、アラン・キルマンによる初期の重要な研究では、市場参加者は「トレンド追随者」か「ファンダメンタル投資家」のいずれかであり、直近の変動に応じて、ある種類の行動から別の種類の行動へと切り替える可能性があると考えることによって、自然発生的な市場の変動が理解できることを示した。たとえば強気市場で

Hill, 2002).
22 Christopher Neely and Paul Weller, "Technical Analysis in the Foreign Exchange Market," working paper 2011-001B, Federal Reserve Bank of St. Louis. http://research.stlouisfed.org/wp/2011/2011-001.pdf.
23 Juli Creswell, "Currency Market Expects Rate Cut by Bank of Japan," *Wall Street Journal*, September 5, 1995, C16.
24 Schwager, *Market Wizards*, 26.(『マーケットの魔術師』)
25 John Conlisk, "Why Bounded Rationality?" *Journal of Economic Literature* 34 (1996): 669-700. http://teaching.ust.hk/%7Emark329y/EconPsy/Why%20Bounded%20Rationality.pdf.
26 以下を参照のこと。A. Dijksterhuis et al., "On Making the Right Choice: The Deliberation Without Attention Effect," *Science* 311 (2006): 1005-7.
27 以下を参照のこと。P. Umbanhower, F. Melo, and H. L. Swinney, "Localized Exertations in a Vertically Vibrated Granular Layer," *Nature* 382 (1996): 793-96.

■第6章 市場の生態学

1 Robert Nelson, *Economics as Religion* (University Park: Penn State University Press, 2001).
2 合理的期待という考え方が、これほど影響力があり、拭い去るのが難しい理由を説明するのは簡単ではない。その背景には、優れた理論は簡潔な方程式で表現され、形式的証明によって示されるべきだという強力な文化的合意がある。そして合理的期待の理論は、そうした状況に合う結果を得るのに役立つのだ。経済学者自身も、この現象を説明するのに窮している。たとえば、以下を参照のこと。Willem Buiter, "The Unfortunate Uselessness of Most 'State of the Art' Academic Monetary Economics," *Financial Times* (March 3, 2009). www.voxeu.org/article/macroeconomics-crisis-irrelevance.
3 William Chase and Herbert Simon, "Perception in Chess," *Cognitive Psychology* 4 (1973): 55-61.
4 この結果は、心理学者のジョージ・ミラーの有名な発見と一致する。ミラーは、7という数が、私たちの短期記憶について何か重要なことを表している「魔法の数」であることを発見した。私たちは、数、単語、チェスの駒など、一度に7つのものを記憶できるが、それ以上多くなると記憶できな

かった。以下を参照のこと。Steven Levitt, John List, and Sally Sadoff, "Checkmate: Exploring Backward Induction Among Chess Players," American Economic Review 101 (2011): 975-90. www.fieldexperiments.com/uploads/133.pdf.

16 現実の人々が合理的な理想に従ってゲームをすることがあまりないことは、ゲーム理論が考えられた当初から知られていた。1957年に、カリフォルニア州のランド研究所に所属するメリル・フラッドとメルビン・ドレシャーという2人の研究者が、ナッシュの考えが本当に、人々が単純なゲームをする様子を表しているのかどうかを調べる簡単な実験をおこなった。このゲームにおけるナッシュ均衡は、計算がそれほど難しくはないので、2人のプレイヤーは、合理的にプレイしたければ簡単にできた。しかしこの実験では、2人のプレイヤーはそれとはまったく別の動き方をしていた。具体的に言えば、プレイヤーはどんな種類の均衡戦略にも落ち着くことはなく、むしろ、その行動が絶えず進化し、変動する、複雑な追いつ追われつのゲームをおこなった。フラッドとドレシャーはさらに、プレイヤーにゲームの途中でコメントを書かせて、他のプレイヤーの行動に驚いたときの感情の変化を表現させるようにした。プレイヤーは自分の行動を通して、対戦相手にもっと協力的になるように促そうとした。また対戦相手の行動に「わあ、なんて親切なんだ！」と嬉しい喜びを表すこともあれば、「なんて奴だ」と怒りを示すことも、困惑し、苛立ちながら「まるで子どものトイレトレーニングだ。我慢強くならなくては」とコメントすることもあった。下記を参照のこと。William Poundstone, *Prisoner's Dilemma* (New York: Anchor Books, 1993), p. 106-16.『囚人のジレンマ』（松浦俊輔訳　青土社）

17 デイヴィッド・クリフとのインタビューによる。http://physicsoffinance.blogspot.com/2011/12/interview-with-dave-cliff.html.

18 エリック・レイナートは、整理した資料をウェブサイトで公開している。以下を参照のこと。www.othercanon.org/index.html.

19 John Maynard Keynes, *The General Theory of Employment, Interest and Money* (Cambridge: Cambridge University Press, 1936).『雇用、利子および貨幣の一般理論』（間宮陽介訳　岩波文庫）http://www.newschool.edu/nssr/.

20 Peter Lynch, *Beating the Street* (New York: Simon and Schuster, 1993).『ピーター・リンチの株の法則』（平野誠一訳　ダイヤモンド社）

21 Martin Pring, *Technical Analysis Explained: The Successful Investor's Guide to Spotting Investment Trends and Turning Points*, 4th ed. (New York: McGraw-

Positive Economics (Chicago: Chicago University Press, 1953). http://dieoff.org/_Economics/TheMethodologyOfPositiveEconomics.htm.「実証経済学の方法論」(『実証的経済学の方法と展開』(佐藤隆三ほか訳　富士書房) に所収)

6　William Sharpe, "Capital Asset Prices: A Theory of Market Equilibrium," *Journal of Finance* 19 (1964): 425-42.

7　Richard Thaler, "From Homo economicus to Homo sapiens," *Journal of Economic Perspectives* 14, no. 1 (2000): 133-41.

8　フリードマンの主張は哲学的混乱に等しい。これについての議論は、以下の第7章を参照のこと。Steve Keen, *Debunking Economics* (Sydney: Zed Books, 2002). キーンは、哲学者のアラン・マスグレイブの詳細な分析を活用している。

9　Duncan Foley, "Rationality and Ideology in Economics," *Social Research* 71 (2004): 329-342. http://homepage.newschool.edu/%7Efoleyd/ratid.pdf.

10　Nick Goodway, "Bailey Hedge Fund Closes After Slump," posted at www.thisismoney.co.uk/money/markets/article-1591207/Bailey-hedge-fund-closes-after-slump.html (June 20, 2005).

11　http://bigpicture.typepad.com/comments/files/AQR.pdf.

12　http://bigpicture.typepad.com/comments/files/renaissance_technologies.pdf.

13　http://bigpicture.typepad.com/comments/files/Barclays.pdf.

14　以下からの引用。Jack Schwager, *Market Wizards: Interviews with Top Traders* (Columbia, MD: Marketplace Books, 2006), 128.『マーケットの魔術師』(横山直樹監訳　パンローリング)

15　経済学者たちはもちろん、ゲームでは合理的な行動から外れることに気づいていた。興味深い発見の一つが、従来のゲーム理論の予測は、各プレイヤーが合理的な戦略を見つけ出すことができ、かつ他のプレイヤーも同じであると信じられるほど、ゲームが十分に単純であり、かつすべてのプレイヤーが十分に賢いという状況から生まれる傾向があることだ。たとえば、「ムカデゲーム」という単純なゲームでは、合理的な戦略を選んだ被験者の割合は、プロのチェスプレイヤーでは70%だったのに対して、他の被験者では5%だった。さらにチェスのグランドマスターは、対戦相手もチェスプレイヤーだと知らされた場合には、全員が合理的な戦略を選択した。一方、学生と対戦する場合には、グランドマスターが合理的な戦略を選ぶ頻度は低

Review E 81 (2010): 066121. http://polymer.bu.edu/hes/articles/pwhs10.pdf.
20　たとえば以下を参照のこと。Ary Goldberger et al., "Fractal Dynamics in Physiology," *PNAS* 99 (2002): 2466-72.
21　以下を参照のこと。Klaus Linkenkaer-Hansen et al., "Long-Range Temporal Correlations and Scaling Behavior in Human Brain Oscillations," *Journal of Neuroscience* 21 (2001): 1370-77. www.jneurosci.org/content/21/4/1370.full.pdf.
22　Mark Buchanan, *Ubiquity* (New York: Crown, 2001).『歴史は「べき乗則」で動く』(水谷淳訳　早川書房)
23　以下を参照のこと。A. Lo and A. C. MacKinlay, "When Are Contrarian Profits Due to Stock Market Overreaction?," *The Review of Financial Studies* 3 (1990): 175-205.
24　以下を参照のこと。Bence Tóth and János Kertés, "Increasing Market Efficiency: Evolution of Cross-Correlations of Stock Returns," *Physica A* 360 (2006): 505-15. http://arxiv.org/PS_cache/physics/pdf/0506/0506071v2.pdf.

■第５章　進化する人間のモデル

1　市場の普遍的な特性についてのレビュー論文では以下が優れている。Lisa Borland et al., "The Dynamics of Financial Markets—Mandelbrot's Multifractal Cascades, and Beyond," *Wilmott Magazine*, June 10, 2009. www.wilmott.com/pdfs/0503_bouchaud.pdf.
2　Benoit Mandelbrot, Adlai Fisher, and Laurent Calvet, "A Multifractal Model of Asset Returns," Cowles Foundation Discussion Paper #1164 (1997). http://users.math.yale.edu/~bbm3/web_pdfs/Cowles1164.pdf. 以下も参照のこと。Benoit Mandelbrot and Richard Hudson, *The (Mis) behaviour of Markets* (Hoboken, NJ: Wiley, 2004).『禁断の市場』(高安秀樹監訳　東洋経済新報社)
3　J. P. Bouchaud, A. Matacz, and M. Potters, "The Leverage Effect in Financial Markets: Retarded Volatility and Market Panic," *Physical Review Letters* 87 (2001): 228701.
4　Robert Axelrod, "Advancing the Art of Simulation in the Social Sciences," in *Simulating Social Phenomena*, ed. Rosaria Conte, Rainer Hegselmann, and Pietro Terna (Berlin: Springer, 1997), 21-40.
5　Milton Friedman, "The Methodology of Positive Economics," in *Essays in*

の研究によって証明されている。レヴィの組み合わせの数学は、ファットテールの指数が0から2の間にある場合だけ、うまくいくことがわかっている。これらは、無限大の2次モーメントを持つ分布である。つまり数学的に見た価格変動の標準偏差は無限であり、その時間平均は、時間とともにひたすら増加し続けることになる。現実の市場はそのようではなく、ファットテールの指数は実際には3に近い。したがって現実のデータは、考えられる市場変動の理解のすべてを不可能にする。特に異なる時間での変動が独立であることに基づくものは、あり得ないことになる。

しかし「安定パレート仮説」の問題点は、近年のデータが得られるよりもずっと以前から明らかであり、マンデルブロも原論文でほのめかしているくらいだ。市場が異なる時間間隔で変動するという考えは、実際にはきわめて不合理であり、私たちが市場について知っているあらゆることを無視した考え方である。市場にはある種の記憶があり、これが市場を奥深く、確率一定の変動では説明できないくらい複雑なものにしているのだ。

16　Zhuanxin Ding, Clive Granger, and Robert Engle, "A Long Memory Property of Stock Market Returns and a New Model," *Journal of Empirical Finance* 1 (1993): 83-106. http://www.netegrate.com/index_files/Research%20Library/Catalogue/Quantitative%20Analysis/Long-Range%20Dependence/A%20Long%20memory%20property%20of%20Stock%20Returns%20and%20a%20new%20Model%28Ding,Granger%20and%20Engle%29.pdf.

17　経済学者は、少なくとも1960年代以降は、ボラティリティが集中することを知っていたが、この現象の重要性は1990年代まで認識されてこなかったように思う。アンドリュー・ローとA・クレイグ・マッキンレーは、1999年の著書『ウォール街の非ランダムウォーク』で、「金融経済学者の間ではすでに、株式市場価格は独立かつまったく同様に分布しているのではないという点で、意見の一致が広がりつつある」と書いている。ディン、グレンジャー、エングルによって報告された「長期記憶」は、それより前の1986年に、経済学者のスティーブン・テイラーによっても報告されていた。以下を参照のこと。Stephen Taylor, *Modelling Financial Time Series* (New York: John Wiley and Sons, 1986).

18　Lillo and Mantegna, "Power-Law Relaxation in a Complex System: Omori Law After a Financial Crash," *Physical Review* 68 (2003): 016119.

19　以下を参照のこと。Alexander Peterson et al., "Quantitative Law Describing Market Dynamics Before and After Interest-Rate Change," *Physical*

13　この点について最も面白い議論をおこなっているのは、間違いなくナシム・タレブの『ブラック・スワン』（望月衛訳　ダイヤモンド社）だ。

14　Edward Hallett Carr, *What Is History?* (New York: Penguin Books, 1990), 57.『歴史とは何か』（清水幾太郎訳　岩波書店）

15　ファットテールの研究の歴史は長く、かなり入り組んでいる。マンデルブロは、市場変動のファットテールについて初めて注目した直後に、別のことにも気づいた。市場リターンのパターンは、タイムスケールが異なっていても非常に似ている——つまり、1カ月分の株価変動記録を約30分の1に縮小すると、1日の株価の典型的な記録に非常に似たものになることに気づいたのだ。マンデルブロも認識していたとおり、価格変動は異なる時間において独立だとするのであれば、これは困ったことになる。もちろん、より長い時間に市場で起こることは、より短い時間での一連の出来事の結果にすぎない。したがって、より短い時間における確率は、より長い時間における確率を決定しているはずだ。株価変動が、この微妙な自己相似性を生み出すように作用することはあるのだろうか。

マンデルブロは、そうした場合があることを示したが、それは市場リターンの分布が、数学者のポール・レヴィによって初めて研究された特別な種類の確率分布に従う場合に限られていた。こうした確率分布は、それ自体がファットテールになっているだけでなく、多くの分布を足し合わすと、その合計もやはりファットテールのある量になる。そして、そのファットテールの指数は厳密に同じだった。これこそ必要とされるレシピだ。数十年前、この考えは経済学に関心と議論の両方を生み出した。なによりも、それは株価変動について、とても奇妙ないくつかのことを意味していた。たとえば、株価の分散（その変動の大きさの平均二乗）は文字どおり無限になるという示唆もその一つだ。

多くの経済学者にとって、これはとても受け入れられないものだった。しかし、マンデルブロの言う、市場リターンの分布の「安定パレート仮説」の魅力も、同様に逆らいがたかった。特に魅力だったのは、それがファットテールの存在を説明する自然な方法を提示し、そうすることで、より短いまたは長いタイムスケールでの変動や、それらの間のつながりを一度に解明する点だった。異なる時間における変化が独立であるのに、もともとのランダムウォーク理論を微調整しただけの理論で、このようになるのだ。

しかし、そうではなかった——私たちが現在知っているマンデルブロの考えは、実は正確ではなかったのだ。このことは、膨大なデータを用いた最近その状況は保たれない。自然なダイナミクスとして、何台かのバスが集まってしまう傾向があるのだ。2台のバスが当初、10分間隔で走っていたとしよう。利用ピーク時では、1台目のバスは、バス停で待っているたくさんの乗客を乗せるために、各バス停で停車しなければならない。その少し後ろを走っているバスでは、バス停で待っている乗客は少ない。1台目のバスに乗ったため、数が大幅に減ったのだ。したがって、後ろを走るバスはバス停でそれほど長く停車しなくてもよいので、時間の経過とともに、前のバスに追いつく傾向がある。

6 Jim Andrews, "Japan Aftershocks: How Long Will They Go On?", AccuWeather.com, April 13, 2011. www.accuweather.com/en/weather-news/japan-aftershocks-how-long-wil-1/48298.

7 大森房吉は、1906年のサンフランシスコ地震の後に当地を訪問し、興味深い時間を過ごしたようだ。反日の暴漢に襲われたことも何度かあった。大森はとても寛大な人物で、のちに次のように書いている。「サンフランシスコで、ごろつきたちとの間にあった騒ぎについて言うならば、……私に怪我はなかったし、恨みも抱いていない。どの国にもごろつきはいるものだ。カリフォルニアの人々は良くもてなしてくれたので、私は旅行について大変満足している」。以下を参照のこと。"Hawaii Is Safe from Earthquakes," *Hawaii Gazette*, August 14, 1906.

8 Fabrizio Lillo and Rosario Mantegna, "Power-Law Relaxation in a Complex System: Omori Law after a Financial Market Crash," *Physical Review* E 68 (2003): 016119.

9 以下を参照のこと。www.lope.ca/markets/1987crash/1987crash.pdf.

10 直近の1週間のカリフォルニア州の地震発生状況を示した地図は、アメリカ地質調査所のサイトで見ることができる。http://earthquake.usgs.gov/earthquakes/map/

11 イギリスのビジネススクールの教授数人は、正規分布から引き出される事象の実質的な尤度《ゆうど》について、素晴らしい議論をおこなっている。以下を参照のこと。www.ucd.ie/quinn/academicsresearch/workingpapers/wp_08_13.pdf. 彼らが結論しているとおり、「標準偏差が25である事象が起こる可能性と、地獄が凍りつく可能性は等しいという推定は、おおよそ正しいだろう」。

12 Xavier Gabaix, "Power Laws in Economics and Finance," *Annual Review of Economics* 1 (2009): 255-93.

efficient-market-theory-jeremy-siegel.

35　Robert Lucas, "In Defence of the Dismal Science," *The Economist* (August 6, 2009). www.economist.com/node/14165405. 公平のために言えば、ルーカスは記事の中で、自分が話題にしている「効率性」は、どんな意味においても最適な市場機能とは関係がなく、関係あるのは、市場を予測することの困難さのみだという点を明確にしている。

36　これは「情報の効率性」と呼ばれることもある。しかしこのような用語の使い方もやはりどこか奇妙だ。ポール・サミュエルソンは、投資家が利用可能なあらゆる情報に飛びつけば、市場は予測不能になることを証明したかもしれない。しかしそれは、予測不能な市場が、あらゆる情報が適切に使われている市場だということを意味するのではない。市場を予測不能にする可能性はあるいくらでもあるからだ。論点をはっきりさせるために、何らかの市場にいる投資家が、コイン投げで売買の決断をすると考えよう。この行動が市場に何の情報ももたらさないのは間違いないが、株価はランダムに変動して、市場は予測しにくくなる。

37　"What Went Wrong with Economics," *The Economist* (July 16, 2009). www.economist.com/node/14031376?Story_ID=14031376.

38　"Lucas Roundtable," *The Economist* (August 6, 2009). www.economist.com/blogs/freeexchange/2009/08/lucas_roundtable.

39　Emanuel Derman, *My Life as a Quant: Reflections on Physics and Finance* (Hoboken, NJ: Wiley, 2004).

40　www.nobelprize.org/nobel_prizes/economics/laureates/2002/smith-lecture.pdf.

■第４章　地震と株式市場

1　R. J. Geller, "Earthquake Prediction: A Critical Review," *Geophysical Journal International* 131 (1997): 425-50.

2　Rudiger Dornbush, "Growth Forever," *Wall Street Journal*, July 30, 1998.

3　Beno Gutenberg and Charles Richter, *Seismicity of the Earth and Associated Phenomena*, 2nd ed. (Princeton: Princeton University Press, 1954)

4　科学における「べき乗則」の概要としては、ウィキペディアがわかりやすい。www.en.wikipedia.org/wiki/Power_law.

5　１つのルートに何台かのバスが走っていて、等間隔で発車したとしても、いは最適に予測された、将来的な実質配当の現在価値に一定の実質割引率を適用したもの」に等しいとされる。投資家は、翌年や翌々年といった将来に、その企業から得られる可能性の高い配当支払い額を見積もり、それらを積算する。同時に、将来的に得られる配当額の価値が低下する、つまり「割り引かれる」ことも考慮する。銀行預金で5%の利子がつくとしたら、95ドルは1年間で約100ドルになる。したがって、将来の年間100ドルの現在価値は、95ドルしかないことになる。

30　Andrew Lo, "Efficient Market Hypothesis," *The New Palgrave Dictionary of Economics*, in Durlauf and Blume, eds., 2nd ed. (New York: Palgrave Macmillan, 2008).

31　Armand Joulin et al., "Stock Price Jumps: News and Volume Play a Minor Role," *Wilmott* (September/October 2008).

32　原理の上では、効率的市場仮説の支持者には最終的な解決法が一つある。つまり、こうした大規模な変動は、大きな力を持った市場参加者が大量の取引をおこなうことによって、市場に独自の非公開情報を持ち込んだ場合に生じる、と考えるのだ。たとえばゴールドマン・サックスが、自分たちだけが知っている情報に基づいて大きな取引をおこなうと、効率的市場仮説の考え方のとおり、価格は反応して、株価はそのファンダメンタル価値に戻ることになる。

しかし、これも正しいとは思えない。ただし、それを証明するにはやや専門的な証拠が必要だ。力を持った市場参加者が情報に基づいて大量のトレードをおこなうことが、大規模な変動の発生する原因だとすれば、市場での大幅な価格変化は、大量の株式の取引に関連があるはずだ。そうだとすれば、価格が最大の変化を示したケースを調べれば、その多くに大量の取引が関与しているとわかるだろう。しかし実際にはそうはなっておらず、したがって、この考え方は正しくない。ファーマーの研究チームは数年前に、大幅な株価変化については、株価変化と、取引された株の量の間にはほとんど関連がないことを見つけている。ファーマーらは次のように書いている。「大幅な変化は、取引量の多さによって引き起こされるのではない」。以下を参照のこと。J. Doyne Farmer et al., "What Really Causes Large Price Changes?," *Quantitative Finance* 4 (2004): 383-97.

33　以下を参照のこと。http://delong.typepad.com/sdj/2011/10/calibration-and-econometric-non-practice.html.

34　以下を参照のこと。http://ineteconomics.org/video/conference-kings/

Bias, Herding and Gossamer Information," *International Journal of Theoretical and Applied Finance* 8 (2005): 933-46.

18　アメリカの経済学者ミルトン・フリードマンは1953年に、この裁定取引のプロセスは、市場にある種の進化的選択を強いているはずだとまで言っている。そもそも、非合理的な人々が思慮の足りない取引をして、市場にアンバランスを生み出すのなら、より賢い人々が市場に参加して自らの強みを生かし、このアンバランスから利益をあげるだろう。その利益にはどこかに出どころがなければならないが、フリードマンの考えでは、その出どころは非合理的な投資家のポケットや銀行口座であり、彼らが愚かな振る舞いをし続けるならば、最終的には市場から追い出される、ということになる。

19　Andrei Shleifer and Robert Vishny, "The Limits of Arbitrage," *Journal of Finance* 52, no. 1. (March 1997): 35-55. http://pages.stern.nyu.edu/~cedmond/phd/Shleifer%20Vishny%20JF%201997.pdf.

20　Bob Woodward, *Maestro: Greenspan's Fed and the American Boom* (New York: Simon and Schuster, 2000).

21　以下を参照のこと。"Remembering the Crash of 1987," CNBC at www.cnbc.com/id/20910471.

22　以下を参照のこと。Annelena Lobb, "Looking Back at Black Monday: A Discussion with Richard Sylla," *Wall Street Journal Online*, October 15, 2007. http://online.wsj.com/article/SB119212671947456234.html?mod=US-Stocks. Retrieved October 15, 2007.

23　以下を参照のこと。www.lope.ca/markets/1987crash/1987crash.pdf.

24　David M. Cutler, James M. Poterba, and Lawrence H. Summers, "What Moves Stock Prices?" *Journal of Portfolio Management* (Spring 1989): 15, 3.

25　Ray Fair, "Events That Shook the Market," *Journal of Business* 75, no. 4 (October 2002), www.bis.org/publ/bppdf/bispap02b.pdf.

26　Graham Bowley, "The Flash Crash, in Miniature," *New York Times*, November 8, 2010. www.nytimes.com/2010/11/09/business /09flash.html?pagewanted=all.

27　以下を参照のこと。www.nanex.net/FlashCrash/OngoingResearch.html.

28　Susanne Craig, "Bank Stocks Get a Boost from Geithner," *New York Times*, October 6, 2011. http://dealbook.nytimes.com/2011/10/06/bank-stocks-get-a-boost-from-geithner/.

29　経済ファイナンス論の言葉では、株価は「合理的に期待された、ある

van der Laan and A. J. J. Talman, "Adjustment Processes for Finding Economic Equilibria," *Economics Letters 23* (1987): 119-23.)

そういうことだ。市場自体の力で、どんな中央の計画者が考え出せるよりも優れた状態に到達するという考えからスタートしたが、最終的には、システムがこの素晴らしい均衡状態に到達するには、大量の情報を持って、中心にいる計画者のように振る舞う競売人の協調的な取り組みを介するしか方法がないのである。

7 Donald Saari, "Mathematical Complexity of Simple Economics," *Notices of the American Mathematical Society* 42 (1995): 222-30.

8 Frank Ackerman, "Still Dead After All These Years: Interpreting the Failure of General Equilibrium Theory," *Journal of Economic Methodology* 9, no. 2 (2002): 119-139.

9 アッカーマンが言及した教科書は以下のものだ。Andreu Mas-Colell, Michael Whinston, and Jerry Green, *Microeconomic Theory* (New York: Oxford University Press, 1995).

10 以下を参照のこと。Mark Rubinstein, "Rational Markets: Yes or No? The Affirmative Case," *Financial Analysts Journal* 57, no. 3, (May/June 2001). The story is told in S. Sontag and C. Drew, *Blind Man's Bluff: The Untold Story of American Submarine Espionage* (London: HarperCollins, 1998).

11 Francis Galton, "Vox Populi," *Nature* 75 (1907): 450-51.

12 James Surowiecki, *The Wisdom of Crowds* (New York: Anchor, 2005).『「みんなの意見」は案外正しい』(小高尚子訳　角川書店)

13 以下を参照のこと。Daniel Ariely, *Predictably Irrational* (London: HarperCollins, 2008).『予想どおりに不合理』(熊谷淳子訳　早川書房)

14 以下を参照のこと。Stanislas Dehaene et al., "Log or Linear? Distinct Intuitions of the Number Scale in Western and Amazonian Indigene Cultures," *Science* 230 (2008): 1217-20.

15 Jan Lorenz et al., "How Social Influence Can Undermine the Wisdom of Crowd Effect," *PNAS* 108, no. 22 (2011): 9020-25.

16 Harrison Hong, Jeffrey Kubik, and Jeremy Stein, "Thy Neighbor's Portfolio: Word-of-Mouth Effects in the Holdings and Trades of Money Managers," *Journal of Finance* 9, no. 6 (2005).

17 Olivier Guedj and Jean-Philippe Bouchaud, "Experts' Earning Forecasts:

Journal of Economic Theory 6 (1973): 345-354; Gérard Debreu, "Excess Demand Functions," *Journal of Mathematical Economics* 1 (1974): 15-21; Rolf Mantel, "On the Characterization of Aggregate Excess Demand," *Journal of Economic Theory* 7 (1974): 348-353.

5 以下からの引用。Alan Kirman, Complex Economics (New York: Routledge, 2010).

6 さらなる研究（私に言わせれば絶望を増大させるだけの研究）では、経済が均衡状態を取るための方策をいくつか提案しているが、ほぼ完全に信じがたい結果になるという犠牲を払っている。たとえば、経済に参加する人々は価格を独自に調整しておらず、すべては賢明な「競売人」によって実行されていると仮定されているような方策だ。この競売人は、価格と同時に、あらゆる市場の過剰需要を監視し、複雑な手順に従って価格を調整しているとされている。以下の例を読んで、そこから現実世界の経済がどれくらい思い浮かぶだろうか。

> この競売人の行動は、個別の経済主体によって表されている、過剰需要の総計によって制御されている。競売人は最初、過剰需要がマイナスの場合にはあらゆるコモディティの価格を下げ、過剰需要がプラスの場合には上げて、プラスまたはマイナスの過剰需要がある任意の２つの価格の間の比率が一定になるようにしている。市場の１つが均衡に達するまで、このような形での価格調整がおこなわれる。次に、競売人は、このコモディティの過剰需要がゼロの状態を保つように、価格の調整をおこなう。一般的に競売人は、その初期の価値に対する、……過剰需要がプラス（マイナス）であるコモディティの相対的価格を最大（最小）に保ち、過剰需要がゼロであるコモディティの相対価格はこの２つの限界値の間で変化できるようにする。過剰需要がプラス（マイナス）である市場の１つが均衡に達するとすぐに、対応する価格は、相対的な上限（下限）から離れるように下落（上昇）し、競売人は同時に、この価格を、過剰需要がゼロである他のコモディティの価格と調整して、この市場が均衡状態を保つようにする。一方、過剰需要がゼロであるコモディティの価格の１つが相対的な上限（下限）に到達すると、この市場はもはや均衡状態ではなくなるが、対応する価格は現在の相対的上限（下限）と等しいままだ。このようにして、競売人は、均衡した価格システムに至る価格の道筋を追跡するのである。（以下の論文より引用。G.

World Economics Review 52 (2010): 69-81.

18　Michael Lewis, "Betting on the Blind Side," *Vanity Fair* (April 2010). www.vanityfair.com/business/features/2010/04/wall-street-excerpt-201004.

19　Robert C. Merton and Zvi Bodie, "Design of Financial Systems," *Journal of Investment Management* 3 (2005): 1-23.

20　R. Glenn Hubbard and William Dudley, "How Capital Markets Enhance Economic Performance and Facilitate Job Creation" (New York: Goldman Sachs Global Markets Institute, 2004).

■第３章　その理論に科学的根拠はあるか

1　イングランド銀行のアンドリュー・ホールデンが2011年におこなった以下のスピーチを参照。"Control Rights (and Wrongs)," Wincott Annual Memorial Lecture, Westminster, London (October 24, 2011). www.bankofengland.co.uk/publications/speeches/2010/speech433.pdf.

2　たとえば、以下のアダム・デビッドソンの記事では、ベイン・キャピタルのエドワード・コナードの見解が説明されている。"The Purpose of Spectacular Wealth, According to a Spectacularly Wealthy Guy," *New York Times*, May 1, 2012. www.nytimes.com/2012/05/06/magazine/romneys-former-bain-partner-makes-a-case-for-inequality.html?pagewanted=all.

3　科学的な観点から言えば、この部分は多少詳しく説明しておく価値がある。実のところ、不安定平衡も重要だ。系が不安定平衡の付近に長時間とどまるのはまれだが、それでもそうした状態が存在していることが、多くの場合、そのダイナミクスに影響を与える可能性がある。決定論的カオス（単純な力学系であっても生じる奇妙で予測不可能な動き）は、無限個の不安定平衡の存在を反映しているとも見なせる。その系は、安定平衡の状態を取るのではなく、不安定平衡の状態すべてに近づいたり、遠ざかったりを繰り返している。いずれかの不安定平衡に落ち着くことはなく、他の不安定平衡に向かうための反発力を得るのに十分な距離までしか近づかない。カオスの数学的な分析は、このような個々の不安定平衡の近くで起こった事象の分析に還元できる場合が多い。つまり不安定平衡は、基本的な意味で重要ではないというわけではないが、ある系が取る可能性の低い状態なのは確かだ。

4　以下の論文が重要である。Hugo Sonnenschein, "Do Walras' Identity and Continuity Characterize the Class of Community Excess Demand Functions?,"

Hermann Laurent in William Jaffe, ed. *Correspondence of Leon Walras and Related Papers*, Vols. I-III (Amsterdam: North Holland, 1965).
5 John Geanakoplos, "The Arrow-Debreu Model of General Equilibrium," in *The New Palgrave Dictionary of Economics*, Steven N. Durlauf and Lawrence E. Blume, eds., 2nd ed. (New York: Palgrave Macmillan, 2008).
6 Franklin Fisher, "The Stability of General Equilibrium—What Do We Know and Why Is It Important?" chap. 5, in *General Equilibrium Analysis: A Century After Walras*, ed. by Pascal Bridel (London and New York: Routledge, 2011), 34-45.
7 Binyamin Appelbaum and Eric Dash, "S. & P. Downgrades Debt Rating of U.S. for the First Time," *New York Times*, August 5, 2011. www.nytimes.com/2011/08/06/business/us-debt-downgraded-by-sp.html
8 Holbrook Working, "The Investigation of Economic Expectations," *American Economic Review* (May 1949): 158-60.
9 Alfred Cowles, "Stock Market Forecasting," *Econometrica* 12 (1944): 206-214.
10 Paul Samuelson, "Proof That Properly Anticipated Prices Fluctuate Randomly," *Industrial Management Review* 6, no. 2 (Spring 1965): 41.
11 Joseph de la Vega, *Confusion of Confusions* (Boston: Baker Library, 1957). First published in 1688.
12 Frederic Morton, *The Rothschilds: A Family Portrait* (London: Secker and Warburg, 1962), 69.『ロスチャイルド王国』(高原富保訳　新潮社)
13 Eugene Fama, "Mandelbrot and the Stable Paretian Hypothesis," *Journal of Business* 36, no. 4 (1963): 420-429.
14 Eugene Fama, "Efficient Capital Markets: A Review of Theory and Empirical Work," *Journal of Finance* 25 (1970): 383-417.
15 Andrew Lo, "Efficient Markets Hypothesis," in *The New Palgrave Dictionary of Economics*, Steven N. Durlauf and Lawrence E. Blume, eds., 2nd ed. (New York: Palgrave Macmillan, 2008).
16 Greg Smith, "Why I Am Leaving Goldman Sachs," *New York Times*, March 14, 2012. www.nytimes.com/2012/03/14/opinion/why-i-am-leaving-goldman-sachs.html?_r=1.
17 短いレビュー論文は以下を参照。Esteban Pérez Caldentey and Matías Vernengo, "Modern Finance, Methodology and the Financial Crisis," *Real-*

の挙動について単純な均衡理論で理解できることは、仮にあったとしてもそれほど多くないだろう。私はそう指摘した。すると、連邦準備銀行のある経済学者が後から私に、自然科学においてはある種の「創発」は認められるが、経済学者はモデルのなかでそうしたものを考えていないと言った。「経済学者がモデルを提示して、最終的に帽子からウサギを取り出すように、そのモデルから驚くような結果が出るとしたら、その経済学者は途中で、ウサギを帽子に入れる様子を見せていたはずです。私たちは驚きを好みません」。私はあぜんとした。言い方を変えれば、経済学者は、何一つ驚きの結果を発することはなく、完全な理解という幻想を生み出すような単純なモデルを使って研究がしたいのであり、たとえそうしたモデルでは、現実の世界についてまったく何もわからなくてもかまわないのである。当然だが、その現実の世界では、驚くような結果になることはかなり多いのである。

6　ナネックスは研究結果をウェブサイトで公開している。www.nanex.net/FlashCrash/OngoingResearch.html.

7　Mark Buchanan, "Meltdown Modeling," *Nature* 460 (August 5, 2009): 680-682.

8　Matt Taibbi, "Why Isn't Wall Street in Jail?" (February 16, 2011). www.rollingstone.com/politics/news/why-isnt-wall-street-in-jail-20110216.

9　David Colander et al., "The Financial Crisis and the Systemic Failure of Academic Economics," report of the working group on "Modeling of Financial Markets," the 98th Dahlem Workshop, December 2008.

10　Quentin Michard and Jean-Philippe Bouchaud, "Theory of Collective Opinion Shifts: From Smooth Trends to Abrupt Swings," *European Physical Journal B*, 47 (2005): 151.

■第２章　驚異的な計算装置

1　William Peter Hamilton, *The Stock Market Barometer*, 1922.

2　Adam Smith, *The Wealth of Nations*, chap. 2, book 4.『国富論』（下）（山岡洋一訳　日本経済新聞出版社）

3　Alan Greenspan, The Adam Smith Memorial Lecture, Kirkcaldy, Scotland (February 6, 2005). www.federalreserve.gov/boarddocs/speeches/2005/20050206/default.htm.

4　教えてくれた経済学者のアラン・キルマンに感謝する。*Lettre no. 1454 to*

原　註

■第１章　均衡は妄想である

1　これは、2010年5月6日の事象について、かなり後から行われた事後調査で明らかにされている。以下を参照のこと。Andrei Kirilenko et al., "The Flash Crash: The Impact of High Frequency Trading on an Electronic Market." http://papers.ssrn.com/sol3/papers.cfm?abstract_id=1686004

2　"Findings Regarding the Market Events of May 6, 2010," Report of the Staffs of the CFTC and SEC to the Joint Advisory Committee on Emerging Regulatory Issues. September 30, 2010

3　Graham Bowley, "Lone $4.1 Billion Sale Led to 'Flash Crash' in May," *New York Times*, October 1, 2010. www.nytimes.com/2010/10/02/business/02flash.html.

4　2002年、経済学者のバーノン・スミスは（心理学者のダニエル・カーネマンとともに）アルフレッド・ノーベル記念経済学スウェーデン国立銀行賞を受賞している（これは実際には、アルフレッド・ノーベルの遺志によって1895年に創設された賞ではなく、ノーベルを記念して、スウェーデンの中央銀行であるスウェーデン国立銀行によって1968年に創設された賞である）。スミスは受賞スピーチで、「学生たちには、経済に関する読書は狭くていいが、科学については広く読むようにと勧めている。経済学では、基本的に１つのモデルがあらゆる用途に採用されている。それは、クールノー＝ナッシュ均衡に見られるように、資源の限界や、規制、他の人々の行動のすべて、あるいはいずれかによる制約を受ける、最適化モデルである。経済学の文献は、こうした従来型の技術的なモデリング手法を超えた新たなひらめきを得るのに、最適な場所ではない」と述べている。

5　数年前、中央銀行の関係者と、物理学者などの自然科学の研究者が集まる会議がブダペストで開催されたのだが、そのときに経済学の文化の特異性を知ることになった。私はそこで、一般的な話として、最も単純な自然のシステムでも、驚くような複雑な事象が起こることを説明した。たとえば、砂の入った箱を上下に揺すると、特定の周期で揺すった場合に、表面に謎めいたパターンが浮かび上がってくるというようなことだ。間違いなく、経済システムや金融システムはこれよりもはるかに複雑であり、そうしたシステム

索　引

マーク・ブキャナン（Mark Buchanan）
一九六一年クリーブランド生まれ。物理学で博士号を取得。『ネイチャー』、『ニューサイエンティスト』等の編集者を経て、現在フリーのサイエンスライター。著書に『歴史は「べき乗則」で動く』（早川書房）、『複雑な世界、単純な法則』（草思社）、『人は原子、世界は物理法則で動く』（白揚社）。

熊谷玲美（くまがい・れみ）
翻訳家。東京大学大学院理学系研究科修士課程修了。主な訳書に、パイル『NASA式 最強組織の法則』（朝日新聞出版）、マーレー『世界一うつくしい昆虫図鑑』（宝島社）、ディアマンディス／コトラー『楽観主義者の未来予測』（早川書房）、ドイッチュ『無限の始まり』（共訳、インターシフト）など。

高安秀樹（たかやす・ひでき）
一九五八年千葉県生まれ。東北大学大学院情報科学研究科教授を経て、現在ソニーCSLシニアリサーチャー、明治大学先端数理科学研究科客員教授。主な著書に『フラクタル』（朝倉書店）、『経済・情報・生命の臨界ゆらぎ』（共著、ダイヤモンド社）、『経済物理学の発見』（光文社）、主な訳書にマンデルブロ／ハドソン『禁断の市場』（監訳、東洋経済新報社）など。

FORECAST by Mark Buchanan

ISBN 978-4-8269-0182-6

市場《しじょう》は物理《ぶつり》法則《ほうそく》で動《うご》く

二〇一五年八月三〇日　第一版第一刷発行
二〇一六年一月一〇日　第一版第二刷発行

著　者　マーク・ブキャナン
訳　者　熊谷《くまがい》玲美《れみ》
解　説　高安《たかやす》秀樹《ひでき》
発行者　中村幸慈
発行所　株式会社　白揚社　© 2015 in Japan by Hakuyosha
〒101−0062　東京都千代田区神田駿河台1−7
電話(03)−5281−9772　振替　00130−1−25400
装　幀　岩崎寿文
印　刷　中央印刷株式会社
製　本　中央精版印刷株式会社